KB196401

21세기
노동의 귀환

NANAM
나남출판

조대엽 趙大燁

경북 안동에서 태어나 낙동강을 보며 자랐다. 고려대 사회학과를 졸업하고 같은 대학원에서 석·박사학위를 마쳤다. 사회운동분석의 '역사주기론'을 제시한 바 있고, 제 4의 결사체·생활민주주의·시장공공성·생활공공성 등의 이론을 제시했다. '노동학'을 체계화했으며, '노조시민주의'와 지속가능한 노동에 관한 논의의 장을 열었다. 고려대 사회학과 교수로 재직하며 2025년 정년퇴임 시까지 논문 약 80편을 발표하고 34권의 저서를 출간했다. 한국사회학회, 한국비교사회학회 등 여러 학회에서 활동했다.

시민단체를 돕기도 하고, 2012년과 2017년 대선에서 문재인 후보의 정책싱크탱크에 참여했다. 노동계를 도와 금융산업공익재단의 출범에 함께했으며, 현재 민간싱크탱크 선우재에 참여하고 있다. 고려대 노동대학원장을 세 번 연임하면서 노동대학원을 노동학의 중심으로 만들고 노동문제연구소를 복원하는 데 애썼다. 2019년 대통령직속 정책기획 위원장으로 취임해 대통령 소속 9개 국정과제위원회를 총괄하는 국정과제협의회 의장직을 수행하며 정책기획시리즈 단행본 21권을 출간했고, 2022년 문재인정부 국정백서 22권을 편찬하는 등 국정을 도왔다. 사회학자로서 30년간 사회운동·민주주의·노동학 등 비교적 현장에 민감한 분야를 연구하면서 미네르바의 올빼미와 갈리아의 수탉을 동시에 좇은 셈이다.

선우재 연구총서 2

21세기 노동의 귀환
노조시민주의의 전망

2025년 2월 27일 초판 발행
2025년 2월 27일 초판 1쇄

지은이   조대엽
대담자   강규혁 김준영 김형선 나순자 박해철 박홍배 이재진 이지웅 정정희 최철호 최희선
발행인   조완희
발행처   나남출판사
주소   10881 경기도 파주시 회동길 193, 4층(문발동)
대표전화   (031) 955-4601
FAX   (031) 955-4555
등록   제406-2020-000055호(2020.5.15.)
홈페이지   http://www.nanam.net
전자우편   post@nanam.net

ISBN   979-11-92275-26-0 94300
          979-11-971279-4-6 (세트)

21세기
노동의 귀환

노조시민주의의 전망

조대엽 지음

NANAM
나남출판

내 안으로 난 길에 대한 회상

강의를 마치고 국제관 현관문을 나서니 교정에는 이미 어둠이 짙게 깔렸다. 여름내 불덩이처럼 달아올랐던 날씨가 거짓말처럼 식었다. 혹독한 여름이 유난히 길었던 탓인지 뒤늦게 찾아온 가을바람이 낯설게 느껴지는 밤이다. 어둠이 내린 교정을 혼자서 걷는 것도 참 오랜만의 일이다. 25년간의 일상이 고스란히 내려앉은 교정은 가장 편안한 내 삶의 공간이었지만 오늘 밤은 저만큼 떨어져 선 타인과 같다.

강의 전에 저녁을 같이하고 싶다는 노동대학원장의 요청에 늦지 않게 연구실을 나와 노동대학원으로 건너갔다. 노동대학원의 긴 복도를 장식한 히스토리 월은 내 손으로 만들었지만 오늘따라 낯설다. 깔끔하게 정돈된 노동대학원장실이 또 낯설다. 한 시간 반 가깝게 우리 노동의 비전에 대해 강의했는데 원자력 발전에 부당한 편견을 갖고 있는 것이 아니냐는 한 공기업 소속 원우의 '이기적' 질문이 유난히 낯선 저녁이었다. 많은 것이 낯설게 바뀌는 시간이다.

2024년 2학기, 나는 25년의 교직 생활을 마치는 마지막 학기를 보내고 있다. 학부생 때부터 치자면 내 인생의 거의 대부분을 보낸 교정을 떠날 날이 다가오면서 뭔가 어색한 날들을 보내고 있다. 모교 교수로 부임 후 첫 출근길에 학부생 때부터 다니던 익숙한 교정의 돌부리 하나 나무 한 그루가 새로웠던 기억이 떠오른다. 이제 정년의 시간을 앞두고 주변의 모든 것이 다시 새롭고 낯설다. 누군가 정년퇴직도 처음이라 그렇다고 말해 준다.

걸어온 길을 돌아보며

신경림 시인은 사람을 밖으로 불러내어 온갖 사람살이를 구경시키고, 그 이치를 가르치는 길보다 사람을 밖에서 안으로 끌고 들어가 스스로를 깊이 들여다보게 하는 '안으로 나 있는 길'을 노래했다. 새로운 것, 시작하는 것들은 생의 바쁜 걸음이 만들어낸 밖으로 난 길일지 모른다. 처음 하는 정년퇴직의 낯섦도 밖으로 나 있는 또 하나의 길 위에 서 있기 때문일 수 있다.

주변의 모든 것에 대해 지금 내가 느끼는 낯섦은 익숙하고 친숙한 것들로부터 멀어지는 것에 대한 두려움 탓일지 모른다. 익숙한 것들로부터 멀어지는 것에 대한 두려움은 이제 명예교수로 살아가야 하는 혹은 다른 새로운 길을 찾는 것에 대한 두려움과 동일한 것일지도 모른다. 어쩌면 이 낯섦과 두려움이야말로 사람들이 길의 철학을 떠올리며 말하는, 밖으로 난 길이 가르치는 이치일 수도 있다. 신경림 시인은 더 깊은 길의 철학을 노래했다. 안으로 난 길의 뜻을 알아야 한다고 했다. 나는 이제 시인의 뜻을 좇아 나를 밖으로 불러내는 새로운 길이 주는 낯선 두려움과 어색함의 교훈을 잠시 접고 오랜 세월 내 안으로 나 있는 여러 갈래의 길들을 돌이켜 보고자 한다.

나는 학자로서의 본격적인 연구활동을 사회운동분야에서 출발했다. 고려대 교수로 임용될 때 이미 이 분야의 논문 22편과 1권의 저서를 만들었으니 꽤 맹렬하게 연구한 셈이었다. 서구적 기원으로 본다면 사회운동은 이른바 68혁명 이후 등장한 환경, 여성, 평화, 인권운동 등이 신사회운동new social movements으로 불리며 사회운동연구의 주류를 차지했다. 이전까지 사회운동의 모든 것으로 간주되었던 노동계급운동과 민족해방운동은 '구사회운동'으로 불리며 사회운동영역에서 점차 배제되었다. 구사회운동은 여전히 운동의 영역에 남아 있는 경우도 있었으나 노동계급운동은 노동조합과 노동자정당으로 제도화되었고, 민족해방운동은 민족국가건설로 제도화됨으로써 사회운동보다는 오히려 제도의 영역으로 자리 잡게 되었다.

학술적 연구의 영역에서 본다면 노동운동은 사회운동연구에서 늘 떠나온 고향과 같은 존재였다. 사회운동연구를 주전공으로 삼은 나의 경우에는 더욱 그랬다. 특히 우리 세대의 사회과학자들에게는 자신의 전공과 아울러 노동문제와 민족문제로서의 통일은 늘 다루어야만 할 부채 같은 것으로 남아 있었다. 노동분야가 일상으로 다가온 것은 사회학과 교수로 임용된 지 약 3년 후의 일이었다. 고려대 노동대학원 노동복지정책학과의 주임교수를 겸직하게 되면서 나는 학교행정과 제도를 돕는 일로 노동분야와 함께하게 되었다. 노동복지정책분야는 국민연금, 건강보험, 고용보험, 산재보험 등의 4대 보험과 이를 운용하는 기관들이 있고, 또 노동조합의 다양한 복지활동들이 새로운 이슈가 되고 있었기 때문에 학생들의 관심이 높았다. 주중에는 늘 시간에 쫓겨 토요일이면 하루를 다 비워 연구실 앞에 학생들을 줄 세우고 논문지도를 했던 때가 떠오른다.

　우리 사회의 민주화는 노동 영역에서 뚜렷했다. 노동조합의 자율적 제도화는 민주노조운동의 결실이자 우리 민주주의의 진화를 보여주는 상징이기도 했다. 돌이켜보면, 한국사회에서 노동 영역은 일제의 강점과 미군정, 오랜 민간독재와 한국전쟁과 분단, 그리고 또 오랜 군부독재의 굴절된 정치조건을 거치면서 기형적으로 성장했다. 특히 강력한 국가주도의 경제성장과정은 무엇보다도 노동 영역의 희생을 강요했고 한국의 일그러진 노동분야는 고도성장의 짙은 그늘로 남았다. 저임금과 분절된 노동시장, 장시간 노동과 통제된 노동과정, 노동탄압과 편향된 노동정책, 배제된 노동정치와 기업별노조에 갇혀 성장을 멈춘 노동조합운동이 우리 노동의 오랜 현실이 되고 말았다.

　1980년대 말 민주화와 함께 노동의 민주화도 뚜렷한 진전을 보이는 듯했다. 민주적 노동조합의 출현과 기존 노조의 민주적 전환은 노동자 세력화에 크게 기여했다. 그러나 한국의 민주화 과정에 광풍으로 몰아친 외환위기는 우리 사회를 이른바 신자유주의 세계질서로 가혹하게 몰아갔다. 다시 노동의 희생이 요구되었고 기업파산과 정리해고의 거센 바람 속에서 대한민국은 휘청거렸다. 걷잡을 수 없이 비정규직과 실업인구가 양산되는 가운데 노동조합은 위축되었다. 외환위기 이후 전개된 신자유주의의 혹독한 조건에서 노동조합들은 자기 식구 챙기기에도 힘겨운 시간을 보냈다.

　우리 노동조합운동은 한계적 조건 속에서 아주 조금씩이나마 제도화 수준이 높아졌다. 산별로의 전환이 꾸준히 시도되었고, 최저임금이 조금씩 올랐으며, 국제적 노동기준이 갖추어지고 노동시간이 줄었다. 지속적으로 노동법의 개선이 시도되고 있으며 양대노총의 조합원들이 눈에 띄게 늘었다. '노동존중사회'라는 말이 좀 익숙해지고 사회적 대화가 흔들리는 가운데도 조금씩 진전을 보이는 도중에 우리는 반노동의 무도한 정권과 대면하는 황당한 상황을 맞고 있지만 노동조합은 이미 우리 사회에서 가장 큰 규모의 조직된 세력이 되었다.

노동의 성장은 노동분야의 제도화 수준이 높아지는 과정이기도 하다. 노동교육이야말로 노동 영역의 제도화에 필수적이다. 노동에 관한 법과 제도의 학습과 이해가 전제되어야만 노와 사의 동반적 성장이 가능하기 때문이다. 고려대 노동대학원은 한국 노동교육의 중심적 역할을 해왔다. 나는 2015년에 노동대학원을 맡아 11~13대 원장으로 재임했다. 고려대 노동대학원은 1995년 우리나라에서는 처음으로 노동전문 교육기관으로 설립되었다. 설립과 함께 노동대학원이 세상의 주목을 받은 것은 1965년 엄혹한 산업화 시기에 설립된 고려대 노동문제연구소의 화려한(?) 역사를 기반으로 하기 때문이었다. 노동문제연구소는 유신독재 치하의 가혹한 고난의 역사로 명성을 알렸지만, 노동대학원이 설립되기 이전에 연구소에서 시작되었던 노동교육 프로그램이 한국 노동교육의 근간이 되었다는 데 더 큰 의의가 있다.

나는 노동대학원장에 취임하면서 무엇보다도 노동문제연구소의 부활에 관심을 기울였다. 노동대학원이 '고도성장'을 구가하는 동안 노동문제연구소는 노동대학원 한편에 밀려난 채 쌓여가는 먼지만큼이나 관심에서 멀어져 있었다. 노동문제연구소의 역사를 복원하고 노동대학원의 역사적 연속성을 여기에서 찾는 일이 시급하게 느껴졌다. 게다가 비록 특수대학원이지만 노동대학원의 연구기반을 갖추는 일이 필요하고도 중요한 과제이기도 했다.

나는 2015년 3월 19일에 노동대학원장에 취임했는데, 그로부터 약 20일 전인 2월 25일에 노동문제연구소를 설립하고 우리 사회과학에서 노동경제학의 기반을 닦으신 김윤환 선생님께서 94세의 일기로 영면하셨다. 나는 노동대학원장의 자격으로 선생님의 묘비 제막식에 참석해 추도사를 낭독했다. 뙤약볕이 유난히 뜨겁던 그날, 나는 김윤환 선생님의 묘비 앞에서 선생님의 뜻을 살려 노동문제연구소를 반드시 복원시키겠다고 약속드렸다. 나는 노동문제연구소를 고려대 3대 부설 연구소의 하나로 복원하겠다는 목표를 설정하고 노동대학원의 성장세를 연구소 복원에 연계시켰다.

원장 재직 당시 노동문제연구소 학술지 〈노동연구〉를 한국연구재단 등재 학술지로 만들었고, 유급 특임교수 1명과 연구교수 1명, 상근직원 1명, 유급 조교 등의 인력을 갖추었으며, 3개의 자체 교육프로그램을 개설했다. 이틀에 걸친 정례 학술컨퍼런스 '한국노동사회포럼'을 개최하고, 한국노동문화대상의 심사과정을 노동문제연구소가 맡아 진행함으로써 대외적인 전문가 네트워크도 강화했다. 현재 노동문제연구소는 학계와 노동계의 저명한 전문가들이 비상근 연구원으로 활동하고 있고 다양한 용역과제를 통해 학술총서도 꾸준히 발간하는 수준에 이르렀다.

고려대 노동대학원의 학위과정과 다양한 교육프로그램에 참여하는 원우들은 노동문제의 중요성과 의의에 눈을 뜬 분들이 대부분이었다. 노사정의 세 영역에서 노동문제를 직접 다루거나 전문성에 대한 필요성을 깨달은 분들이 노동대학원에 의욕적으로 모여들었다. 그러나 우리 노동의 현실은 달랐다. 앞에서 언급했듯 해방 이후 분단과 독재의 오랜 시간 속에서 노동의 가치는 우리 사회의 보편적 세계관으로 자리 잡지 못했고 노동자들은 배제와 희생, 고립의 존재로 남았다. 노동의 고립은 우리 사회에서 노동가치가 보편적 시민의 가치로 축적되고 내재화되고 제도화되는 역사적 과정이 생략된 효과였다. 생략된 역사는 교육으로 채워져야 했다. 노동이 배제된 사회는 인간이 배제된 사회와 다름없다. 눈부신 산업화와 민주화의 기적을 이룬 나라라고 칭송받더라도, 노동가치가 보편적 세계관으로 자리 잡지 못한 사회는 인간이 없고 공존과 공정이 없으며 협력과 연대가 사라진 공허하고 허약한 질서일 뿐이다.

노동교육은 다른 무엇보다도 우리 역사가 빠뜨린 노동의 가치를 다시 세우는 가장 빠른 길이었다. 노동의 가치를 보편적 시민의 가치로 공유하여 노동의 공공성 수준을 높여야 했다. 그것이 바로 내가 분명히 하고자 했던 고려대 노동대학원의 사회적이고 역사적인 소명이었다. 노동문제연구소의 제도적 복원과 함께, 고려대 노동대학원과 노동문제연구소의 교육 및 연구의 철학과 방향을 뚜렷하게 하는 것이 무엇보다 필요했다.

나는 고려대 노동대학원의 학문적 방향을 '노동학'으로 정초定礎하고, 노동대학원의 교육철학과 이념을 '사람, 삶, 미래를 지향하는 노동학의 큰 터'라고 제시했다. 노동학의 기초 위에, 노동대학원에서는 노동의 보편성과 공공성을 확장하기 위한 다양한 활동과 사업을 제도적으로 확충했다. 나는 노동대학원장을 맡으면서 무엇보다도 노동대학원 원우와 동문들이 노동대학원 출신이라는 사실에 대한 자부심과 수준 높은 정체성을 갖기를 원했다. 적어도 노동대학원 재학생과 졸업생들만큼은 존중받고 대접받음으로써 노동이 배제되고 고립된 영역이 아니라 우리 사회의 근간이자 주류로서의 지위를 갖는다는 사실을 확인시키고 싶었다.

원우들과 교우들은 대부분 노동조합활동가거나 기업의 노무 관련 업무에 종사하는 분이었다. 그들을 존중하는 것이 바로 노동이 존중받는 출발이 되리라 여긴 셈이다. 그래서 만든 것이 'KU 노사정 포럼'이다. 이 포럼은 우리 사회 각 분야의 가장 저명한 인사를 모셔서 아주 좋은 저녁식사를 함께하며 강연을 듣는 프로그램이다. 포럼은 매년 개최되었는데 매번 약 400명 이상이 모여 노동대학원의 높아진 위상을 체감하는 결집의 장이자 홈커밍데이 역할을 하기도 했다. 나는 KU 노사정 포럼이 전국에 산재한 노동대학원 출신들을 아우를 수 있도록 지역별 포럼을 동시에 구축해 갔다. 2019년 한 해 동안 'KU 노사정 여의도 포럼'을 시작으로 'KU 노사정 나주 포럼', 'KU 노사정 대전·충청·세종 포럼'을 출범시켰다.

나는 노동대학원과 노동문제연구소가 노동학을 학술적으로 주도하기 위해 '한국노동사회포럼'이라는 학술 세미나를 매년 개최했다. 학계와 노동계를 망라한 학술·정책 토론회를 이틀에 걸쳐 열어 큰 관심과 호응을 얻었다. 노동의 가치를 우리 사회의 보편적 기반으로 삼고 노동의 공공성을 확장하는 또 하나의 사업은 '한국노동문화대상'으로 실현되었다. 이 시상제도는 김동원 현 고려대 총장이 노동대학원장 재임 시절 만든 제도로 '노동문화상'이라는 이름으로 매일경제와 공동 주관하던 것이었다. 나는 노동대학원의 높아진 위상을 반영해서 이 시상제도를 우리 노동계 최고 권위의 상으로 만들고자 했다.

'한국노동문화대상'으로 이름을 바꾸고 한국노총과 민주노총을 공동주관단체로 합류시켰다. 양대노총 위원장을 당연직當然職 위원으로 삼고 권영길, 박인상, 천영세, 이원보, 이수호, 최순영, 김장호, 조돈문 등 우리 노동계와 학계의 큰 어른들을 선임직 위원으로 모신 대상위원회를 최고 권위 기구로 만들었다. 고려대 노동문제연구소 시절부터 인연을 가졌던 원로들께서 흔쾌히 함께해 주신 것은 참으로 감사한 일이었다. 약 3개월에 걸쳐 수상자들을 선정하는 심사위원회가 4개 분야별로 구성되었고, 최종결과가 나오면 대상위원회의 추인을 받는 절차로 진행되었다. 나는 이 제도를 대한민국 노동가치의 보편성과 공공성을 확인하는 상징으로 만들고자 했다.

KU 노사정 포럼과 한국노동사회 포럼, 그리고 한국노동문화대상은 고려대 노동대학원의 위상을 대외적으로 확장시키는 데 크게 기여했고, 그 효과는 노동대학원 석사과정과 최고지도자과정, 근로복지정책과정과 노동문제연구소 교육과정의 높은 경쟁률로 나타났다.

돌이켜보면 노동대학원장 재임기간은 고려대 노동대학원의 원우와 교우들이 혼연일체가 되어 참으로 뜨겁게 달아올랐던 시간이었다. 노동대학원은 무슨 일이든 해낼 수 있는 역량과 자부심, 그리고 더 나은 노동대학원을 향한 열망으로 가득 찼다. 이러한 열망에 기대어 특수대학원의 지위로 인해 박사학위를 배출할 수 없는 한계를 넘어서기 위해 노동대학원을 전문대학원으로 전환하는 데 무던히 애를 썼다. 참으로 쉽지 않은 일이었다. 무엇보다도 어려운 일은 전문대학원 설립 요건인 전임교수 7명을 확보하는 일이었다. 당시 염재호 총장의 지원으로 간신히 학교와 노동대학원 자체 기금을 활용한 전임교수 확보방안이 만들어졌으나 관련된 한 학과의 동의를 얻는 데 실패하고 말았다. 비록 전문대학원 전환은 좌절되었지만 나는 당시의 관련학과 학과장님과 교수님들의 협조를 잊지 않고 있다.

전문대학원의 꿈이 좌절된 후에도 나는 박사학위 배출에 대한 바람을 버릴 수 없었다. 노동대학원에서 석사를 마친 교우들의 박사과정에 대한 갈증이 컸던 것이다. 잘 아는 일반대학원 직원들에게 자문했더니 박사과정만으로 '협동과정'을 만들면 가능하다는 답이 왔다. 사회학과를 주관으로 한 박사학위과정인 '노동학 협동과정'은 이렇게 만들어졌다.

노동대학원장 재임 시 뜨거웠던 노동대학원의 분위기는 노동의 보편성과 공공성을 실현하기 위한 많은 구상을 하게 했다. 노동조합과 대학, ILO가 공동으로 주관하는 국제노동대학GLU 프로그램은 현재 독일, 남아공, 브라질, 인도, 미국 등에서 전 세계 5개 지역 네트워크로 운영되고 있다. 나는 재임 당시 국제노동대학 프로그램을 유치해 한국을 또 하나의 지역 네트워크로 만드는 과제를 모색했다. 또 대한민국에서 노동가치 기반의 노동존중사회를 만드는 데 반드시 필요함에도 관심 밖에 있는 것이 무엇인가를 찾는 과정에서 대한민국노동사박물관의 건립과 노동TV 방송의 설립에 관심을 기울였다. 이러한 과제들은 다각적인 노력을 기울이다 아직 실현되지는 않았지만 여전히 유효한 과제로 남아 있다.

노동대학원장에 연임되어 일하던 2017년, 노동의 보편성과 공공성을 국가수준에서 확장시킬 수 있는 기회가 찾아왔다. 그러나 내 생애 가장 견디기 힘든 고통의 시간도 함께였다. 문재인 정부가 출범하면서 나는 초대 고용노동부 장관에 지명되었다. 나는 2012년 대선에서 문재인 후보를 도왔으나 집권에 실패한 후 줄곧 정책자문그룹으로 문재인 대통령과 함께했다. 2017년 대선은 박근혜 대통령의 탄핵과 함께 워낙 화급하게 진행된 선거였고, 집권에 성공한 문재인 정부는 인수위를 꾸릴 시간도 없이 출범했다. 그러나 2012년 대선 이후 전국적으로 대학교수를 비롯한 정책전문가들이 광범하게 모여들어 정책생산기반은 체계적으로 작동되었다.

2016년 문재인의 정책싱크탱크 '정책공간 국민성장'이 출범했고 여기에 1,000명이 넘는 대학교수들이 참여했다. 나는 국민성장의 부소장을 맡아 자문단을 총괄하는 역할을 했다. 당시 국민성장이 주관하는 '대한민국 바로세우기 포럼'이 선거 시작 전까지 약 10여 차례 진행되었는데 여기서 이른바 '문재인 대세론'이 굳어진 것으로 평가되었다. 첫 포럼에서 축하와 지지를 위해 강릉에 머물고 계셨던 강만길 선생님을 모셨는데, 대선 후보의 싱크탱크에 이렇게 많은 학자들이 모인 것은 현대정치사에서 처음 있는 일이라고 흥분하셨던 기억이 새롭다.

문재인 정부 초대 고용노동부 장관 지명은 무엇보다도 고려대 노동대학원장으로서의 치적과 노동계 네트워크를 폭넓게 가진 점을 대통령께서도 잘 알고 계셨기 때문으로 짐작했지만, 정부 출범 후 학교에 남을 계획이었던 나로서는 갑작스러운 일이었다. 그러나 대통령의 탄핵과 이른바 촛불혁명 이후 새 정부의 출범이라는 격동의 정치공간에서, 그리고 새 정부의 성공적 출발을 위해 헌신해야 한다는 대의 앞에서 학교로 돌아가겠다는 개인의 바람은 이기적이고 비상식적으로 비쳐 입 밖으로 낼 수조차 없었다.

노동대학원을 통해 노동의 보편성과 공공성을 구현하려는 노력을 정부를 통해 실현해보자는 새로운 각오로 장관 지명을 수락했다. 그러나 장관 지명 이후 정부와 국회, 언론의 장에서 펼쳐진 현실은 내 생애 겪지 않았으면 좋았을 참으로 긴 고통의 시간이었다. 청문회와 그 이후의 시간은 나름 명예와 지조를 신념으로 살았던 한 학자의 세월을 송두리째 쓰레기통으로 던져 버린, 견딜 수 없는 모욕의 시간이었다. 정치적으로는 추경 11조 원을 걸어놓고 나와 국방장관 후보 둘 중 하나는 내려앉히겠다는 야당의 기세가 드셌다. 청문회 이후의 야당과 언론의 근거 없는 공세는 인내의 한계를 넘어서게 했다.

따지고 보면 문재인 정부의 인수위원회에 해당하는 국정기획자문위원회를 조직할 때, 나는 국회의원을 제외한 15명의 민간위원직에서 스스로 빠진 적이 있다. 장관 자리 또한 내가 원한 것이 아니었기 때문에 나는 언제라도 후보직을 내려놓을 수 있었다. 정치공간에서 만신창이가 된 나 자신을 마지막으로 건질 수 있는 방법을 찾아야 했다. 먼저 자진사퇴를 하는 것이 그나마 조금의 명예라도 지키는 일이자 교착된 정국을 내 손으로 푸는 일이라고 판단했다. 나중에 정책실장이 된 김수현 당시 사회수석에게 전화했고 곧바로 북악터널 인근의 한 호텔로 사회수석과 인사수석 두 사람이 달려 나왔다. 나는 사퇴의 입장을 전달했고, 짤막한 자진사퇴 입장을 언론에 간단한 서면으로 전했다. 얼어붙은 정국이 풀렸다. 장관지명 후 33일 만의 일이었다.

나는 타면자건唾面自乾의 고사를 떠올리며 치욕스러운 33일을 견뎠다. 무엇보다도 양대노총의 지지와 광화문 사거리에 길고 긴 플래카드를 들고 시위로 대응한 노동대학원 원우들과 교우들의 한결같은 신뢰가 고난의 시간을 견디게 한 힘이었다.

노동대학원장에 다시 연임되어 세 번째 임기 중이었던 2019년 12월 나는 다시 장관급 국정과제 위원장인 대통령 직속 정책기획 위원장에 위촉되었고, 2020년 3월 31일 노동대학원장직을 내려놓았다. 대통령 직속 정책기획 위원장 재임 약 2년 반 동안 코로나19로 인한 팬데믹이 세계를 덮친 가운데 모든 조직 활동에 큰 제약이 있었다. 유례없는 악조건에서도 약 100여 명의 정책기획위원들과 함께 문재인 정부의 국정비전과 정책을 생산하고 관리하며 알리는 데 애썼다.

정책기획 위원장으로서 가장 큰 성과는 무엇보다도 문재인 정부의 다양한 정책담론을 전 21권(총 7,389쪽)의 단행본으로 만들어 "국정과제협의회 정책기획 시리즈"로 출판한 일과 역대 최대 분량의 문재인 정부《국정백서》전 22권(총 1만 1,944쪽)을 만든 일이었다. 개인적으로는 앞서 언급한 2017년 대선 이전 문재인 정부 국정의 근간이 될 국정비전과 과제를 문건으로 만들어, 집권 후 방향 삼으라는 취지에서 당시 문재인 후보에게 전달하는 헌정행사를 한 적이 있다. 5년의 집권 후 정책기획위원회가 국정백서 작성을 맡았고, 문재인 정부 청와대의 마지막 행사로 대통령께 백서를 헌정했다는 사실이 남다른 감회로 남아 있다.

노동학의 상상력

사회학자로서의 내 학문의 이력은 정치사회학분야의 사회운동론, 시민사회론, 민주주의론 등에서 출발해 이제 '노동학'에 닻을 내리고 있다. 정치사회학을 하는 사회학자로서 노동운동과 사회적 대화, 민주주의의 문제 등은 노동분야와 중첩된 영역이기는 했지만 그야말로 관심 이상을 넘어서기 어려웠다. 노동운동을 넘어 '노동학'을 본격적으로 다루기 시작한 것은 노동대학원의 교육철학과 비전을 '사람·삶·미래를 지향하는 노동학의 큰 터'로 구체화하면서부터였다. 나는 노동대학원의 비전을 제시하면서 "고려대 노동대학원은 노동교육과 연구의 공공성을 지향하는 노동학의 본산으로, 노동교육과 연구의 인간지향성, 삶의 현장지향성, 미래지향성을 추구한다"라는 해제를 붙였다.

고려대 노동대학원은 설립 이후 오랫동안 단순히 노동 관련 5개 분야의 석사과정을 운영하는 것에 머물렀다. 다른 교육제도와 뚜렷이 구별되는 교육철학과 비전에 대한 고민이 없었다. 뚜렷한 이념과 비전 없이 노동대학원이 운영된 것은 '왜, 무엇을 위해 노동교육이 존재하는가?'에 대한 답을 찾지 못하고 맹목적으로 달려온 것이나 다름없다.

무엇보다 노동의 보편성과 공공성을 지향하는 노동대학원의 학문적 방향을 정립할 필요가 있었다. 이러한 방향은 우선 노동대학원을 구성하는 학술영역인 노동경제학, 노동법학, 노사관계학, 노동복지정책학, 인력관리학 등을 포괄할 수 있어야 했다. 아울러 노동대학원의 학술방향은 기존의 경제학, 법학, 경영학, 복지학 등과 차별화하는 방식으로 '노동가치'에 방점을 두어야 했다. 나는 노사정의 협력적 대화를 강조함으로써 노동대학원이라는 교육과 학습의 장 자체가 일상의 사회적 대화 과정임을 늘 강조했다.

위르겐 하버마스Jürgen Habermas에게 합리적 의사소통은 모든 권위, 격식, 장식을 내려놓고 오로지 논증의 권위만이 작동하는 소통을 의미한다. 나는 고려대 노동대학원 노조 위원장으로서 혹은 경영 측 이사, 처장으로서의 모든 지위와 권위를 내려놓고 오로지 노동대학원 원우의 신분으로만 만나서 대화할 것을 강조했다. 이어서 모든 권력과 재산, 자원의 형식을 벗기면 노동이 자본에 앞서 있고 사회구성에 있어 훨씬 더 근원적이라는 점을 강조했다. 노사정의 협력적 관계가 강조되면서도 노동의 근본성과 보편성을 잊지 말아야 한다는 점을 노동대학원의 근간으로 삼아야 했다. '노동학laborology'이 노동대학원의 학술적 지향으로 뚜렷해졌다. 노동대학원은 경영대학원과 학술적 지향이 달라야 했으며, 노동대학원은 경영학이 아닌 노동학의 학술적 기반이 요구되었다.
나는 이러한 논리를 원우들에게 자주 언급했고, 노동의 근본성을 말할 때면 링컨의 1861년 연두교서의 내용 가운데 한 부분을 인용하곤 했다. 최고지도자과정 26기 원우들이 노동학의 방향에 크게 공감하여 링컨의 교서에서 내가 발췌해 번역한 내용을 노동대학원 복도에 동판으로 만들어 걸었다.

> 노동은 자본에 우선하며, 자본에 대해 독립적이다. 자본은 단지 노동의 결실이며 노동 없이는 결코 존재할 수 없다. 노동은 자본보다 우위의 존재이기 때문에 훨씬 더 존중되어야 마땅하다. 자본은 다른 권리들처럼 보호되어야 할 자기 권리를 갖는다. 자본과 노동이 불가분의 상생관계에 있고, 그 관계가 미래에도 변함없을 것이라는 점은 부인할 수 없는 사실이다.[1]

학문은 우리가 살고 있는 대상세계의 진리를 알고자 하는 노력이다. 아카데미즘에서 발견한 진리는 현실 세계에서는 언제나 부와 지위와 권력의 질서 속에서 변형된다. 노동이 아무리 근본적이고 우월한 가치라고 하더라도 자본주의 현실에서 나아가 신자유주의 이후의 난폭한 자본과 국가의 공세 앞에서 노동은 훨씬 더 배제되고 고립된 위치로 밀려났다. 나는 자본의 이익이 지배적 자본주의 현실에서 노동을 오로지 자본의 이윤증식을 위해 투입되는 비용과 도구로 보는 입장을 '노동공학'으로 간주하고, 노동을 인간 삶의 근본적 요소이자 가치로 접근하는 방식을 '노동학적 접근'으로 구분했다.

노동공학은 현대 사회과학의 길고 오랜 위기와 자기 한계를 반영하고 있다. 현대 사회과학의 핵심적 위기, 혹은 근본적 한계는 다른 무엇보다도 '분과 학문적 현실'의 한계와 '인간과 자연에 대한 근원적 성찰

---

1   Abraham Lincoln, *First Annual Message*, December 3, 1861.

의 부재'에서 온다. 우선, 경제학, 사회학, 정치학, 법학, 복지학, 행정학, 미디어학 등으로 나뉜 현대 사회과학의 분과적으로 해체된 접근은 복합적으로 연관된 사회적 사실에 대한 총체적 접근을 어렵게 한다. 어쩌면 점점 더 세분화되는 분과학문의 현실은 진리를 찾아가는 과정이 아니라, 대상세계의 진리로부터 점점 더 멀어지는 과정일지도 모른다. 현실로부터 요소들을 한 점 한 점 떼어내서 분해된 사실로 접근하는 방식을 넘어, 삶의 현실로서의 현장과 정책에 대해 통합적이고 융합적으로 접근해야만 진리에 다가갈 수 있을 것이다.

또한, 현대 사회과학의 인간과 자연에 대한 성찰의 부재는 사회과학 자체를 점점 더 인간공학이나 사회공학으로 나아가게 했다. 우리 시대 사회과학은 인간 자신과 더불어, 인간이 만든 환경에 대한 훨씬 더 근본적인 성찰을 지향해야 한다. 사회과학이 무엇을 위해 존재해야 하는지에 대한 근본적 비판을 통해 사회과학의 공공성과 미래지향성을 확장해야 한다. 인간, 노동, 생명, 평화의 가치가 사회과학의 근본적 성찰의 중심에 있어야 한다.

나는 고려대 노동대학원이 추구하는 '노동학'이 현실을 해체하는 사회과학의 분과적 접근을 넘어서고 사회과학의 근본적 성찰을 확장하는 학술적 방향으로 삼고자 '노동학의 5대 지향'을 강조했다.

첫째, 노동학은 '인간학'으로서의 지향이 강조되어야 한다. 노동의 가치는 인간 삶의 가장 보편적이고 근본적 가치다. 인간은 일과 노동을 통해 자연과 하나가 되며 주체적 자아로 성장할 뿐더러 일과 노동을 통해 자아의 실현을 추구하는 존재다. 노동과정에서 얻어진 지식과 경험을 통해 인간은 자아와 자신의 객관적 조건을 이해함으로써 현실의 속박에서 점차 해방된다. 노동은 인간 삶의 존재론적이고 의미론적 문제이기 때문에 곧 인간존재의 근본적 요소다. 따라서 노동학은 인간학으로서 가장 보편적인 인간가치를 근본으로 해야 한다.

인간학으로서의 노동학은 인문학적 상상력을 갖추어야 하며, 노동철학과 노동문학, 노동사, 노동예술의 인문적 감수성이 노동학의 근저에 있어야 한다. 나아가 인간학으로서의 노동학은 인간과 자연과 삶에 대한 성찰을 근간으로 삼아야 한다. 우리 시대 노동학은 보편적 인간가치를 중심에 두되, 인간중심주의의 폐해에 대해서도 성찰해야 한다. 말하자면 성찰적 인간학으로서의 노동학은 인간가치를 훼손시키는 거대한 질서에 대한 비판학적 요소와 생명가치를 중심에 두는 생명생태학 요소, 나아가 인간 삶의 공존을 보장하는 평화학의 요소를 포괄할 수 있어야 한다.

둘째, 노동학은 '통합학(융합학)'을 지향해야 한다. 연관된 현상의 복합적 관계로 존재하는 사회적 사실들은 사회과학의 분과학문적 접근으로는 언제나 대상세계의 진리와 멀어질 수 있다. 기존의 노동연구 또한 학제 간의 칸막이 속에서 개별적이고 파편화된 연구가 일반화됨으로써 중층적이고 복합적으로 존재하는 현실의 노동문제를 온전히 분석하는 데 제약을 가져올 뿐만 아니라 구조의 원인과 정책 대안의 제시에도 오류를 낳게 한다. 노동학은 기존의 경제학, 정치학, 사회학, 법학, 경영학, 심리학 등 사회과학 특정분야의 이론과 방법론을 포괄할 뿐만 아니라 자연과학과 인문학에 대해서도 통합적이고 융합적 접근이 요구된다. 우리 시대의 노동문제는 자본주의 질서로부터 배태된 고도화된 양극화 경향이 인류적 공동성을 파괴하는 근본 문제와 결부되어 있다. 인간학으로서의 노동학은 이와 같은 근본 질서와 대상의 복합적 연관을 밝혀낼 수 있는 포괄적 통합학 혹은 융합학을 지향해야 한다.

셋째, 노동학은 '공공학'을 지향해야 한다. 앞에서 강조한 대로 노동의 가치는 사회구성의 근본적이고 보편적 가치가 되어야 한다. 노동의 가치가 특정 계급이나 집단만의 가치에 제한되는 것이 아니라 시민의 보편 가치로 공유되기 위해서는 노동의 공공성 수준을 확대해야 한다. 말하자면 노동의 가치는 개인적 편익을 넘어서 사회적 편익에 기반을 둔 공민적이고 공익적이며 공개적 측면이 결합된 공공의 가치로 간주되어야 하는 것이다. 노동학은 이처럼 노동가치의 보편성과 공공성을 근간으로 삼아야 한다.

마이클 부라보이Michael Burawoy는 사회학의 범주를 청중과 지식의 유형에 따라 4가지로 구분했다. 사회학이 학술적 청중을 대상으로 하는 것인지 학계 외부의 청중을 위하는 것인지를 하나의 기준으로 삼고, 사회학 지식이 도구적인지 성찰적인지를 다른 하나의 기준으로 삼은 것이다. 부라보이에 따르면 학술적 청중을 위한 도구적 지식을 '전문사회학'이라 하고, 학술적 청중을 위한 성찰적 지식을 '비판사회학'이라 한다. 또, 학계 외부의 청중을 위한 도구적 지식을 '정책사회학', 학계 외부의 청중을 위한 성찰적 지식을 '공공사회학'으로 유형화했다. 이 구분으로 본다면 노동학은 노동공학의 도구성을 넘어선다는 점에서 성찰적 지식이 강조되어야 하고, 청중을 기준으로 한다면 학계 내부와 외부의 청중 모두에게 열려 있다는 점이 강조될 수 있다. 따라서 노동학은 비판학이자 공공학으로서의 정체성을 갖는다.

넷째, 노동학은 '현장학'을 지향해야 한다. 노동학은 학계 내에서 학술적 청중만을 대상으로 하는 학문일 수 없고, 도구적 지식에 머물러서도 안 된다. 노동학은 문제를 해결하고 현실을 바꿀 수 있는 지식의 궁극적 목적에 대해 끊임없이 질문하며, 성찰적 지식에 기반을 두지만 성찰의 원천은 구체적인 삶의 현장이 되어야 한다. 노동학은 높은 추상 수준을 요구하는 다른 학문분야에 비해 훨씬 더 현장 지향적이다. 노동시장, 노동과정, 노사관계, 노동정치 등의 노동학 연구 영역은 현장적이며 실용적이고 정책적 과제들로 구성되어 있다. 부라보이가 구분하는 '정책사회학'은 '정책'이 갖는 의미를 좁은 의미의 도구성으로 이해하는 듯하다. 노동학에서 강조되는 현장학으로서의 정책지향성은 도구성을 넘어 실용성과 실천성을 의미할 수 있다. 법과 제도로 드러나는 정책들은 노동현장의 질서와 직접적으로 결합되어 있다. 노동학은 노동 관련 법, 제도, 조직, 문화의 다양한 현안을 변화시킬 수 있어야 한다.

다섯째, 노동학은 '미래학'을 지향해야 한다. 노동학은 인류의 미래 과제와 직접적으로 결부되어 있다. 우리 시대 인류가 당면하고 있는 거대한 불확실성은 인간 삶의 미래를 불확실하게 하며, 인간의 미래에 대한 불확실성은 곧 노동의 미래에 대한 불확실성을 동반한다.

이미 우리는 코로나19 팬데믹의 거대한 혼돈을 겪으면서 삶과 노동 방식의 대전환을 현실로 확인했다. 디지털 문명과 AI 시대의 예측할 수 없는 기술 발전, 기후 위기와 탄소중립의 지구적 과제가 재촉하는 산업 전환의 현실, 저출생·고령 사회의 뚜렷한 현실 등은 노동의 미래와 직접적으로 결부된 과제가 되었다. 인류의 오래된 미래 과제는 노동의 오래된 미래 과제와 다르지 않다. 문제는 인류의 전망도 노동의 전망도 뚜렷하게 제시되지 않고 있다는 점이다. 노동학은 인류와 노동의 과제를 떠안은 미래학을 지향하고, 인류의 협력적 미래를 전망하는 신문명학의 문을 열어야 한다.

노동학은 현대 사회과학의 위기와 한계에 대한 근본적 성찰을 담아야 한다. 우리는 현실의 자본주의 지배질서에서 노동공학적 접근을 완전히 무시할 수 없으며, 어쩌면 학술적 공존을 수용해야 할 수도 있다. 더구나 우리는 학술적 진리를 추구하는 일면을 고려하여, '노동학'의 근본주의와 학술적 성찰을 외면할 수 없다. 노동 관련 연구의 현실은 언제나 노동학과 노동공학을 양 축으로 하는 스펙트럼의 어디쯤에 있을 텐데, 우리 시대 사회과학의 현실에는 언제나 노동공학이 지배적이라는 문제가 있다. 고려대 노동대학원이 '노동학'을 고유의 학술적 지향으로 삼고자 한 것은 우리 시대 사회과학의 균형성을 복원하기 위한 시도라고도 할 수 있다.

노조시민주의의 전망

고려대 노동대학원장 재임기간, 나름 많은 사업을 차근차근 실현했으나 늘 해결하지 못한 아쉬움이 남아 있었다. 고려대 노동대학원과 노동문제연구소 고유의 학술·정책 브랜드를 개발하지 못했다는 점이다. 나는 노동문제연구소가 싱크탱크로서의 기능을 제대로 갖추려면 노동 분야의 주요 쟁점에 대한 정기적인 서베이를 통해 새로운 과제를 발굴하거나, 이를 바탕으로 새로운 학술·정책적 비전을 브랜드로 제시할 수 있어야 한다고 생각했다. 노동대학원장 재임기간 동안 노동문제연구소를 통해 다양한 용역과제를 수행했으나 실제로 브랜드를 만드는 데 이르지는 못했다. 국내 노동 관련 싱크탱크로는 정부출연 연구기관인 한국노동연구원과 민간 싱크탱크인 한국노동사회연구소 정도가 주목되는데, 고려대 노동문제연구소는 역사나 규모로 볼 때 우리 노동의 미래에 관한 다양한 비전을 제공할 수 있는 역량을 갖추어야 했다. 특히 문재인 정부의 '노동존중사회'라는 국정비전 이후 노동계는 미래에 대한 전망 없이 침체된 분위기다. 더구나 윤석열 정부의 '반노동의 노동개혁'이 이어지면서 노동은 더욱 고립되었다. 노동 주도의 노동개혁 비전이 더 절실한 시점이 되었다.

2018년 10월, 금융산업의 노사가 약 2천억 원의 공동기금을 기반으로 '금융산업공익재단'을 출범시켰다. 출범 몇 달 전 당시 전국금융산업노동조합의 허권 위원장 일행이 노동대학원을 방문해 공익재단 출범을 도와 달라고 했다. 이사로 참여해 달라는 줄 알았는데, 대표이사장을 맡게 되었다. 지금은 단일 이사장제가 되었지만 금융산업공익재단은 출범 시 노측과 사측의 이사장이 공동이사장으로 선임되어 1년씩 번갈아 가며 대표이사장을 맡는 방식으로 운영되었다. 나는 이 재단의 출범 사실에 다소 흥분했던 기억이 떠오른다. 우리 노사는 늘 대립과 대결의 모습을 보였는데 노사가 공동으로 기금을 모아 공익재단이라니, 참으로 놀라운 일이 아닐 수 없었다. 금융산업 공익재단뿐만 아니라 2018년을 전후하여 공공상생연대기금, 사무금융우분투재단 등이 잇달아 출범했는데 연구자 입장에서는 이러한 현상이 우리 노동운동사의 획기적인 사건으로 비쳤다.

노동기반 공익재단들의 출범은 노동조합이 사회적 가치를 실천하는 공익활동을 조합의 경계를 넘어 공익재단이라는 시민사회의 제도적 기구를 설립해 실천한다는 점에서 획기적인 일이었다. 노동기반 공익재단은 노동조합운동이 시장영역에서 형성된 노사관계의 범위를 넘어 시민사회영역으로 제도적 확장을 이루었다는 것을 의미한다. 나는 고려대 노동대학원의 노동교육이 노동가치의 보편성과 공공성을 확장하는 데 목적을 둔다는 점을 일찍이 강조한 바 있다. 노동기반 공익재단은 노동가치의 보편성과 공공성이 시민사회영역으로 확장됨으로써 노동조합운동의 가장 진화된 형태를 보였다는 점에서, 노동운동사적 의의를 갖는 주목할 만한 현상으로 해석할 수 있다.

나는 노동기반 공익재단의 이 같은 의의를 떠올리며 금융산업공익재단의 이사장직을 흔쾌히 수락했다. 아울러 출범 초기의 혼란을 수습하면서 '노동기반 공익재단의 출현'이라는 현상을 이론화하고 싶다는 욕심을 가졌다. 재단 이사장과 대통령 직속 정책기획 위원장을 겸직하는 동안 이러한 학술적 욕심은 그야말로 욕심에 그쳤다. 정권이 바뀐 후 이전에 비해 덜 분주한 시간을 갖게 되면서 나는 노동기반 공익재단에 대해 보다 심층적으로 분석하게 되었고, 우리 노동계가 만들어 낸 이 획기적인 성과를 21세기 노동의 새로운 비전으로 삼아야 한다는 데 생각이 닿았다. 나는 우리 노동의 이 새로운 비전을 '노조시민주의Union Citizenship'라는 개념으로 구체화했다.

노조시민주의는 기술발달에 따른 보편적 노동위기, 노동조합의 고립과 제약에 따른 조직위기, 정부 억압에 따른 정세적 위기라는 우리 시대 삼중의 노동위기를 뚫고 노동가치의 보편성과 공공성을 확장함으로써 노동조합운동을 주류화하기 위한 전략이자 비전이라고 할 수 있다. 말하자면 21세기 노동이 노조시민주의로 귀환해야 한다는 점을 강조한 것이다. 노조시민주의는 노동가치와 노동조합운동의 시민사회적 확장을 의미한다. 노조시민주의라는 개념은 내가 처음 제시했지만 사실 사회운동노조주의, 사회개혁노조주의, 사회연대노조주의의 형태로 이미 현실에 내재해 있었다. 나는 노동기반 공익재단의 출현을 노조시민주의의 제3의 진화로 보고자 했다.

'시민주의' 혹은 '시민사회'의 개념은 노동 영역과 오랫동안 분리되거나 불편한 관계에 있었다. 그 첫 번째 기원은 서구 맥락에서 68혁명 이후 구사회운동으로서 노동계급운동의 제도화, 신사회운동의 시민사회적 주류화에 따른 노동과 시민의 분리가 있었다. 두 번째 기원은 한국적 맥락에서 민중민주운동의 기층지향적 전통과 근본주의 노동운동의 계급지향적 전통에서 '시민적'이라는 것은 부르주아 지향, 온건주의, 타협주의를 의미하는 것이었다. 세 번째 기원은 한반도적 맥락에서, 냉전과 분단의 특수성이 노동운동을 고립시켰다는 것이다. 이 같은 한국의 오랜 정치사회 지형에서 노동과 시민은 불화의 관계에 있었고 특히 노동계에서는 '시민적'이라는 표현에 대한 거부감이 크다. 그러나 배제와 고립을 딛고 제시되어야 할 21세기 노동의 새로운 비전은 우리 노동의 오랜 관행, 통념, 언어를 벗는 데서 찾아져야 한다. 혁신은 익숙한 것과의 결별에서 온다.

노조시민주의를 전망할 때 우리는 '시민주의'에 대한 두 가지 자각이 필요하다. 첫째는 시민사회가 근본주의적 계급혁명의 제한성을 가짐에도 불구하고 고도의 자율적이고 동원 가능한 자기 조직적 사회라는 점을 통찰해야 한다. 시민사회는 스스로 구성하고 스스로 동원하는 방식을 통해 끊임없이 재창조되는 자기 성찰적이고 자기실현적 공간이다. 21세기 노조시민주의는 노동조합의 경직성을 시민사회의 성찰과 실현을 통한 창조성과 결합시킴으로써 연대적 확장성을 담보할 수 있다.

시민사회에 대한 또 하나의 자각은 노동가치의 보편적이고 공공적인 재구성과 확장된 연계에 대한 통찰이다. 국가와 시장, 시민사회라는 사회구성영역 가운데 무엇보다도 노동가치를 재구성하고 재창조할 수 있는 자율적 공간은 시민사회밖에 없다. 노동가치와 노동조합운동은 시민사회적 재구성을 통해서만 보편성과 공공성을 확장한 연대를 구축할 수 있다. 시민사회영역으로의 확장과 연대가 실현되어야 노동부문은 국가영역과 시장영역에서 '희생적 협력'을 넘어 '주류적 협력'을 가능하게 할 수 있다.

이 책에서는 노동기반 공익재단을 '노동가치'와 '노동조합운동'이 시민사회로 확장된 연대의 아주 뚜렷한 사례로 보고 이를 21세기 노조시민주의의 가장 진화된 형태로 간주한다. 나는 이 책에서 금융산업공익재단과 공공상생연대기금, 사무금융우분투재단과 전태일재단 등 노동기반 공익재단을 사례로 삼아 노조시민주의를 노동연대형과 노사공동형, 노사포용형, 기념사업형 등으로 유형화했다. 풍부한 이론적 자원을 동원하는 것도, 분석의 날카로움을 드러내는 것도 마음먹은 대로 되지 않은 듯하다. 나이 든 육신의 한계 탓이라는 푸념으로 달래 본다. 또한, 금융산업공익재단의 일을 맡으면서부터 문제의식을 가졌던 노조시민주의의 과제를 부족한 상태로나마 정리할 수 있다는 사실을 위안 삼는다.

선우재의 꿈:
정책정치와 지속가능한 노동의 비전

2022년 12월 23일, 유난히 매서운 추위 속에서 나는 정책기획위원회를 함께했던 교수들과 민간 싱크탱크 '사단법인 선우재'를 출범시켰다. 문재인 정부의 정책기획위원회는 정권의 재창출을 기대하면서 미진했던 9개 분야의 정책과제를 '2021년 후반부 정책과제'라는 이름으로 정리해 냈다. 그해 5월, 정권이 바뀐 후 이 같은 정책과제에 대한 아쉬움이 컸고 다른 한편으로 국정에 참여했던 교수들의 경험을 소중하게 끌어안고 싶었다. 정책기획위원회를 이끌었던 약 10여 명의 교수들이 10여 차례의 모임을 가지면서 창립선언문에 대한 의견을 나눈 뒤 그해 겨울 '선우재先憂齋'를 창립했다.

선우재는 '먼저 걱정하는 사람들의 집'이라는 뜻이다. 나는 정책기획 위원장에 취임한 후 정책기획위원들과 위원회 소속의 공무원들의 마음을 다잡기 위해 서예가 변영문 선생께 부탁해 북송의 명문장가

범중엄范仲淹이 쓴 악양루기岳陽樓記 마지막 구절을 액자로 걸었다. "선천하지우이우先天下之憂而憂 후천하지락이락後天下之樂而樂"이라는 명문이 반듯한 글씨로 걸렸다. "천하의 걱정거리는 먼저 걱정하고 천하의 즐거움은 백성들이 다 즐긴 뒤에 즐긴다"는 말인데, '먼저 걱정한다'는 의미의 '선우'를 싱크탱크의 이름으로 삼은 것이다.

정책기획위원회 당시 위원회를 찾은 분들에게 이 글귀를 설명해 주는 재미도 있었는데, 언젠가 중국에서 유학 온 지도학생이 위원회에 들렀다가 이 글을 보고 중국에서는 중학교 때 악양루기 전문을 다 외운다고 해서 감탄했던 적이 있다.

선우재는 우리 미래를 여는 비전과 정책을 생산하는 정책지식의 네트워크를 구축해 나가고 있다. 지역에서 활동기반을 가진 학자들과 지식인들을 선우재의 정책지식 네트워크에 결합시킬 뿐만 아니라 해외 학자들의 네트워크 구축도 과제로 삼고 있다. 선우재의 기획운영위원들은 우리 공동체의 미래를 위해 반드시 필요함에도 아직 부족하거나 없는 부문이 무엇인가에 대한 논의를 계속했다. 좋은 정치의 기반을 갖추기 위해 제대로 된 정치교육이 필요하다는 점과 노동의 보편성과 공공성을 선도하는 노동교육이 필요하다는 데 의견을 모았다.

현재 선우재는 정책지식을 생산하는 '정책과학원'과 정치교육 프로그램을 운영하는 '정치교육원', 노동교육 프로그램을 운영하는 '노동교육원' 등의 3원 체계가 있고, 정책공론장으로 '정책과 대화'와 '노동마루'라는 양대 포럼이 있다. 선우재의 정치교육은 우리 정치의 혼돈을 넘어서는 정치비전으로 '정책정치'를 강조하며, 노동교육은 노동의 보편성과 공공성을 지향하는 '노조시민주의'를 비전으로 삼고 있다.

나는 선우재를 학자들이 언제든지 모여 앉아 정책적 지식과 지혜를 나누는 '집현集賢'의 중심이라는 의미에서 '정책마루'라고 불렀다. 정책마루 선우재는 정책기획위원회에 모였던 학자들의 뜨거운 열기를 북돋우는 한편, 노동학과 노조시민주의의 비전을 이어가고 있다. 최근 선우재는 노동학과 노조시민주의의 비전을 기반으로 지속가능한 노동목표를 지표화하는 중이다. ESG 경영을 방향으로 삼는 '지속가능경영보고서'의 의의를 충분히 이해하면서 동시에 노동의 보편성과 공공성 확장을 통해 '노동기반 사회'의 목표를 구체화하는 작업은 사회구성 절반의 축을 균형 있게 세우는 일이 아닐 수 없다. 선우재는 노동학과 노조시민주의의 문제의식을 담아 '지속가능한 노동'의 비전을 구체화하고 있다. 지속가능한 노동 목표를 100대 지표로 구체화함으로써 '지속가능노동보고서'가 대한민국 노동기반 사회의 미래를 열 수 있기를 기대해 본다.

21세기 노동의 현실을 책으로 엮으며

이 책은 서문에 이어 크게 두 부분으로 구성되어 있다. 이 책의 1부는 책의 제목에서도 드러나듯이, 21세기 노동이 '노조시민주의'의 비전으로 귀환해야 한다는 점을 제시하고 있다.

제1장은 우리 시대 노동의 위기적 현실, 특히 정권의 특성이나 정치적 조건이 반노동의 노동개혁을 강요하는 현실에서 노동주도의 노

동개혁비전으로 '노조시민주의'를 강조하고 있다. 아울러 우리 시대 노동의 새로운 비전은 현대성의 모든 질서가 해체되는 거대 경향을 반영하는 방식으로 재구성되어야 한다는 점도 강조한다. 위기와 해체의 거대 경향 속에서 부르주아 시민성의 진화와 노조시민주의의 다양한 형태들이 진화한 과정을 리뷰하고, 노조시민주의의 개념과 정체성의 구성에 대해 설명한다.

제2장은 우리 시대 노조시민주의의 가장 진화된 형태로 볼 수 있는 노동기반 공익재단의 사례를 분석하고 있다. 여기서는 금융산업공익재단, 공공상생연대기금, 사무금융우분투재단, 전태일재단 등을 사례로 노조시민주의의 유형화를 시도한 후 시민사회의 제도로 확장된 노조시민주의의 과제에 대해서 짚어 본다.

이 책의 2부에는 11명의 산별노조 및 노동조합연맹의 위원장을 대상으로 인터뷰한 내용을 담았다. 오랜 노동운동의 체험 속에서 그야말로 '산전수전' 다 겪은 노동조합 지도자들이 생생한 경험을 바탕으로 긴 질의에 대해 답해 준 내용들을 정리한 것이다. 2부에는 분석을 덧붙이지 않고 11명과의 대화 내용을 있는 그대로 싣고자 했다. 노동위기, 한국 노동조합운동의 성장과 성과, 노조활동의 성과, 지속가능한 노동, 노조시민주의, 노동기반 공익재단, 사회적 대화, 노동조합운동의 미래, 노조리더십, 개인적 경험과 꿈 등과 관련된 11가지 범주의 질문에 대한 체험적 생각을 정리했다.

무더위가 기승을 부린 2024년 여름부터 시작된 열한 분의 진·현직 위원장과의 대담은 참으로 소중한 경험이었다. 연구자의 입장에서 위원장들의 생생하고도 절절한 현장의 체험을 듣는 것은 반짝이는 보석을 주워 담은 황홀한 시간이었음을 고백하지 않을 수 없다. 대담에 참여한 위원장들 또한 질문에 답하면서 자신의 삶과 우리 노동의 현실을 자전적으로 정리할 수 있는 기회가 되었다는 덕담을 건넸다. 나는 이 책에 담은 위원장들의 우리 노동 현실과 미래에 대한 전망이 '21세기 노동의 귀환'을 보여주는 파노라마와 같다고 여긴다. 나는 이번 대담이 우리 노동조합이 시민들과 나누는 대화가 되었으면 좋겠다는 바람을 가진다. 우리 노동조합을 이끄는 이분들이야말로 21세기 노동의 새로운 문을 여는 사도다.

나는 내가 걸어온 길들을 숱한 역경을 이겨내면서 스스로 만들어 낸 길이라 생각했다. 난관에 마주칠 때면 다만 길이 가르치는 이치라 여기며 길이 불러내는 대로 밖으로 길을 열었다고 생각했다. 이순을 넘긴 나이가 되어서야 신경림 시인이 노래한 대로 그 길들이 밖으로 나를 불러낸 것이 아니라 내 안으로 들어와 있다는 것을 깨닫는다. 이제 내가 걸은 수많은 길은 내 안으로 나 있고, 안으로 난 그 길들이 나를 만들었다는 것을 어렴풋이나마 알게 되었다. 내 안으로 난 길들은 그 길에서 만난 많은 분들이 낸 길일 수도 있다.

이 책의 출간을 핑계 삼아 내 안으로 길을 내어 준 많은 분들께 감사의 인사를 드리지 않을 수 없다. 무엇보다도 인터뷰를 통해 이 책의 내용을 채워준 노동조합 지도자들께 감사드린다. 박해철·박홍배 의원, 나순자·이재진·강규혁·김형선·최희선·김준영·정정희·이지웅·최철호 위원장께서 너무나도 바쁜 일정에도 불구하고 긴 시간을 할애해 인터뷰에 참여해 주셨다. 더없는 감사의 마음으로 인사드린다.

집필시간에 쫓겨 인터뷰 요청을 드리지는 못했으나 '노조시민주의'에 관심을 갖고 포럼 노동마루에 함께해 주신 류기섭 한국노총 사무총장께도 감사드린다. 또한, 오랜 교류를 통해 우리 노동의 고민을 함께 나누었던 각급 노동조합의 위원장을 비롯한 활동가들께도 이 기회를 빌려 고마운 마음을 전한다. 후속 연구에서 함께할 기회를 갖게 되기를 기대해 본다.

노조시민주의의 논리를 다듬는 데는 노동기반 공익재단을 이끌었던 이사장님들과의 연대와 교류에 힘입은 바 크다. 특히 노동마루 포럼에 함께했던 이병훈 공공상생연대기금의 당시이사장과 노광표 현 이사장, 신필균 사무금융우분투재단 이사장, 박준식 금융산업공익재단 이사장, 이덕우 전 전태일재단 이사장을 비롯한 각 재단의 실무진께 감사를 드린다.

역사는 사람을 만들고 사람은 다시 역사를 만든다는 사실을 언제나 우리 곁에서 보여주는 노동계의 원로들은 존재만으로도 큰 배움이 된다. 고려대 노동대학원이 주관하는 한국노동문화대상의 위원회에 참여해 최고의 상격賞格을 만들어 주신 권영길, 박인상, 천영세, 이원보, 이수호, 최순영, 김장호, 조돈문 선생님께 고개 숙여 감사의 인사를 드린다. 김주영 전 한국노총 위원장과 김명환 전 민주노총 위원장, 그리고 양대노총을 대표해 대상위원회에 함께했던 김동명, 양경수 위원장께도 감사의 마음을 전한다.

나는 고려대 노동대학원을 맡아 운영하면서 석사과정과 노사정 최고지도자과정, 근로복지정책과정과 노사관계전문가과정의 원우들과 교우들로부터 과분한 사랑과 존경을 받았다. 변함없는 인연을 이어가고 있는 노동대학원의 원우들과 교우들이야말로 나를 지탱하는 힘의 원천이었다. 이 기회를 빌려 한없는 사랑과 감사의 마음을 전한다.

특히 노동대학원 교우회는 언제나 노동대학원을 지키는 든든한 언덕이었다. 노동대학원장 재임 시기, 오로지 애정과 헌신으로 교우회를 이끌어 주셨던 정세균 총교우회 명예회장님, 신창훈, 김유호, 김성래 회장께 각별한 감사를 드린다. 변함없는 애정으로 함께하셨던 유동기 회장과 아울러 이두형, 강중근, 신동휘, 심우용, 임종택 회장께도 감사드린다. 노동대학원의 인연을 이어 변함없이 정을 나누는 정용실, 최용선, 김성철, 이재철, 조인호 위원장에게도 늘 감사한 마음이다. 고려대학교 노동대학원을 함께 운영했던 석사과정의 주임교수들과 노동문제연구소의 실무진들께도 감사의 마음을 전한다.

정책마루 선우재는 우리 정치와 노동의 밭을 새로 일구는 데 학자들이 해야 할 시대적 책무가 있다는 데 공감해 만든 싱크탱크다. 공익 목적의 사단법인을 운영하는 일은 결코 만만하지 않은 현실이었다. 그러나 고난의 시간을 보내며 사람의 소중함이 더 뚜렷해진다는 사실을 새록새록 깨닫고 있다. 선우재의 설립과 운영에 함께한 분들의 놀라운 헌신을 잊을 수 없다. 소준노·정순관·박준식 공동대표, 양종곤 사무총장, 윤태범 정책과학원장, 소순창 정치교육원장, 이문호 노동교육원장을 비롯한 기획운영위원들의 한결같은 마음은 선우재의 동력이다. 선우재의 성장은 이분들의 마음이 만드는 마술과 같다. 이분들의 마술이 이제 내 안으로 길을 내고 있다. 나는 요즘 그 길을 새기며 성찰과 감사의 시간을 덤으로 즐기고 있다.

섬세한 감성과 너른 품으로 세상을 따뜻이 품어내는 유진현 선우재 정치교육원 총교우회장은 선우재의 모든 것을 자기 일로 여기고 있다. 나와 선우재는 그의 특별한 마음을 소중히 안고 갈 수밖에 없다. 선우재가 우리 사회에서 제대로 된 역할을 할 수 있게 만드는 것이 그에 대한 보답일 것이다. 선우재 교육을 수료한 후 선우재를 자기 집처럼 생각하며 언제든 달려오는 조인래, 김명곤, 김용구, 홍성호, 이승용을 비롯한 원우들의 신의에 늘 감사한 마음을 갖고 있다. 선우재의 크고 작은 일을 자기 일처럼 생각해 주는 서정국 부사장, 우성호, 방경석 대표의 고마움을 잊을 수 없다. 고향 안동의 큰 어른이자 재계의 원로이신 류목기 회장님은 늘 과분한 내리사랑으로 든든한 울타리가 되어 주셨다. 자애로움과 더불어 지조를 잃지 않는 그 넉넉한 모습을 오래 뵐 수 있기만을 바랄 뿐이다. 감사드린다.

노동대학원에서는 행정직원, 정책기획위원회에서는 위원장 비서, 선우재에서는 행정팀장으로 오랜 시간을 함께한 남선정 선생은 까다롭고 일 벌이기 좋아하는 고약한 나를 한결같이 따라 준 실력과 인품을 고루 갖춘 인재다. 남선정 팀장을 통해 나는 오늘도 세상을 배운다. 이 책이 나오는 데는 안지은 박사의 도움이 컸다. 영국에서 학위를 받은 후 선우재에 합류한 안 박사는 열 분의 노조 위원장들과의 장시간 인터뷰에 배석하고 원고를 정리하는 수고를 아끼지 않았다. 감사한 일이다.

책을 출간할 때가 되면 늘 아내와 아들 관의 고마움을 되돌아보지만, 정년퇴임을 앞두고 내는 책이라 두 사람에게 느끼는 감정이 여느 때와 다르다. 오랜 세월 부끄럽지 않게 학생들을 가르치고 연구할 수 있었던 것은, 게다가 오지랖 넓게 학교 밖 일에도 관여할 수 있었던 것은 오로지 아내와 관이가 나를 비추는 거울로 있었기 때문이다. 고마운 일이 아닐 수 없다.

필자들의 생각이 정리된 글을 책으로 바꾸어 세상에 선보이기까지는 출판의 예술을 거쳐야 한다. 이 예술의 현장을 지키는 나남출판의 조상호 회장께서는 염화의 미소로 원고를 받아 주셨다. 세심한 편집으로 원고를 빛내준 편집진께도 감사드린다. 마지막으로 나는 선우재와 늘 함께해 주시고, 안으로 난 길의 이치를 신경림의 시를 통해 알려준 도종환 시인께 예의를 갖춘 감사의 인사를 덧붙이지 않을 수 없다. 여기에 언급한 분들 외에도 정말 많은 분들께서 내 삶에 들어와 내 안으로 난 길을 만들어 주셨다. 이제 그 모든 분들에 대한 감사와 존경을 두고두고 마음에 새기며 남은 날을 살아가리라 마음먹는다.

차례

1부

노동의 귀환과
노조시민주의

1
노조시민주의의 구상과 전망*

삼중의 노동위기와 반노동의 노동개혁을 넘어

노동의 위기가 가중되고 있다. 인류 삶의 구성영역 가운데 노동 영역
만큼 긴 위기의 영역도 없었다. 노동이야말로 인류문명의 원천이며
인간 삶의 가장 본질적 요소다. 인류의 부와 자원과 권력의 원천은
생산력에 있고 생산력의 원천은 노동력이다. 따라서 노동에 대한 통
제는 어느 시대에나 가장 광범하고 근본적이며 첨예한 이해의 영역
에 있었고, 첨예한 이해만큼이나 끊임없이 거듭되는 위기의 영역에
있기도 했다.

우리 시대 노동의 위기는 여러 차례 가중됨으로써 어느 때보다 고
도화되고 있다. 무엇보다 디지털, 네트워크, AI로 상징되는 기술발달
이 인간노동 자체를 위축시킴으로써 위기가 심화되고 있다. '인간노
동의 보편위기'라고 말할 수 있다. 노동의 보편위기는 노예노동과 농
노노동, 자본주의적 임노동이라는 서로 다른 형식의 강제된 노동이

---

* 이 책의 1부 1~2장에 기술된 연구는 국회 안호영 의원실의 연구용역비로 수행되었으
며 그 결과보고서를 수정하여 수록한 것이다.

인간노동의 본질을 왜곡시킨 데로 거슬러 올라갈 수 있다. 어쩌면 인류문명사는 인간가치의 실현과 직결된 노동의 가치가 훼손되는 과정이었고, 노동을 통해 실현되는 인류 협력의 유전자가 억압되는 과정이기도 했다.

인간노동의 보편위기는 오랜 시대에 걸쳐 광범한 분야에서 거듭되었다. 노동의 보편위기는 특히 산업혁명 이후의 기술 발달과 함께 고도화되었다. 산업혁명 이후의 기계화에 이어 20세기의 기술 발전은 자동화, 전자자동화, 극소전자자동화로 이어지며 정보통신기술혁명을 이끌었고 마침내 4차 산업혁명과 AI시대를 열었다. 이 같은 기술혁명은 가장 직접적으로 노동의 보편위기를 가속화시켰다. 놀라운 기술혁신이 작업장에서 인간노동력을 빠르게 추방함으로써 이른바 '노동의 종말'을 예고한 셈이다. 나아가 20세기 말 동유럽 사회주의의 붕괴와 신자유주의적 유연자본주의의 팽창은 노동의 지위를 다른 어느 때보다 위태롭게 만들어 인간노동의 보편위기를 확대시켰다. 우리 시대 인간노동의 보편위기는 노동시장의 유연화와 분절화, 노동과정의 탈숙련과 탈인간화, 노사관계의 불균형, 노동정치의 고립이라는 현실을 드러냈고, 우리는 지금 위태롭고 불안한 노동의 시대를 맞고 있다.

인류의 문명은 인간노동의 축적물이다. 노동은 인간 삶의 원천이며 가장 근본적 가치다. 따라서 노동의 보편위기는 인간존재의 위기와 다름없다. 노동가치가 위태로운 만큼 인간존재의 절박한 위기가 동반되는 현실에서 노동의 보편위기는 가장 근본적이고도 오랜 시대의 과제가 되었다.

둘째로 강조되는 노동의 위기는 '노동사회의 조직위기'를 들 수 있다. 노동사회 혹은 노동공동체의 구심이라고 할 수 있는 노동조합의 위기가 고도화되고 있다. 20세기 말의 신자유주의는 외환위기의 형태로 한국사회에 들이닥쳤는데 외환위기 이후 본격화된 한국의 노동위기는 노동조합의 조직위기로 나타났다. 외환위기 이후 한국의 노동시장은 정규직과 비정규직, 대기업과 중소기업, 원청과 하청, 성별, 세대 간 양극화를 확대했고, 이 같은 양극화는 무엇보다도 노동조합운동의 세 가지 위기를 드러냈다.

노동조합의 조직위기는 우선 노동리더십의 재생산위기로 나타났다(정흥준, 2016). 노동리더십에는 다른 무엇보다도 새로운 노동패러다임과 노동의 미래에 대한 비전, 그리고 이러한 비전에 대한 조합원들의 공감이 있어야 한다. 외환위기 이후 한국의 노동조합은 '귀족노조'와 '이기적 노조주의'에 대한 경제위기 책임론을 넘어설 수 있는 새로운 비전을 제시하지 못했다. 증가하는 비정규직과 노동시장의 내부차별이 고도화되는 가운데, 노동리더십은 정규직에 갇힌 이기적이고 고립된 형태로 나타났다(유범상, 2008; 장홍근 외, 2016).

노동조합의 또 다른 조직위기는 노동현안에 대한 정책역량의 위기로 나타났다. 리더십과 비전의 부재는 정책역량의 한계에서 나온다. 노동조합운동의 오랜 전투적 경제주의와 투쟁 중심 리더십은 정책생산의 중요성에 대한 인식과, 정책연구원과 같은 정책생산제도의 독립적 기능을 제약했다. 따라서 노동조합의 정책역량은 소수의 개인에게 맡겨지게 되어 조직적 재생산에 취약했다. 노동조직의 정책역

량 위기는 장기적 비전이나 실천방향의 부재를 낳았고 현안에 대한
정세적 개입의 부재를 초래했다.

　세 번째 조직위기는 '사용자전략에 대한 대응의 위기'이다. 경제
위기에 대한 사용자전략에는 성과주의 인사시스템의 도입, 적극적
고충처리와 경력개발, 직무급, 숙련급의 도입 등 개별적 고용관계
전략이 있다. 또한, 기간제, 파견 및 용역, 단시간, 특수형태노동, 재
택노동 등 다양한 형태의 비정규 노동의 양산을 통한 노동유연화 전
략과 복수노조제도의 활용을 통한 노조개입전략과 같은 집단적 노
사관계 전략 등에 주목할 수 있다. 이 같은 사용자 측 인사전략과 고
용전략, 노조전략에 대한 노동조합의 대응은 무기력하고 한계가 있
었는데, 그것은 노조의 리더십과 정책역량의 위기가 촉발한 효과이
기도 했다.

　이러한 노동조합의 세 가지 조직위기는 노조의 위기·미래대응의
실패를 반영하고 있다. 노동사회 혹은 노동공동체의 위기를 극복하
는 핵심 과제는 노동사회가 공감할 수 있는 새로운 패러다임과 비전
을 갖춘 노동 리더십이다. 시대를 꿰뚫는 강력하고도 통찰력 있는 비
전이야말로 효과적인 정책과 전략을 생산하고, 효과적이고 적절한
정책과 전략은 사용자전략에 대응할 수 있는 협력과 연대를 만들어
낸다. 외환위기 이후 한국 노동조합의 조직위기를 통해 우리는 무엇
보다도 노동조합운동의 철학과 비전의 실패, 정책생산의 실패, 연대
와 협력의 실패가 만든 사회적 고립과 직면하게 되었다.

　오늘날 중첩된 노동위기에 주목할 때, '인간노동의 보편위기', '노

동사회의 조직위기'와는 또 다른 차원으로 '노동정치의 정세위기'를 들 수 있다. 정세적 수준의 위기는 정치국면이나 정부성격, 노동정책의 전환에 따른 위기다. 한국의 노동사회는 2022년 새 정부 출범 이후 정치적 조건의 변화에 따른 정세적 위기가 첨예화되고 있다. 무엇보다도 새 정부의 반反노동의 노동개혁, 사회적 대화 없는 일방적 노동개혁, 이른바 법치주의 노동개혁은 민주화 이후 전례 없는 노동배제와 노조탄압의 공세를 드러내고 있다. 69시간 노동, 최저임금 차등화, 중대재해 규제 완화 등 추진, 노조를 불법과 비리 집단으로 내모는 노동혐오, 사회적 대화 없는 일방주의가 유연화와 법치와 공정을 명분으로 무모하게 시도되고 있다. 이는 반노동의 노동개혁이자 노동혐오의 노동개혁이다. 대화 없는 노동개혁이 정세적 위기를 가중시키고 있다. 민주화 이후 유례를 찾기 어려운 노동위기적 정세는 반노동의 노동개혁을 넘어 노동주도의 노동혁신이라는 숙제를 던져준 셈인지도 모른다.

우리 시대 노동의 위기는 '인간노동의 보편위기'와 '노동사회의 조직위기', '노동정치의 정세위기'가 중복된 '삼중三重의 위기'로 고도화되고 있다. 우리는 삼중의 위기 한가운데서 고립되고 배제된 노동의 시대를 맞고 있다. 이 글은 위축되고 배제된 노동, 불안하고 고립된 노동의 시대에 3중의 위기를 뚫고 21세기 노동은 어떻게 귀환할 수 있는가에 대한 모색이다. 말하자면 이 글은 21세기 노동의 귀환에 대한 새로운 비전의 탐색이라고 할 수 있다.

이제 이 글에서는 우리 시대 노동조합운동의 새로운 비전이자 새로운 노동패러다임으로 '노조시민주의Union Citizenship'를 강조하고자 한다. 노조시민주의는 역사적으로 진화했다. 특히 최근 사회적 가치와 공익을 목적으로 '노조의 시민적 역할', '시민으로서의 노동조합'을 부각시키는 노동기반 주요 공익재단 활동을 노조시민주의의 가장 진화된 사례로 분석하고자 한다.

21세기 노동이 노조시민주의로 귀환하고 있다. 노조시민주의의 귀환은 한국의 노동자와 노동조합이 시민적 권리와 책무를 갖는 보편적이고 공공적 존재라는 사실을 강조하기 위한 것으로, '노조시민주의'가 노동조합의 현재적 성격이자 노동의 혁신을 향한 미래비전이라는 점을 함의한다. 사실 한국의 정치사회 지형에서 노동과 시민은 대단히 불편한 관계에 놓여 있었다. 특히 노동 측에서는 '시민적'이라는 표현에 대한 거부감이 크다. 한국 민주화운동을 이끌었던 민중민주의 기층지향적 전통과 전투적 노동운동의 계급지향적 전통은 '시민성'을 부르주아 지향, 온건주의, 타협주의, 개량주의 등 부정의 관념으로 해석하는 경향이 있었다. 21세기 노동의 새로운 비전으로서의 '시민주의'는 노동의 보편성과 공공성을 확장하는 전략으로서 다원성(자율성), 공공성, 사생활, 합법성, 주류성, 책임성 등 시민사회의 정체성에 주목한다.

우리 시대 삼중의 노동위기를 넘어설 수 있는 새로운 노동비전은 우리 노동을 겹겹이 에워싸고 있는 오랜 관행과 통념과 언어를 벗는데서 찾아져야 한다. 혁신은 익숙한 것과의 결별에서 온다. 경직된 노동중심성에 고착된 담론과 이론체계는 아무리 새로운 전략적 지향을 담고 있을지라도 시대착오적이며, 비판 없는 교조주의에 호소하는 것은 종교적 행위(Waterman, 2004)라는 지적에 귀 기울여야 한다. 오랜 고립으로부터의 탈출과 노동주도의 노동혁신이 이제 노동조합운동의 시대적 과제가 되었다. 21세기 노동의 귀환을 위해서는 '시민주의'에 대한 노동사회의 자각과 노동사회에 대한 시민사회적 포용이 절실하다.

노동의 귀환과 노조시민주의의 진화

2차 현대와 성찰적 노동의 시대

21세기 노동의 귀환은 20세기 말 공공성의 위기에 따른 노동 공공성의 재구성에서 그 기원을 찾을 수 있어야 한다. 이른바 신자유주의로 불리는 세계시장주의의 고도화에 따라 국가의 공적 기능이 약화되면서, 공공성은 일종의 위기에 직면했다. '공공성의 재구성'은 이 같은 공공성의 위기에 대응하는 거시적 사회구조의 자기조정적 대응이라고 말할 수 있다. 공공성의 재구성은 국가, 시장, 시민사회의 공적구조가 단순히 축소되거나 확장되는 것을 의미하는 것이 아니라 각 영역 내부에 고유한 공적 기능이 다른 영역으로 할당되거나 새로운 기능적 공공성이 형성됨으로써, 각 영역 간에 공적 기능의 호환성이 발생하거나 구조적 경계가 불명확해지는 것을 말한다(조대엽, 2007).

현대적 기획의 전환이라는, 보다 장기적 시각에서 본다면 공공성의 재구성은 국가, 시장, 시민사회의 공적 구성과 공적 기능, 나아가 공적 기구의 '성찰성 reflexivity'이 증대함으로써 구조적 유연성이 높아지는 것이라고도 할 수 있다. 성찰성은 현대사회의 창조적 자기파괴

가능성을 반영한 개념이다. 따라서 '성찰적reflexive'이란 '반성reflection'을 의미하는 것이 아니라 현대사회의 문화와 제도의 자기대면을 의미한다(앤서니 기든스·울리히 벡·스콧 래시, 1998).

　1차 현대성 내에서 사회적 행위자는 주어진 규율의 지배 아래 있게 되는데, 거대 대중노조나 정당, 위계적인 거대기업과 같은 현대적 제도와 조직의 규범 혹은 복지국가의 제도 안에서 활동한다. 이와 대조적으로 성찰적 현대성 내에서 개인은 특수한 상황에 직면하여 적용할 규칙을 찾아내야만 한다(Lash, 1999: 3). 현대성의 기획과 그 결과의 '자기대면'으로서의 성찰성은 산업사회의 사회구조와 일상의 삶을 끊임없이 변화시키는 '2차 현대'의 동력이다(앤서니 기든스·울리히 벡·스콧 래시, 1998). 이 점에서 국가, 시장, 시민사회의 질서가 상호 개방되고 침투하는 유연한 재구성은 현대 사회질서의 구조적 자기대면의 효과이며, 1차적 현대the first modernity 혹은 단순현대simple modernity의 공공성을 넘어 제도적 자기성찰로서 '성찰적 공공성reflexive publicness'이 증대하는 과정이라고도 말할 수 있다(조대엽, 2007).

　21세기 노동은 노동 공공성의 재구성과 2차 현대의 성찰적 노동으로 귀환하고 있다. 노동의 공공성은 무엇보다 법적 제도와 조직으로 구현되는데, 노동 영역의 성찰성 증대는 노동 관련 제도와 조직의 자기대면, 창조적 자기파괴의 확대를 의미한다. 성찰적 노동은 노동 영역에서의 현대성의 기획과 그 결과의 자기대면이며, 산업사회의 일상을 끊임없이 변화시키는 2차 현대의 동력이다. 따라서 노동조합의 '시민성'은 노동 공공성의 재구성 과정이자 성찰적 노동의 효과이다. 이제 무엇보다도 노동 공공성의 자기대면과 자기파괴의 연속적 과정에서 성찰성을 온전히 구조적 효과이자 수동적 해체의 과정으로만 판단할 수 없다는 사실이 강조되어야 한다.

거대전환의 사회변동과정에서 공공성의 재구성이 왜, 누구를 위해 필요한 것인가를 고려한다면, 기업의 사회공헌활동과 기업의 시민성 확대가 기업 주도의 구조적 효과라는 점을 알 수 있다. 이 점에서 노동조합의 시민성과 공익성 또한 노동주도의 공공성 재편이자 창조적 자기실현의 효과로 만드는 것이 중요하다.

성찰적 노동의 시대는 노동의 공공성 재편과 거대 노동조직의 구조적 자기대면을 요청하고 있다. 무엇보다 2차 현대의 시민적 주체로서의 생명생태주의적 노동의 귀환에 주목해야 한다. 우리 시대 가장 보편적인 과제는 기후위기다. 기후위기는 생명생태공동체의 파괴와 이로 인한 팬데믹의 반복적 출현을 예고할 뿐만 아니라, 화석에너지 기반 산업으로부터의 전환과 기술변동에 대한 대응까지 결부된 시대적 과제이자 문명사적 과제가 되었다. 기후위기에 대응하는 지구적인 탄소중립정책은 시민사회의 과제를 넘어 이제 시장거래의 조건이자 국가 간 조약의 수준으로 강화됨으로써 국가와 시장과 시민사회의 누구도 피할 수 없는 책임과 의무의 영역이 되었다. 기업의 사회공헌과 사회적 가치경영, 나아가 ESG 경영은 지구 구성원이 공유하는 지구 시민적 가치가 되어 노동조합에게도 '성찰적 노동의 생명생태주의적 재구성'이 당면과제가 되었다. 노동조합의 시민적 정체성은 성찰적 노동과 생명생태주의 노동의 시대를 통해 지구적 가치와 정의의 이슈로 훨씬 더 강화되는 경향이 있다.

노동사회의 자기대면적 성찰과 생명생태주의적 재구성은 산업사회와 계급으로서의 노동의 해체를 반영하고 있다. 산업사회의 중심축이자 냉전이념의 진지로서의 노동계급은 성찰적 현대의 기획을 통해 지속적으로 해체됨으로써 계급의 시대는 시민의 시대가 되었고, 이념의 시대는 가치의 시대로 바뀌었다. 계급과 이념으로서의 노동은 이제 시민적 가치의 영역으로 확장되고 있고 다양한 형태의 시민주의로 재구성되고 있다. 무엇보다 성찰적 노동의 시대에 노동조합운동은 가치의 영역으로 해체되는 거대 경향 속에서 노동가치를 중심으로 새롭게 결속된 시민연대로의 확장성을 가져야 한다.

말하자면 21세기 노동의 귀환은 노동조합의 시민주의를 통해 재구성되는 새로운 사회연대로서의 시민연대의 비전을 모색해야 한다. 노동조합의 시민성 확장은 성찰적 노동의 시대, 생명생태주의와 사회적 가치의 시대를 노동가치로 꿰는 적극적 비전이다.

부르주아 시민성의 진화

노동운동 진영은 아주 오랫동안 '시민적'이라는 표현에 거리를 두었다. 노동계급적 전통에서 '시민' 혹은 '시민성'은 적대적 관계인 부르주아의 한 범주라는 인식이 오래 남아 있었기 때문으로 보인다. 그러나 시민 혹은 시민성이라는 개념이 부르주아적 기원을 갖는다고 하더라도, '계급'으로서의 부르주아와 '시민'으로서의 부르주아를 구별하는 개념의 전통 또한 오래되었다.

시민사회 개념의 가장 오랜 전통은 아리스토텔레스의 정치사회·정치공동체politike koinonia1라는 표현으로, 이는 폴리스를 정의하는 개

넘이었다. 이 경우 시민사회는 법적으로 규정된 통치체계에 있는 자유롭고 평등한 시민들의 공적이고 윤리적-정치적인 공동체로 정의되며, 법 자체는 일련의 공통적 규범과 가치로서의 에토스로 간주되었다(진 L. 코헨·앤드루 아라토, 2013: 208). 아리스토텔레스적 의미에서 시민사회는 폴리스, 즉 시민사회의 자연적 배경으로서의 오이코스oikos; households가 전제됨으로써 폴리스-오이코스의 이원성이 강조되었다.

폴리스-오이코스, 혹은 국가-사회의 이원성은 헤겔에 의해 '가족-시민사회-국가'의 삼분三分 틀로 분화한다. 헤겔은 세 요소를 특정 사회의 공적 삶의 규범인 윤리적 삶 혹은 인륜의 세 차원으로 구분한다. "국가의 윤리적 뿌리는 가족과 조합"으로 조합corporation은 시민사회에서 자란다고 말한다(진 L. 코헨·앤드루 아라토, 2013: 226~227). "시민사회는 윤리적 삶의 분기, 즉 인륜과 반인륜이 동시에 작동하는 곳으로 파악되며 최종적으로는 시민사회에서 실질적, 윤리적 삶의 통일이 획득된다"라고 했다(진 L. 코헨·앤드루 아라토, 2013: 227).

시민사회를 부르주아사회와 동일시할 때 부르주아는 경제적 인간으로서 시민사회의 한 차원, 즉 시민사회의 욕구체계로서의 측면이 강조된다. 헤겔은 욕구체계가 시민사회의 첫 번째 수준이며 시민사회의 다른 측면은 법의 집행과 일반적 권력, 조합으로 구성된 도덕과 규범의 인륜체계로 정의한다(진 L. 코헨·앤드루 아라토, 2013: 233). 이제 헤겔에게서 부르주아는 사적 이익을 추구하는 욕망의 존재로

---

1 고대 로마에서는 라틴어 'societas civilis'로 표현되었다.

서는 계급이지만, 공공적 역할을 추구하는 공적 존재로서는 시민이기도 하다. 헤겔이 주목하듯 '시민citoyan; citizen'은 의무와 책임에 기초한 인륜성의 주체로서의 '공적 시민'으로 이는 부르주아의 또 다른 얼굴인 셈이다.

헤겔에 의해 부르주아사회의 인륜적, 통합적, 공적 맥락으로 부각되었던 시민사회는 마르크스의 '시민사회' 개념에서 다시 욕망의 질서이자 계급의 질서로 환원되었다. 마르크스는 시민사회를 생산양식이 작동하는 영역이자 경제의 운동법칙이 전개되는 장으로 인식했다. 헤겔의 '시민'을 계급으로 환원한 마르크스의 논리는 '목욕물을 버리면서 아이까지 버린 꼴'이라는 서구 네오마르크스주의자들의 비판을 감수해야 했다.

마르크스가 버린 부르주아의 공적 시민으로서의 요소는 하버마스의 공론장이론으로 보다 분명하게 귀환했다. 하버마스는 부르주아사회의 한 범주로서 공론장 혹은 공공영역을 합리적 의사소통의 영역으로 간주한다(위르겐 하버마스, 2001). 공론장 혹은 공공영역 등으로도 번역되는 공론영역öffentrichkeit; public sphere은 국가영역과 구분되는 사적인 영역에서 형성된 공공의 의사소통망이라고 할 수 있다. 하버마스는 이 범주를 근대 부르주아 시민사회의 모순이 반영된 영역으로 주목하고 이 범주가 갖는 공공성의 의미를 여론, 격분한 여론, 혹은 적절한 정보를 갖춘 여론, 그리고 공중, 공개성, 공표 등과 관련된 것으로 본다(위르겐 하버마스, 2001: 15~20, 62).

개념사적으로 볼 때 시민사회를 사회구성체의 뚜렷한 축으로 가장 구체적이고 통합적으로 구분해낸 것은 코헨과 아라토의 성과다. 이들은 시민사회를 국가나 경제와는 구분되며, 국가와 경제의 영역을 매개하는 상호작용의 질서이자 사회구성의 또 다른 축으로 제시했다. 이런 점에서 시민사회는 친밀성영역, 결사체영역, 사회운동영역, 공공커뮤니케이션의 영역 등으로 구체화되었다(진 L. 코헨·앤드루 아라토, 2013: 63~64). 코헨과 아라토의 경우 국가 및 경제와 구분되는 시민사회의 구성적 특징으로 다원성, 사생활, 법률성과 함께 공공성 publicness을 강조하고 있다. 여기서 공공성은 문화와 커뮤니케이션의 제도로 규정된다(Cohen & Arato, 1992: 346). 이런 점에서 무엇보다도 개인이나 집단, 조직의 견해가 언론과 미디어에 드러나는 것이 강조된다. 다원성, 사생활, 법률성, 공공성을 특징으로 하는 시민사회의 구분(Cohen & Arato, 1992: 346)은 오늘날 사회구성영역을 국가-시장-시민사회의 삼분원리로 설명하는 사회과학의 일반적 논리에 기여한 바 크다.

부르주아 시민성 혹은 부르주아 시민사회 개념의 이와 같은 오랜 진화는 현대 국민국가의 질서에서 국가공동체 구성원의 법적 정치적 자격을 표현하는 '시민권'의 개념으로 일반화되기도 했다. 현대 사회구성체를 국가와 시장과 시민사회로 분석하여 구분할 때 한 사회의 구성원은 국가 차원의 국민, 시장영역의 생산자·소비자, 시민사회의 시민으로서의 지위를 동시에 갖게 된다. 이때, 현대 자본주의 사회에서 경제적 이익을 추구하는 시장영역에서의 행위자와는 달리, 국가 혹은 정치사회와 시민사회의 공적 지위를 갖는 존재를 '국민' 혹은 '시민'이라고 일반화하여 불렀다. 특히 '민족국가'의 구성원이라는 점이 강조될 때 '국민'이라 칭했는데, 국가구성원으로서 국민의 보편적 권리와 자격을 반영하여 '시민권'이라는 개념이 일반화되었다. '공적 시민'이라는 부르주아의 한 범주가 시간이 흘러 현대국가의 보편적 시민의 요건인 '시민권'으로 진화하고, 시민권의 소유자이자 시민사회의 적극적 주체로 '시민'의 개념이 보편화되었다.

우리 시대에 와서 부르주아 시민성의 개념은 더욱 흥미롭게 진화했다. 신자유주의의 지구적 확산과 함께 국가공공성이 크게 위축되는 거대 경향 속에서, 시민적 공공성이 시장영역에 적극적으로 수용되는 흥미로운 현상이 확산되기 시작했다. 오늘날 우리에게 익숙한 기업의 사회공헌 혹은 기업의 사회적 책임 활동의 확산은 시장영역에 사회적 가치의 공공성이 확장된 것으로, 시장의 구조적 자기대면과 시장영역의 성찰성이 증대한 효과로 볼 수 있다. 이처럼 공공성을 내재한 활동은 부르주아 시민성의 새로운 진화일 수 있다.

기업의 사회적 책임은 기업의 시민성 혹은 기업시민주의Corporate Citizenship라는 개념으로 보다 적극적으로 제기되기도 했다. 기업시민주의는 기업이 본연의 경제적 이익 활동뿐만 아니라 사회적이고 환경적인 시민사회의 가치영역으로 활동범위를 확대함으로써, 사회공헌활동을 비롯한 시민지향 경영과 시민지향 거버넌스를 내면화하는 경향을 의미한다. 1990년대 중반 이후 세계는 기업시민성의 르네상스를 맞이한 것으로 평가되기도 했다(Zadek, 2001: 7). 사회공헌활동을 체계적으로 조직 내면화한 기업들은 기업시민성의 구축을 통해 치열한 경쟁과 사회 해체적 경향, 그리고 증대하는 불확실성을 넘어 이른바 '지속가능한 기업sustainable business'으로서의 '시민지향기업civil corporation'으로 재구성되었던 것이다.

이 같은 경향은 무엇보다 신자유주의적 시장화의 세계적 확산 속에서 공공성의 위기에 대응하는 시장질서의 재구성 과정이자 자기대면이었다. 시민지향기업은 무엇보다도 기업 내부의 가치와 역량을 효율적으로 한 단계 도약시킴으로써 사회환경적 목표를 핵심 업무 내부에 구축하는 데 학습과 행동의 기회를 충분히 활용하는 기업이라고 할 수 있다(Zadek, 2001: 9). 오늘날 부르주아 시민성은 사회적 책임경영, 사회적 가치경영, ESG 경영에 이르기까지 지구적 수준의 시민성으로 진화했다.

노동자 시민성과 노조시민주의의 진화

계급패러다임에서 시민성은 부르주아의 범주였다. 노동계급은 노동력만을 가진 프롤레타리아트proletariat로 불린 만큼, 특유의 '무산성'으로 인해 부르주아 수준의 시민이나 공론장의 주체로 간주될 수 없었다. 그럼에도 불구하고 헤겔이 강조한 가족, 시민사회, 국가라는 인륜적 형태에 주목할 때 노동계급 또한 헤겔적 시민사회에 기원을 갖는 조합corporation의 양식으로서 노동공론장과 노동조합의 주체가 될 수 있었다. 노동조합은 노동자들의 공적 결사체이자 정치적·윤리적 공동체로서, 법과 규범의 강력한 결사체로 성장하여 시민사회의 규범적 본질을 공유할 수 있었다. 게다가 노동자와 노동조합은 노동계급운동의 오랜 역사와 함께, 그리고 산업생산력의 발전과 계급타협, 복지국가의 확장에 따라 사회경제적 지위가 상승함으로써 적어도 서구에서는 주류적 시민으로 성장했다.

이와 동시에 부르주아 시민성이 현대 민주주의 및 국민국가의 발전과 함께 '시민권' 개념으로 진화했고, 시민권 개념은 국가공동체 구성원의 자격으로 일반화됨에 따라 노동자 또한 시민권의 소유자로서 법적·정치적 시민이 되었다. 부르주아적 범주로서의 시민성이 노동계급을 포괄하는 국가구성원으로서의 시민권적 존재로 진화한 것이다. 노동자의 국민적 지위, 시민적 지위와 함께 노동조합은 '노동시민'의 가장 강력한 공적 결사체로 성장했다.

노동조합은 국가, 시장(경제), 시민사회의 서로 다른 구성원 가운데 시민사회에 위치하는 결사체지만 계급적 기원의 존재이자 시장 내 존재인 노동자들의 조직이라는 점에서 시민사회적 가치와는 거리가 있었다. 특히 서구 전통에서 노동계급운동이 노동조합과 노동계급정당으로 제도화되는 한편, 68혁명 이후 서구 사회운동의 주류적 경향이 생태환경, 여성, 인권, 평화운동 등 이른바 '신사회운동New Social Movements'으로 바뀌면서 노동계급운동은 '구사회운동'으로 간주되었다. 이제 신사회운동만이 시민사회를 진지로 출현하며 시민사회적 가치를 실현하는 주류적 사회운동으로 간주되었다.

구사회운동과 신사회운동의 구별은 노동운동과 시민사회운동의 분리를 가져왔다. 나아가 구사회운동의 제도화와 68혁명 이후 신사회운동의 세계적 확산에 따라 노동조합과 시민사회의 제도적 분리를 점점 더 확대하기도 했다. 노동계급운동이 갖는 '해방의 정치'로서의 특징이 68혁명 이후의 사회운동이 갖는 '정체성의 정치'로서의 특징과 분리되는 과정이기도 했다.

하이만(Hyman, 2001)은 노동시장, 계급관계, 시민사회를 노동조합의 정체성 형성에 영향을 미치는 요인으로 강조한다. 말하자면 노동조합은 '시장', '사회(시민사회)', '계급'의 삼각관계 속에 위치하는 존재로 노동시장의 행위자, 계급동원의 수단, 시민사회의 참여자라는 세 가지 역할의 배열에 따라 그들의 정체성, 이데올로기, 전략이 수립된다. 이 도식으로 본다면 이 글에서 강조하는 노조시민주의는 노동조합이 시장행위나 계급적 동원보다는 시민사회와의 관계가 확장되는 것을 의미한다.

노조시민주의는 관념보다 빠르게 현실에서 진화했다. 특히 한국의 경우 노동조합의 자율성이 제약되고 제도적으로 미분화된 조건에서, 한편으로는 시민사회의 자율적 공간이 형성되지 않은 상태에서 노동운동이 새로운 국면을 맞았다. 1980년대 민주화의 과제와 함께 민주적이고 자율적 노동조합 건설을 위한 운동을 전개함으로써 노동운동은 독재권력의 민주화를 위한 시민사회의 광범한 저항운동과 결합되었다. 이 시기 노동운동은 한국 민주주의 시민혁명의 한 축으로 성장하여 '사회운동노조주의'의 성격을 보였다. 사회운동노조주의는 1980년대 한국을 비롯한 브라질, 남아공 등 제3세계의 민주화 과정과 동반 확대되는 경향이 있었다. 사회운동노조주의는 "생산을 보다 광범위한 정치적 이슈와 연결하려는 시도로 공장기반의 생산의 정치는 물론 공동체와 국가권력문제에도 적극적으로 개입하려는 노동조합 조직의 한 형태"(Lambert & Webster, 1988: 21)라고 말할 수 있다. 한국에서 사회운동노조주의는 노조시민주의의 제1의 진화라고 말할 수 있다.

외환위기 이후 노동시장은 고도로 양극화되었다. 비정규직이 유
례없이 증대하고 여성, 청년, 고령 노동의 정규직 대기업노동과의 격
차가 확대되는 한편, 특수고용형태와 플랫폼노동이 증가하는 가운
데 노동시장의 격차는 더욱 뚜렷해졌다. 노동조합은 정규직의 대변
자가 되었고 조직노동이 점점 더 내부지향적이고 방어적, 실리적이
됨으로써 배타적 노조주의가 강화되는 경향이 있었다. 노동조합의
신보수주의 혹은 신고립주의라고 말할 수 있었다. 외환위기 이후 두
번의 진보정부와 두 번의 보수정부를 거친 2010년대 후반 이후, 한
국노총과 민주노총의 노동조합들은 점점 더 늘어난 미조직노동의 문
제와 노동조합운동의 고립문제를 해결하기 위해 적극적 사회개혁 혹
은 연대를 주창하게 되었다. 1980년대 이래의 사회운동노조주의가
사회연대노조주의로 개념적 전환을 모색했는데 이 같은 최근의 '사
회연대노조주의' 비전을 한국 노조시민주의의 제2의 진화라고 말할
수 있다.

사회연대주의는 오랜 노동조합운동의 반복적 비전이자 반복적 용
어로 재생산됨으로써 '연대'의 의미가 자기제약적 고립의 경계를 넘
어서지 못하는 경향이 있다. 경계를 넘지 못하는 사회적 연대의 가치
가 구호의 벽에 갇혀 있는 동안 노조시민주의는 이미 현실에서 제3
의 형태로 진화했다. 노조시민주의의 세 번째 진화는 노동가치가 노
동조합의 경계를 넘어 시민사회로의 보다 적극적 확장을 시도함으로
써, 노동조합운동의 시민사회적 제도화의 성과로 나타났다. 시민사

회와의 연대적 문화, 노동자와 다른 사회세력 간의 직접적 수평관계를 반영하는 '신사회운동적 노조주의'(Waterman, 2001; 2004)의 진화된 버전이라고도 할 수 있는 노조시민주의의 제3의 진화유형은 한국에서 2018년 전후 시점에서 다양하게 설립된 노동기반 공익재단과 몇몇 공제회들의 사례에서 찾을 수 있다. 공공상생연대기금, 금융산업공익재단, 사무금융우분투재단, 전태일재단, 플랫폼프리랜서노동공제회, 노동공제연합 풀빵 등이 이 범주에 속한다.

　노동조합이 주도해 만들었으나 노동조합을 넘어선 노동기반 공익재단의 설립은 노동조합이 새로운 시민적 책무와 공공적 존재를 자임하는 노동운동사의 기념비적 성과이기도 하다. 이 같은 노조시민주의의 제3의 진화는 노동 공공성의 재구성 과정이자 노동조합운동의 성찰적 재구조화 효과라고도 말할 수 있다. 노동기반 공익재단으로 모습을 드러낸 노조시민주의의 새로운 진화는 한국 노동운동의 21세기적 결실이자 노동조합운동의 '시민사회적 제도화'의 성과이다. 노조시민주의와 기업시민주의는 21세기 시장영역에서 출현한 새로운 '시민성'이자 '공공성'일 수 있다. 기업시민주의가 사회적 공공성 위기와 대면한 자본의 구조적 성찰의 효과였다면, 노조시민주의 또한 공공성 위기에 직면한 노동의 구조적 자기대면 효과이다. 기업도 노조도 시민주의적 효과와 함께 재구성되고 있는 것이다. 이제 코로나19 팬데믹 이후 생명·생태사회적 가치의 중요성과 ESG 경영의 시대적 과제가 노동기반 공익재단의 새로운 책무로 당면해 있다.

노조시민주의의 개념과 구성

노조시민주의의 개념

21세기에 귀환한 '노조시민주의'의 비전은 노동조합과 시민사회의 불편한 벽을 허물자는 데서 출발한다. 주지하듯이 '노동'과 '시민'은 역사적으로든 실천적으로든 분리되었던 다소 복잡하고도 오랜 기원을 갖는다.

첫째로, 서구 사회운동의 전통에서 1960년대 말 이후 근본주의 계급운동의 제도화와 시민사회운동으로서의 신사회운동의 분리가 강조될 수 있다. 한국에서는 민주화 이후 등장한 시민운동이 노동운동 혹은 노동조합운동과 분리되는 경로를 가졌다. 민주화운동 이후 한국의 시민운동은 환경, 여성, 평화, 인권 등의 서구 신사회운동의 이슈를 전개함으로써 시간적 간격이 있음에도 불구하고 서구에서 구사회운동으로서의 노동계급운동과 신사회운동이 분리된 것과 유사한 경로를 보여주었다.

둘째로 한국에서 민주화운동을 주도한 민중민주운동의 기층지향적 전통과 근본주의 노동운동 혹은 전투적 노동운동의 계급지향적 전통의 영향을 들 수 있다. 기층지향적 민중주의의 전통은 민주화 이후 노동운동의 계급지향적 전통으로 귀속됨으로써 적어도 노동운동 진영에서는 '시민적'이라는 표현이 부르주아 지향, 온건주의, 타협주의로 인식되는 경향이 있었다.

셋째로 냉전과 분단의 한반도적 특수성이 반영되어 진영 간 대결이 극단화되는 현실에서 노동운동과 노동조합의 급진성은 종북성從北性

으로 구획되는 경향이 있었다. 이 같은 냉전의 한반도적 유재는 노동조합을 시민과 분리시키고 노동조합운동의 고립을 확대시키는 또 하나의 요인이 되었다.

이제 한국사회에서 노동의 '오랜 고립으로부터의 탈출'이 노동조합운동의 새로운 시대적 과제이자 비전이 되었다. 무엇보다 21세기 노동의 고립으로부터 탈출과 새로운 비전의 귀환을 위해서는 '시민주의'에 대한 두 가지 통찰이 필요하다. 먼저 시민사회의 성격으로서 '자기제한적 혁명self-limiting revolution'에 대한 통찰이다. 신좌파적 전통에서 시민성과 시민사회는 '자기제한적 혁명'(Michnik, 1985)으로 특징화됨으로써 근본주의적 혁명의 전통과는 전략적이고 규범적인 단절이 강조된다. 이 개념은 변화의 주체가 사회혁명이 아니라 자기조직적 사회라는 데 초점을 맞춘다. 즉 아래로부터의 조직화된 압력으로 성취되는 구조개혁을 목적으로 하는 자기조직적·독자적 시민사회가 변화의 주체가 된다. 따라서 자기제한적 시민사회는 혁명의 좌절이 강조되기보다는 고도로 접합되고 조직화되며 자율적이고 동원 가능한 시민사회를 아래로부터 건설할 수 있다는 목표가 강조된다(진 L. 코헨·앤드루 아라토, 2013: 125~126).

'시민사회의 자기제한성'은 이제 소극적 자유와 적극적 자유 모두를 위한 공간을 확대하고 보호하며 경제적 자기조절을 손상시키지 않으면서도 평등주의적 연대의 형태를 재창조하는 가능성으로 주목할 수 있다(진 L. 코헨·앤드루 아라토. 2013: 104). 이런 점에서 시민사회는 자기구성과 자기동원의 양식을 통해 재창조되는 자기성찰적이고 자기실현적인 공간이다(진 L. 코헨·앤드루 아라토. 2013: ix).

　　시민사회에 대한 다른 하나의 통찰은 노동가치의 재구성과 확장적 연계에 대한 자각이다. 노동조합의 성격을 결정하는 시장, 사회, 계급의 삼각형에서 노동조합의 사회적 고립과 조직적 위축, 정세적 포위를 뚫고 노동가치를 재구성할 수 있는 공간은 시민사회밖에 없다. 작업장 내 생산의 정치에서 노동의 가치는 노동조합운동의 공공성 수준을 높이기 위해 생태환경, 여성, 인권, 평화 등 시민사회 가치와 결합되며, 그에 따라 시민사회 영역으로의 확장적 연계를 모색하지 않을 수 없다. 노동가치와 노동조합운동이 시장이나 계급이 아니라 오로지 시민사회적 재구성을 통해서만 고립을 넘어 보다 확장적 연대를 구축할 수 있다는 자각이 필요하다.

　　2000년대 들어 한국에서는 사회운동노조주의, 사회연대주의, 사회개혁적노조주의, 사회공공성 투쟁, 노조의 지역사회개입 등의 개념으로 시민사회전략을 모색하는 경향들(오건호, 2004; 은수미, 2005; 김현우 외, 2006; 김승호, 2007; 노중기, 2008; 박태주, 2010)이 확대된 바 있다. 이러한 진단들은 새로운 노조주의 현상에 대한 서구적 논의를 반영하고 있다. 외국인 노동자운동, 공공부문 노동조합, 비정규직 노동운동, 생활임금운동, 초국적 조직화, 노동조합과 지역공동체의 연대 등을 사회운동노조주의의 특징으로 간주하거나(Johnston, 1994: 2000), 노동조합의 새로운 기회를 확인할 수 있는 분석틀의 필요성에 대해 강조하는 경우도 있고(Fairbrother & Webster, 2008), 노동조합의 재활성화를 위해서는 단체교섭에만 의존하지 말고 활동의 장을 공공영역까지 확장해야 한다는 주장도 있었다(Wever, 1998).

또 노동조합은 시민사회의 참여자로 간주해야 한다는 입장에서 노동이 작업장, 기업, 산업의 수준에서만 작동하는 것이 아니라 사회운동, 도시 갈등, 공간 정치의 논리로 작동하는 사회적 행위자라는 점을 강조하기도 했다(Turner & Confield, 2007: 13). 국제적 구조조정이 노동자들의 작업장 밖에서의 삶에 미치는 영향에 주목해야 하며, 총체로서의 사회 속의 노동자를 분석해야 한다거나(Webster et. al., 2008), 새로운 사회적 노조주의(Waterman, 2004: 249)를 강조하는 경우도 있었다.

새로운 노조주의를 탐색하는 이러한 경향들은 '새로움'에 주목하지만, 여전히 오랜 노동의 언어와 통념에 갇혀 있다. 이제 우리 시대 새로운 노동의 비전과 새로운 노동패러다임은 '시민사회'에 대한 두 가지 통찰에 바탕을 두고 닫힌 노동의 통념을 뛰어넘는 '노조시민주의Union Citizenship'의 비전을 강조하고자 한다.

이런 점에서 이제 21세기 노동의 새로운 비전으로서의 '노조시민주의' 혹은 '노동조합의 시민성'은 생산의 정치를 보다 광범한 시민사회적 이슈와 연계시키거나 노동조합과 시민사회의 가치, 제도, 활동방식을 결합하는 방식으로 노동의 공공성을 시민사회적 연대의 영역으로 확장함으로써 노동조합의 시민적 정체성을 주류화하는 전략 혹은 비전이라고 정의할 수 있다.

노조시민주의의 구성:

정체성과 지표

21세기 노동의 새로운 비전으로서의 '노조시민주의'는 노동조합의
시민적 정체성을 구성하는 요소로 다원성(자율성), 사생활, 공공성,
합법성, 주류성, 책임성 등의 특징[2]을 갖는다. 이 같은 요소들은 21
세기 노동가치의 재구성이자 노동조합의 자기대면적 재구성 효과를
반영한다.

먼저, '다원성plurality'은 시민사회가 다양한 삶의 양식을 수반하는
가족, 비공식집단, 자발적 결사체 등의 다양한 요소로 구성되어 있다
는 점을 반영한다. 다원성은 자율성을 반영하는 요소로 노동조합의
일원적 경직성과 폐쇄성으로 인한 고립을 극복하기 위해 노조시민주
의가 반드시 갖추어야 할 요소이다. 노조시민주의의 다원성은 우리
시대 노동조합원들의 다양한 삶의 양식과 다양한 비공식적 소속의
특징들을 노동조합의 운용 자체에 반영하는 것이기도 하고, 시민사
회의 다원적 요소들과 다양한 방식으로 연대 혹은 연계함으로써 재
구성되는 요소이기도 하다.

둘째, 노조시민주의의 '공공성公共性; publicness'은 노동조합과 시민사
회에 내재된 문화와 의사소통의 제도들을 포괄한다. 공공성은 분석
적으로 민주적 질서와 관련된 공민성, 경제적 공유요소와 관련된 공

---

2 코헨과 아라토는 국가영역과 경제영역으로부터 구분되는 시민사회의 주요 구성요소
   를 다원성, 공론성, 사생활, 합법성 등의 4가지로 들고 있다(Cohen & Arato, 1992,
   346). 여기서는 노조시민주의의 시민적 정체성을 구성하는 요소로 코헨과 아라토의 4
   가지 요소에, 주류성과 책임성을 추가로 포함시켰다.

익성, 의사소통의 개방성과 관련된 공개성 혹은 공론성^{公論性: publicity} 으로 구성되어 있다. 노조시민주의의 공공성은 공민성, 공익성, 공개성의 요소를 모두 의미하는 것일 수도 있지만, 특히 의사소통과 사회적 연대의 측면에서 공론성, 공개성, 개방성의 의미가 강조된다.

셋째, '사생활^{privacy}'은 시민사회의 보편적 요소로 개인의 자아실현과 자아발전의 영역이자 도덕적 선택의 영역이다. 전통적으로 노동조합은 개인의 특성보다는 계급의식이나 투쟁의식과 같은 조직적이고 집합적 특징이 강조되었다. 노동조합의 시민적 정체성이 강화된 노조시민주의는 무엇보다도 개인의 자질과 자아실현을 보장하고 실현하는 공간으로 노동조합을 재구성할 필요가 있다. 개인의 사생활을 보호하고 보장하는 법적 요소를 갖출 뿐만 아니라 개인의 취향별 활동을 지원함으로써 청년세대의 노동조합 친화성을 확대하는 것이 특히 요구된다. 노조시민주의가 사생활의 영역을 담을 수 있는 급진적 재구성은 노동조합과 시민사회 영역과의 연계를 통해 개인의 자아실현을 확대할 수 있다.

넷째, 시민사회는 법률적으로 보장되는 의사소통의 영역이다. 말하자면 시민사회는 국가영역과 경제영역으로부터 구별되는 다원성과 공론성, 사생활을 구획하는 데 필요한 일반법률과 기본권의 '합법성^{legality}' 구조를 갖는다. 이 같은 합법성의 구조가 현대적으로 분화된 시민사회의 제도적 존재들을 보장하고 있다. 노조시민주의 또한 기존의 노동조합이 갖는 합법적이고 제도적 요소에 더해서 다원, 공론성, 사생활에 관한 합법성의 질서가 확장됨으로써 노동조합의 재구성 효과를 갖는다.

다섯째, 노조시민주의는 노동조합의 시민사회적 '주류성mainstream'을 반영하고 있다. 노동자의 시민성이 진화되고 노동자는 법적 제도적 시민권을 갖게 되었지만 사회적 영향력과 평판의 우월성을 갖는 지위집단으로 인정될 필요가 있다. 특히 한국과 같은 조건에서는 여전히 배제와 고립의 제도적이고 문화적인 요인이 작동하고 있다. 노조시민주의는 이 같은 제약 속에서 산업사회의 국민경제를 일군 국민적 주체를 넘어 이제 노동조합이 사회적 가치와 공공적 가치를 주도하는 시민사회의 주류로 등장했다는 사실을 반영한다.

여섯째, 노조시민주의는 시민적 '책임성'의 요소가 강조된다. 기후위기, 생명생태적 공생, 평화, 여성, 인권 등의 사회적 가치는 공동체의 사회적 책임을 필연적으로 수반한다. 시민으로서의 노동조합, 노동하는 시민으로서의 노동자는 공동체의 존속과 지속가능한 미래를 위한 사회적 가치에 대한 책임의 존재이다. 최근 노동조합운동은 미조직노동자와 사회 취약계층에 대한 다양한 지원으로 사회적 책임을 주도할 뿐만 아니라 노동기반 공익재단을 통한 적극적 책임주의를 실천하는 수준에 있다.

이상과 같은 다원성, 공공성, 사생활, 합법성, 주류성, 책임성 등의 요소들은 21세기 노조시민주의의 6대 정체성이라고 말할 수 있다. 노조시민주의를 21세기 성찰적 노동의 새로운 비전이자 노동조합의 자기대면과 자기혁신의 효과로 볼 때, 6대 요소는 노조시민주의의 정체성을 확인하는 지표가 될 수 있다.

이 같은 정체성의 구성요소별로 노조시민주의는 훨씬 더 다양한 수준의 지표를 구체화할 수 있는데, 가치수준의 지표와 조직수준의 지표, 활동방식 측면의 지표를 구분해 볼 수 있다. 무엇보다도 생산의 정치가 작동하는 일터 내부의 구조와 노동조합의 내부 및 외부 활동의 범주에서 이 같은 지표들을 어느 정도 체계화하는가에 따라 노조시민주의의 특징이 드러난다고 할 수 있다.

첫째로, 시민적 가치의 지표로는 생활민주주의 영역의 공존의 가치지표와 생활의 가치지표를 들 수 있는데, 공존의 가치지표에는 환경생태, 여성, 평화, 인권 가치 등이 해당되고 생활의 가치지표에는 복지, 환경, 주택, 노동, 여성, 가족, 보건의료, 식품, 교육, 과학기술, 학술, 예술 등 모든 생활영역의 가치가 포함된다.

둘째로, 시민적 연대와 조직 수준의 지표로는 노조시민주의의 제도화 수준에 따른 연대와 협력의 다양한 형태가 있다. 연대와 조직 내 역할의 할당 및 위계질서의 서로 다른 차이가 있는가 하면 재정적 연대, 인적 연대, 운영의 연대 등에서 서로 다른 특성을 구분해 볼 수도 있다. 셋째로 시민적 활동방식 혹은 행위양식의 지표를 구분할 수 있는데, 여기는 노동조합이나 노동기반 공익재단의 내부지향적 활동방식과 외부지향적 활동방식, 미디어 기반의 행위양식, 정책기반의 행위양식, 나아가 노사기반의 행위양식 등을 구체화할 수 있다.

2
노조시민주의와 노동기반 공익재단

노동기반 공익재단과 노조시민주의의 유형화

노조시민주의는 정체성의 구성요소와 서로 다른 수준의 지표를 기준으로 다양한 유형화가 가능하다. 여기서는 노조시민주의의 제3의 진화라고 할 수 있는 노동기반 공익재단을 사례로, 가치지표, 조직지표, 행위양식지표 가운데 주로 조직지표를 중심의 유형화를 실험하고자 한다.

노조시민주의는 노동조합의 시민성이라는 점에서 노동조합 자체를 대상으로 분석할 수 있다. 아울러 노동조합을 기반으로 시민사회에 제도화된 공익재단이나 노동공제회 등에 주목할 경우 훨씬 더 진화된 노조시민주의로 접근할 수 있다. 최근 한국사회에서 노동기반으로 설립된 공공상생연대기금, 금융산업공익재단, 사무금융우분투재단, 전태일재단, 플랫폼 프리랜서노동공제회, 노동공제연합 풀빵 등은 시민사회에 가장 진화된 형태의 제도화된 노조시민주의 사례이다. 이 가운데 공공상생연대기금, 금융산업공익재단, 사무금융우분투재단, 전태일재단 등 4개의 공익재단을 유형분석의 대상으로 삼는다.

4개 공익재단을 유형화할 때 노조시민주의의 지표 가운데 가치지표나 행위양식지표는 유사성이 높기 때문에, 조직과 연대 수준의 지표를 유형구분의 중심 기준으로 삼는 것이 유용하다. 무엇보다도 조직과 연대 수준의 유형화에는 두 가지 기준이 적용될 수 있다.

하나의 기준은 '재정기반의 시민사회 확장성'을 들 수 있다. 공익재단은 기금의 출연을 기반으로 하기 때문에 재정적 기반이 노(勞)와 사(使)에 한정적으로 구성되어 있는지, 노와 사를 넘어선 비(非)노사의 시민사회의 참여가 열려 있는지를 기준으로 삼을 수 있는데, 비노사의 시민사회에 회원기반이 열려 있는 경우 시민사회적 확장성이 높은 것으로 볼 수 있다.

다른 하나는 '재정 출연주체 간의 역할할당'을 기준으로 할 수 있다. 공익재단은 일반적으로 기금 출연의 당사자들을 포함한 이사회 등의 운영기구를 구성하는데, 재단운영에 참여하는 운영진의 역할과 권한이 뚜렷이 나누어져 있는 경우와 그렇지 않은 경우를 구분해 볼 수 있다. 4개의 유형화 대상 사례들 가운데 노사에 한정된 재정기반을 가질 경우에도 역할분화가 뚜렷한 경우와 그렇지 않은 경우가 있다. 또 노사를 넘어 재정기반이 시민사회적 확장성을 갖는 경우에는 대부분 출연주체간의 역할이 미분화된 경우가 많다. 따라서 재정 출연주체 간의 운영에 있어서의 역할할당이 또 하나의 기준이 될 수 있다.

재정기반의 시민사회적 확장성과 재정 출연주체의 역할할당이라는 두 가지 기준으로 볼 때 노동기반 공익재단은 〈표 1-1〉과 같은 4가지 유형화가 가능하다.

〈표 1-1〉 노동기반 공익재단의 4가지 유형화

재정기반 \ 역할할당		출연주체의 역할분화	
		분화	미분화
재정 기반	한정형	노사공동형	노동연대형
	확장형	–	노사포용형 기념사업형

표에서 알 수 있듯이 '노동연대형'은 노측과 사측에 제한된 재정기반을 갖는다. 노와 사 중에는 노동조합이 연대를 주도함으로써 재정기반 조성에 노조주도와 노동조합중심성이 뚜렷한 유형이다. 사측이 재정기반에 참여하더라도 노동조합연대의 이니셔티브initiative에 구조적이고 수동적으로 참여하게 되는 형태이다. 재단의 구성과 운영에서도 노동조합연대가 주도하기 때문에 제도적으로 노조와 회사 측의 역할 구분이 의미가 없을뿐더러, 참여하는 노동조합들 간에도 특별한 역할이 배분되지 않는 것이 일반적이다.

두 번째 유형은 '노사공동형'으로 재정기반이 노동조합과 사용자 측의 합의에 따른 공동출연으로 구성되어 있기 때문에 이 유형 또한 재정기반이 노사로 제한되어 있다. 사용자 측이 공식적이고 합의적으로 참여함으로써 재정기반의 지분 또한 합의적으로 결정되어 있다. 노와 사가 공동출연한 기금인 만큼 재단의 구성과 운영에서도 명시적인 역할 할당이나 출연주체 간 공동운영에 대한 뚜렷한 구분이 있다. 이 같은 역할의 제도적 구분이 명시됨으로써 재정기반 주체인 노측과 사측의 합의를 통해 재단을 운영하기 때문에 '합의' 자체가 쉽지 않을 경우 재단의 원활한 운영을 제약할 수 있다.

세 번째 유형은 '노사포용형'으로 구분할 수 있다. 노사포용형의 경우 재단의 출범과 운영 과정에 노와 사가 함께 참여한다는 점에서는 노동연대형이나 노사공동형과 유사하다. 그러나 노사포용형의 재정기반은 노측과 사측이 각각 출연하는 방식이 아니라 노사합의를 통해 단위사업체별로 출연하고 있다. 말하자면 노조의 제안에 따라 사측이 기금을 출연한 셈이다. 이 유형은 노와 사의 기금 출연범위가 한정되지 않고, 또 개별후원을 포함한다는 점에서 재정기반의 확장성이 있을 뿐만 아니라 노측과 사측의 상호포용성이 높은 수준이다. 재단운영에서도 출연주체 간에 특별한 역할배분 규정이 없기 때문에 포용적 협력을 바탕으로 자율적으로 운영되는 유형이라고 할 수 있다.

네 번째 유형은 '기념사업형'으로 앞의 세 가지 유형과는 달리 재단의 사업목적이 특정인물이나 역사적 사건을 기념하기 위한 재단이다. 이 유형의 재정기반은 개인과 노동조합과 비노조의 다양한 단체 후원을 포괄적으로 구성하기 때문에 시민사회적 확장성이 다른 유형에 비해 높은 편이다. 이 유형의 재단은 참여단체가 다양한 만큼 참여단체 간에 재단운영상 역할이 배분되어 있지 않은 것이 일반적이며 다양한 유형의 사업활동을 전개하고 있지만 대부분 기념사업에 초점을 맞추고 있다.

이 같은 4가지 유형화는 가치지표와 행위양식지표에서 유사성이 높으므로 조직과 연대지표에서의 차이를 통해 구분한 것이다. 그러나 가치지표와 행위양식지표의 경우도 보다 세분해서 구분하면 의미 있는 유형화가 가능할 수도 있다. 4가지 유형은 다원성, 공공성, 사생활, 합법성, 주류성, 책임성 등 노조시민주의의 정체성을 구성하는 6개 요소를 기준으로 보면 유형별 서로 다른 특징이 강조될 수도 있다.

노조시민주의와 노동기반 공익재단: 유형과 사례

노동연대형 시민주의와 공공상생연대기금

재단법인 공공상생연대기금은 2017년 12월 공공기관 노동조합이 주도해서 만든 공익법인이다. 재단의 명칭에서 드러나듯이 공공상생연대기금은 상생과 연대, 공공성의 가치를 기반으로 노동존중사회를 지향한다. 이러한 재단의 가치는 무엇보다도 우리 사회가 격차와 균열, 대립으로 얼룩져 있다는 현실진단에서 나온 것으로 이 같은 현실을 치유하고 상생과 연대, 공동선으로 구축된 건강한 미래를 만드는 것이 재단의 목적이다(공공상생연대기금, 2023-6-①).

공공상생연대기금의 조직적 기반은 한국노총과 민주노총의 '공공부문 노동조합공동대책위원회'(이하 '양대노총 공대위')이다. 2016년 정부의 성과연봉제 확대방침에 대해 노동계는 강력한 반대 투쟁을 전개했다. 그 결과 2017년 6월 성과연봉제 강제도입 정책은 폐기되었다. 이 과정에서 양대노총 공대위는 이미 지급된 1,600억 원 상당의 인센티브를 환수해 사회연대 차원에서 공공부문 비정규직의 정규직화와 좋은 일자리 창출에 쓰자고 정부에 제안했고, 이 제안이 받아들여져 2017년 11월 발기인대회를 거쳐 12월 고용노동부 산하 재단법인으로 인가되었다(공공상생연대기금, 2023-6-②).

공공상생연대기금의 기반은 양대노총 공대위에 소속된 전국공공산업노동조합연맹, 전국공공노동조합연맹, 전국금융산업노동조합, 전국공공운수노동조합, 전국보건의료산업노동조합 등 5개 산별 노동조합연맹이라고 할 수 있다. 양대노총 공대위가 성과연봉제 인센티브 환수와 재단의 출범을 제안하고 주도했으며 재단 운영의 실질적 주체로 역할하고 있기 때문이다. 실제로 재단의 출범 당시 성과연봉제 인센티브는 공공부문 임직원 모두에게 지급되었기 때문에 이를 환수해 재단의 기금으로 만든 것은 무엇보다도 재단의 재정이 노와 사를 기반으로 하고 있다는 점을 말해 준다. 특히 공공상생연대기금의 재정기반은 공공산업부문의 노사에 한정되어 있다 해도 다른 어떤 유형보다 노조의 주도성이 뚜렷한 사례이다. 또한 개별 공기업으로 볼 때 사측의 임직원도 기금 조성에 참여한 셈이 된다. 개별 공기업의 수준에서 볼 때 노와 사의 대표성이 공식적으로 작동하는 것으로 간주되지만 주지하듯이 공공부문이나 공공부문 산별차원의 사측 대표성은 실제로 정부가 갖는 것으로 볼 수 있다. 이 같이 정책적 차원에서 작동하는 정부의 사측 대표성은 상시적 책임에 기반한 대표성으로 보기 어렵고, 공공기관 사측 대표성의 자율성을 제약하는 딜레마가 있다.

요컨대 양대노총 공대위가 제안하고 정부가 수용한 성과연봉제 인센티브 환수는 양대노총 공대위가 강력하게 주도했고, 이 과정에서 공공부문의 사측 존재는 성과연봉제 인센티브 환수에 수동적이고 구조적으로 결부되어 있었을 뿐이라고 볼 수 있다. 이런 점에서 이 재단의 기금기반에 공공부문 임직원의 인센티브가 포함되었고 임직원들의 기금조성에 대한 지지가 있었다고 하더라도 대표성을 갖는 노사가 참여한 공동기금이나 합의기금과는 다소 차별적 측면이 있다. 재단의 출범과정에서 나타난 이 같은 특징을 재정기반의 확장성이라는 기준으로 본다면 공공상생연대기금은 노와 사에 한정된 기금기반을 갖는다는 점이 강조되어야 한다.

공공상생연대기금은 무엇보다도 한국노총과 민주노총 소속의 노동조합이 연대했을 뿐만 아니라, 산별 노동조합연맹 간에 연대적 성과를 얻었다는 점에서 주목할 만하다. 특히 분열과 대립을 드러내는 한국의 노동정치 조건에서 재단의 설립을 통해 노동연대를 실현했다는 점에는 각별한 의의가 부여될 수 있다. 따라서 공공상생연대기금은 노동조합의 연대로 노동조합이 주도했다는 점에서 '노동연대형 시민주의'로 유형화할 수 있다. 재정연대, 인적 연대, 운영연대가 노동조합연대에 기반함으로써 조직과 재정기반의 차원에서 시민사회적 확장성은 제한적이라고 할 수 있다.

공공상생연대기금의 의사결정구조 중심은 15인의 이사와 2인의 감사로 구성된 이사회와 10인의 위원으로 구성된 집행위원회이다. 이사회는 양대노총 공대위 소속 산별연맹의 대표자 각 1인, '공공기관의 운영에 관한 법률' 제4조에 따라 지정된 공공기관 사용자 측 대표 3인, '지방공기업법에 따른 지방공사 및 공단 사용자 측 대표 1인, 노동계, 시민사회단체, 학계, 언론계, 법조계 등 재단의 설립목적과 관련하여 관련 지식 또는 전문성이 있는 6인으로 구성된다. 집행위원회는 이사회에 상정되는 안건을 사전 심의하는 한편, 이사회가 결정한 사업들을 관리하고 집행하며 이를 위해 사무국을 운영한다. 집행위원회는 양대노총 공대위 소속 노동계 인사가 주축이 되고 사측 인사들 또한 노사업무 담당자로 구성되어 있다(공공상생연대기금, 2023-6-②). 이 재단의 의사결정은 대체로 노동연대가 주도하는 구조로 되어 있고, 노조 측과 비노조 측 이사 및 집행위원 간에 명시적으로 권한과 역할이 구분되거나 분화되어 있지 않기 때문에 이사회나 집행위원회 내부 갈등의 소지가 적다.

공공상생연대기금의 가치지향은 "상생과 연대로 함께하는 건강한 노동존중사회"라는 미션 아래 4개의 비전으로 구체화된다. 첫째는 조건의 평등을 위한 취약계층 지원에 힘쓰는 '사회적 격차 완화'의 비전이고, 둘째는 비정규직과 저소득 노동자를 보듬고 일으켜 세우는 노동공동체의 촉매로서의 '사회적 연대'의 비전이다. 셋째는 내부자 중심 활동의 관성을 넘어 모든 을과 약자의 권익을 대변하는 '정의로운 사회실현'의 비전이며, 넷째는 공공기관 사업의 공공성을 강화하기 위한 사회적 담론 확산에 앞장서는 '사회공공성 강화'의 비전이다(공공상생연대기금, 2023-6-①). 공공상생연대기금의 미션과 비전은 노동공동체의 사회적 연대를 강조함으로써 노동연대를 바탕으로 훨씬 더 확장된 시민적 가치를 실현하는 뚜렷한 방향성을 갖는다. 특히 내부자 중심 활동이 아니라 노동연대가 모든 사회적 약자의 권익을 대변한다는 점을 강조함으로써 노동의 가치를 시민사회적 가치이자 사회공공적 가치로 확장하고자 하는 노조시민주의의 지향을 담고 있다.

공공상생연대기금의 사업활동은 이러한 가치와 비전에 따라 시민사회영역으로의 확장성이 크다. 2022년 현재 사업영역을 보면 공공부문, 사회혁신부문, NPO부문, 일반사업으로 나뉘어 진행되고 있다(공공상생연대기금, 2022). 먼저 공공부문을 보면 공공부문의 사회적 가치실현을 주제로 진행되는 '공공상생연대포럼'이 운영되고 있고,

공공기관 및 공공기관 노동조합 관련 공공사업을 지원하는 '공공부문 파트너 사업'이 '철도역사 어린이집 조성사업'과 같은 성공적 사례를 만들고 있다.

사회혁신부문에서는, 상생과 연대의 담론을 주류화하고자 각계각층의 시민과 함께 만드는 공론 플랫폼 '소셜코리아'가 확장적으로 운영되고 있다. NPO부문에도 다양한 사업이 시행되는데, 청년 공익활동가 안전망 기금, 노동자 산재사고 알권리 확대 프로젝트, 권리 찾기 전국 네트워크 사업, 플랫폼·비정형 노동자 건강증진 지원사업, 여성청소노동자 휴게공간 개선 및 정서지원 사업, 노조와 함께하는 청소년 사회참여 직접행동 사업, 청년 니트의 자립을 위한 '니트형 사회적 일거리' 지원사업 등이 있다. 일반사업부문에는 공공상생연대 공모전, 상생연대 대학 동아리 지원사업, 코로나19 직장생활변화 설문조사 용역사업 등이 추진되고 있다.

공공상생연대기금은 지향성에 있어 '노동존중사회'를 미션으로 하고, 사회적 격차완화, 사회적 연대, 정의로운 사회실현, 사회공공성 강화 등을 비전으로 제시함으로써 노동가치를 시민사회의 사회공공성 가치로 확장하고자 하는 목적을 갖는다. 특히 이러한 가치지향은 노조시민주의의 주류성과 공공성에서는 강화된 지향성을 갖지만 노동연대와 노동가치의 기반이 구심점이 된다는 점에서 노조시민주의의 다원성은 비교적 제한적이라고 말할 수 있다. 이 재단은 노동연대에 기반을 두고 있다는 점에서 시민적 연대 및 조직 수준의 시민적 확장성 또한 제한적인 측면이 있다. 다른 한편 이 재단의 사업활동은 공공부문 및 노동조합과의 파트너십 활동을 적극적으로 추진함으로써 시민사회적 영역 및 계층과의 연대를 확장하고 있다. 이 재단의 사업활동은 비록 제한적 다원성을 갖는다고 하더라도 노조시민주의의 공공성, 책임성, 주류성 등에서 확장성을 확대하고 있다.

노사공동형 시민주의와 금융산업공익재단

금융산업공익재단은 은행권을 중심으로 33개 금융기관 노사가 공동으로 기금을 출연하고 공동으로 운영하는 공익재단으로 2018년 10월 출범했다. 재단의 정관에는 "금융산업 노사 합의를 통해 조성한 사회공헌기금으로 금융산업발전, 노사관계의 선진화, 일자리 창출, 취약계층 지원 등 사회공헌사업을 수행함으로써 국민경제발전에 기여함을 목적으로 한다"고 제시되었다(금융산업공익재단, 2024-7-①). 재단은 금융산업노동조합과 금융산업사용자협의회가 산별노사로는 처음으로 산별협약을 통해 설립된 사례다.

이 재단은 갈등과 대립의 관계로 간주되는 노사관계에 대한 부정적 시각을 넘어 노사가 협력적으로 사회적 책임을 수행하는 공익재단의 모델을 만들었다는 점에서 주목되었다. 이 사례는 노사가 산별협약을 통해 출연을 합의했고 운영 또한 노사가 동수의 위원을 통해 합의적으로 운영한다는 점에서 노조시민주의의 사례 가운데 '노사공동형 시민주의'로 유형화할 수 있다.

금융산업공익재단의 기금 주체는 제1금융권의 노동조합과 사용자단체의 중심축인 전국금융산업노동조합과 금융산업사용자협의회로, 다른 재단에 비해 기금기반이 가장 분명하게 노사에 한정되어 있다. 금융노사는 2012년부터 2018년까지 4차례의 산별협약에서 약 2

천억 원 규모의 기금 출연에 합의한 바 있다. 먼저, 2012년 산별협약에서 금융산업노동조합은 18개 금융기관의 노동자 임금 인상분 3.3% 가운데 0.3%를 출연하기로 했고 여기에 사용자 측 19개 금융기관이 대응 출연할 것을 약속함으로써 약 330억 원의 기금조성에 합의했다. 이어서 2015년 산별협약에서 29개 금융기관 노동자 임금 인상분 2.4% 가운데 0.4%에 해당하는 약 370억 원 출연을 약속했다.

2017년 금융노사 산별협약에서는 33개 금융기관 3년간 노동자 임금총액의 0.1%씩에 해당하는 약 300억 원 출연을 약속했고, 이 협약에서 공익재단의 설립에 합의했다. 그리고 2018년 산별협약에서는 노동자 임금 2.6% 인상분 중 0.6% 출연과 33개 금융기관 대응기금의 출연으로 약 1천억 원 기금 출연에 합의했다. 이로써 금융산업공익재단은 2018년 약 2천억 원 기금기반으로 설립되어 노동기반 공익재단으로는 최대 기금 규모의 공익재단이 되었다. 노사가 합의한 기금은 2019년 이후 실제로 출연되기 시작해서 현재 약 1,850억 원이 모금되었다. 그간 4차례에 걸친 노사협약에서 노측과 사측은 전체 합의금액의 절반에 해당하는 1천억 원씩을 각각 출연 약속했기 때문에 무엇보다도 기금기반에서 노사 동액의 공동출연을 특징으로 하고 있다.

금융산업공익재단의 조직은 이사회와 운영위원회를 중심으로 운영된다. 우선 이사회는 10인의 이사로 구성되는데 금융산업사용자협의회 회장과 전국금융산업노동조합 위원장이 당연직 이사로 참여한다. 나머지 이사는 당연직 이사가 추천하는 8인으로 구성된다(금융산업공익재단, 2024-7-①). 현재의 정관에는 8인의 이사를 당연직 이

<표 1-2> 금융노사 산별협약 기금 출연 현황

연도	기금 출연 내용	금액(원)	비고
2012	18개 금융기관 노동자 임금 인상분(3.3%) 중 0.3% 출연 및 19개 금융기관 대응출연	약 330억	2019년 19개 기관 335억 원 출연
2015	29개 금융기관 노동자 임금 인상분(2.4%) 중 0.4% 출연	약 370억	2019년 29개 기관 289억 원 출연
2017	33개 금융기관 3년간 노동자 임금총액의 0.1%씩 출연, 공익재단 설립 합의	약 300억	2021년 33개 기관 283억 원 출연
2018	노동자 임금 인상분(2.6%) 중 0.6% 출연 및 33개 금융기관 대응출연	약 1,000억	2021년 33개 기관 942억 원 출연

출처: 금융산업공익재단, 2024-7-②

사가 협의하여 추천하는 것으로 되어 있지만, 재단 출범 후 최근까지 10인의 이사는 실제로 전국금융산업노동조합 위원장이 추천하는 노측이사 5인과 금융산업사용자협의회 회장이 추천하는 사측이사 5인의 노사동수로 구성되고 있다. 또한 현행 정관에는 이사장 선임절차를 "당연직 이사가 협의하여 추천하고, 이사회 의결로 선임한다"(금융산업공익재단, 2024-7-①)고 되어 있으나 재단 출범 후 최근까지 노측과 사측 각각 1명씩 이사장이 됨으로써 2인의 공동이사장이 2년의 임기 동안 각각 1년씩 대표이사장 역할을 맡는 제도를 운영했다. 현재는 단일이사장 제도가 운영되고 있으며 당연직 이사가 협의하여 이사장을 추천하는 절차를 갖는데 실제로는 노측과 사측이 순차적으로 추천하는 것으로 알려져 있다. 재단의 운영위원회 구성 또한 노사의 당연직 이사가 각각 추천하는 2인과 상임이사, 정책연구원장 등으로 이루어져 노측과 사측의 역할이 운영위에도 뚜렷이 할당되어 있다.

금융산업공익재단의 이사회와 이사장, 운영위원회의 이 같은 노사 동수 구성방식은 재단의 의사결정구조에 그대로 반영되는 경향이 있다. 노사가 각각 절반의 지위와 역할을 할당받아 의사결정에 참여하는 구조인 것이다. 금융산업공익재단은 노사동액의 기금조성과 함께 조직의 구성과 운영, 의사결정방식에서 또한 노사동수의 역할할당이 다른 어떤 재단보다 뚜렷하다. 금융산업공익재단은 2018년을 전후로 만들어진 노동기반 공익재단 가운데 가장 큰 기금규모를 갖지만 노사동액의 기금 출연과 노사동수의 역할할당은 재단의 의사결정과 소통을 제약하는 측면이 있다. 이 재단은 다른 무엇보다도 산별노사협력을 상징적으로 보여주었음에도 불구하고, 노사 각각 절반의 재정 출연과 이사회 및 재단운영 등에서 노사 절반의 역할 규정이 명문화된 공동규약을 가짐으로써 운영상의 불필요한 갈등과 긴장을 초래할 수 있는 가능성이 상존한다.

금융산업공익재단은 노와 사의 이익집단적 경계를 넘어 공익적이고 사회적인 가치의 시민주의를 지향하고 있다. 이 같은 가치지향은 "국내외 금융 및 사회취약계층 지원을 위한 사회공헌사업을 수행함으로써 따뜻하고 지속가능한 사회를 만드는 데 기여한다"(금융산업공익재단, 2024-7-③)라는 재단의 미션에 잘 드러나 있다. 이 재단은 재단의 특성상 금융취약계층에 대한 관심이 부각되지만 미션의 기본 방향은 상생과 협력을 통한 지속가능한 사회의 실현에 있다. 무엇보다도 금융산업공익재단은 산별노사 최초로 노사합의를 통한 재단을 설립해 사회공헌활동을 추진하는 사례로 사회적으로 팽배한 노사관계의 부정적 시각을 바꾸어 사회적 책임에 나서는 모범을 보임으로써 노사상생의 가치를 실천했다(전국금융산업노동조합, 2020: 1589). 나아가 이 같은 노사상생의 가치를 사회취약계층에 대한 상생과 공존, 협력의 가치로 확장할 뿐만 아니라 이 가치를 해외지역에서도 실천함으로써 지속가능한 사회를 향한 시민주의를 펼치고 있다.

상생과 협력의 지속가능한 사회라는 재단의 가치와 비전은 4대 추진전략으로 구체화되고 있다. 금융취약계층 지원을 위한 민관협력의 강화, UN 지속가능발전목표^{SDGs}에 기반한 글로벌 사회공헌, 환경·사회·복지 영역의 지속가능한 인프라 구축, 전문성과 경험을 보유한 협력기관의 발굴 및 육성이라는 4개의 추진 전략은 금융산업공익재단의 특징적인 실천영역을 잘 보여주고 있다. 특히 금융산업의 특성을 활용해 정부 측과 협력을 통한 금융취약계층 지원과 글로벌 사회공헌을 표방한 점, 그리고 큰 규모의 기금기반을 활용해 취약한 협력기관을 발굴하고 지원하는 것은 비슷한 시기에 출범한 다른 공익재단과는 차별적인 전략으로 부각된다.

금융산업공익재단의 사업활동은 4대 추진전략의 방향을 담아 서민·사회책임금융영역, 지역사회·공익영역, 글로벌영역, 환경영역, 학술·교육영역, 문화예술·체육영역 등 6개 사업영역에서 추진되고 있다. 여기서는 문화예술·체육영역의 사업이 제시되지 않은 2023년 연차보고서를 바탕으로 5개 사업영역과 기타영역의 현황을 보자.

먼저 서민·사회책임금융영역은 취약계층의 취업을 촉진하고 자산형성을 지원해 경제적 자립이 가능하도록 하는 사업들이다. 채무조정 미취업청년 취업촉진·신용상승 지원사업, 한부모가정 취업촉진 및 자산형성 지원사업, 북한이탈주민 취업촉진 및 자산형성 지원사업, 플랫폼노동종사자 직업훈련 및 자산형성 지원사업, 자립준비청년 취업촉진 및 자산형성 지원사업, 이주배경 청년·노동자 취업촉진 및 자산형성 지원사업 등이 추진되고 있다.

둘째, 지역사회·공익영역은 사회적 약자와 경제적 취약계층에게 지속가능한 사회적 인프라를 제공함으로써 사회적 격차를 해소하기 위한 사업들이다. 어린이집 건립 지원사업, 시설장애인 배리어프리 사회만들기 지원사업, 플랫폼·프리랜서 노동종사자 안전기반 조성사업, 취약계층노동자 의료지원 사업, 북한이탈 청소년 사회정착 지원사업 등을 추진하고 있다.

셋째, 글로벌영역은 아시아 시민사회와 연대해 아시아지역의 빈곤 해결과 환경 건강을 보호하는 사업들이다. 국내 유학생 글로벌 리더십 육성사업, 아시아 지역기반 여성자립 및 학교급식사업, 동남아시아 노동·환경·건강 개선 지원사업, 필리핀 파야타스 직업훈련센터 지원사업, 미등록 이주아동의료 지원사업, 네팔 성구분 화장실 건립 지원사업 등을 전개하고 있다.

넷째, 환경영역은 지속가능한 사회를 위한 환경친화 공간을 조성하고 어린이 건강 보호 및 취약계층 환경 개선을 위한 사업들이다. 아동공간 그린리모델링 및 기후환경 프로그램 사업을 수행하고 있다.

다섯째, 학술·교육영역은 미래세대의 삶과 행복추구를 위한 문화 다양성과 경제적 소양을 키우는 사업들이다. 초등학교 경제금융교육사업, 지역아동센터 다문화교육 지원사업 등을 추진하고 있다.

여섯째, 기타사업으로는 튀르키예 지진피해 긴급지원사업, 사회적 금융포럼 지원사업, 노동·시민사회연대포럼 지원사업 등이 있다.

〈표 1-3〉 금융산업공익재단의 2023년도 사업 분야별 성과

영역＼성과	사업비(원)	수혜자(명)	수혜기관(개)
서민·사회책임금융	3,373,852,257	9,799	-
지역사회·공익	3,192,878,895	17,128	19
글로벌	1,426,175,024	638	339(8개국)
환경	300,000,000	410	16
학술·교육	1,767,393,962	45,274	435
기타사업	456,890,000	-	-

출처: 금융산업공익재단, 2024-7-③

위와 같은 사업활동을 사업비 규모로 보면〈표 1-3〉에서 알 수 있 듯이 서민·사회책임금융영역이 약 33억 7,300만 원으로 전체 사업 비의 32%를 차지하며, 지역사회·공익영역이 약 31억 9,200만 원으 로 30%, 글로벌 영역은 약 14억 2,600만 원으로 14%, 환경영역은 약 3억 원으로 3%, 학술·교육영역이 약 17억 6,700만 원으로 17%, 기 타사업영역이 약 4억 5,600만 원으로 4%를 차지한다. 2023년 금융 산업공익재단의 연차보고서에 따르면 사업활동의 성과는 총사업비 105억 1,719만 원, 총 수혜자 73,249명, 총 수혜기관 809개소, 총 참 여국가 9개국으로 제시되고 있다(금융산업공익재단, 2024-7-③).

금융산업공익재단은 금융산업노사협약에서 합의를 통해 공익재 단을 출범했다는 점에서 노사협력의 상징적 '사건'이었다. 무엇보다 금융산업공익재단은 기금 출연에서 노사동액을 출연했다는 점, 이 사회·운영위원회의 구성에서 노사동수의 원칙을 반영했다는 점에서 노동기반 공익재단들 가운데 가장 뚜렷한 노사공동성을 갖는다. 기 금기반이 노와 사의 출연으로 한정되어 있고 정관과 관행에서 노와 사의 역할할당이 명확하기 때문에, 사업선택을 비롯한 다양한 의사

결정과정에서 노사의 긴장과 갈등이 나타나기 쉬운 취약성이 있음에도 금융산업공익재단은 사측의 절반의 참여수준에서 시민주의의 확장성을 갖는다. 말하자면 노동연대형에 비해 기금기반이나 조직구성의 측면에서 사측이 참여한 만큼 시민주의의 다원성이 확장되었다고 할 수 있는 것이다.

상생과 협력, 지속가능한 사회를 지향하는 금융산업공익재단의 가치는 다른 공익재단과 큰 차이를 갖지 않는데도 노사의 상생과 협력의 가치를 기반으로 한다는 점에서 노조시민주의의 확장성이 강조된다. 특히, 규모가 큰 기금 기반을 활용해 사회복지를 비롯한 시민사회의 다양한 사회서비스 전달기관과 협력함으로써 노조시민주의의 네트워크 확장에 주목할 수 있다. 가장 전형적인 노사공동형 시민주의의 사례라고 할 수 있는 금융산업공익재단의 이러한 사업활동은 노조시민주의의 공공성과 책임성, 나아가 주류성을 체계적이고 제도적으로 확장시키는 데 기여하고 있다.

노사포용형 시민주의와 사무금융우분투재단

사무금융우분투재단[3]은 2019년 제2금융권의 노사가 합의해 만든 재단법인이다. 재단의 정관에는 재단설립을 "사무금융 노사합의에 의해 조성된 사회연대기금으로 비정규직의 정규직화, 청년 일자리

---

3 우분투(ubuntu)는 "네가 있어 내가 있다"라는 뜻의 아프리카 언어로 마음을 열어 다른 사람의 생각을 인정하고, 어렵고 힘든 이웃의 문제를 함께 책임지는 공유정신을 의미한다(사무금융우분투재단, 2024-8-①).

창출, 저소득 근로자의 고용안정지원 등 사회공익사업을 통해 우리 사회의 불평등 및 양극화 해소를 도모하고 국민경제 발전에 이바지함을 목적으로 한다"고 규정했다(사무금융우분투재단, 2024-8-②).

제2금융권의 노동조합연맹체인 전국사무금융서비스노동조합은 비정규직문제에 대한 관심을 공식적으로 쟁점화하는 과정에서 2018년 3월의 '불평등 양극화 해소를 위한 특별위원회 1차 회의'와 '불평등 양극화 해소를 위한 토론회'를 통해 논의를 심화시켰고 이를 사무금융노사의 사회연대기금조성으로 이어갔다.

2018년 4월 사무금융노사의 사회연대기금 조성 선포식이 있었고, 6월에는 기금조성을 위한 노사의 산별 중앙교섭이 있었다. 2018년 8월에서 12월까지 KB증권, KB국민카드, 애큐온저축은행, 교보증권, 하나카드, 신한생명, BC카드 등이 사회연대기금 조인식에 참여했다.

2018년 말 사무금융우분투재단 발기인 총회가 개최되었고 2019년에 금융위원회 산하 재단법인으로 승인되었다. 이후 이사회를 통해 규정과 사업, 이사선임에 대한 의결을 거친 후 2019년 6월에 재단이 출범했다(사무금융우분투재단, 2024-8-③). 사무금융우분투재단의 출범은 2018년에 설립된 '금융산업공익재단'에 이어 산별협약에 따라 노사가 합의한 두 번째 기금사례로 주목되었다. 이 재단은 노사합의에 따라 기금 출연이 이루어졌다는 점에서는 앞에서 '노사공동형'으로 구분한 금융산업공익재단의 사례와 유사하다. 그러나 사무금융우분투재단의 기금은 노사가 각각 기금을 출연한 것이 아니

<표 1-4> 사무금융우분투재단의 기금 출연 현황

구분\연도	2019~2022	2023~2024	계
출연기관 및 개인	KB증권, KB국민카드, 애큐온저축은행, 교보증권, 하나외환카드, 신한생명보험, BC카드, 한국예탁결제, 한국증권금융, 금융보안, KB손해보험, 한국금융투자협회, 서민금융진흥, 경기신용보증재단, 처브라이프생명보험, SK증권, 신한아이타스, 부산울산경남지역본부, 개인 및 기타	하나외환카드, KB손해보험, 한국금융투자협회	18개 단체
출연기금(원)	8,097,320,000	710,000,000	8,807,320,000

출처: 사무금융우분투재단. 2024-8-④.

라 노사합의에 기반해 사업체 단위로 출연함으로써 노동연대형이나 노사공동형에 비해 노측과 사측의 상호포용성이 높다는 점에서 '노사포용형 시민주의'로 유형화할 수 있다.

사무금융우분투재단의 기금은 <표 1-4>에서 보듯이 현재 17개 사업체와 1개의 노조지역본부, 개인 및 기타 등이 출연하고 있다. 기금규모는 2019년부터 2022년까지 노조지역본부를 포함한 18개 사업장과 개인 및 기타출연자가 약 80억 규모의 기금을 출연했고, 2023년부터 2024년까지 기존 출연기관 가운데 하나외환카드와 KB손해보험, 한국금융투자협회가 7억 1,000만 원의 기금을 연속적으로 출연했다. 이 재단의 기금규모는 앞의 공공상생연대기금이나 금융산업공익재단에 비해 작은 규모이다. 그러나 이 재단의 기금 출연은 노동연대형이나 노사공동형의 경우처럼 노와 사에 한정적으로 정해진 금액을 기부하는 방식이 아니라 사업장 단위의 노사가 합의해 사업장의 여건에 맞게 자율적으로 출연한다는 점과, 아울러 아직 소규모이기는 하지만 개인출연자에게도 열려있다는 점에서 상대적으로 재정기반의 확장성을 갖는다.

또한 이 재단은 사무금융노조 측이 제안하고 사측이 동의함으로써 사측이 기금을 출연한 셈이기 때문에 출연주체가 노와 사로 구분되는 것이 아니라 사업체 명의의 출연형식이 갖추어졌다. 이 같은 방식은 노와 사가 각각 할당된 금액을 출연하는 방식에 비해 노사 상호간의 포용성을 바탕으로 기금 출연이 이루어졌다는 점에서 다른 재단과 차이점을 갖는다.

아울러 〈표 1-4〉에서 사무금융노동조합 부산울산경남지역본부가 기금에 참여한 데서도 알 수 있듯이 노동조합도 자발적으로 참여할 수 있도록 기금조성주체가 열려 있다. 개인 및 기타 범주도 작은 액수이지만 참여함으로써 개인에게도 기금참여가 열려 있음을 확인 가능하다. 최근에는 이사회에서 CMS 회원가입을 확장하는 논의가 있다는 점에서 앞의 두 재단에 비해 기금 조성이 노와 사를 넘어선 확장성을 갖는다.

사무금융우분투재단의 조직운영은 다른 재단과 유사하게 이사회와 운영위원회가 중심이다. 재단의 정관에 법인의 임원은 이사장 1인과 이사장을 포함한 7인 이상 15인 이하의 이사 그리고 2인 이하의 감사를 두는 것으로 정하고 있다(사무금융우분투재단. 2024-8-②). 현재 이 재단의 임원은 이사장을 포함해서 8인의 이사와 2인의 감사로 구성되어 있다. 이사장은 이사회에서 재적의원 과반수의 찬성을 얻어 선출하고 임기는 이사 재임기간으로 하도록 규정하고 있다(사무금융우분투재단. 2024-8-②). 사무금융우분투재단의 이사회는 노사의 대표자를 1인씩 당연직 이사로 선임하고 있다는 점에서 앞에서 노사공동형으로 구분한 금융산업공익재단과 얼핏 보기에 유사성이 있다. 그러나 금융산업공익재단은 전국금융산업노동조합 위원장과 금융산업사용자협의회 대표가 각각 이사회 절반의 지분을 가진 구조인 데 비해, 사무금융우분투재단은 당연직 이사 2인의 경우 노측은 산별 대표성을 갖지만 사측은 단사 대표이사를 선임하므로 사측의 취약한 산별 대표성을 보인다. 즉 이 재단의 당연직 이사 2인은 사무금융노조 대표자 1인과 사무금융노조 소속 회사 대표이사 1인으로 구성함으로써 노측 당연직이사는 전국사무금융서비스노동조합 위원장이 산별대표성을 갖고 참여하지만 사측 당연직 이사는 사무금융노조 소속의 개별 회사 대표이사로 선임함으로써 산별대표성을 반영하지 못하고 있다.

사무금융우분투재단은 이 같은 대표성의 불균형을 있는 그대로 수용하면서 당연직 이사가 이사회에서의 지분이나 역할을 뚜렷하게 할당해서 참여하는 것이 아니라 다른 이사의 선임이나 이사회의 역할의 자율성을 충분히 보장하는 방식으로 운영하여 노와 사의 포용성을 잘 보여주고 있다.

운영위원회의 구성과 역할에도 이 같은 포용성은 잘 반영되어 있다. 앞에서 노사공동형으로 구분된 금융산업공익재단의 경우, 운영위원회는 이사회에 상정하는 안건에 대해 사전에 심의하고 이사회에서 결의된 사업을 관리하고 집행하는 직무를 수행함으로써 재단운영의 실질적 권한을 갖고 있다. 또한 운영위원회의 구성도 노사가 실질적인 동일지분을 갖도록 하고 있다. 그러나 사무금융우분투재단의 경우 운영위원회는 자문위원회의 성격을 가지므로 운영위원은 위원회의 추천으로 이사장이 위촉하는 것으로 되어 있다. 이사회의 구성이 노사에 동일지분으로 할당되는 것이 아니라 이사회 자율구성의 특징을 보여주는 데다, 운영위원회 또한 위원회의 추천으로 이사장이 위촉하는 단순하고 자율적인 구성방식을 보인다. 따라서 다른 재단의 사례에 비해 이사회와 운영위원회의 구성과 역할의 자율성이 부각된다. 이 같은 자율성은 노측과 사측의 신뢰와 포용이 없으면 이루어지기 어렵다.

사무금융우분투재단의 노사포용성은 이처럼 기금조성방식과 이사회의 구성, 운영위원회의 구성과 역할, 의사결정과정에서 다른 재단과 차이를 보이고 있다. 재단의 출범과정에서 노측이 제안하고 사측이 출연하는 방식에서 노사의 상호포용성이 돋보일 뿐만 아니라 이사회와 운영위원회의 자율적 구성과 활동방식에서도 노사의 포용성이 반영되어 있다. 비록 당연직 이사의 구성에서 사무금융서비스산업분야의 노사관계에서 사측 대표성이 취약한 구조가 반영되어 있기는 하지만 오히려 이러한 불균형이야말로 재단운영의 상호포용성이 만든 효과일 수 있다.

사무금융우분투재단의 가치와 철학적 지향은 재단의 명칭인 '우분투'라는 말에 그대로 반영되어 있다. 우분투ubuntu는 "네가 있어 내가 있다"라는 아프리카 코사족 언어로 마음을 열어 다른 사람의 생각을 인정하고 어렵고 힘든 이웃의 문제를 함께 책임지는 공유정신을 의미한다(사무금융우분투재단, 2024-8-①). 인정과 공존과 공유의 가치를 지향하는 이 재단의 철학은 양극화와 경제적 불평등의 해소, 차별 없고 배제 없는 따뜻하고 건강한 사회를 지향하는 과제로 구체화되었다. 즉 '차별 없는 일터, 함께 잘 사는 사회'라는 재단의 포괄적 미션 아래 '더불어', '같이', '공동체 회복'이라는 의미를 담은 상생, 연대, 책임의 3대 비전을 제시하고 있다(사무금융우분투재단, 2024-8-⑤).

이 재단은 이 같은 상생, 연대, 책임의 비전에 따라 다양한 사업활동을 펼치고 있다. 우선 '상생'의 비전에 따른 사업으로는 첫째, '비정규직·양극화 해소 사업 아이디어 공모전'을 들 수 있다. 이 사업은 비정규직 문제에 대한 시민들의 관심을 촉구하기 위한 공모전이다. 우수 제안에 대해서는 포상하고 재단의 사업에 반영하는 사업으로 사무금융우분투재단을 홍보하고 재단설립의 취지를 설명하고 확산하는 계기를 만들려는 목적이 있다. 둘째, '제2금융권 비정규직 차별 철폐 및 처우개선방안 연구사업'이 있다. 이 사업은 제2금융권의 비정규직 차별실태와 애로사항을 파악하고 금융환경변화에 따른 고용안정성에 대해 연구함으로써 향후 비정규직 지원을 위한 재단의 사업 개발에 활용하려는 목적을 갖는다. 이 사업의 성과를 바탕으로 법제도 개선방안을 도출하고 토론회를 통해 연구결과를 확산시키고 있다. 세 번째 상생사업으로는 '우분투 장학사업'을 들 수 있다. 이 사업은 사무금융 내 비정규직 노동자의 후생복지 차별을 극복하기 위해 비정규직 노동자의 자기계발을 통한 전문성 향상을 지원하는 한편 비정규직 노동자 자녀들이 학업에 매진할 수 있는 환경을 조성하려는 취지를 갖는다. 한국장학재단과의 협력으로 진행하고 있다. 넷째,

'우분투 동행사업'으로 임금격차, 후생복지 등 비정규직 차별 사업장을 개선하는 지원과 비정규직을 정규직으로 전환하는 사업장을 지원하고 있다. 다섯째, '우분투 사랑방사업'을 통해 해고자, 퇴직자들을 위한 공간을 제공하고, 3~40대 실직자들에게 취업정보제공과 재취업훈련을 지원하는 활동을 하고 있다. 이 사업은 관련단체와 연대하여 체납사회보험료나 일시적 생계비 등을 지원하기도 한다(사무금융 우분투재단, 2024-8-⑤).

사무금융우분투재단의 두 번째 비전이라고 할 수 있는 '연대'의 비전에 따른 사업활동은 우분투 마이크로크레디트사업, 우분투상 시상사업, 연대강화 및 공론화 지원사업 등을 들 수 있다.

먼저 마이크로크레디트사업은 비정규직을 정규직으로 전환하는 중소기업에 대출금리 인하를 지원하거나 사무금융노조 내 전문가를 통해 포용적 금융지원 모델을 창출하고 실현하는 사업으로 이 사업을 위해 관련기관이나 제1, 2금융권 및 신용보증기금 등과 협력하고 있다. 두 번째 연대사업으로 '우분투 상' 시상사업이 있다. 비정규직 차별 개선에 앞장선 노동운동가, 노조, 기업인, 활동가 등을 선정하여 표창하고 상금을 수여하고 있다.

셋째로, '연대 강화 및 공론화 지원 사업'을 들 수 있다. 이 사업은 비정규직 차별이나 사회양극화 해소를 위해 활동하는 다른 시민사회단체와 연대해서 관련단체와 협력 틀을 구성하고 양극화 해소방안을 모색하는 것으로 사회양극화 문제를 사회적으로 확산시키는 이슈형 포럼 등을 펼치고 있다. 이 재단이 세 번째로 제시하는 책임의 비전에 따른 사업들은 '금융소외청년 지원사업'과 '안전하고 건강한 노동환경 조성사업'이 있다. 전자는 불법 사금융 이용 청년들이 건강한 사회구성원으로 거듭날 수 있도록 장기적으로 지원하는 프로그램으로, 소액대출 및 체계적인 교육과 상담을 동시에 진행하고 있다. 이 프로그램을 통해 유관조직 및 관련단체 등에 재정적 지원과 전문 인력을 지원하기도 한다. 안전하고 건강한 노동환경 조성사업은 사회안전망이 갖추어지지 않은 플랫폼 노동자의 노동환경 개선 프로그램이다. 디지털 산업 시대에 확대되는 새로운 유형의 노동운동 조직과 연대하고 지원하는 사업을 사무금융 노사의 전문지식과 인력 풀을 활용해 전개하고 있다(사무금융우분투재단, 2024-8-⑤).

　사무금융우분투재단은 전국사무금융서비스노동조합과 제2금융권 사용자 측이 합의해 만든 기금이라는 점에서는 노사공동형 시민주의로 유형화되는 금융산업공익재단과 유사하다. 그러나 기금조성에서 노사가 정해진 액수를 각각 출연하는 방식이 아니라 사업체 단위로 출연함으로써, 엄밀히 말하면 노동조합이 재단설립을 주도하고 사용자 측이 출연하는 방식이 되었다. 기금구성이 노와 사로 한정적이지 않고 사용자 측과 사업체 단위의 출연과 더불어 개인후원도 열려 있다는 점에서 재정기반의 확장성을 가질 뿐만 아니라, 노사 간의 보기 드문 포용과 협력의 연대성을 보여주는 사례라고 할 수 있다. 사무금융우분투재단은 사용자 측의 재정 출연이 대부분의 몫을 차지하지만, 재단운영에서 역할이 할당, 구분되어 있지 않기 때문에 사용자 측의 포용성과 연대성이 특히 주목될 뿐더러 재단의 자율성을 높이는 데도 기여하고 있다.

사무금융우분투재단의 노사포용형 시민주의는 재정기반에서 다른 재단에 비해 확장성이 크며, 기금 출연자들이 특별한 역할배분을 요구하지 않는다는 점에서 노조시민주의의 자율성이 부각된다. 자율성이 높은 재단의 운영은 다른 무엇보다도 이사회의 다원적 구성을 가능하게 하고, 이러한 자율성과 다원성은 재단이 노와 사의 범주를 넘어서 공공성 수준을 높게 만든다. 아울러 재단의 높은 공공성은 재단의 시민사회적 주류성과 책임성 수준을 함께 높이고 있다. 노동기반 공익재단들은 설립취지에서 상생과 공존, 협력의 가치를 지향하기 때문에 시민적 가치와 철학에서 큰 차이를 갖지 않는다. 특히 이러한 시민적 가치는 미션과 비전으로 구체화되기 때문에 다양한 사업활동 간 다소 차이가 있음에도 불구하고 유사한 방향을 갖는다. 그럼에도 불구하고 연대와 조직운영의 수준에서 노사포용형은 노동연대형이나 노사공동형과 차이를 보여준다. 무엇보다도 사무금융우분투재단은 높은 수준의 포용성을 보임에 따라 다른 유형의 재단에 비해 자율성, 다원성, 공론성, 주류성, 책임성의 수준이 비교적 높다는 점을 알 수 있다.

기념사업형 시민주의와 전태일재단

전태일재단은 1970년 11월 13일 분신한 청계천 평화시장의 노동자 전태일의 정신을 기리고 실천하기 위해 2009년 설립되었다. 전태일재단이 재단법인으로 출범한 것은 2009년이지만 그 전신은 '전태일기념사업회'로 이미 1984년에 설립되어 오랫동안 전태일을 추모하는 사업을 전개해 왔다. 전두환 신군부 독재체제의 강제 노조해산과 구속, 수배의 가혹한 탄압이 계속되는 가운데 1981년 노동자들의 공간을 만들기 위해 '전태일기념관 건립위원회'가 발족했으며 이 위원회가《어느 청년노동자의 삶과 죽음》을 출간했고, 1984년에 '전태일기념사업회'로 이름을 바꾸었다. '전태일기념사업회'의 활동을 이어서 2009년 설립된 전태일재단은 전태일에 관한 기념사업이 진화되어 만들어진 재단이라고 말할 수 있다(전태일재단, 2023-6-①)

전태일재단은 어쩌면 노동기반 공익재단으로는 우리 사회에서 첫 사례라고도 할 수 있다. 앞에서 분석한 2018년 전후에 만들어진 노동기반 공익재단은 특정 산별노조나 산별노조의 연대를 기반으로 사측과 함께 만든 재단이라는 특징을 갖는다. 그러나 전태일재단은 기금이나 조직구성에서 이와는 다른 '기념사업형 시민주의'로 구분될 수 있는 특징을 갖는다. 특히, 전태일 정신을 기리는 기념사업을 추구하기 때문에 원천적으로 노동기반성을 갖지 않을 수 없다. 무엇보다도 '평화의 집'이나 '전태일 기념관' 건립을 주도한 일련의 기념사업들은 청계피복노조와 같은 노동조합들이 기반이 되었으며, 전태일 기념사업회의 추모사업 또한 근본적으로 노동조합들에 기반한 활동이었다. 게다가 이 재단의 정관에는 "재단은 전태일과 이소선의 삶에 깃든 실천과 연대의 정신을 사회로 확산하는 운동을 전개하여 노동이 존중받고 평등한 사회로 나아가는 것을 그 목적으로 한다"고 밝히고 있다(전태일재단, 2024-8-①). 이러한 재단의 목적은 전태일 노동정신의 시민사회적 확장을 지향함으로써 우리 사회에서 가장 오랜 노동기반 공익재단이자 가장 오랜 노조시민주의의 재단유형이 되었다.

전태일재단에서 공개한 자료에 따르면 재정기반은 후원금과 보조금 및 지원금 수입, 도서판매 등의 사업수익으로 이루어져 있다. 2021년 기부금 모금현황과 회계보고에 따르면 2021년 재단의 모금액은 약 13억 5천만 원이고 재단의 자산총계는 약 15억 원 규모이다 (전태일재단, 2023-6-②; 2023-6-③). 앞에서 분석한 다른 사례들은 특히 공공상생연대기금이나 금융산업공익재단은 노와 사로 한정된 출연주체를 기반으로 하는 반면 전태일재단의 재정 출연은 개인과 단체에 모두 열려 있어 기금참여의 확장성이 뚜렷하다. 말하자면 이 재단의 기금 출연은 전태일 정신을 기리는 기념사업에 공감하는 모든 시민에게 열려 있다. 2023년 12월 기준, 개인 후원자는 1,790명이며, 197개 노동조합과 99개 단체 및 기업이 후원에 참여하고 있다 (전태일재단, 2024-8-②).

이 재단은 기념사업회가 발전한 형태이기 때문에 기념사업을 추진해온 노동조합과 그 연계 단체들이 재단의 근간이 될 수밖에 없다. 그러나 노동조합과 기업 등 단체 후원뿐만 아니라 개인 후원의 비중이 크다는 점은 기념사업의 시민적 확장을 의미하는 것으로, 기금 출연의 제약 없는 개방성을 잘 보여주고 있다. 특히 온라인 후원방식이 일반화되는 추세와 함께 CMS를 통한 정기후원을 활용함으로써 기금후원의 개방성을 확대하고 있다.

전태일재단은 다른 공익재단과 유사하게 이사회와 운영위원회를 통해 운영된다. 이사회는 15인 이내의 이사로 구성되는데 구성방식은 재단의 특성을 반영하고 있다. 이사회는 추천위원회에서 추천하는 11인 이내의 이사와 함께, 전태일의 분신 후 만들어진 청계피복노조의 친목모임이라고 할 수 있는 '청우회'에서 추천하는 남녀 각 1인, 전태일 가족 1인, 전태일 친구 1인을 포함하고 있다. 전태일 기념사업을 시작하고 주도했던 전태일 열사의 가족과 친구, 청우회 추천이사가 포함된 것은 다른 무엇보다도 이 재단의 기원과 역사에 관련된 정당성을 갖는다. 전태일재단의 이사회는 앞에서 분석한 노사기반의 재단들과는 달리, 노동기반성이 강하다고 하더라도 기금 출연주체별로 균분해서 구성되거나 역할이 할당되어 있지 않다(전태일재단, 2024-8-①). 이 같은 이사회의 구성은 의사결정과정에서도 기금 주체 간에 긴장과 갈등이 크지 않다.

이 재단은 전태일 정신을 기리는 기념사업을 추진하기 위해 만든 조직이기 때문에 재단의 특별한 미션이나 비전이 제시되고 있지는 않다. 그럼에도 재단의 설립목적과 다양한 기념사업에서 드러나는 전태일과 이소선의 '정신'은 실천, 헌신, 연대의 가치를 기반으로 하고 있다는 점을 알 수 있다. 또 "노동이 존중받고 평등한 사회로 나아가는 것을 목적으로 한다"는 표현에는 이 재단이 지향하는 미션과 비전이 반영되어 있다.

실천과 헌신, 연대의 가치를 포괄하는 전태일과 이소선의 정신은 이 재단의 다양한 사업들에 구현되어 있다. 이 같은 재단의 주요사업으로는 우선 매년 11월 13일의 전태일 추도식과 9월 3일의 이소선 추도식이 있다. 재단은 양대 추도식의 세 가지 특징을 강조한다. 하나는 생전의 전태일이 이름 없는 노동자였다는 점에서 일반적 행사의 형식 가운데 하나인 주요내빈 소개를 하지 않는다는 것이고, 두 번째는, 이소선 추도식에서는 한국노총이 추도사를 먼저 하고 전태일 추도식에서는 민주노총이 먼저 추도사를 하기 때문에 이소선 추도식은 한국노총이, 전태일 추도식은 민주노총이 점심값을 내는 관례가 있다는 점이다. 마지막 특징은 2020년 이후 추도식의 사회, 추모기도, 약력소개 등을 노동자, 시민, 청년이 번갈아 진행함으로써 더 많은 사람들에게 역할을 나누는 의미를 실천한다는 점이다(전태일재단, 2024-8-③).

이 재단의 또 다른 주요사업으로 "전태일노동상"이 있다. 이 상은 연간 가장 모범이 되는 노동운동을 실천한 단체나 개인에게 수여하는 상으로 전태일의 삶과 투쟁, 나아가 민중의 역사를 기억하자는 취지로 인간해방을 위해 기여한 이들을 기리기 위한 목적으로 만들어졌다. 특히 이 상은 전태일 정신의 계승과 구현에 초점을 둠으로써 헌신과 연대를 가장 중요한 선정기준으로 삼고 있다(전태일재단, 2024-8-③).

전태일 정신을 문학으로 계승하는 사업으로는 "전태일문학상"과 "전태일청소년문학상"이 있다. 전태일문학상은 1988년 전태일재단의 전신인 전태일기념사업회 때 제정되어 노동의 현장에서 쓰인 시, 소설, 기록문 등을 공모해서 시상하고 작품집을 내기 시작했다. 전태일 기념사업회는 정부와 자본의 노동통제 속에서 단체의 운영이 쉽지 않았지만 전태일문학상 제정을 주요사업으로 추진했으며 2005년부터는 한국문학을 이끌 젊은 문학인을 키우기 위해 전태일청소년문학상도 운영하고 있다. 전태일문학상과 전태일청소년문학상은 문학인을 중심으로 구성된 전태일문학상 운영위원회가 주관하며 전문성과 독립성을 존중해 재단은 심사에 관여하지 않으며 수상작품들은 작품집으로 발간하고 있다(전태일재단, 2024-8-③).

전태일재단의 '사회운동재단'으로서의 특징을 강조하는 주요사업으로 이른바 '풀빵나눔사업'에 주목할 수 있다. 풀빵나눔사업은 불안정 노동자의 새로운 조직화방식으로 펼치는 노동공제운동으로, 이 운동은 '노동공제연합 풀빵'을 통해 실현되고 있다. 말하자면 이 사업은 전태일재단이 사후의 전태일을 기억하고 추모하는 기념재단에 머물지 않고 생전의 전태일과 이소선의 염원을 실현시키는 운동으로서의 재단활동을 강조하고 있다. 특히 노동공제연합 풀빵을 통해 전개되는 '전태일운동'은 비정규직, 하청노동, 플랫폼 노동, 프리랜서 등 불안정 노동의 조직화 및 조직화 지원사업을 중심으로 펼치는 일종의 불평등 완화운동이라고 할 수 있다(전태일재단, 2024-8-③).

사회운동으로서의 전태일운동에 주목할 수 있는 또 다른 재단사업으로는 '전태일·이소선 노동인권교육'이 있다. 이 프로그램은 대상이나 교육시간에 따라 맞춤형으로 진행되고 있으며 다양한 현장체험을 통한 교육으로 구성되어 있다. 즉 전태일기념관, 전태일 다리, 평화시장, 창신동 봉제거리, 전국민족민주유가족협의회 '한울삶', 쌍문동 전태일 옛집터, 마석모란공원 민족민주열사묘역 등이 체험교육의 현장으로 활용되고 있다(전태일재단, 2024-8-③). 이 프로그램은 노동인권이 추구하는 핵심가치가 나눔과 헌신, 연대라는 전태일 정신에 있다는 점을 확산하는 데 기여하고 있다.

이 같은 전태일운동은 재단의 부설기관과 수탁기관 운영을 통해 이루어지고 있다. 전태일재단은 부설기관으로 재단교육센터와 이소선 노동갈등관리센터를 운영하고 있고, 수탁기관으로 전태일기념관과 중구 노동자종합지원센터, 노원 노동복지센터를 운영하고 있다. 2019년 개관한 전태일기념관은 1981년에 발족한 '전태일기념관 건립위원회'를 모태로 한다는 점에서 우리 노동계의 오랜 숙원사업이었다. 이 기념관은 서울시 수탁으로 운영되고 있다. 중구 노동자종합지원센터는 서울 중구지역 내 노동자, 특히 노동법과 사회보장제도의 바깥에 놓인 노동자들의 노동환경개선을 위해 서울시와 중구가 설립해 재단이 수탁운영하고 있다. 노원 노동복지센터는 노원지역 노동자의 권익보호 및 삶의 질 향상을 위해 서울시와 노원구가 설립해 재단이 운영하는 수탁기관이다(전태일재단, 2024-8-③).

전태일재단은 '기념사업형 시민주의'로 구분되는 노동기반 공익재단이다. 기념사업형 공익재단은 일반국민이나 시민을 대상으로 기념사업을 펼치기 때문에 앞에서 살펴본 노동연대형이나 노사공동형, 노사포용형에 비해 시민주의의 수준이 높다. 특히 이 재단은 전태일기념사업회에서 출발해 전태일 열사의 역사적, 상징적, 범국민적 기념사업을 시민사회로 확장하고 있으며, 수탁사업을 통한 지자체 협력 및 시민사회와의 협력사업을 통한 확장성 또한 추구하고 있다. 재정기반 또한 노동조합뿐만 아니라 다양한 비노조단체 및 개인후원에 이르기까지 포괄적으로 구성되어 있다는 점에서 다른 유형에 비해 확장성이 높다. 재정기반이 노사에 국한되지 않음으로써 재단운영에서 기금 출연주체들 간에 특별한 역할배분이 없고 이에 따라 재단은 기금 출연주체들로부터 높은 수준의 자율성을 갖는다. 따라서 전태일재단은 다른 유형의 공익재단에 비해 노조시민주의의 자율성과 다원성, 공론성과 주류성의 수준이 상대적으로 높은 특징을 보이고 있다.

21세기 노동의 귀환과 노동기반 공익재단의 과제

이 글은 우리 시대 중첩된 노동의 위기를 넘어서는 21세기 노동의 새로운 비전으로 '노조시민주의'를 제시하고, 노조시민주의의 가장 진화된 형태라고 할 수 있는 노동기반 공익재단들의 유형적 특성을 비교 분석하는 것을 목적으로 한다. 노조시민주의는 현대성의 성찰과 해체를 특징으로 하는 거대한 전환의 시대에 적응하는 새로운 비전이자 노동의 위기대응 패러다임이다. 노조시민주의의 논리는 21세기 노동이 오로지 시민사회적 재구성을 통해서만 고립과 배제를 넘어 확장적 연대를 구축할 수 있다는 자각을 반영하고 있다.

21세기 노동의 새로운 비전으로서 노조시민주의는 노동조합의 시민성을 확장하는 데 초점을 두고 있다. 따라서 노조시민주의는 앞에서 논의한 바와 같이 노동조합운동을 비롯한 생산을 둘러싼 정치 혹은 일터의 정치를 보다 광범위한 시민사회적 이슈와 연계시키거나 노동조합과 시민사회의 가치, 제도, 활동방식을 결합하는 방식으로 실현된다. 이 같은 결합은 노동의 공공성을 시민사회적 연대의 영역으로 확장함으로써 노동조합의 시민적 정체성을 주류화하는 전략이라고 말할 수 있다. 노조시민주의는 노동조합이 시민사회적 가치를 공유하는 시민적 주체로서 공유해야 하는 다원성, 공공성, 사생활,

합법성, 주류성, 책임성 등의 지표로 구성되어 있다.

노조시민주의 혹은 노동조합의 시민성은 오랜 기간에 걸쳐 진화했다. 1980년대 노동조합운동은 민주주의 시민혁명의 한 축으로 정치민주화를 가능하게 했던 시민적 저항의 동력이었다. 이 시기 정치민주화에 기여한 이른바 '사회운동노조주의'는 한국에서 노조시민주의의 제1의 진화라고 할 수 있다. 외환위기 이후 두 번의 진보정부와 두 번의 보수정부를 거친 후 한국에서 조직노동의 구심인 한국노총과 민주노총의 노동조합들은 점점 더 증가하는 미조직노동자의 사회적 배제와 노동조합운동의 고립화 문제를 해결하기 위해 사회연대의 목소리를 적극적으로 내기 시작했다.

1980년대 사회운동노조주의가 '사회연대노조주의'로 개념적 진화를 이루는 이 시기의 노동조합운동을 노조시민주의의 제2의 진화로 간주할 수 있다. 2018년을 전후한 시기에 노동조합과 노동계가 주도한 노동기반 공익재단들이 만들어졌다. 새롭게 만들어진 노동기반 공익재단들은 사회운동노조주의나 사회연대노조주의가 노동조합의 범주 안에서 시민주의적 활동을 했던 데 비해 노동조합의 경계를 넘어 공익재단이라는 시민사회영역의 핵심적 제도로 시민주의를 확장시켰다. 이러한 노동기반 공익재단의 사례를 이 책에서는 노조시민주의의 제3의 진화로 강조했다.

2018년을 전후하여 노동기반 공익재단들이 잇달아 출범한 배경은 무엇보다도 이명박 정부와 박근혜 정부라는 두 번의 보수정부 시기 훨씬 더 강화되었던 신자유주의적 자본의 공세적 팽창에 대한 거

대한 자각의 효과이다. 이러한 자각은 두 축에서 작동했는데 한 축은 노동조합을 중심으로 하는 조직노동 쪽에서 엄혹한 신자유주의적 공세 앞에 상당기간 수세적이고 배제적인 조합주의를 추구한 데 대한 자각이었다. 적어도 점점 더 늘어나는 비정규직과 미조직노동자를 조직노동이 언제까지나 모른 척할 수는 없었다.

다른 하나의 자각은 경영 측에서도 나타났다. 논리적으로 본다면 신자유주의의 팽창은 자본과 기업 측으로서도 공공성과 공동성의 위기라는 사회해체의 파괴적 자기대면 과정을 심각한 과제로 간주하지 않을 수 없었다. 이러한 과제에 대한 대응은 사회와 공동체의 복구를 위한 사회공헌과 사회적 책임, ESG 경영 등의 활동으로 나타났다. 이 시기 노동조합의 제안에 따라 경영 측이 노사협력과 사회적 책임의 차원에서 노동기반 공익재단에 참여한 것은 이러한 점에서 경영 측의 구조적 자각효과로 볼 수도 있다.

노사의 자각이 거대한 위기에 대한 반응으로 나타났다면, 이 시기 정부의 성격은 노동기반 공익재단 출현의 또 하나의 배경이 되었다. 2017년에 이른바 촛불혁명으로 출범한 문재인 정부는 노동존중사회를 노동정책의 큰 방향으로 삼고 친노동정책을 추구하여 노동조합이 주도하는 노동기반 공익재단의 출범을 도왔다. 이 시기 정부는 노동조합의 공익재단 출범에 의미 있는 정치적 기회 구조를 제공한 셈이다.

이 책에서는 노동기반 공익재단을 노조시민주의가 고도로 진화된 형태로 보고 이를 4가지 유형으로 구분해서 분석했다. 4가지 유형분석에는 공공상생연대기금, 금융산업공익재단, 사무금융우분투재단,

전태일재단 등을 사례로 활용했다. 유형 구분의 기준은 재정기반이 특정의 노동조합이나 사용자 측에 한정된 것인지, 아니면 제한 없이 확장적인지를 하나의 기준으로 삼았고, 다른 하나는 기금 출연주체별로 역할이 분명하게 구분되어 있는지 여부를 기준으로 삼았다.

먼저 금융산업공익재단은 기금 출연기반이 노조 측과 사용자 측이 절반씩의 몫을 갖고 있다는 점에서 노측과 사측의 한정적 출연구조가 부각된다. 출연주체의 역할 또한 노와 사가 절반씩의 출연 몫만큼 동일한 역할지분을 갖도록 규정했다. 노사가 동일비율로 기금을 공동 출연했을 뿐만 아니라 재단운영의 역할 또한 동일지분의 공동운영방식으로 분화되어 있다는 점에서 금융산업공익재단은 '노사공동형 시민주의'로 유형화되었다.

공공상생연대기금은 노동조합과 사용자 측이 기금 출연에 함께 참여했다는 점에서는 노사공동형과 유사하지만, 단일산업분야가 아니라 양대노총에 소속된 5개 산업노조가 연대해서 기금 출연을 주도했다. 이 기금은 공공부문의 특성상 정부의 협조에 따라 사측이 참여하는 구조였기 때문에 사측의 참여보다는 노동조합의 연대성이 크게 부각된다는 점에서 '노동연대형 시민주의'로 유형화되었다. 또한 공공상생연대기금의 경우, 비록 재정기반은 노사에 한정되어 있다고 하더라도 노동조합의 연대가 주도함으로써 운영 부분에서 노사의 역할이 분화되지 않았기 때문에 재단의 자율성이 비교적 높다는 특징을 보이고 있다.

노동기반 공익재단 가운데 사무금융우분투재단은 '노사포용형 시민주의'로 구분되었다. 사무금융우분투재단은 노사가 협조해서 출범했다는 점에서는 노동연대형이나 노사공동형과 유사한 특징을 보인다. 그러나 노동조합 측이 제안하고 사측이 기금을 출연했다는 점에서 다른 재단에 비해 노사의 포용성이 돋보인다. 사측이 출연했다는 점에서는 기금 출연이 제한적으로 보일 수 있지만, 노동조합을 넘어선 기금기반의 확장성을 보일 뿐만 아니라 개인에게도 열려 있다는 점에서 확장적이다. 또한 노동조합과 사용자 측의 포용성에 기초해 출연된 기금이기 때문에 출연주체의 역할이 미분화되어 있다. 사무금융우분투재단은 노사의 포용성이 큰 만큼 재단의 자율성 수준이 다른 유형에 비해 높다.

전태일재단은 '기념사업형 시민주의'로 유형화했는데, 출범 시기나 기금기반에서 다른 노동기반 공익재단과는 뚜렷이 구분된다. 그럼에도 불구하고 전태일재단은 전태일 열사를 추모하는 노동조합과 노동계를 기반으로 만들어졌다는 점에서 노동기반 공익재단의 한 범주로 간주할 수 있다. 전태일재단은 기념사업을 위한 재단이기 때문에 기금기반이 개인과 노동조합을 비롯한 단체에 이르기까지 제한 없이 구성되어 있고, 이에 따라 기금주체 간에 특별한 역할 배분도 없다. 기념사업형 재단은 그 특징상 가급적 광범위한 참여와 공공적 기반을 갖추는 것이 목적이기 때문에 재정기반에서는 노동기반 공익재단 가운데 시민사회적 확장성이 가장 큰 재단이라고 할 수 있다. 이러한 확장성은 시민사회뿐만 아니라 지방자치단체와 같은 정부영역과의 협력기반도 넓히고 있다.

이상과 같이 한국 사회에서 비슷한 시기에 출범한 노동기반 공익재단의 사례들은 노조시민주의의 가장 진화된 형태라는 점에서 주목할 수 있었다. 특정 시기에 특정한 계기를 통해 만들어진 재단이라고 하더라도 노조시민주의의 진화라는 점에서는 21세기 노동의 새로운 비전이자, 새로운 모습으로의 귀환이라는 의미가 부각될 수 있다. 이제 2018년 전후로 출범한 노동기반 공익재단들이 보다 안정적으로 성장하는 데 필요한 시간이 흐른 2024년 현재의 시점에서 돌아보면 노동기반 공익재단들은 노조시민주의의 맥락에서 많은 과제들을 남기고 있다.

첫째, 기금 출연구조를 시민사회 영역으로 더 많이 확장해야 한다. 전태일재단을 제외한 노동기반 공익재단은 특성상 특정산업영역에 제한되거나 노사에 제한된 출연구조를 갖기 때문에 재단운영의 중심은 노사가 될 수밖에 없다. 그러나 재단의 시민성 확장을 위해서는 기금기반을 공식적이고 공개적으로 일반시민에게 개방하는 방식이 필요하다. 시민사회영역으로의 더 많은 확장성을 갖거나 혹은 확장성이 큰 다른 유형의 재단들을 다양하게 만들어냄으로써 기금기반의 시민사회적 다원성을 확보해야 한다. 기금기반이 노와 사에 국한된 경우, 필연적으로 다른 사회영역과 경계를 가질 수밖에 없으며 이러한 경계는 노조의 시민성 확장을 원천적으로 제약할 수 있다.

둘째, 노동기반 공익재단들은 기금 출연단체로부터 더 많은 자율성을 확보해야 한다. 특히 이 논문에서 분석한 유형 가운데 노사공동형은 노와 사의 이해에 따라 재단의 자율성이 크게 제약될 가능성이 있다. 자유롭고 확장적이며 다원적인 사업 운영은 재단의 높은 자율성이 보장될 때 가능하다. 노사의 기금 출연이 비례적이고 역할 배분이 출연단체에 뚜렷하게 할당되어 있는 경우 노사 간 이해가 재단의 의사결정과정과 사업선택과정에 그대로 반영될 수 있다. 어렵게 만든 공익재단의 운영이 노사의 이해에 구속되어 자율성이 보장되지 않는 한계를 드러낼 수 있는 것이다. 재단의 공익성 향상과 시민사회적 확장을 위해서 공익재단의 자율성과 독립성이 지속적으로 강화되어야 한다.

셋째, 노동기반 공익재단들은 노동가치를 시민사회적 가치로 결합하는 데 여전히 수동적이다. 단순히 사회적으로 취약계층을 돕거나 일회적 사업들을 전개하는 데 그치는 것이 아니라 노동가치를 시민사회의 주류 가치로 전환시키는 사업들을 다양한 방식으로 훨씬 더 적극적으로 전개해야 한다. 노조시민주의는 노동조합운동을 시민적 수준에서 순화 혹은 보수화하는 것이 아니라 노동가치를 보편적 시민가치로 주류화하는 비전이다. 이러한 비전에서 노동가치와 시민사회 가치의 접합은 가장 핵심적인 과제라고 할 수 있다.

넷째, 노동기반 공익재단은 노동조합과 시민사회의 사생활가치를 결합하는 데 더 많은 관심을 기울여야 한다. 일반적으로 사생활은 개인적 자아의 영역이거나 개인의 도덕적 선택의 영역으로 간주된다. 개인의 기호와 취향, 친밀성과 은밀성의 영역이 여기에 해당한다. 현대성의 해체와 재구성의 특징을 드러내는 우리 시대에 성, 취향, 욕망과 같은 사적 쟁점들은 공적인 것으로 재구성되고, 현대성의 틀 내에서 공적이었던 것들은 사적인 것으로 재구성되는 경향이 있다. 노동조합은 조합원의 사생활영역에서 드러내는 다양한 욕망을 공적 이슈로 수용해 낼 필요가 있다. 노동조합이 새로운 세대로의 확장성을 넓히고 노동자의 삶을 폭넓게 보장하는 서비스 거점으로 리모델링될

108

수 있도록, 노동기반 공익재단들이 노조와 시민사회의 서비스 전달 체계를 결합시키는 역할을 할 수 있어야 한다.

다섯째, 노동기반 공익재단 활동의 공론화 폭을 넓혀야 한다. 노동기반 공익재단들은 독자적 사업이나 협력사업을 포함한 다양한 사업을 전개하고 있다. 그럼에도 우리 사회에서 노동기반 공익재단은 여전히 제한적으로 알려져 있다. 노동분야의 제한적 네트워크 안에서 사업을 추구하는 수준을 넘어 지방정부를 포함한 정부영역, 기타 공공영역, 기업, 언론 및 방송영역, 학술 및 교육, 문화영역과 폭넓은 협력사업을 추진함으로써 재단의 공공적 가치를 높여야 한다.

여섯째, 노동기반 공익재단들은 노조시민주의와 기업시민주의의 연계에 관심을 기울여야 한다. 기업시민주의corporate citizenship는 최근의 ESG 경영목표의 수준에 이르렀지만, 궁극적으로는 '기업가치의 확장'이 목적이라고 할 수 있다. 노동조합은 노동조합의 시민성을 확장하는 노조시민주의의 목표를 자율적으로 제시함으로써 지속가능한 '노동'의 실질적인 사회기반 구축을 지향해야 한다. 노동기반 공익재단은 지속가능한 노동과 지속가능한 경영의 두 축이 선순환적으로 상호자극을 이루도록 연계하는 데 기여해야 한다.

끝으로 노동기반 공익재단은 국내의 사회취약계층에 주목하는 데서 더 나아가 지구적 가치와 지구적 네트워크를 확장하는 데도 관심을 가져야 한다. 금융산업공익재단은 현재 해외사업을 전개하고 있지만 더 폭넓은 지구적 가치로 확장할 뿐더러 지구적 네트워크를 구축하는 데도 힘을 기울여야 한다.

이 장에서는 주로 2018년 전후에 출범한 노동기반 공익재단을 노조시민주의의 가장 진화된 형태로 강조했다. 노조시민주의는 1980년대 민주화운동에서부터 현실적으로 진화했다는 점에서, '개념'보다 '현실'이 빠르게 발전했다는 점도 강조한 바 있다. 우리 시대 노동과 노동조합은 점점 더 고립되고 배제되는 고도의 위기적 형국을 맞고 있다. 우리는 삼중의 노동위기를 극복하고 새로운 노동의 비전인 노조시민주의에 주목해야 한다.

우리 노동계의 오랜 경직성과 전통적 노동운동의 계급편향성을 넘어 노동조합의 시민사회적 확장은 21세기 노동의 핵심적이고도 유일한 과제다. 노조시민주의는 노동운동의 시민사회적 혹은 보수적 타협을 추구하는 것이 아니다. 노조시민주의는 다른 무엇보다도 노동의 보편성과 공공성을 확장하는 비전이며, 노동조합과 노동가치를 시민사회적으로 주류화하는 전략이라고 말할 수 있다.

우리 시대의 노동위기는 기존의 계급지향적 인식이나 노동 영역만을 끌어안는 경직된 인식과 관념으로 극복될 수 없다. 우리 시대 노동의 위기는 복잡한 구조 전환을 동반한 거대한 위기다. 이 위기를 극복하기 위해서는 거대한 자각이 있어야 한다. 21세기 노동의 귀환을 알릴 새로운 비전은, 우리 노동계를 에워싸고 있는 오랜 관행과 통념과 언어를 벗어나는 데서 발견되어야 한다. 혁신은 익숙한 것과의 결별에서 온다는 사실을 다시 한번 강조한다.

2부

노동의 귀환과
노동조합운동의 전망

한국 노동운동의 주역인 전·현직 노조 위원장들. 2부에서는 이들의 생생한 목소리를 들으며
우리 노동의 미래를 조망하고, 21세기 노동의 비전을 찾아 나갈 수 있을 것이다.

3
노조시민주의와 노동조합운동의 미래 I

이 장은 박해철, 박홍배, 나순자, 이재진, 강규혁 등 5명의 전·현직 산별노조 및 노동조합연맹 위원장들과의 대담 내용을 실었다. 대담자들은 노동위기 진단, 노동조합운동의 효과, 소속 노동조합의 활동성, 지속가능한 노동과 노조시민주의, 노동기반 공익재단, 사회적 대화에 대한 관점, 노동조합의 미래, 리더십, 개인의 꿈 등의 주제에 대해 체험에 바탕을 둔 진솔한 답변을 해 주었다.

대담자들은 노동위기가 가중되는 현실을 체감하고 있으나 변화의 수용과 노조의 통제력, 정책적 보장, 사회적 합의 등을 통한 적극적 대응의 입장을 보였다. 또 노동조합운동은 경제성장과 민주화, 분배정의, 노동자 권익 향상, 기업의 조직문화 등에 기여했다는 점을 강조했다. 지속가능한 노동의 핵심요소로는 산별노조, 사회개혁, 정치세력화, 기업의 투명성과 지배구조, 격차 줄이기 등을 제시했다. 노조시민주의의 특징은 사회개혁 참여와 유연한 균형, 자본의 위력에 대항해 정의로운 세상을 만드는 힘, 일상적 소통과 시민적 지지, 자기 것 챙기기가 아니라 세상을 밝게 바꾸기, 우리 사회의 90%와 어울리는 노조 등이라고 답했다. 노동조합의 미래는 대담자 모두 밝지 않다고 보았으나, 변화에 대한 유연한 대응과 균형감, 자본의 공세에 대한 사회정의의 당위성, 사회적 역할의 확대, 국민적 지지의 확장 등을 통해 노동조합은 필요하고 또 지속될 것이라고 말했다.

사회개혁과 유연한 균형

조대엽　박해철 의원과의 인터뷰를 진행하겠습니다. 첫 번째 질문은 우리 시대 노동위기에 대한 일반적 내용에 관한 것입니다. 디지털 전환과 AI 시대에 이르는 우리 시대의 기술 발전은 인간노동을 빠르게 대체하고 있습니다. 이 같은 현실을 인간노동이 대면하고 있는 보편위기라고 한다면, 이에 대해 어떻게 생각하십니까?

박해철　기술 발전과 노동은 반비례적 성격이 좀 강하죠. 우리나라의 경우, 1970년대 초반 경공업부터 시작해서 중화학공업 그리고 그 뒤로 첨단 업종, 이렇게 산업 트렌드가 바뀌면서, 노동집약적 업무 형태가 지금은 첨단화로 인해 노동 영역이 위기라고 볼 수도 있고요.
　어쩔 수 없는 기술 발전은 받아들일 수밖에 없긴 하나, 우리나라의 경우 어느 국가 못지않게 급속도로 고령화가 진행되는 국면을 고려한다면, 결국은 국가가 일정 부분 개입해야 된다고 봅니다. 즉, 기술 진화와 초고령화의 관계 측면에서, 기술진화 협력, 일자리, 초고령화가 연착륙을 할 수 있는 시스템이 필요하다고 생각합니다.
　대표적으로 우리가 고속도로에서 하이패스를 다 이용하지 않습니까? 그런데 또 한편으로는 직접 통행료를 받느냐 마느냐 하는 그런

114

부분들도 있는데, 이것을 효율성이나 기술 진화론적으로만 본다면, 굳이 사람을 넣을 필요는 없죠. 기계로 하면 되니까요. 그런데 한편으로 그렇게 자리를 지키는 일자리가 필요하다고 생각하는 이유 중 하나는 하이패스에 적응이 안 되는 연령대가 있으신 분들이나 개인정보 문제로 하이패스 이용을 꺼리는 사람들도 분명히 있기 때문입니다. 또 위급한 상황일 때 즉각적 대처 능력이 필요한 부분도 있고요.

유사한 사례 중 한 가지는 각 가정별로 사용 전기량을 측정하는 계량기가 있는데, 아파트의 경우 원격 조정을 통해 중앙에서 일괄적으로 검침하고 있어요. 하지만 일반 연립주택이나 단독주택은 일일이 사람들이 방문검침을 하는 경우도 있죠. 그런데 요즘 그것도 효율성을 고려해서 자동 원격 시스템으로 바꾸자는 얘기가 있었습니다. 하지만 계량기를 검침하러 직접 가는 일에 보이지 않는 역할도 있거든요. 예를 들면, 오랫동안 집 앞에 우편물이 쌓여 있다든지, 우편물은 쌓여 있는데 인기척이 없다든지 하는 경우에는 검침원분들이 신고해서 혹시나 안에 독거노인이 있는지 등을 확인할 수 있습니다. 그래서 저는 기술 진화에 따른 변화와 함께, 한편으로 이렇게 국민 생활과 밀접한 영역에서는 특히 초고령화 사회의 맥락에서, 국가가 관련 일자리들을 마련해줘야 한다고 생각합니다.

위기는 맞습니다. 1970년대 후반, 80년대 초반만 하더라도 노동 집약적 산업, 예를 들면 섬유 산업이 대한민국 노동의 80% 이상을 차지했습니다만 지금은 퇴보 단계고, 거의 중국으로 이동했지요. 산업 트렌드의 변화에 따라서 노동시장이 바뀌는 것도 어쩔 수 없는 상황이긴 합니다.

2024년 8월 14일 오후 2시 30분, 박해철 의원(전 전국공공산업노동조합연맹 위원장)을 국회 의원회관 박해철 의원실에서 만나다.

결론적으로, 기술 발전만이 능사냐 한다면 저는 노동의 입장에서 기술 발전은 필요하나 능사는 아니라는 생각을 갖고 있고, 그래서 기술 발전과 함께 반드시 국민들의 일자리를 지켜 내고, 조금은 더디게 가더라도 국가가 국민들을 위한 최소한의 기본권 또는 생존과 직결되는 공적 서비스 영역만큼은 감독할 수 있는 그런 기능은 보유해야 하지 않나 이렇게 보고 있습니다.

조대엽　노동의 위기에 대한 두 번째 질문은 노동조합의 조직위기에 관한 것입니다. 최근 노동조합의 위기에 대한 걱정이 많습니다. 젊은 세대의 노조 기피 현상, 노동조합의 경직성, 리더십과 정책역량의 위기 등을 포괄하는 노동조합의 조직위기에 대해 어떻게 생각하시는지요?

박해철　어려운 숙제이기도 합니다. 물론 노동조합 자체적으로 젊은 세대들과의 소통 채널과 또 그분들의 니즈를 잘 반영할 필요가 있지만, 가장 큰 문제점 중에 하나가 젊은 세대들에게는 개인주의가 너무나 강하게 뿌리박혀 있고, 어릴 때부터 학교 친구보다 학원 친구가 더 많다고 말할 정도로 경쟁사회 속에서 이겨야만 살아남는다는 논리를 체화해 왔다는 것입니다.

이렇게 살아남아 각자도생으로 직장생활을 하다 보니, 직장 내에서도 모든 것을 경쟁구도로만 보는 경향이 있다고 생각합니다. 그래서 그런 부분들에 있어 노조가 적극적으로 나서줘야 하는데, 대한민국 노조의 현실을 조금만 말씀드리자면, 우리나라가 근로기준법을 비롯하여 노동조합법 또는 노동쟁의 조정법이 노동조합과 노동관계를 존중하고 있다 해도, 사실 근로기준법조차도 1953년에 만들어졌습니다. 그럼 지금으로부터 70년이 지난 법이죠.

잘 모르는 사람들이 보면, 70년이 지났으면 당연히 노동조합 조직률이 높아져야 될 것이고 근로기준법을 지키지 않는 사람도 없어야 될 것입니다. 지금도 노동부가 8,000여 명 가량의 조직을 거느리고 있죠. 그중 특히 근로감독관이 많음에도 불구하고, 근로기준법을 지키지 않아서 계속해서 진정이 들어오고, 고소나 고발이 접수됩니다. 노동조합의 경우만 봐도, 2022년 말 기준 노동조합 조직률이 13.1%로, 그중 270만 노동자가 노동조합에 가입되어 있는데요.

제가 왜 근로기준법이 1953년에 제정된 것이라고 강조했는가 하면, 법은 1953년도에 만들어졌지만 현실적으로는 지켜지지 않고, 헌법에도 명시되어 있지만 지켜지지 않고 있다는 겁니다.

왜 그럴까 생각해 보면, 결국은 정부가 법을 만들어 놓고도 강력하게 지키도록 하는 이행 의지가 없었고, 이행하더라도 정부는 늘 재계 눈치를 봤다는 것이죠. 재계 눈치를 보니, 법을 지키지 않아도 면죄부를 주고, 노동조합을 만들었을 때는 조직 내에서 발목 잡는 세력으로 몰아갔고요. 사실 이런 식으로 70년이 흘러오다 보니까, 이렇게 고착된 문화가 지금의 이런 결과를 불러왔다고 봅니다.

그래서 저는 정권의 의지가 대단히 중요하다고 생각해요. 법은 지키라고 있는 것이고 법대로만 하면 문제가 없어야 되는데 말입니다. 노조법 2~3조도 마찬가지입니다. 또 50인 미만 사업장의 중대재해처벌법 적용과 관련해서도 마찬가지고, 재계에선 "이거 하면 우리 중소기업들 다 망한다"는 소리를 왜 할까 싶습니다. 결국은 정부가 근본적으로 "노조에 가입하는 게 맞다", "헌법도 보장하는 노동 3권이고 노조법에도 있는 부분이기에 노동자의 권리를 보장하는 것이 맞다"는 입장을 견지해야 하는데 그렇지 않다는 것이죠. 결국 이 모든 시작은 정부의 의지가 없다는 데에 있다고 봅니다.

두 번째로는, 노동계를 대표하는 곳으로 양대노총, 즉 민주노총과 한국노총이 있죠. 민주노총은 명분을 중요시하는 반면, 한국노총은 실리를 중요하게 생각합니다. 그런데 2022년 말을 기준으로 했을 때, 노동자는 2,000만 명 정도입니다. 즉 이들이 노동부 통계상 급여를 받고 있는 노동자들인데 그중 270만 명만이 노조에 가입되어 있습니다. 전체 노동자의 13.1%를 제외한 나머지 87% 정도는 노조가 없다는 얘기죠.

그렇다면 이 노조가 없는 사람들의 입장을 누가 대변해 줄 것이냐? 대변할 수 있는 창구가 없는 겁니다. 그래서 21대 국회 때 이용득 의원님이 노동회의소를 만들자고 제안하셨죠. 그런데 지금의 윤석열 정부는 노동약자 보호법을 만들겠다고 얘기합니다. 저는 노동약자 보호법을 만들 것 같으면 차라리 5인 미만 사업장에 근로기준법 적용부터 해결하자고 제안하는데, 그건 또 안 한다고 합니다. 의지가 없는 겁니다.

저는 노동계도 이제 시대적 패러다임 전환에 따라, 조금은 다른 관점에서 접근해 볼 필요가 있다고 생각합니다. 왜 젊은 세대가 노조를 싫어할까? MZ 노조가 청년세대를 대변한다고 하는데 그게 뭘까? 사실 젊은 세대들은 딱 하나밖에 없습니다. 모든 기준은 나를 중심으로 놓고 판단하는 경향이 강합니다. 하지만 노조는 개인 한 사람을 놓고 판단하는 게 아니라 조직 전체를 놓고 판단해야 하죠. 서로 무엇을 중심에 놓느냐에 따라 바라보는 판이 다른 겁니다.

그렇기 때문에 무엇보다도 노동교육을 의무화할 필요가 있다는 생각을 합니다. 하다못해 중고등학교 때부터라도요. 최소한 아르바이트를 할 때 근로계약서를 작성해야 되고, 미성년자일 경우에는 부모님의 동의를 받아야 되고, 이런 것들에 대해 지금까지 단 한 번도 교육을 받아본 적이 없습니다. 고등학교 교과에는 노동 관련 과목이 있다고는 합니다만, 선택 과목이라서 대부분 선택을 안 한다고 합니다. 우리가 흔히 하는 말로 "수능에 안 나오기 때문에" 선택할 필요가 없다는 거죠.

중고등학생들에 대한 교육 마인드가 이렇다 보니, 지금의 젊은 세대들의 노조에 대한 인식과 마인드는 당연히 고정적일 수밖에 없는 거죠. 그래서 저는 중학교든 고등학교든 그때부터 교육과정 내에 노동교육을 의무적으로 시행해서, 왜 노조가 있어야 하는지, 왜 근로기준법이 필요한지, 근로자파견법이나 기간제법이 무엇인지, 지금 이슈가 되고 있는 특수고용 노동자 등과 관련한 문제를 포함해서 교과과정에서 최소한 아주 기본적인 부분이라도 배울 수 있다면, 그나마 지금의 젊은 세대들이 노조에 대해 좀 더 관심을 가질 것이라고 생각합니다. 버락 오바마가 2015년 노동절에 이런 말을 했거든요. "안정된 직장을 원한다면 나는 노조 가입부터 하겠다." 미국 대통령은 그런 주문을 했던 거죠.

결국 최소한 중고등학교 때부터 노동이 혐오의 대상이 아니며, 우리 대한민국 국민의 반이 노동자이고 본인 스스로 노동자라는 사실을 배운다면 젊은 세대의 노조 기피 현상은 어느 정도 해결될 것이라 전망합니다. 지금까지 정권은 노동자를 불법 또는 강압적인 집단, 그리고 국민의 정서와 무관하게 재계를 좀먹는 한마디로 정상적 기업을 무너뜨리는 반反재계 집단으로 매도했어요. 저로서는 지금 당장의 처방책은 없습니다만, 정권 교체가 이루어지면 반드시 바로잡아야 한다고 생각합니다.

젊은 세대들의 노조 기피 현상은, 이분들은 자라온 환경 때문에 그럴 수 있다고 생각합니다. 제 경험을 예시로 들면, 저희 아버지 세대는 6·25 전쟁을 겪었던 세대지만, 저는 경험해 보지 못했기 때문에 아버지가 6·25 전쟁에 대해 얘기하시면 무슨 또 옛날 소리 하시냐고 말씀드리는 것이나 마찬가지죠. 제가 제 아들들한테 "아빠는 초등학교 때 흑백 TV가 들어왔다" 이런 얘기하면, "아버지 옛날 얘기 좀 하지 마세요"라고 해요. 그런 얘기하면 꼰대 소리밖에 못 듣습니다. 그러니까 각 세대 간 느껴왔던 중요한 이슈들이 다 다른 거죠. 이렇게 서로 다른 것들을 어떻게 맞추어 나갈 것인가 하면, 결국은 교육 문제가 가장 중요하다고 생각합니다.

그 과정에서, 제가 아까 말씀드렸던 민주노총의 명분 그리고 한국노총의 실리, 이 콘셉트를 현 상황에 맞게 가져가야 한다고 생각합니다. 예전에 교사들의 노동조합은 전교조(전국교직원노동조합)밖에 없었는데, 지금은 왜 한국노총에 있는 교사연맹(교사노동조합연맹)으로 많이들 올까? 이 또한 우리가 고민해 볼 영역이기도 합니다. 물론 그렇게 옮겨 오는 것이 무조건 맞고 틀리고의 문제는 분명히 아닙니다.

조대엽 그렇다면 세 번째 질문으로 정부에 대한 생각을 묻겠습니다. 노동조합운동은 정부의 성격에 크게 영향을 받습니다. 최근 윤석열 정부에서 나타나는 노동운동의 정세적 위기를 노동정책과 관련해서 평가해 주시기 바랍니다.

박해철 총평을 먼저 말씀드리면 윤석열 정부하의 노동정책은 노동 말살을 목표로 하는 정책입니다. 노동을 말살하기 위한 정책이고 결국 말살을 통해서 재계가 원하는 세상을 만들어주는 것이죠. 예를 들어 건설노조 사태부터 시작해서, 노조 회계 공시도 있고, 노동과 관련된 모든 정책적 부분들은 정부의 우선순위에서 보이지가 않습니다.

오죽했으면 후보자 시절에는 주당 100시간대 근무를 주장하고 집권해서는 주당 69시간 얘기를 하고 있지 않습니까? 대통령이 검찰총장 출신이고, 어찌 보면 법체계를 가장 잘 안다고 하는 사람인데 말이지요. 1953년에 만들어진 근로기준법도 주당 48시간에 연장근로 16시간을 더해 주당 64시간 체계였는데, 70년이 지난 지금 시점에서 주당 69시간을 시행하겠다는 것 자체에서 노동자를 그냥 시키면 시키는 대로 일하는 소모품으로밖에 보지 않고 있다는 것을 알 수 있습니다.

심지어 여당 내에서 대통령 앞에서는 '노동'과 관련한 단어조차도 절대 말할 수 없다는 말이 나올 정도이고, 취임하자마자 재계를 방문해서 소원수리를 다 받았습니다. 그 소원수리를 받아서 정책으로 시행하겠다고 또 얘기하고 있는 것이고요. 이런 일련의 행보를 봤을 때, 윤석열 정부는 노동정책을 말살하는 정권이고, 지금의 고용노동부 행태는 고용노동부가 아니라 '재계대변부' 또는 '재계소원수리부'에 지나지 않는다고 생각합니다.

조대엽 윤석열 정부에 대한 평가를 통해 우리 시대 노동위기의 총평을 들은 것 같습니다. 이제 한국 노동조합운동의 전반적인 성장과 성과에 대해 질문 드리겠습니다. 한국 사회 노동조합운동이 노동자들의 권익을 성장시키고 노동조합 내부역량을 강화시키는 일을 많이 해왔지 않습니까? 가장 뚜렷한 성과가 있다면 어떤 게 있을까요?

박해철   한국 노동계의 가장 획기적인 몇 가지 사건을 꼽으라면 첫 번째는 노동시간 단축이 있습니다. 반복되는 이야기지만, 근로기준법 제정 당시에 주 48시간이었던 근로시간이 44시간으로 줄었다가, 그게 또 2018년부터 명실상부한 주 40시간, 그리고 연장근로를 하더라도 주 52시간까지로 단축되었죠. 이것이 대한민국이 노동시간 세계 최장 국가라는 오명을 그나마 벗을 수 있었던 획기적 사건 중 하나라고 생각합니다.

그리고 두 번째는, 복수노조의 출현입니다. 1987년 노동자 대투쟁을 통해서 복수노조가 만들어졌고, 이것이 굉장히 획기적인 사건이었죠. 반대로 복수노조는 출현했지만 교섭 창구 단일화가 생기게 되어, 한 걸음 나아갔지만 또 반걸음 후퇴한 부분이 있었고요.

또 타임오프(유급 근로시간면제제도) 관련된 부분들도, 그간에는 노사 자율의 원칙으로 운영되었던 것이 타임오프 제도가 도입되면서 도입의 취지는 최저한도를 정해 놓는 것이었지만, 지금은 그것이 최고한도가 되어버렸지요. 또 외환위기 때 파견제법이 만들어졌는데, 그 배경이 외환위기가 터지고 기존의 정규직들을 보호해 준다는 의미에서, "너네는 손 안 대고, 대신 앞으로 부분적으로 파견 근로자를 고용할 수 있도록 하겠다"라고 말한 것이었습니다. 그렇게 기득권을 유지하려는 사람들 때문에 그 이후 파견 근로자라는 것이 만들어졌고, 지금은 수많은 파견 노동자들을 양산하는 문제로 이어졌습니다.

공공산업연맹을 말씀드리자면, 공공영역은 정부로부터의 통제가

100%입니다. 공무원 신분이 아닌데도 공무원보다 더 엄격한 통제를 받는 영역이 공공영역이죠. 특별히 국민들께 공적 서비스를 제공하는 각각의 특화된 사명으로 만들어졌던 영역인데, 정부의 획일적이고 일률적인 통제로 말미암아 기관의 자율성이 제한적이고, 또 책임경영을 할 수 없는 부분들이 있었습니다. 그러다 보니 예를 들어 석유공사나 광물자원공사 같은 우량 공기업들이 이명박 정부 때 해외자원외교 등으로 인해서 치유 불능의 사태가 되어, 지금은 이자 비용도 갚지 못하는 공기업으로 전락하기도 했습니다. 또 일부 기관은 통합되기도 했습니다.

우리나라 소득 수준은 현재(2024년) 3만 4,000달러쯤 되지만, 흔히 말하는 북유럽이 복지의 선도 국가이고 유럽 쪽이 상대적으로 복지가 좀 더 나은 국가들이라고 본다면, 결국 선진국의 평가기준은 복지에 있다고 생각합니다. 복지 분야를 선도한다는 것은 바로 공적 영역을 더 확대하고 강화하여 복지국가로 나아가는 것이라고 할 수 있겠죠. 뿐만 아니라, 우리가 초고령화 사회를 대비해야만 하는 상황에서, 단순히 효율성에 초점을 맞추기보다는 공적 영역을 더 확대·강화해 나갈 수 있는 형태로 가야겠지요.

하지만 현 정부는 워낙 사업주 또는 재계의 입장을 대변하고 있기 때문에, 이것이 쉽지는 않습니다. 제가 공공노동운동을 하면서 관철했던 것 중 하나가 노동이사제인데요. 공공영역은 주로 낙하산 인사들이 많이 오게 되어 있고 낙하산 인사들은 대체로 보은 인사로 임명되기 때문에, 자기를 임명해 준 바로 그 정권이 시키면 시키는 대로 안 할 수가 없는 구조로 되어 있습니다. 그러다 보니 잘못된 정책을 시행했을 때 미치는 영향을 제대로 검토할 수가 없지요.

재임 기간 동안 그냥 정부의 오더대로만 하고 말겠다는 심정으로 일하다 보니, 결국은 공적 영역이 위협받을 수 있는 상황임에도 무비판적으로 정책을 펼치게 됩니다. 결과적으로 그 조직은 망하는 지름길로 갈 수 있는 데다가, 그 길로 가는 것에 대한 견제 장치가 없기에 문제는 더욱 심각합니다. 그래서 우리가 공운법(공공기관의 운영에 관한 법률)상 공공부문 노동이사제를 도입함으로써 충분한 견제 장치를 마련했고, 제가 기회 있을 때마다 '배임'이라는 말을 꼭 회의 속기록에 담으라고 하는데, 잘못된 정책 결정을 할 때 속기록에 꼭 담아서 배임죄를 적용해야 한다는 생각 때문이었습니다. 잘못된 결정권자는 결국 이사회이기 때문에, 제가 위원장을 하면서 그나마 성과라고 얘기하는 것은 노동이사제를 법적으로 관철시켰다는 것이었고요.

또 한 가지를 든다면, 공공영역에는 생각보다 전문적으로 노동운동을 한 사람이 많지 않습니다. 공공영역의 노동조합 위원장 중에 재선이나 3선을 하는 사람은 거의 드뭅니다. 그만큼 공공영역에 있는 조합원들은 공공노동운동 잘하는 사람보다는 당장 내 월급 몇 프로 더 준다는 사람에게 얼마든지 표를 줄 수 있다고 생각합니다. 그러다 보니 공공영역의 노동조합도 굉장히 특수하고 전문성이 필요함에도, 초선初選으로 끝나는 사람이 많다 보니까 이쪽 분야에 전문가가 없습니다. 사실 저는 노동운동도 전문 능력이기 때문에 꼭 재선, 삼선 하라고 주문을 많이 합니다. 우리가 기재부(기획재정부)랑 싸워야 되는데, 기재부는 다들 선수인데 우리는 초짜가 가서 얘기해 본들 그거 먹히겠습니까? 안 먹힙니다. 우리도 선수를 키워야 됩니다. 그런 기조하에, 우리도 공공부문 내 노동 분야 전문가를 키워나가는 것이 필요하다고 생각합니다. 특히 제가 연맹 위원장을 할 때는, 거기에 방점을 두고 학습도, 교육도 많이 시킨 측면이 있습니다. 이것이 꼭 필요한 영역이라고 저는 생각합니다.

조대엽 그러니까 노동시간 단축은 우리 노동계의 중요한 성과라는 점, 복수노조 출현에 대해서 말씀하셨죠. 물론 이게 또 교섭 창구 단일화가 되면서 좀 후퇴한 측면도 지적하셨고요. 타임오프제 도입이 노조발전을 후퇴시킨 부분에 대해서도 지적했어요. 성과와 함께 문제점도 동시에 짚어주셨습니다.

박해철 타임오프는 노조의 발전에 역행한 거죠. 획기적인 사건 중에 하나입니다. 원래 ILO에서는 노사 자율로 하도록 했습니다. 그런데 정부에서는 노사 자율로 하지 않고 규모별로 한도를 정하겠다고 하다 보니까 그간의 노동조합 활동이 크게 위축되었습니다. 실제로 한국노총 같은 경우는 역량 자체가 많이 줄어들었습니다.

조대엽 노동조합운동이 확장되는 과정에서 만들어진 이슈들 중 노동이사제는 굉장히 중요한 성과라고 할 수 있어요. 공공부문에서 민영화에 대한 반대 투쟁들은 역시 노조가 앞서서 해왔기 때문에, 최소한 기존의 것을 훼손시키지 않는 범위까지 공공영역을 끌고 가는 것에는 크게 기여했다고 정리할 수 있을 것 같습니다.
　연결되는 질문이기도 한데요. 그러면 우리 노동조합운동이 한국

사회 전체 발전에 어떤 기여를 했다고 보세요?

박해철 대한민국 사회가, 저도 어릴 때는 좀 춥고 배고프게 자랐거든요.

조대엽 그때는 그래도 살 만할 때 아니었나요?

박해철 저희는 삼남매였는데, 그렇게 여유가 있는 상황은 아니었어요. 그래서 그 시절을 생각해 본다면 개벽開闢 정도를 넘어서서 완전히 몇 번의 세상이 바뀐 모습입니다. 그런데 그 이면에는, 제가 요즘 좀 깊이 있게 계속 들여다보고 있는 문제이기도 한데, 1953년도 근로기준법 만들어지고 그때의 국민소득 수준이 637달러였고, 전태일 열사가 1970년도 11월에 "우린 기계가 아니다! 근로기준법을 준수하라!"고 요구하며 분신하셨죠. 그러니까, 근로기준법이 만들어지고 17년이 지난 그때 시점에도, 하루에 14시간, 15시간씩 봉제공장에서 노동했다는 겁니다.

당시에 진짜 노동자들이 춥고 배고프고 먹고살기 힘들어서, 당시 법보다도 앞섰던 게 결국은 배고픔이었거든요. 지금 대한민국이 국민소득 3만 4,000달러 시대까지 올 수 있었던 배경에는, 그 배고픔 때문에 시작했던 노동자들의 희생이 있었습니다. 그것이 마치 당연한 양 생각하고 그게 지금 대한민국 사회에 고착되어서 지금까지 흘러왔습니다. 그러다 보니까, 그나마 대기업들은 조금씩 바뀐 점도 있지만, 특히 중소기업들, 오너 기업들은 이렇게 생각합니다.

"옛날에 말이야, 내가 젊을 때는 너희들 배고파서 못 살겠다고, 제발 좀 일자리만 달라고 해서 너희들 일 시켜줬더니만 지금은 근로시간 준수하라, 왜 휴일에 근무시키냐, 왜 야간수당 안 주냐, 이러쿵저러쿵 말이 많은 걸 보니 요즘 참 배가 불렀네." 이런 생각을 가진 사람들이 많아요.

또 제가 우연히 공인회계사분들을 만나다 보니까, 그분들 같은 경우엔 전담해서 재무관리를 해 주는 분들이 계세요. 그런데 중소기업 중에 재력 규모를 보면 상당한데도 불구하고, 회계 결산 처리 자체가 주먹구구식인 경우가 너무나 많다는 거예요. 이게 무슨 의미인가 하면, 결국은 회사가 투명한 경영 시스템으로 운영되는 것이 아니라, 오너가 주먹구구식으로 경영하는 형태가 만연하다는 겁니다. 대한민국 사회가 이만큼 왔던 것은 물론, 재계도 노력을 많이 했죠. 노력을 안 했다는 게 아닙니다. 하지만 지금은 시대가 바뀌었고, 그 바뀐 시대에 맞는 법과 제도가 정비되고 그걸 준수해야 할 의무가 있습니다.

우리는 지금 근로기준법을 그냥 지키라는 소리밖에 안 하거든요. 그런데 있는 법도 제대로 지키지 않는 이런 현실을 우리가 어떻게 해야 하느냐? 심지어 15시간 미만 초단시간 근로자들에 대해서는 주휴수당을 주지도 않고 고용보험도 적용하지 않다 보니까, 그 사람들에게 최소한의 정당한 일자리를 보장하는 개념이 아니라 자리를 계속 돌려가면서 혹은 사람을 바꿔가면서 쓰는 식으로, 악용하는 사례들도 발생하고 있죠. 이제는 기업을 운영하는 사람들도, 또 더 나아가 전경련도 있고, 또 경총(한국경영자총협회)도 있잖아요. 노조를 마치 발목 잡는 세력으로 볼 것이 아니라, 법체계를 충실히 따르기만 해도 저는 문제가 없을 거라고 봐요. 그런데 이 법체계조차도 편법을 활용하고, 악용하고, 또 넘어서고 있죠. 우리나라의 특징이 다 오너 기업이라는 겁니다. 근데 미국은 어떻고 또 유럽은 어떤가? 오너 기업이 없잖아요. 왜 그럴까요? 기업의 가치가 다른 거예요.

조대엽 한국 사회 전반에 대한 노동조합의 기여를 근본적으로 말씀해 주셨어요. 개인소득 3만 4,000달러 시대가 된 데는 노동자들의 헌신이 있었기 때문이라고 했어요. 한국의 경제성장은 어쨌든 노동자들의 큰 몫이 있었다는 근본적 지적을 해 주셨어요.

이제 박 의원께서 그동안 활동했던 공공부문, 그중에서도 특히 공공노련이었죠. 여기에 주요 공기업들이 포함되어 있어요. 우리 노동운동을 돌이켜보면 산별노조 만드는 것이 오랜 과제였습니다. 공공노련의 경우에 제도화 수준이 어느 정도 갖춰져 있으며 산별을 지향하는 제도적 성과가 어떤 게 있는지 말씀해 주시기 바랍니다.

박해철 산별노조를 꼭 좀 만들고 싶었습니다. 실제 공공영역은 대화 상대가 기획재정부잖아요. 기획재정부를 상대하기 위해서는 산별로서의 역할이 진짜 꼭 필요합니다. 각론으로서의 필요성과 더불어, 총론으로서도 필요성은 너무나 당연합니다. 그런데 구체적 사안으로 들어가 보면, 각 조직별 이해가 다릅니다. 작은 조직들은 산별을 통해 각 조직의 현안들을 해소하기를 원하는 반면, 큰 조직의 경우엔 "우리 스스로 다 할 수 있는데 굳이 왜 산별이 필요해?"라고 생각하는 것처럼 노조 간에도 입장이 좀 달랐습니다. 그러니 산별의 필요성은 너무나 당연한데도, 현실적으로 구성원들의 합의가 안 됩니다.

그래서 저도 참 많이 부러운 것이, 공식적으로도 그런 말을 했습니다만 보건의료노조가 산별로서의 제대로 된 기능을 하고 있다는 점입니다. 왜냐하면 보건의료노조는 보건의료 정책을 총괄하고, 기획부터 실행까지를 담보할 수 있는 모든 역량을 다 갖고 있습니다. 그 구성원들도 마찬가지로 노조를 중심으로 산별로서 역할을 할 수 있게끔 힘을 실어줄 수 있는 반면, 아직 우리 공공노련의 상황은, 아까도 말씀드렸지만 대화가 좀 되려고 하면 위원장이 바뀌고, 이게 반복되다 보니까, 어느 정도 의견을 모아가는 과정도 대단히 어려울 뿐만 아니라, 규모가 좀 큰 기관들은 "아니, 우리는 그렇게 안 해도 우리끼리 잘 먹고사는데 왜 그래?"라고 하는 등 온도 차가 있습니다.

조대엽   여전히 산별노조를 지향하는 연맹들은 기업 단위의 한국적 특성을 반영하고 있잖아요? 그런 측면에서 예컨대 공공노련이 제대로 된 제도적 조건들을 갖추고 있다면, 말하자면 기재부를 상대로 교섭이 이루어져야 하는데, 기재부는 교섭 상대로서 비대칭성과 불균형성이 너무 크지요?

박해철   부득이하게 대안으로 만들었던 게 '양대노총 공대위(양대노총 공공부문 공동대책위원회)'라는 조직이었습니다.

조대엽   그 얘기를 좀 해 주세요. 양대노총 공대위에서는 박 의원께서 핵심 역할을 하신 거죠?

박해철 양대노총 공대위를 만들었던 배경 중에 하나도, 결국은 기재부를 상대로 했을 때 각자 목소리로 간다면 노동계가 갈라치기를 당할 수 있고, 또 흩어진 힘보다는 하나의 결집된 힘으로 목소리를 전달하고 기재부를 압박하는 것이 괜찮을 수 있기 때문이었습니다.

한편, 기재부 입장에서도 따로따로 엉뚱한 소리를 하는 것보다 의견을 모아서 오면 그래도 얘기하기 좀 더 낫지 않겠느냐고 봤지요. 그래서 실은 가장 큰 성과를 냈던 게 문재인 정부 때였어요. 물론 민노총은 들어오지는 않았습니다만 경사노위(경제사회노동위원회)에서 공공기관위원회의 주요 의사 내용에서는 양대노총 공대위가 관여를 많이 했죠. 그래서 앞으로 양대노총 공대위의 활동은 중간에 중단될 수는 없는 구조입니다. 기재부가 살아 있기 때문이죠.

조대엽 우리 연구자들 입장에서 볼 때 양대노총 공대위는 대단히 성공적이고, 민주노총과 한국노총이 서로 다른 기질의 단체인데도 불구하고 어쨌든 산별노조나 연맹을 결합한 엄청난 성과를 가져왔습니다만, 돌이켜보면 민주노총이나 한국노총의 개별 산별이나 연맹의 역량이 여전히 취약하기에 만들어진 형태라고 할 수 있겠네요.

박해철 취약하다기보다는, 각각이 기재부를 상대로 할 수 있는 역량의 경우 사실 기재부와 별도 협의를 충분히 할 수도 있고 또 그렇게 답을 낸 것들도 꽤 있습니다만, 궁극적으로는 공공영역을 총괄할 때, 기재부를 상대로 흩어져서 따로 대응하는 것은 큰 효과가 없다고 보입니다. 개별적으로는 답을 낼 수 있어도 큰 틀에서의 공적 영역에 대해서는 답을 낼 수가 없다는 것이죠.

조대엽   그러니까 더 나은 효과를 위해?

박해철   네. 제가 왜 그 말씀을 드릴 수 있는가 하면, 제가 공기업연맹 위원장을 할 때, 2012년에 '공기업 정책연대'를 만든 이유가 우리 공공영역에서 많은 노조 위원장들이 당선됐습니다만 공공영역에 대한 학습 정도가 크게 부족했기 때문이었어요.

조대엽   그게 정확히 언제인가요?

박해철   2012년 7월 20일에 만들어졌습니다. 그때 공기업 정책연대를 만든 이유는 양대노총을 다 참여시키기 위해서였어요. 핵심은 공공영역 위원장들이 최소한의 예산 운영지침부터 평가에 이르기까지, 매월 모여 함께 학습하고 전문가를 초청해서 교육도 받았다는 점에 있습니다. 우리가 기재부를 상대로 이기려면, 스스로의 학습 정도가 비슷해야 되는데 이제 막 위원장이 된 사람이 뭘 알겠습니까? 그런 실력을 상향평준화하기 위해서 공기업 정책연대를 만들었고, 이걸 통해서 그때 당시에 민주노총 조직들도 들어왔고 작업을 함께했습니다. 그것이 상당 부분 기반이 되어, 2016년도 박근혜 정권 시기 성과연봉제 저지 투쟁을 할 때, 그때 제가 의장이었는데 공기업 정책연대가 그 투쟁을 이끌었습니다. 거기서 68일간 삭발 노숙 투쟁도 했죠. 결국은 우리가 이겼습니다.

당시에 "공기업 정책연대, 그리고 그 의장을 맡고 있는 박해철은 한국노총 출신인데도 대단한 사람이다"라는 평가가 민주노총에서도 있었어요. 그러면서 위원장을 좀 오래 하다 보니까, 그리고 양대노총 공대위 활동도 하다 보니까 공공운수도 계속 위원장이 바뀌고, 보건의료도 바뀌고, 금융도 바뀌는 와중에 저만 계속 살아남아 있었어요. 본의 아니게. 기재부를 상대로 하기 위해서는 공대위 차원에서 좀 역할을 하는 게 맞겠다, 이제 이렇게 흘러왔는데, 초기의 위원장들이 다 빠져나간 지금은 공대위가 우왕좌왕하고 있는 상태입니다.

조대엽 새로운 얘기를 많이 들었습니다. 공공노련의 제도적 성과로 양대노총 공대위 건설이라든지 공기업 정책연대 같은 것을 들어 주셨는데, 아주 뚜렷한 성과로 보입니다. 그러면 제도적 성과를 더 내기 위해 시급한 과제가 있다면 어떤 게 있을까요?

박해철 공공영역과 노동 전체의 능력을 좀 나눠서 보면요. 공공영역 같은 경우에는 저도 활동을 해보면 좀 많이 아쉬운 부분 중 하나가, 무조건 공공영역은 하나로 뭉쳐 나가야 합니다. 공공영역은 지금은 조직의 기득권 또는 조직의 헤게모니 싸움도 일부 있다 보니까 한국노총만 하더라도 공공노련, 공공연맹, 금융에도 또 일부가 있고요. 민주노총도 보면 공공운수도 있지만, 보건의료노조도 공공영역이기도 하고, 또 일부는 또 다른 연맹으로 가 있는 데도 있고요. 그래서 양대노총은 어쩔 수 없다고 할지라도, 공공영역은 하나로 뭉칠 필요가 있다고 봅니다. 왜? 뭉쳐야만 더 큰 시너지 효과를 낼 수가 있는 게 많거든요. 그런데 이것이 나뉘어 있다 보니까, 이 모든 영역을 다 담아내기에는 또 한계가 있습니다. 그래서 저는 뭉치는 것도 하루아침에 뭉칠 수 없다고 생각해요. 그러면 어떻게? 공통분모의 사업들을 함께 펼쳐 줘야 돼요. 지금 양대노총 공대위 사업처럼, 또는 한국노총 내에서도 공통의 어떤 부문 사업들을 발굴해서, 함께 모이고 공존하는 체계가 좀 더 빈번하다 보면, 저는 자연스럽게 하나로 뭉치자는 큰 틀의 흐름으로도 갈 수가 있지 않을까 하는 생각이 듭니다.

그리고 노동의 측면을 보면, 노동은 이제는 시대적 상황, 예를 들어, 특수고용, 플랫폼 또는 배달, 프리랜서 등을 이제는 제도권으로 담아낼 수밖에 없는 현실에 와 있다고 봅니다. 그래서 이런 부분들을 어떻게 담아낼 것인가, 즉 기존에 가입한 조합원만이 아니라, 그간에는 제도권 밖이라고 생각했던 이 영역들을 어떻게 담아낼 것인가? 이것이 제가 볼 때는 중요한 영역 중 하나라고 보고, 앞으로 노동계 또는 노동정책에서도 많이 담아내야 할 것이라고 생각합니다.

조대엽　공기업 정책연대도 일종의 교육프로그램으로 말씀하셨는데 조합원 교육의 측면은 어떻습니까? 노동조합이 아까 말씀하신 MZ세대에 대해서도 그렇고, 결국은 교육을 잘 시켜서 미래 변화에 대응할 수 있는 노조를 갖춰야 하는데 공공노련의 경우는 교육 분야에서 어떤 요소가 필요할까요?

박해철　교육은 크게 조합원들을 상대로 하는 교육과 노조 간부를 상대로 하는 교육으로 나눠서 볼 필요가 있거든요. 일반적 단협(단체협약) 같은 경우, 조합원 교육을 1년에 4시간 또는 4시간에서 왔다 갔다 할 정도로 시간을 정해서 의무 교육을 단협에 넣어놔요. 그러면 보통 각 회사 측에서 연수교육 과정이 있으면, 그중에 그 시간만큼은 노조에 할당해 줍니다. 할당을 해 주면 조합원들을 대상으로 한 교육들은 주로 노조법, 근로기준법을 포함한 노조 기본교육에 충실할 수밖에 없는 과정이 있습니다.

노조 간부가 많이 있습니다만 노조 간부들의 경우 문제는 타임오프가 없다 보니까 한계가 많아요. 노조 간부라 하면 주로 지도부를 말하는 거거든요. LH를 예로 들자면, 위원장을 포함한 집행부가 있는가 하면은 지역마다 지부장들이 다 있고 또 지부장 밑에 또 부지부장을 포함한 대의원들이 있고 또 일반 조합원들이 있습니다. 그런데 실제 중앙에 있는 집행부 정도는 타임오프를 받지만, 나머지는 타임오프가 없기 때문에 현업을 다 해요. 현업을 하면서 노조활동을 하다 보니까 이분들은 제대로 된 노동 체계교육을 받을 수가 없는 구조입니다. 그래서 아까 말씀드렸던 것처럼 단순히 조합원들에 대한 기본교육을 받는 정도밖에 못 하죠. 실은 집행부 교육도 공공노조원 같은 경우에는 사측에서 이 교육을 바라보는 관점은 어떻게 보면 복지 차원에서 주는 거라고 봅니다. 왜냐하면 교육을 받으면 일단 예산도 수반되고, 예산이 수반되다 보니 또 젊은 직원들은 숫자는 많은데 다 보낼 수가 없고요. 한정된 예산으로 운영하다 보니까 규모도 굉장히 소수로밖에 할 수가 없는 그런 구조이고, 또 복지로 생각하다 보니까 이런 교육을 받을 때도 진짜 노조 위원장이나 선출직 정도 아니고는 일반적으로 그런 교육의 수혜를 받기에는 예산이나 내부기준의 제약도 꽤 많이 있는 상태입니다.

조대엽 획기적인 방법이 없을까요?

박해철 현실적으로 교육 예산은 기재부가 통제하고 있기 때문에 한계가 있습니다.

조대엽 제가 고려대 노동대학원장을 할 때, 한국 노동교육재단 같은 것을 하나 만들어서 교육비 기금을 모아 취약한 교육비를 지원하려는 논의를 하기도 했어요. 교육비를 복지 수준에서 생각해서는 안 되지요.

박해철 그렇게 해야 하는데, 아까도 말씀드렸지만 지금까지 우리가 노동에 대한 기본교육 자체를 따로 하지 않아서, 초중고는 물론이고 대학생들도 전공자 정도만 공부하는 상황입니다. 회사에 입사해서도 그나마 노동조합이 활동하는 곳 정도만 1년에 약 4시간 정도 의무교육을 해서 그때 노조 집행부가 1시간 정도 노동조합의 역할, 활동 등을 강의하고 나머지는 노무사가 근로기준법, 노조법 등을 위주로 교육합니다. 그런데 교육 한번 한다고 다 알면 천재죠.
　이렇게 한다고 해도 부족함을 많이 느낍니다. 하지만 회사 입장에서 봤을 때는 근무시간 중에 교육을 보내는데 노조 교육만 시킨다는 게 또 이해가 안 되는 거예요. 그러니까 제가 속에 천불이 나면서 말씀드리는 게, 시작부터 노동교육 의무체계에서 시작했으면 당연하다고 생각할 텐데, 재료비에서 시작하다 보니까 지금 4시간만 해도 "4시간씩이나 말이야!" 이렇게 사측에서 얘기하는 거죠.

조대엽　제가 요즘 지속가능노동보고서에 들어갈 지속가능노동목표를 지표화하고 있어요. 100대 지표를 우선 개발하는데, 노동교육기금 지출 항목이 필요하겠다는 생각이 듭니다.

박해철　한국노총은 여주에 중앙교육원이 있잖아요. 노동부가 예산을 다 잘라 버려서 그 교육도 이번에 다 날아갔습니다. 지금 최소한의 기본교육도 되지 않고 있는 상태예요.

조대엽　다음 질문 드리겠습니다. 요즘 ESG에 대해서 얘기들 많이 하잖아요. 특히 주요 기업에서는 ESG 목표를 기반으로 하는 지속가능경영보고서 같은 것들을 만드는데, 혹시 위원장 시절에 지속가능경영보고서 보신 적 있으세요?

박해철　깊이 있는 내용까지는 못 보고요. 큰 틀 정도만 봤습니다.

조대엽　ESG에 대해서는 많이 들어보셨을 텐데요. 우리는 ESG 기반의 지속가능경영보고서가 과연 노동의 지속가능성에 기여할 수 있는가라는 질문을 던지고 있어요. 특히 선우재 차원에서는 지속가능노동보고서가 노동기반성에 기준을 두고 따로 만들어져야 하다는 생각입니다. 질문을 요약하면 ESG 기반의 지속가능경영보고서가 말씀드린 대로 노동의 지속가능성에 기여한다고 생각하세요?

박해철　저는 좀 많이 부정적입니다. 영역별로 조금 나눠 보면요. 공공·공무원 영역은 노동조합 조직률도 약 6~70%씩 되는 반면에, 그 이외 영역은 10%도 채 안 되는 경우가 대다수입니다. 무슨 얘기인가 하면 다 합쳐서 13%대인데, 특히 민간영역은 워낙에 경기 흐름이나 시대 상황에 민감하게 반응하다 보니까 실제 ESG에 기반을 두는 형태가 노동과 직결될 수 있느냐 하면, 사실 노동은 근로기준법이 있고 노동법이 있다 할지라도 회사 상황이 어려워지면 그 법과 무관하게 차선책을 선택할 수밖에 없습니다.

예를 들면, 회사가 만약 이번에 영업이익이 100억 원 적자다, 그러면 우리가 임금 인상을 가져올 수 있느냐? 못 하거든요. 구성원들은 너무 잘 아는 거죠. 이러다 보니까 지속가능성이라는 것 자체가 좀 현실적이지 못합니다. 주로 굴지의 메이저 기업 정도는 그나마 그런 고민을 조금 할 수 있는 여력이 되겠으나, 중견부터 시작해 중소 그 이하의 기업들의 경우에는 현실적이지 않습니다.

그리고 공공·공무원 영역에서 공무원이나 교원 등은 정권이 바뀌어도 해야 할 고정적 역할이 있기 때문에 애초에 영향을 받지 않습니다. 공공영역 또한 정권이 추구하고자 하는 가치에 따라서 180도씩 바뀌는 구조이다 보니까 지속가능보고서라는 것은 아예 없다고 생각합니다. 공공영역에서 일반 기업별로는 보통 20년 단위마다 비전을 수립합니다. 예를 들어 비전 2020, 비전 2040 이렇게 비전 선포식도 하고 발표도 하는데, 정권이 어떤 정권이냐에 따라서 정책 패러다임이 완전히 바뀌어버리기 때문에 사실 그조차도 지금은 따라가기가 힘든, 사실상 의미 없는 행태들이 비일비재합니다.

조대엽　깔끔하게 정리해 주신 것 같아요. ESG가 노동이 볼 때는 부정적이라는 생각은 대부분 비슷한 것 같아요. 그런데 조직 노동자가 몇 퍼센트냐 그 나머지는 ESG하고 무슨 관계냐, 거기다가 또 공공부문 쪽은 정부지향성과 밀착되어서 바뀌고 움직이고 하는데 이런 게 큰 의미가 없다. 아주 시원하고 명쾌한 답입니다. 그러면 지속가능한 노동을 위해서는 노동의 안정적이고 공공적 수준을 높여야 하는 데 여기에 어떤 것이 필요하다고 보시나요?

박해철　지금 노동은 어쩔 수 없이 양대노총이 대변할 수밖에 없는 상황이고요. 조직률도 지금 양대노총이 최선을 다한 결과가 지금의 13.1%인데 이제 양대노총의 역할이 좀 더 커져야 된다고 생각합니다. 제가 있었던 곳이 한국노총이다 보니까 한국노총에 대해 말씀드리자면, 한국노총은 앞으로 커져야 될 영역이 기존에 조합원을 중심으로 주요 정책 과제들을 발굴하고 더 강화하는 전략을 펼쳤다면, 이제는 우리 조합원들만이 아니라 대한민국의 많은 노동자들의 공통적 부분이 어떤 게 있는 것인지를 연구해서 그 부분에 좀 더 많은 방점을 두고 역할을 형성할 필요가 있겠다는 생각입니다.

　결국은 양대노총의 역할 중 하나가 바로 사회개혁 세력의 한 축을 양성하는 것에 있다고 보기 때문이고요. 여기서 사회개혁이라는 것이 꼭 노동에 한정된 것이라고 생각하지 않습니다. 그렇다면 이젠 역할이 우리 조합원들만을 대상으로 하기보다는 그 범주를 많이 넓혀서 사회개혁과 관련된 역할을 할 수 있는 것이 어떤 게 있느냐 살펴보고, 아까 제가 잠깐 말씀드렸습니다만 특수고용직, 플랫폼 노동자, 프리랜서 이런 노동자들이 제도권 내에 안착할 수 있도록 빅마우스로서 양대노총이 목소리를 내 줘야 합니다. 그분들 규모가 지금 꽤 크고, 제도권 밖에 있다 보니까 계속 산재 사고도 많이 나기 때문에, 그분들을 좀 뒷받침할 수 있는 영역을 많이 발굴해야 합니다.

조대엽　지속가능노동 보고서의 노동목표를 지표화한다면, 지금 말씀하신 대로라면 각급 노조가 조직 노동을 넘어서 미조직 노동이나 플랫폼 노동, 아니면 훨씬 더 폭넓게 사회개혁 관련된 이슈 등에서 얼마나 역할을 하고 있느냐, 아니면 거기에 예산이 얼마만큼 붙느냐 이런 것들을 지표화하는 게 중요하다는 말씀이군요.

　박 의원께서 말씀하신 사회개혁이라는 부분에 관여하는 것이 선우재가 21세기 새로운 노동조합운동의 비전으로 제시한 노조시민주의 개념과 맞닿아 있습니다. 노동조합이 시민사회 영역으로 자기 역량을 확장시켜야 되고, 말하자면 노동이 전통적 노동 영역뿐만 아니라 나머지 인간 삶의 영역을 노동기반으로 확장시켜야 된다는 것을 의미하는데, 그럼 노조시민주의의 개념에 대해서는 어떻게 생각하세요?

박해철　그건 제가 그때 원장님께서 발표할 때 직접 듣기도 했고요. 노조시민주의가 건강하게 되려면, 첫째는 자꾸 양대노총 얘기가 많이 나옵니다마는 양대노총에서부터 시작되어야 한다고 생각합니다.

결국은 실제 노동자들은 더 많으나 조직화된 노동자의 비율은 270만 명밖에 되지 않기 때문에 그 270만 명을 대변하고 있는, 그나마 인력과 예산을 갖고 있는 곳이 양대노총인 것입니다. 양대노총이 노조시민주주의와 맞물려서, 대한민국 사회개혁의 한 축으로 역할을 할 수 있다면 양대노총에서도 그 부분에 대한 인식 제고와 함께 관련 업무를 전담할 새로운 의미가 부여된 부서도 만들어야 되겠습니다. 그렇게 해야, 시민사회와 함께 연대하는 것과 더불어, 또 그 기조에서 계속 확대되고 발전된 형태로 나아가지 않을까 생각합니다.

조대엽   연속되는 질문을 드리겠습니다. 우리 노동조합은 민주주의와 정치적 과제에 대한 개입, 취약계층과 사회적 약자에 대한 지원, 한반도 평화와 여타 국제적 이슈 등을 공유함으로써 조합원의 이익을 넘어선 시민적 역할을 확장하는 노조시민주주의를 이미 오랫동안 실현해 왔습니다. 총노동의 차원에서 노조시민주주의의 현황과 수준에 대해 평가해 주시기 바랍니다.

박해철   저는 굉장히 낮은 단계라고 생각합니다. 대한민국이 선진국 반열에 올랐다고는 하지만, 노동과 관련된 분야는 후진국 중에서도 아주 끝에서 순번을 왔다 갔다 할 정도의 후진국의 형태입니다. 당장에 지난 6월 24일 화성 아리셀에서 23명의 노동자분들께서 돌아가신 대참사가 있었는데, 그중에 18명이 해외 이주 노동자였습니다. 아리셀은 1차 전지를 다루는 업체로, 해외 이주 노동자들은 제조업에서 일을 할 수 없는 것이 법으로 정해져 있음에도 그 밑에 하청

받은 업체는 단순히 인력만 공급했다고 합니다. 이게 도급이냐 위탁이냐에 대한 개념도 전혀 없었습니다. 그리고 사람 죽었으니 중대재해처벌법도 적용된다 혹은 그렇지 않다, 이런 부분을 갈라줘야 하는데 이런 지점까지 고려했을 때 우리나라는 정말 노동 분야만큼은 후진국이라는 생각이 듭니다. 그래서 아까 말씀드렸던 분야도 저는 아직 멀었다고 생각합니다.

조대엽 2018년을 전후로 하여 공공상생연대기금, 금융산업공익재단, 사무금융우분투재단 등 주요 산별노조가 주도하는 노동기반 공익재단이 설립되었습니다. 노동기반 공익재단 출범의 의의를 말씀해 주시고, 구성방식과 활동현황, 의사결정방식 등에 대해 평가해 주시기 바랍니다. 아울러 향후 과제에 대해서도 의견을 말씀해 주시기 바랍니다.

박해철 아마 2017년 11월에 출범을 위한 발기인 대회부터 시작했던 것 같습니다. 그 재원은 박근혜 정부 때 성과연봉제 도입을 하면 성과급을 더 주겠다면서 강제로 더 줬던 것이었어요. 그것도 노동조합 동의를 받아야 했는데, 노동조합이 아까 말씀드렸던 것처럼 제가 68일간 노숙을 하고 위원장들이 없으니까 이사회만으로 통과를 시킨 거죠.

원래 근로기준법 94조에 따르면 불이익 변경은 노조 동의를 받도록 되어 있는데, 노조 동의 없이 이사회만 통과하고 돈을 그냥 다 줘버렸어요. 그걸 법으로 따졌을 때 우리가 이겼다고 생각하고, 재원을 모은 돈이 600억 원 정도 됩니다. 우리가 공대위 차원에서 그 재원을 모아서 활용하자. 그리고 우리 공공노동자가 월급 인상 1%, 2%, 성과급 10만 원, 20만 원 더 받는 걸 목적으로 했던 투쟁이 아니었지 않느냐. 말 그대로 성과연봉제가 국민을 상대로 해서 영리를 추구하는 그 자체가 잘못된 것이었기 때문에, 그것이 공공성을 더 제약하기 때문에, 우리가 투쟁했을 따름이고, 그래서 이 재원으로 우리는 더 좋은 목적의 사업을 하겠다고 해서 만들었던 게 공공상생연대기금 재단입니다. 거기에 흔쾌히 재원 출연을 했었죠.

조대엽　임직원들도 다 참여한 것이죠?

박해철　임직원들에게도 다 동의 받았습니다.

조대엽　그런데 얼핏 보면 임직원은 전혀 부각이 안 되고 노조만 보이는 것 같아요.

박해철　특히 공대위 쪽 주관으로 하다 보니까 아무래도 노동계가 좀 더 부각된 건 사실입니다만, 출연기관 목록을 보면 다 노사로 출연이 되어있습니다. 저희가 주도하기도 했지만 실제 재원의 대다수가 노조였습니다. 원래 조합원들의 숫자가 훨씬 많거든요. 피라미드로 따지면 관리자는 적고 노동자는 많잖아요.

조대엽　노동계로서는 참 어려운 일이거든요. 나는 획기적이라고 보거든요. 그러니까 노동계가 그동안에 투쟁조직으로 인식되었는데 공익재단을 만들었어요. 나는 공익재단의 설립으로 노동계의 제도적 수준이 달라진 것을 노동운동사의 기념비적 사건이라고 봅니다.

박해철 아까 제가 공공영역 노동조합 활동의 성과를 말씀드렸지만, 실은 공공상생연대기금 재단 설립 또한 굉장히 큰 꼭지죠. 우리 노련에도 보면, 모두 출연했던 것처럼 보이지만 또 출연하지 않은 사람, 조직들도 있어요. 강제성을 가질 수 없었지요. 산별 같으면 좀 더 강제력을 갖고 갈 수 있는데 연맹체다 보니…. 출연하지 않았다고 해서 그 기관을 탈퇴시킬 수도 없는 거고, 어쩔 수 없지만요. 그 사람들은 함께하지 못했던 부분에 대한 아쉬움도 아마 클 거예요.

상생연대기금을 통해서 재단을 설립하고 또 그 이후의 사업방식에서도 우리가 공공부문 비정규직도 있었지만 어떻게 보면 사회 변화를 일으키는, 흔히 말하는 활동가 지원사업이나 각종 공익사업들 또는 출연했던 기관들을 상대로 좀 더 사회적·공익적 가치를 창출할 수 있는 사업이 있다면 우리가 지원하겠다는 공모사업을 벌이기도 했습니다. 그렇게 하면서 지금 3기가 들어섰습니다. 올 1월까지 이제 2기가 끝났고요. 이병훈 이사장님이 1~2기를 하셨고, 노광표 이사님이 3기로 오셨습니다.

조대엽 공공상생연대기금의 이사회 구성이나 의사결정과정은 어떻게 되어 있습니까?

박해철 노동조합은 공대위 5명의 위원장이 당연직이고 사용자는 아마 4명인가가 임기 만료되면 또 추천을 받아서 하고, 5명의 공익 이사분들을 모셨을 겁니다. 저는 사업을 펼칠 때, 아마 다른 이사님도 비슷한 콘셉트였던 게 뭐냐 하면 재단설립의 목적에 맞게끔 그리고 어느 정도 지속성과 영속성이 담보된 정책을 지향하고 일회성으로 하는 선심성 정책은 지양하는 것이었습니다. 그래서 그 재원이 노동자들이 한 푼 두 푼 모은 재원이었기 때문에 웬만하면 조금 더 양질의 사업을 할 수 있는 방법이 뭐가 있을까 그렇게 생각을 했습니다. 그래서 웬만하면 특히 노동계 쪽 분들은 고집을 부리는 일이 별로 없었고요. 또 다행히 공익으로 오신 이사님들이 굉장히 객관적이고 공정하게 고민들을 많이 해 주셨고 전문성도 갖고 계셨습니다.

조대엽 공공상생연대기금의 경우는 이사장이 갖는 권한이나 자율성이 상당히 높다고 봐야 되겠네요. 물론 박 의원 말씀대로라면 양대노총 공대위 당연직 이사 5명이 방향성 같은 것은 코멘트도 하고 하지만 특정 사업을 결정하거나 이런 데까지 구체적으로 관여하지는 않는 것 같네요.

박해철 그렇죠. 이사회는 말 그대로 최종결정 정도를 맡습니다. 또 집행위원회라고 해서, 각 5개 산별연맹에 실무자들이 한 명씩 다 들어가 있습니다. 이분들이 그런 세부적 사업들에 대해 사전 논의들을 다 하죠. 그래서 아마 금융산업공익재단도 재단이지만, 우리는 5개 산별들의 다양성을 다 녹여 내는 사업들을 하다 보니까 그걸 또 매개체로 해서 논의 창구도 많이 만들어졌습니다.

　제가 있을 때 심지어 공공운수나 보건의료노조 쪽 분들은, 민주노총 어느 조직보다도 우리 한국노총 여기 계신 분들하고 우리가 더 자주 본다고 말씀하실 정도였습니다. 우리는 무조건 한 달에 한 번 회의는 기본으로 하고, 또 나머지 현안이 있으면 또 보고 또 보고 이렇게 해왔거든요.

조대엽　저는 공공상생연대기금을 노동기반 공익재단의 4개 유형 가운데 '노동연대형'이라고 구분했어요. 임직원들도 기금에 참여했지만 기본적으로는 양대노총 공대위가 주도했고, 이사회에 공대위 위원장들이 당연직 이사로 들어가 있는 것도 노동연대의 주도성을 보여주는 것입니다. 공익위원 이사들이 5명 들어와 있는 것은 특징적이거든요. 그게 가지고 있는 긍정적 효과로 기금 자체가 자율성을 가지고 운영되는 측면이 있고, 또 박 의원 같은 핵심 인사들이 방향에 대해 훈수는 좀 두지만 그게 구조적으로 관여하는 것은 아니라는 점. 이런 차원에서 의사 결정할 때 표 대결을 한다든지 이런 일은 없다는 거지요?

박해철　표 대결을 해본 적이 없습니다. 단지 충분히 의사 개진을 하면 그럼 다시 좀 보완해서 논의를 한 번 더 한다거나. 또 이게 저희들 5명만 정리하는 게 아니라 공익 5명도 계시고 그분들은 굉장히 객관적이고 공정한 잣대로 의견도 주시고 하다 보니까, 특히 우리 양대노총 공대위는 공공영역을 담당했던 사람들이니, 대화가 안 되는 사람들이 아니잖아요. 한마디 하시면 바로 또 알아차리고, 또 괜히 거기다 엉뚱한 말 했다가는 창피만 당하잖아요. 그래서 맞는 말씀하시면 적극 동의합니다.

조대엽　사회적 대화 관련 질문으로 넘어가겠습니다. 일반적으로 사회적 대화의 근본적 요건은 '신뢰'를 듭니다. 한국의 노사대화, 혹은 노사정 대화에서 신뢰가 형성되지 못하는 요인은 무엇입니까? 아울러 우리의 여건에서 보다 성공적인 사회적 대화를 위해 구체적으로 필요한 요소들이 무엇인지요?

박해철　신뢰가 하루아침에 쌓이지 않죠. 그렇다면 그간 걸어왔던 경로를 보고 앞으로 함께 갈 수 있을지를 평가할 수 있거든요. 그런데 그간 걸어왔던 경로들이 그런 여건이 되지 않은 상태에서 하루아침에 신뢰감이 생길 수 있다? 없다? 저는 없다고 생각하는 편입니다. 저도 사실 노동조합 활동을 하면서 신뢰를 굉장히 중요한 개념으로 생각하고 있고, 그래서 선거할 때마다 저는 이런 말들을 하거든요. 앞으로 뭘 하겠다는 말을 듣고 찍어 달라는 게 아닙니다. 그간에 제가 뭘 했는지를 보고 저를 평가해 달라. 그게 결국 그간의 신뢰관계가 얼마나 형성됐는지가, 앞으로도 이 사람은 잘할 것이라는 신뢰감을 줄 수 있는 거거든요.
　그래서 사회적 대화와 관련된 것들도 지금 윤석열 정권이 바로 얼마 전까지 김문수라는 분을 임명했고, 그전에 문재인 정부 때 문성현 위원장님도 계셨고 또 그 앞에도 있었지만, 기본적으로는 정권의 입장에 따라서 사회적 대화가 좌지우지되는 측면이 큽니다. 개인과 개인 간에는 신뢰감이 있을지 모르나 조직을 대표하고 있는 관계에서는 그간의 과정이 생략된 채 앞으로 우리 열심히 잘해 보자고 하는 것은 의미가 없다고 저는 보고 있습니다. 김문수 노동부 장관이 이제 오신다고 하는데, 그분의 그간 행태를 보면 앞으로 어떻게 이끌어 갈 것인가가 눈에 너무나 환하게 보이죠. 예측이 됩니다. 그렇지 않습니까? 그래서 신뢰라는 것은 꽤 오랜 기간 함께 쌓아가야 하는 것이라고 봅니다. 신뢰와 동지라는 개념이 비슷하다고 저는 보거든요.

조대엽 공공노련이 참여했던 사회적 대화 가운데, 성과 얘기는 꽤 나온 것 같은데요. 가장 어려웠던 일은 무엇이었는지 들려주시면 좋겠습니다.

박해철 노동이사제 부분이었죠. 당시 문재인 정부 들어와서 우리가 경사노위(경제사회노동위원회) 내에 공공기관위원회를 구성했는데, 처음에 기재부가 안 들어오려고 했습니다. 제가 청와대 가서 수석 만나서 온갖 힘을 다해 설득했습니다. 협박도 하고 공갈도 치고, 제가 할 수 있는 모든 걸 다 했습니다. 그래서 어쩔 수 없이 기재부 담당국장이 들어왔고 들어와서도 처음에 협의가 잘 진전이 안 됐는데, 그것도 억지로 억지로 해서 마지막에 노동이사제 도입에 대한 부분들을 그나마 문구로 작성할 수 있었습니다.

조대엽 어려웠던 반면에 성공했던 거니까, 아주 좋은 예네요. 우리 시대 노동의 위기 관련 질문에서 노동조합의 조직위기에 대해 여쭌 바 있습니다. 이제 여러 가지 어려운 여건에 직면하고 있는 노동조합 운동의 미래에 대해 전망해 주시기 바랍니다.

박해철　노동조합 위기의 원인은 언급한 바와 같이 복합적입니다. 대략 구분해보면 산업의 변화와 그에 따른 일자리 생태계의 바뀐 구조, 그리고 세대에 따른 인식 변화 및 사회적 정서의 개인화, 그리고 그간의 노동운동에 대한 평가의 반작용으로 나눠볼 수 있겠습니다.

AI와 로봇으로 대표되는 산업현장의 탈인간화와 코로나 팬데믹이 폭발시킨 긱 노동자gig worker 수요와 독립계약의 일상화는 기존의 방식처럼 물리적으로 하나의 공간 또는 동일한 조직을 기반으로 기업별 노동조합을 구성해 온 노동운동의 근본적 변화를 요구하고 있습니다.

세대의 변화는 어떻습니까? 초등학교에 입학하면서부터 냉정한 경쟁 속에서 성장해 온 세대가 기업에 입사하면서 이제 노동조합은 조합원에게 대의나 명분보다 당위와 효능을 먼저 설명해야 하는 상황에 놓여 있습니다. 신자유주의를 맹종하는 보수 정권과 자본가와 언론의 오래된 합주合奏는 공동체의 가치보다 각자도생의 시대를 불러왔습니다. 나의 것을 덜어 다른 이의 밥그릇을 채우는 전태일 정신도 그만큼 희미해지고 있습니다.

노동조합운동의 미래는 이러한 변화와 위기에 얼마나 능동적이고 신속하게 대응하느냐에 달려있습니다. 노동조합운동의 본질과 무관했던 낡은 관습과 이데올로기적 아집을 내려놓고, 새로운 시대에 걸

맞게 조합원의 변화된 요구와 운동적 가치를 균형감 있게 조율해 가는 유연한 노동조합의 자세가 필요하다고 생각합니다.

아울러 갈수록 파편화되고 세분화되는 일자리 구조에 대응해, 기존의 기업별노조 중심의 운동과 조직화 방식을 광범위한 산별 노동조합운동으로 전환하는 과정 또한, 더디고 어렵더라도 계속 추진해야 한다고 봅니다. 노동조합이 더 쪼개지고, 더 이해중심적으로 변하고, 조합원은 노동운동에 관심을 기울이지 않을 때, 기성 노동조합운동은 이에 대응할 준비가 되어 있어야 합니다.

외부환경도 녹록지 않습니다. 윤석열 정권이 들어선 이후, 노동운동은 더 큰 위기를 맞이하고 있습니다. 조직화된 노동은 의도적으로 배척되고, 각종 국가 지원금을 없애거나 대폭 축소해 노동조합과 취약노동 지원단체의 활동이 위축되고 있습니다. 정권의 노동에 대한 무지도 문제지만 노동에 대한 정책 전반을 통할하는 장관 인선에 대한 문제도 큽니다. 보수 정권의 노동 길들이기와 극우적 사고에 기인한 노동탄압에 기성 노동조합운동의 대응과 선택도 치열하게 논의될 것으로 생각합니다. 정치세력화의 중요성 또한 더욱 커지리라 봅니다.

조대엽　노동조합운동을 오래 해오셨는데 노조의 리더십이 갖춰야 할 가장 핵심적 요소는 무엇이라고 보세요?

박해철　노동운동 자체는 수평적 관계라고 생각하거든요. 이게 노조 위원장이라고 해서 위에 앉고 조합원들은 저 아래쪽에 앉고 이런 것이 아니라 늘 평등한 관계라야 합니다. 조합원도, 노조 위원장도

한 표를 갖고 있는 유권자일 수 있기 때문에, 저는 지금까지 오랫동안 노동조합을 하면서 사람들한테 박해철이 목에 힘들어 갔다거나 갑질한다는 말, 혹은 완장 문화를 펼친다는 쪽의 이야기는 잘 못 들어 봤습니다.

조대엽 수평적 리더십, 겸손한 리더십?

박해철 평등한, 또 겸손한 리더십이라야 합니다. 지금 국회의원 역할도 마찬가지인데 우리 시민들이 저를 열심히 일하라는 일꾼으로 뽑아준 것이지, 권력에 심취해서 권력욕을 가지고 그걸 누리라고 저를 뽑아주는 게 아니거든요. 결국은 충실한 공복公僕으로서 최선을 다할 수 있는 방법을 찾는 것, 심지어 그런 측면에서 제가 국회 쪽이든 정부 쪽이든 기타 다른 쪽에 가서 제가 더 고개를 낮추고 요청해서 그걸 해결해 낼 수 있다고 하면 그걸 할 용의가 있습니다. 국회의원 자리가, 노조 위원장 자리가 군림하려는 자리가 아니기 때문입니다.

조대엽 제가 아는 박해철 의원은 구구절절이 겸손하고 수평적인 리더십을 가진 사람이라고 생각해요. 그럼 한국 노동운동의 지도자들 가운데 가장 좋은 모델을 든다면 어떤 분을 들겠습니까? 이유도 말씀해 주시지요.

박해철 미리 질문지를 주셨으면 제가 바로 답을 드릴 텐데. 어렵네요. 아까 제가 잠깐 말씀드렸지만 산별도 잘 이끌어왔고 또 코로나 팬데믹을 잘 극복했던 나순자 위원장님이라면 그래도 제가 높이 평가하는 분 중에 한 분이 아닐까 생각합니다. 역대 한국노총 위원장님들 중에도 대단하신 분들이 많이 있는 건 사실입니다. 그런데 제가 나순자 위원장님을 지목하는 것은 과거에 오랫동안 쌓아 온 성과를 보고 말씀드리는 겁니다. 요즘 분들은 잘 모를 수도 있지만 가장 성공적인 산별 교섭의 주역입니다. 지난 문재인 정부 때 노정 교섭을 유일하게 이끌어냈던 분이기도 합니다. 그때 김부겸 국무총리와 같이 교섭을 이끌어내기도 했고요. 물론 모든 분들이 다 훌륭합니다만 앞으로 노동운동을 해 나갈 때, 저는 산별 부분이 가장 중요하다고 생각하고, 개인적으로 굉장히 부러워하는 입장이다 보니까 더더욱 나순자 모델에 의미를 부여할 수 있는 것 같습니다.

조대엽　노동조합을 이끌면서 소중한 기억들이 많으실 줄 압니다. 가장 아름다웠던 기억을 말씀해 주시기 바랍니다.

박해철　노동조합 위원장으로서 소중하고 아름다운 기억은 결국 조합원으로부터 말미암은 것들이었습니다. 조합원을 이끌고 있다는 무거운 책임감은 조합원에게 당당한 성과를 내고 조금이라도 더 나은 삶에 보탬이 되는 일을 성취해냈을 때 큰 기쁨으로 치환됐습니다.
　그중 가장 보람 있는 순간은 아무래도 박근혜 정부에서 추진됐던 공공기관 성과연봉제-퇴출제에 맞서 투쟁했던 일입니다. 당시 박근혜 정부는 반反노동의 시대를 넘어 무無노동의 시대라고 칭해졌던 엄혹한 시기였습니다. 공공기관에 졸속으로 밀어붙여진 성과연봉제는 태생적으로 공공기관에 어울리지 않는 임금체계였습니다. 이윤이 아닌 공공성을 최우선으로 하는 공공기관에 효율과 돈의 잣대를 들이밀어 성과를 종용하고 부처 간 협업이 기본인 공공기관 업무체계 근간을 흔드는 제도였습니다. 거기에 더해 얄궂은 성과급 몇 푼으로 성과연봉제를 도입하라고 공공기관들을 줄 세우는 정부의 저질스러운 행태는 현장 공공노동자들의 분노를 사기에 충분했습니다.

2016년 4월, 당시 저는 양대노총 공공부문 노동조합이 참여하고 있는 공기업정책연대 의장직을 맡고 있었습니다. 이대로는 모두가 정부의 줄 세우기에 무너진다는 위기감에 회원 노조 대표자들과 세종시 기획재정부 앞에서 성과연봉제-퇴출제 반대 농성에 돌입했습니다. 당시에는 딱 나흘만 버텨보자는 마음이었습니다. 침낭을 깔고 비닐을 덮고 앉아 하루하루를 버텼습니다. 정부가 정한 성과연봉제 도입 시한을 넘기고, 점점 지쳐가는 서로를 위로하고 의지하며 승리해보자고 마음을 모았습니다.

그리고 2016년 7월, 나흘만 버텨 보자며 시작했던 노숙농성은 무려 68일간 이어졌고 정부가 마지노선이라며 엄포를 놨던 도입 시한을 넘기며 승리를 선언했습니다. 성과연봉제는 국정농단 사태 이후 들어선 문재인 정부에서 공식적으로 폐기 선언됐으며, 당시의 성과급은 조합원 자유의지로 반납해 지금의 공공상상연대기금을 발족시키는 데 사용되었습니다. 그 당시의 기억이 가장 힘겨웠지만, 또한 가장 아름답기도 한 기억으로 남아 있습니다. 지금도 함께 울고 웃었던 까맣게 탄 까까머리의 동지들 모습이 눈에 선합니다.

조대엽   가장 힘들었던 일이 가장 아름답게 기억되는군요.

박해철   맞습니다. 가장 보람 있던 기억은 힘들었던 기억과 함께이니까요. 박근혜 정권에서 성과연봉제와 임금피크제를 공공기관에 강제 도입하던 때가 가장 힘들었습니다. 노동조합 상급단체들이 노숙농성을 비롯해 전선을 꾸려 대응하자, 정부는 노사합의로 해당 제도를 도입하기 어렵다는 것을 깨닫고 각개격파 작전에 나섰습니다. 개별 기관의 이사회를 통해 이사회 의결 사안으로 우회하고 과반 노동조합이 없는 기관은 조합원 개인별 동의서를 징구하기도 했습니다.
  이 당시에는 상위직급을 이용해 조합원의 팔을 비틀어 동의서를 받는 일이 비일비재했습니다. 심지어 노동조합 위원장을 집 안에 가둬놓고 인장을 가져가는 일도 있었습니다. 야만의 시대였습니다. 조합원들과 단위노조 대표자들의 고통이 점점 커져 갔습니다. 그들에게 우리 조금만 더 버텨보자고 말하는 것도 죄송한 시점이 왔었습니다. 그 임계점에서 많이 괴롭고 번민했습니다. 제게 가장 힘들었던 기억입니다.

조대엽   고맙습니다. 마지막으로 박해철 의원의 꿈은 뭡니까?

박해철   제가 노동계 활동을 하면서 느꼈던 것이, 오랜 시간이 흘렀음에도 불구하고 왜 노동자들은 아직도 대한민국 사회에서 천시의 대상이고, 마치 대한민국 경제를 좀먹는 집단처럼 여겨지고, 더 나아가 없어져야 될 악의 축으로 인식되고 있느냐 하는 것입니다. 그래서 저는 이걸 좀 바꾸고 싶어요. 작게는 우리 더불어민주당 국회의원부터, 더 나아가서 우리 300명의 국회의원들부터 시작해서 인식의 변화를 이끌어 내고, 노동자가 대한민국 사회를 이만큼 이끌어 왔던, 정말 각고의 희생을 치러 이끌어 왔던 당사자임에도 불구하고 이런 대우를 받고 있는 이 현실만큼은 저는 좀 바꾸고 싶습니다.

그래서 제가 국회에 들어와서 우리 의원실에 얘기했던 것이, 앞으로 주요 노동 이슈가 있을 때마다 그 이슈들을 카드뉴스로 만들어서 우리 더불어민주당 의원들만큼이라도 그 현안이 뭔지 정도는 알 수 있게끔 하자 했었습니다. 노조법 2, 3조 개정안 관련해서도 사실 환노위(환경노동위원회) 의원들 외에는 몰라요. 제가 그래서 카드뉴스 만들어서 우리 국회의원 대화방에 게시했더니 몇몇 의원님들이 전화 주셔서 2, 3조 얘기는 나눴지만 실상은 몰랐는데 내용을 이렇게 아주 이해하기 좋게 만들어주니까 진짜 좋았다면서 이제 그분들도 노조법 2, 3조는 얘기할 수도 있겠다고 말씀해 주셨습니다. 그래서 저는 이렇게 노동의 현안, 노동의 주요 이슈들을 일단 당장은 국회에서부터 많이 확산시킴으로써 인식 제고를 하고, 최소한 국회의원들 정도는 노동인지 감수성에서 그래도 최소한 B학점 이상은 나올 수 있게끔 하고 싶어요.

조대엽 박해철 의원이 국회의원이 된 것 자체가 노동에 대한 인식이 완전히 달라졌다는 반증이 아닐까요. 박해철 의원이 노조활동을 기반으로 의원이 되지 않았습니까? 이것 자체가 많은 변화이고 여기서 이제 활동을 넓혀갈 수 있는 것들이 많을 것 같아요.

박해철   저는 이제 노동운동가나 위원장의 신분은 아니므로, 저의 신념을 말씀드리는 것으로 갈음하겠습니다. 노동은 오랫동안 우리 사회 주류의 의사결정 체계에 속하지 못했습니다. 산업화와 고도성장의 주역임에도 불구하고 침묵과 희생을 강요받았습니다. 자본가와 결탁한 수구언론은 노동문제에 대해 논란을 재생산하며 갈등을 과대포장해 왔습니다. 노동운동이 당당한 주체로서 직접적 이해관계가 있는 정책과 정치, 그리고 사회적 의사결정의 틀 안에 바로서지 못하고 있기 때문입니다.

저는 이런 노동에 대한 왜곡된 인식과 정치의 주변에 머물러야 했던 모습에서 한 걸음 나아가고 싶습니다. 노동을 정치의 주된 의제로 만들고 국민이 먹고사는 문제에 가장 가까운 노동의제가 곧 민생의제로 확장되길 희망합니다. 그 역할을 하고 싶습니다. 노동자가 직접 정치에 참여해 정당의 활동기조를 수립하는 세력으로 자리매김하고, 정치를 통해 노동이 억압받는 세상을 바꿔내겠다는 열망과 시도를 노동자 출신 국회의원으로서 꼭 이어가겠습니다.

조대엽   박해철 의원의 꿈을 응원합니다. 긴 시간 인터뷰 감사드립니다.

대담 ② 박홍배

정의로운 세상을 만드는 힘

조대엽 박홍배 의원, 전 전국금융산업노동조합 위원장과의 인터뷰를 진행하겠습니다. 첫 번째 질문은 노동위기에 대한 평가 관련된 질문인데, 기술 발전과 AI의 등장으로 이에 대한 고민들이 큽니다. 이를 인간노동의 위기, 즉 하나의 보편위기라고 한다면, 포괄적으로 이에 대한 생각을 말씀해 주시면 좋겠습니다. 특히 은행은 더 영향을 받겠지요?

박홍배 과거에도 산업혁명으로 인한 러다이트 운동 같은 것들이 있었지만, 저는 우리 시대 4차 산업혁명, AI 혁명, 디지털 전환, 이런 것들이 본질적으로는 최초의 산업혁명 시대와 크게 다르다고 생각하지 않습니다. 그리고 이미 지난해 미국에서의 방송작가 노조 파업 등과 같은 상황들이 벌어졌고, 또 한국에서는 챗봇 그리고 AI 상담원 등의 이유로 국민은행에서 도급 콜센터 직원들을 해고하려는 상황이 벌어지기도 했거든요. 그런데 아주 급속도로, 단시간 내에 굉장히 많은 노동을 AI가 대체할 거라고 생각하지는 않고, 특히 방송작가 노조의 상황이라든지 콜센터 사례들을 보면, AI가 인간노동과 기술을 대체하게 하는 것도 결국 사람들이라는 판단입니다.

2024년 8월 5일 오전 11시,
박홍배 의원(전 전국금융산업
노동조합 위원장)을 국회의원회관
박홍배 의원실에서 만나다.

　이를테면 제가 알고 있기로 어떤 넷플릭스 시리즈를 작가들이 만
드는데, 최초의 기획과 첫 번째 에피소드의 도입 부분 등은 인간 작
가들이 쓰고, 두 번째 에피소드 이후로는 챗지피티ChatGPT와 같은 AI
가 훨씬 더 재미있게 만들 수 있기 때문에 작가들을 고용하지 않고 AI
에 맡겨서 극작을 썼다는 얘기들이 있었고요. 또 콜센터 상담의 경우
에도, AI 상담원이 상담하는 구체적 내용들은 현재 콜센터에서 노동
하고 있는 사람들로부터 답변을 어떻게 하는지 적어내게 해서 계속
AI에게 학습시키는 방향으로 가고 있거든요.

결국 AI는 사람이 하는 대로 만들어지는 것이고, 따라서 AI가 인간의 노동을 완전히 대체하지는 못할 것입니다. 그런데 그렇게 AI 기술이 접목되면서, 이를테면 상담원들이 상담하는 데에 활용하고 도움을 받으면 좋은데 이걸 아예 해체해버리고 상담원들의 고용을 없애겠다고 하는 것들에는, 이제 노동조합이 적절하게 통제를 가할 수밖에 없다는 것이죠. 이는 1차적으로, 단체협약과 같은 형태로 통제해야 되는 문제이고, 아직 AI 기술에 대해서 국내 산별노조나 개별사업장 노조에서 아주 구체적으로 어떤 조항들이 단체협약에 들어가서 합의가 됐다고 하는 내용들은 제가 아직 접하지는 못했는데, 크게 멀지는 않았다고 생각합니다. 다시 말해, 기술이 노동력의 일부를 대체할 수는 있겠지만, 그것이 완전히 고용을 대체하는 방식은 문제가 되므로, 결국엔 노동조합이 어느 정도 통제할 수밖에 없다고 생각하고 있습니다.

조대엽　은행 지점이 많이 없어졌잖아요.

박홍배　그렇죠. 지점이 3년간 800개 정도 줄었습니다.

조대엽　그게 기술 발전의 효과와 연관되지요?

박홍배　그런 측면이 있습니다.

조대엽　중요한 말씀을 해 주셨는데, 노동위기의 두 번째 차원을 든다면 노동조합의 조직위기에 대한 것입니다. 젊은 세대의 노조 기피 현상이나 노동조합 자체가 갖는 경직성 같은 것들도 있고 또 노동조합을 끌어가는 리더십 혹은 정책역량 등을 포괄해서 노동조합의 조직위기라고 진단할 수 있겠습니다. 이 점에 대해서는 체험적으로 많이 겪으셨을 것 같은데요.

박홍배　사실 노동계 분들과 만나면 제일 많이 걱정하고 논의하는 사항 중에 하나였고요. 특히 구성원들이 좀 젊은 편이라고 할 수 있는, 제가 속해 있던 금융노조 같은 경우 더 많이 확인이 되는 것 같은데 약간의 세대교체 현상 혹은 코호트 효과가 또 있는 것 같습니다. 80년대 학번을 지나 90년대 초까지 그나마 학생운동이 교내에 남아 있었던, 또는 노동현장에 투신했던 그 마지막 시기를 지나고 학생운동이 침체기에 접어들면서 등록금 투쟁으로 전환되던 그 시기의 세대가 노동조합의 리더층에 들어오는 상황과 완전히 무관하지는 않다는 느낌을 저도 갖고 있습니다.

　이 세대를 90년대 학번인 X세대라고 할 수 있겠지만, 그 밑에 집행간부들과 조합원들의 상당수가 흔히 말하는 MZ세대로 교체되고 있고, 이 세대의 특징들은 공정성 그리고 실리를 추구한다는 것입니다. 이런 특성들이 노동조합 활동에도 좀 많이 나타나고 있는 것으로 보입니다. 어쩌면 사용자 측과 실리적 측면에서의 교섭 효과는 이전 세대보다 더 많이 만들어낼 수 있는 세대라는 생각은 조금 드는데요. 문제는 이것을 보수 진영에서는 노동조합 또는 조합원들의 잘못처럼 몰아가고 있지만 우리나라 노동조합의 태생 자체가 기업별노조이고 이후 90년대 말과 2000년대 초반에 산별노조운동이 일어나서 산별의 형태를 갖췄습니다만, 실질적으로는 기업별노조 체제이기 때문에 그 특성상 속해 있는 조합원들에게 복무하는 것이 최우선이라는 사실입니다.

이 부분에 대해 보수 진영에서는 대한민국의 노동조합이 전체 노동자를 대변하지 못하고, 노동조합의 대부분은 대기업과 공공부문 공무원들이고 그들이 취약 노동 또는 미조직 노동과 연대한다고는 하지만 자신들의 이익만 챙긴다고 몰아가고 있죠. 이를테면 사용자성을 확대해서 하청업체나 간접고용 또는 특수고용 노동자들이 사용자와 교섭할 수 있도록 노조법 제2조를 개정할 필요가 없다고 주장합니다. 지금도 정규직노조가 하청노조와 같이 들어가서 교섭하면 되는데 왜 이 법을 바꿔 달라고 하냐면서, 이것은 산업 현장에 혼란을 가중시키는 것이라고 공격합니다. 마치 기존의 정규직 노조들의 도덕성 문제인 것처럼 몰고 가는 측면이 있습니다. 하지만 저는 그것이 노동자들의 잘못이나 노동조합의 잘못은 아니라고 생각합니다.

이러한 문제들은 우리 체제의 문제이고, 이 체제를 어떻게 산별 교섭 체제로 전환할 것인지를 같이 고민해야 되는, 즉 단순히 법만 입법해서 되는 문제가 아니라는 것은 전문가들이 다 지적하고 있는 부분입니다. 그런데 법을 포함하여 이 체제를 어떻게 바꿔 나갈 것이고, 단체 협약을 어떻게 더 많은 노동자들에게 확대 적용할지에 대한 문제를 같이 고민해야 됩니다. 마치 지금도 할 수 있는 방법이 있는데 노조가 떼를 쓴다는 식으로, 강성노조 청부입법이라고 몰고 가서는 절대 안 되는 것 아닌가 생각하고 있습니다.

조대엽 우리가 일반적으로 생각할 때는, 말하자면 노동조합운동이 실리주의를 추구하고, 그럼으로써 이른바 '센 조직노동 중심의 자기 식구 챙기기'와 같이 노동조합의 위기적 상황에서 대응하는 주된 방식은 미조직 노동자들을 케어하지 않고 자기 노조 중심으로 간다고 생각하는데, 지금 박 의원님 말씀에서 굉장히 흥미로운 지점들이 있습니다. 지금 노조의 지도부가 등록금 투쟁세대라고 말씀하셨는데, 저는 이게 아주 재미있는 얘기 같아요. 그러니까 대학생들도 공적 이슈라든지 과거와 같이 민족적 이슈, 민중적 이슈, 민주적 이슈, 이런 것보다는 대학 때부터 실리투쟁에 집중했다는 것인데, 그러면 이 세대들이 가지고 있는 세대적 특징들이 이제 노동조합 지도부에도 상당 부분 반영이 돼 있다는 말씀이시죠. 아주 흥미로운 분석이고, 이에 관해선 우리가 사회학적으로 좀 고민해봐야 될 지점 같습니다. 어쨌든 노동조합 자체가 결속력 측면에서든 세대 전환의 측면에서든 이에 따른 위기는 피할 수 없다고 정리해 볼 수가 있을 것 같습니다.

세 번째 질문은 우리가 가장 많이 언급하는 것일 수도 있는데, 노동위기가 정치위기와 연동되어 있는 측면이 있습니다. 이전 정부가 성과를 과대 포장하든 아니면 과소화해서 평가하든 간에 '노동존중 사회'라는 기치를 들고 여러 가지 나름의 큰 성과들도 있었다고 볼 수가 있어요. 그러나 윤석열 정부에 들어서면서 지금은 확 달라졌단 말이에요. 여기에 대한 평가는 많이 있습니다마는 박 의원님께서 보시는 관점은 어떠세요? 윤석열 정부하에서 노동조합이 당면한 일종의 정세적 위기랄까요?

박홍배　노동조합이 상당히 움츠러들었고, 위축된 측면이 있다고 생각합니다. 2022년 말에 화물연대 파업 상황, 그리고 2023년 초에 있었던 건설노동자들에 대한 탄압, 이런 상황들을 거치고, 노조의 회계장부 공시의무와 같은 정책들을 정부에서 밀어붙이는 과정에서, 총연맹 사무실이 압수수색 당했죠. 한국노총도 특정 임원에 대한 것이었긴 했지만 역사적으로 처음으로 압수수색이 들어오고, 이런 약간의 공포 분위기 속에서 일정 부분 조직노동이 위축될 수밖에 없었습니다.

그리고 현 정부가 계속해서 자신들의 노사 법치주의가 자리 잡고 있다고 주장하는 근거 중의 하나로 내세우는 게 파업 손실일수가 줄어들었다는 주장인데요. 이 부분은 사용자가 적극적으로 교섭에 임했다기보다는 정권의 분위기가 상당 부분 영향을 줬다고 볼 수 있습니다. 실제로 제가 현장에서 위원장 할 때 느꼈던 것은 산별에서나 지부 단사에서나 사용자들의 입장이 훨씬 더 강경해졌거든요.

대화로 타협해서 해결하기보다는, 정말 다들 변호사들을 찾아가서 법적으로 대응하려는, 현장에서마저 그런 움직임들이 있었기 때문에 아무래도 일정 부분 위축될 수밖에 없었습니다. 또 작년, 재작년 같은 경우에는 정권의 임기가 5년, 4년 남은 상황이어서, 임기가 통상 3년 또는 일부의 경우 2년밖에 되지 않는 노조 집행부의 입장에서는 이렇게 불투명한 미래의 상황, 그러니까 자신의 임기 중에는 계속 이 정권하에서 노조활동을 할 수밖에 없는 그런 상황들이 조금 더 위축되게 만드는, 적극적으로 투쟁하지 못하는 그런 상황들, 그런 분위기들을 만들었을 것이라는 생각입니다.

올해는 이제 신임 고용노동부 장관에 대한 임명을 강행하겠지만 워낙 특이한 극우라고 할 수 있는 사람이 올 예정이어서, 향후 전체 대한민국의 노동정책이나 노사관계가 어떻게 바뀔지에 대해서 더 우려됩니다. 그런데도 내년 이후의 상황은 조금 바뀌지 않겠나 하는 기대 역시 일부 있습니다. 박근혜 정권 말에도 그랬지만, 이렇게 극우적 인사, 즉, 노조를 탄압해야 한다고 생각하는 사람을 장관으로 임명한 것 자체가 결국에는 이 정권에 화살로 돌아갈 가능성이 크지 않겠는가 생각합니다. 그리고 촛불혁명의 예와 마찬가지로, 그 주축이 누구였느냐를 떠나서 노동자들이 들고일어났을 때는 정권이 제대로 버텨내지 못했다는 점들을 고려한다면 내년 이후에는 노동자들의 저항이 조금 더 거세질 가능성이 있지 않을까 생각하고 있습니다.

조대엽 　시간이 조금 걸리는 것 같아요. 제가 가까이에서 본 노동조합은, 액션에 옮기기 전에 내부에서 굉장히 길다 싶을 정도의 논의 기간을 가지는 것 같아요. 그래서 방금 말씀하신 것 같이 윤 정부 들어서 사실 상상을 초월하는 방식의 노동 탄압을 노동계가 "이게 뭐야!"라고 하는 식의 당혹감 같은 것들도 있었을 거로 생각합니다. 시간이 지나면서 조금 전열을 가다듬고 대응 방식에 대한 것들, 투쟁으로 가든지 아니면 일종의 노정 교섭으로 가든지에 관한 선택을 하게 될 것으로 생각하고요. 말씀하신 대로 상당히 극단화될 가능성이 큰 것으로 보여, 우리 정세가 참 심각하고 이에 관한 걱정을 많이 하게 됩니다.

포괄적이고 배경적인 질문은 이런 정도로 드리고, 박 의원님께서는 금융노조를 이끌었습니다마는 전체 노총 차원에서도 여러 가지 활동을 하시고 기여하셨잖아요. 그래서 조금 더 큰 시각으로 볼 때 전체 한국 노동조합운동을 들여다본다면, 노동자 권익, 노동조합 내부역량 등에 있어 많은 성장이 있었을 거라고 보는데, 가시화할 수 있는 성과를 평가한다면 어떻게 말씀해 주실 수 있을까요?

박홍배 지난 8월 2일 국회 본회의에서 노조법에 대한 국민의힘 필리버스터에서 여당 임이자 의원께서 언급하시는 부분 중에서 인상 깊은 내용이 있었는데요. 한국노총도 민주노총도 그 정책적 역량이 굉장히 뛰어나다, 오히려 내부의 결속이라든지 정책역량이 경총 등 사용자 단체를 뛰어넘는다고 발언하셨습니다. 제가 그 뒷부분은 자세히 안 들어서 어떤 맥락에서 말씀하셨는지 잘 모르겠지만 어쨌든 노조법 개정안에 대한 반대 토론하러 나오신 분께서 노동조합의 역량을 칭찬하는 일이 있었는데, 저는 객관적으로 사실을 말씀하신 측면이 있다고 생각합니다. 아이러니하게는 노동계의 역량 그리고 그 정책 내용이 좀 더 충실해지는 것은 노동이 원하는 정책들의 실현이 더디어서 오래 숙성되는 과정을 거치기 때문에 그렇지 않으냐는 생각도 한편 들었습니다.

사실 문재인 정부에서 노동계의 가장 큰 업적이라고 했을 때, 중대재해처벌법 제정 부분도 있는데 저는 불완전한 상태였음에도 불구하고 ILO 3법의 개정을 통한 ILO 핵심 협약 3개의 추가적 비준을 뽑고 싶습니다. 왜냐하면 ILO 가입 이래로 30년 동안 노동계가 계속해서 요구했던 바였고, 노동계의 주장은 '선先비준 후後개정'이었는데 역대 어느 정부든 다 '선개정 후비준'을 주장했고, 선개정 후비준의 상황에서, 물론 그 배경에는 한-EU FTA 위반에 따른 EU 측의 공세가 좀 있었기는 했습니다만 어쨌든 결과적으로는 저희가 30년 가까이 숙제를 했기 때문에 국제노동기준에 한 발 더 가까이 갈 수 있는 토대를 당시에 저희가, 또 문재인 정부가 만들어 냈다고 생각하고 있습니다. 그리고 당시 3개 법안 개정에 부족했던 측면이 사실은 이번 노조법 2, 3조 개정 요구에 담겨 있다고 볼 수 있습니다.

그러면 노조법 2, 3조만 개정되면 노동의 모든 문제가 해결되느냐고 여당에서 공세를 펴는데, 당연히 그렇지는 않다고 저는 생각하고요. 노조법 2, 3조 외에도 해결해야 할 법적 보완과제들이 있는데, 일단은 2, 3조 문제를 해결해야지 남아 있는 나머지 숙제를 해결할 수 있다고 생각합니다. 이런 것들이 이제 때로는 왜 노동계에서 문재인 정부 ILO 3법 개정할 때 다 요구해서 다 반영시키지 않았느냐, 문재인 대통령도 이 2, 3조 문제를 해결하겠다고 얘기한 적이 있는데 왜 자기 임기에는 추진하지 않았느냐고 주장하지만, 노동법이라는 게 아시는 것처럼 급속하게 갑자기 결정해서 바꾸기 어려운 그런 측면이 있어서 조금은 더디게 간다, 라고 생각하고 있고요.

윤석열 정부 임기가 이제 3년 채 남지 않은 상황이지만 그래도 충분히 남아 있어서, 노동계가 더 열심히 개정운동, 또 국제노동기준에 가깝게 다가가기 위한 다른 부분에서의 운동도 해야 하고, 여야도 그 목소리에 절대 귀 닫아서는 안 된다고 생각합니다. 특히 올해는 ILO 이사회 의장국까지 됐다고 하는데 이렇게 이미 비준한 협약과도 거리가 있는 국내법을 계속 방치하는 것은 윤석열 정부에게도 결코 바람직하지 않습니다.

조대엽　지금 말씀하신 성과를 보면 정책적 역량이 탁월하다고 인정할 수 있는 측면이 있는 것 같은데요. 노동조합은 사용자라는 어떻게 보면 강력한 상대가 있으니, 그 상대가 어떤 식의 정책적 지향을 하느냐에 따라 노동 측에선 대응해야 하고, 또 정부가 사용자 측하고 같이하는 것에 대하여 대응하는 과정에서 정책적 역량이 강화되는 측면이 있었다는 것이죠. 그래서 ILO 핵심 협약 비준 등을 비롯한 국제노동기준은 사실 다른 나라에서 하고, 선진국에서 하니까 그 가이드라인을 우리가 수용해서 힘으로 밀어붙여도 되는 측면이 있습니다만 노동조합 내부, 즉, 산별이든 노총이든 또는 개별 기업별노조 차원에서든 정책역량과 관련된 기능과 같은 부분은 상당히 취약하다는 평가는 여전히 있지 않습니까? 어떻게 생각하세요? 그래도 금융노조는 사정이 좀 나은 편이죠?

박홍배　이게 전부 재정적 문제와 관련이 있더라고요. 그래서 이번 윤석열 정부의 노조 회계자료 공시정책 그리고 노동조합의 취약 노동과 관련한 사업 지원금 지원중단 이런 것들에, 민주노총은 영향을 조금 덜 받은 것 같지만 특히 한국노총의 싱크탱크는 상당히 영향을 받아서 지금 연구원 규모가 아마 절반 정도로 올해는 운영되는 것으로 알고 있습니다. 그래서 실제 타격을 받은 것은 사실이고, 또 하나는 이게 기존의 대기업 재벌들과 신흥 재벌이라고 할 수 있는 빅테크 기업들하고의 차이도 조금 있는 것 같습니다.

무슨 말씀이냐면, 카카오 같은 회사들이 예전에 전통적 재벌들하고 똑같은 형태의 경영을 추구한다면, 쿠팡과 같은 신흥 기업들이 그걸 뛰어넘는 경영을 추구하는 것 같거든요. 그러니까 쿠팡은 아예 본사가 미국에 있고 쿠팡의 CEO는 한국 사람이지만 국적이 지금 미국인으로 되어 있습니다. 즉, 한국 국내에서 발생할 수 있는 법적 책임에서 다 벗어나고자 하는 그런 노력을 하는 겁니다.

그리고 국내에 있는 자회사들의 CEO 중에는 법조인 출신들이 많고, 그 법률팀들이 굉장히 화려한 경력을 자랑하는 법조인들로 구성되어 있습니다. 그러다 보니까 목적이 뭐냐 하면, 과거에 경영학을 하고 경영을 했고 또는 어떤 기술에 대해서 전문성이 있고 이런 사람들이 아니라, 한국의 국내법상 허점들을 아주 단단히 마음먹고 이용하겠다는 그런 느낌을 받습니다. 미국 또는 영국이나 유럽에서는 당연히 직접 고용을 해야 할 대상인 노동자들을 간접 고용하거나 특수고용 노동자로 사용하는 경우가 너무 많고요. 이런 부분들이 법을 정말 연구해서 제도의 허점들을 아주 열심히 활용하고 있다고 생각하는데, 노동계의 정책적 대응은 그런 부분에서는 여전히 미진한 것 같다, 그러니까 사후적 대응만 하는 것 같은 느낌이고 이것은 저의 과제이기도 합니다.

조대엽　한국 노동조합운동이 노동계 내부의 시각으로 본다면 오랜 투쟁의 시간도 있었고 또 제도화의 성과도 있다고 볼 수 있습니다마는, 우리 사회 전체 발전에도 큰 기여를 했다고 봐야 하겠죠. 박 의원께서 보시기에는 우리 사회 발전에 가장 뚜렷하게 노동조합운동이 기여한 바는 무엇이라고 생각하시나요?

박홍배　전반적인 우리 사회의 분배 정의라는 부분은 오직 노동조합의 역할이었다고 생각합니다. 노동조합의 운동, 노동조합의 투쟁이 없었으면 지금 정도의 부의 분배가 아니라, 정말 재벌 일부 외에는 모든 국민들이 다 못사는 그런 나라가 되지 않았을까 합니다. 그럼에도 불구하고 최근에는 이 소득 격차, 또 자산의 격차 이런 것들이 확대되고 있는 것은 대단히 안타까운 일이고요. 또 노조법 2, 3조 역시 그런 것들을 좀 줄이려는 투쟁이지 정규직 노동자들을 위한 투쟁은 아니기 때문에, 이 부분들이 좀 더 강하게 추진되어야 합니다.

하지만 총연맹이나 산별이 아닌 단사 개별사업장의 노조로 내려가면, 사실은 조합원들 정서하고는 떨어져 있는 경우들도 있을 겁니다. 사업장이 비정규사업장이나 하청노조가 아니라면, 전통적으로 우리 선배들이 해왔던 대화, 토론, 교육 등을 노조에서 중시하고, 그런 활동들은 게을리하면 안 된다는 생각입니다. 저는 제가 왜 이 일을 해야 하냐고 스스로 과거에 계속 물었을 때, "내 아이들은 과연 상층 노동이라고 할 수 있는 15% 내지 20%에 들어갈 수 있는 보장이 있을까? 그런 보장이 전혀 없다면, 이대로 방치해도 되는 문제인가?"라는 것이 저 스스로 던졌던 질문입니다. 모든 노동자도, 그런 노동자들을 자녀로 두신 부모님들도, 또 그런 노동자들을 부모로 두신 자녀분들도 생각해보면 노동조합의 활동이라든지, 격차에 대한 해소를 위한 이런 사회 의제들, 노조가 싸우고 있는 부분들에 관해서 관심을 좀 더 많이 가져야 하지 않을까 싶습니다.

또 노동조합 스스로도, 그냥 '내가 지금 회사 다닐 만하니까' 혹은 '나의 노동은 괜찮은 편이니까'라고 하는 생각에서 벗어나서, 자기 주변을 돌아보면 전반적으로 우리 총연맹들이 가는 방향성에 동의하지 않을까 이런 생각이 듭니다.

조대엽　제가 알고 있는 노조활동가 중에 박 의원께서는 가장 생각이 깊은 위원장 중 한 분이십니다. 그런데 노동조합이 사회 발전에 기여한 것으로 분배 정의의 측면을 드시는데요. 좀 추상적으로 들리는 점이 있어요. 실제로 한국 사회 불평등이 미국에 뒤지지 않거든요. 미국을 비롯한 세계적 불평등은 지난 100년간을 분석한 피게티 분석에도 나오고, 한국의 경우는 긴 역사 시기를 분석하진 않았지만 장하성 교수의 분석이 있어요. 우리 사회가 부의 세습이 굉장히 심하잖아요. 결국은 불평등을 완화하는 요소는 취약한 구조를 가지고, 특히 부동산 자산이 굉장히 중요한 가치로 설정되어 있고요. 그런 측면에서 본다면, 노동조합운동이 분배의 정의에 기여해야 한다는 방향과 가치는 맞겠지만, 실제로 한국 사회에서 얼마나 이루어냈는가에 대해선 다시 생각해 볼 여지가 있거든요. 예를 들면 최저임금을 끌어올리려는 노동계의 투쟁이라든지 이런 것들은 노동계가 견인해 온 측면이 있지만, 전체를 본다면 과연 말씀하신 대로 분배의 정의에 노동조합운동이 얼마나 기여했다고 할 수 있는지 질문할 수 있지 않을까요.

박홍배　제가 말씀드린 측면은 1987년 이후 90년대까지 노동운동이 가장 활발했던 시기였는데, 당시가 임금이 가장 많이 오른 시기이기도 했습니다. 이 시기에 우리 사회 중산층이 형성되지 않았나 생각합니다. 최근 한 10년간 부동산 가격의 급상승으로 인해서 중산층이 더 얇아지고 무너지는 경향이 있다고 생각하는데, 그런 임금 투쟁, 경제 투쟁이 아니었으면 과연 우리 사회에 중산층이 얼마나 형성됐을까 하는 생각이 들어서 그나마 이 정도의 중산층을 만든 것은 노동조합의 투쟁 역할이었다라고 생각합니다.

조대엽　중산층이 늘어나기도 했고, 또 이후 양극화 경향이 심해지기도 했습니다. 노동조합운동이 궁극적 방향으로 이런 것들을 제시해야 하지 않느냐는 생각을 하고 있습니다.

박홍배　정치 투쟁에서 성공하지 못했죠. 사실은 그게 지금의 양극화를 막지 못한 원인 중의 하나였지 않을까요?

조대엽　정치 투쟁이 제한될 수밖에 없었던 흐름, 즉 거대한 신자유주의의 흐름 등이 그 배경으로 있었으니 사실은 그걸 넘어서는 일이 쉽지는 않았을 겁니다. 전체 한국 노동조합운동에 대한 평가를 하셨는데, 금융산업노동조합을 실제로 이끄셨으니 금융산업노동조합에 대해 이야기를 해보겠습니다.
　산별노조라는 것은 누구나 동의하는 우리 노동운동의 오랜 과제 아니겠습니까? 금융산업노동조합의 경우에 산별의 제도화 수준 그리고 산별로서의 제도적 성과 등의 측면에서 볼 때 다른 노조에 비해 가장 높은 수준의 제도화를 이루었다고 봅니다. 어떤 성과들을 말씀해 주실 수 있을까요?

박홍배 국내에서는 보기 드물게 오랜 세월 동안 산별 임금 단체협약 교섭을 하는 전통을 만든 것이 아마 가장 눈에 띄는 부분일 것 같습니다. 타 산업 같은 경우에, 노동조합은 사용자 단체 구성을 요구하고 사용자들은 사용자 단체를 구성하지 않으려고 하는 경향이 일반적인데요. 금융업 같은 경우에는 유사한 업무를 하는, 즉 경쟁적 관계에 있는 여러 금융회사, 은행들이 이런 방식의 교섭이 사용자에게도 불리하지 않다는 것을 받아들였고, 정말 오랜 시간 동안 제가 알기로는 이미 70년대에 산별 임금 교섭이 있었던 것으로 알고 있습니다. 그래서 그런 것들을 경험적으로 체득하고 이 전통을 유지하려고 했고, 비록 2016년도에 성과연봉제 이슈로 깨진 적이 있기는 합니다만, 다시 복원되고 그런 것들은 향후에 우리 사회에서 산별 교섭이 조금 더 발전하는 데에 모범 사례로써 활용이 되지 않을까 생각하고 있습니다.

그럼에도 불구하고 산별협약의 적용 범위, 특히 비정규직 간접 고용 노동자들에게까지 확대되지 못하는 측면이라든지, 단체협약이 있음에도 불구하고 별도의 지부 보충협약들을 두고 있는데, 이 보충협약들이 산별의 단체협약의 틀을 조금 벗어나는 측면들은 조금은 아쉬운 부분이라고 할 수 있습니다. 이를테면 이렇게 오랜 기간 임금 교섭을 공동으로 해왔으면 임금 수준이라든지 근로조건이 일관성 있게 거의 통일되어 있어야 할 것 같은데, 여전히 산별 내에서도 다양한 형태로 각 사(社)별로 끼고 있는 그런 부분들은 한국의 산별노조로서 저희가 알고 있는 유럽의 산별들과는 다른 한계들이 있는 것 같습니다.

조대엽 후속 질문을 드리려고 했는데 질문에 대한 답을 미리 해 주셨네요. 제도화 수준을 높이기 위한 과제들이 있을 텐데 제도화의 제약요인은 무엇인지요? 사측에 있는 거예요? 아니면 노측의 지부별 자율성 때문인지요?

박홍배 그건 아까도 말씀드린 것처럼 한국의 기본적 노동조합 체계가 연맹이든 산별이든 모두 기업별노조 체제에 있기 때문에, 유럽에 가까운 산별의 형태라고 한다면 금융노조 내에서의 기업별 지부들의 역할이 산별로 훨씬 더 많이 올라오고 지부의 역할들은 산별 안에서 움직이고 지부 내에서는 현장 소통 정도의 역할로 더 축소될 수 있을 텐데요. 대한민국의 모든 노조가 기업별노조로 운영되기 때문에 산별의 형태를 띠지만 여전히 금융노조도 상당 부분은 기업별노조 형태로 운영이 되고, 또 그럴 수밖에 없는 측면이 있습니다.

조대엽 역시 한국형 노조의 근본적 특징이 산별노조로의 제도화를 제약하는 요소로 그대로 남아 있군요.

박홍배 사용자들의 가장 큰 불만은 이중 교섭과 이중 파업에 대한 불만입니다. 산별 중앙교섭이 있으면 지부별 교섭에서 좀 고생을 덜

해야 한다는 것인데, 사실은 덜하죠. 그러니까 산별 수준에서 최소한의 임금을 정하는데, 일반적으로 시중은행 같은 경우에 3년에 한 번 산별 대표 교섭으로도 불려 나가야 하고 지부로 돌아와서 지부 보충교섭을 하는데도 또 그만큼의 고생을 해야 한다는 겁니다. 산별 교섭이 틀어졌을 때 또는 지부 교섭에서 문제가 생겼을 때 양쪽에서 다 쟁의 행위가 일어날 수가 있기 때문에 사용자 측에서 그것을 이중 파업이라고 얘기를 하고, 이것을 해결해야 하지 않느냐는 요구들이 상당히 오랜 기간 있었던 것으로 알고 있습니다.

조대엽 박 의원께서 겪어오셨으니까 어떤 식으로 바뀌어야 하는가와 관련해서, 물론 방향이야 답이 나와 있지만, 내부 문제를 풀어야 하는 고민은 어떻게 하셨어요?

박홍배 총연맹에서 요구하는 것은 산별 교섭의 제도·법제화인데 전문가들은 단순히 산별 교섭을 해야 한다고 법을 만드는 것이 산별 교섭을 촉진하는 방안이나 해결책은 아니라고 얘기하고 있습니다. 법적·제도적·행정적 뒷받침을 해줘야 한다는 점은 맞는 부분일 것 같아요. 그렇게 해서 사회 전반적으로 기업별노조가 적어도 금융노조 수준 또는 그 이상으로 산별 교섭과 산별노조 체제로 간다면, 금융노조는 그에 조응해서 또 한 발 더 갈 수 있지 않을까 생각합니다. 금융노조가 산별노조로 전환하게 되는 시기에 선배들이 굉장히 많이 고민하고 한국노총에서는 아마 처음으로 산별노조로 전환했는데, 그 운영체제는 상당히 타협적인, 그리고 현실적인 선택들을 할 수밖에 없었던 게 있거든요. 조직 운영도 그렇고 예산 문제도 그렇고, 지부와 산별노조 본조의 권한, 또 양자 간의 관계, 이런 부분들이 현실을 고려한 수준에서 타협했던 산물이고, 그것이 현재까지 20년 이상 계속 유지가 되는 상황입니다. 이것을 한 단계 더 뛰어넘어서 조금 더 전체 산별 조합원들에게 도움이 되는 효율적 방향으로 갔으면 하는 바람입니다. 이것은 당사자들에게만 맡겨놓기에는 어려운 문제라서 사회 전반적 분위기가 되어야지 한 단계 더 올라갈 수 있는 그런 문제가 아닌가 생각합니다.

조대엽 　고리를 끊고 한 단계 나아간다는 것이 참 어려운 문제가 아닐 수 없습니다.

박홍배 　제가 작년에 금융노조 법률원을 만들고 또 별도의 청년조직을 만들었습니다. 사실은 제가 공약하고 지키지 못했던 것 중의 하나는 산별노조 교육원이었는데, 그 공약은 지키지 못하고 제가 중간에 자리를 비우게 됐지요. 이런 것들도 사실은 산별 체제에서 조금 더 중앙의 기능을 강화하기 위한 노력이었고, 다행히 이제 법률원은 조금씩 자리를 잡아가는 상황인 것 같습니다. 아시다시피 저희는 사업장들이 너무너무 큽니다. 저희 아무 사업장이나 하나 떼서 다른 산별에 비교해 보면, 다른 산업에서는 제 1사업장이 되는 9,000명 이상 사업장이 5~6개 정도 되는 큰 지부들이다 보니까.

조대엽 　법률원을 만든 것은 산별 제도화 수준을 크게 높여 놓은 셈인데요, 교육원도 이런 의미에서 중요한 것 같아요. 학습과 토론을 통해 산별 중앙과 함께할 부분에 대해 공유하고 공감하는 게 무엇보다 중요하지 않겠어요?

박홍배 원래 올 초까지 유효했던 사업 중의 하나가, 이건 또 조금 다른 문제인데요. 금융노조가 노동대학을 운영해 왔습니다. 상당 기간 해오다가 2012년 아마 현재의 타임오프제도 시행하면서 예산 구조가 크게 달라지고 예산 부족 문제로 운영이 중단되었다가, 2020년인가 2021년도에 부활이 됐는데요. 그것도 역시 중요한 사업이고, 특히 상근하는 간부들에 대한 교육을 통해서 산별로의 생각들을 모아가는 그런 역할들을 했습니다. 올해는 사무금융노조하고 저희가 공동 운영을 하기로 사업계획을 잡았습니다. 실제로 사업의 세부 실행 계획까지 다 나왔었는데, 금융노조가 중간에 약 두 달 정도의 공백을 겪으면서 아마 올해는 사업의 공동 운영을 백지화한 것으로 알고 있습니다.

조대엽 교육 사업은 외주화가 좋을 듯해요. 전문적 교육, 학술 인력을 폭넓게 활용할 수 있어야 하니까요. 선우재 노동교육원도 좋은 콘텐츠가 많습니다. 추천도 해 주고 적극적으로 활용하시기 바랍니다.

박홍배 외주화했습니다. 전태일재단하고 같이 한 해가 있었고, 지난해가 아마 한국노동교육원하고 같이했을 겁니다. 선우재 노동교육원도 한번 생각해보겠습니다.

조대엽　최근 저희 선우재 노동마루에서는 '지속가능한 노동'을 화두로 삼고 있는데, 아시다시피 ESG 경영이 보편적 화두가 되어 왔고, 주요 기업에서는 이를 기반으로 지속가능경영보고서도 작성하고 있지요. 아마 금융노조에서도 사측에서 만든 지속가능경영보고서를 검토하시죠? 그런데 이 ESG 기반의 지속가능경영보고서가 과연 지속가능한 노동에 기여하는가, 라는 질문을 해보고 싶어요. 어떤 생각을 갖고 계세요?

박홍배　지금 상황은 전혀 그렇지 못하다고 생각하고 있고요. 제가 지부 위원장을 맡았던 2017~19년에도 매년 제 사업장에서 발간이 되던 지속가능경영보고서를 사후적으로 펼쳐놓고, 그 내용에 대해서 오류들을 확인하고 문제제기를 하는 정도였습니다. 그래서 지속가능경영보고서의 작성 단계에서부터의 참여 또는 최소한 사용자 측에 보고서 공유 및 보고를 요구했는데요. 사측은 이 지속가능경영보고서를 단순히 주주의 70%가 외국인이라는 이유로, 또는 해외에서도 영업활동을 하고 있기에 국제 기준에 맞추기 위해 발간한다는 정도의 관념을 가지고 있지 정말 이 보고서가 목표하는 경영 패러다임의 전환, 이런 것들은 거의 없었던 것으로 생각하고 있습니다.

그것이 최근에 사회적 문제로까지 불거진 사모펀드 사태, 그리고 ELS 손실 등 여러 가지 금융법에서의 문제들로 외화되고 있다고 생각합니다. 즉, 여전히 주주 이익 중심의 경영에서 벗어나지 못하고 단기성과 중심으로 경영하는 행태에서 못 벗어나고 있다는 겁니다. 단순히 ESG는 그린워싱green washing처럼 워싱 수단 정도로 생각하고 있고, 여기에 또 정부까지 발맞춰서 지금 ESG 공시를 2년을 더 유예를 시켜주고 있기 때문에 현재로서는 저희가 글로벌 기준에서 많이 뒤처져 있는 부분이라고 생각합니다.

조대엽 사실 그런 맥락에서 우리 선우재도 우려하는 부분이 있습니다. L-ESG라는 표현을 쓰잖아요. 그런 표현 자체가 ESG의 하위 체계로서의 노동 ESG로 인식되는 것에 대해 우리는 심각하게 문제를 제기하고 있습니다. 왜냐하면 노동이 가지고 있는 보편성이나 공공성의 측면에서 볼 때, 노동 ESG라고 하는 것이 하위의 영역으로 축소되어서는 안 된다는 문제의식이거든요. 그래서 지속가능한 노동을 위한 지표, 목표 체계 등을 독립적으로 만들어야 한다고 봅니다. 즉 지속가능 노동 목표를 보편노동의 맥락에서 사회 발전의 가장 보편적 발전 지표로 만들고 이를 바탕으로 지속가능노동보고서가 만들어진다면 지속가능경영보고서와 함께 균형적 역할을 하지 않을까요? 지속가능한 노동을 위해 우선 꼽을 수 있는 중요한 목표 항목으로 떠오르는 것들이 어떤 게 있을까요? 예컨대 경영보고서에는 이런 게 없더라 하는 것들이 있으면 말씀해 주세요.

박홍배 제가 쭉 봐왔던 지속가능경영보고서에는 실제 발생했던 사건들과 달리 노사관계를 이렇게 잘 유지하고 있다는 식으로 포장한 것들이 대부분이었습니다. 현실이 전혀 반영되지 않았고요. 우리나라에 아마 경영자들, 사용자들의 절대다수가 ESG의 E와 S와 G 모두를 불편해하고 심지어 싫어할 정도일 겁니다. 본인들이 경영학 수업

시간에 전혀 배우지 않았던 내용들이기 때문에 포장만 하고 외면하고 싶은 것이 대부분 아닌가, 라는 생각이 듭니다.

그나마 환경문제 같은 경우에는 국제적 주제들도 있고, 또 최근에는 금융업에 대해서도 특히 석탄, 화력발전 관련 금융 등에 사회적 관심도 높아지면서, 국내의 경우에는 해외에서의 석탄발전 PF 등에 대한 참여도도 줄여가는 것으로 알고 있습니다. 선진국의 금융회사들이 스스로 비중을 좀 줄이니까, 국내 금융사들도 상당히 많이 했거든요. 그러나 여전히 이 정부 자체가 ESG 공시를 늦추고 있기 때문에 강력하게 작용하지 못하고 있는 것 같고요. 거버넌스는 주인 없는 회사인 금융회사나 주인 있는 회사인 재벌 대기업이나 모두 다 사실 경기를 일으킬 만한 그런 문제들이고, 특히 노동인권 차원에서 사회적 책임의 문제, 유럽에서 얘기하는 공급망 관계회사 및 수탁회사의 노동인권까지도 모회사 또는 원청회사가 관심을 가지도록 하는 이런 문제에 대해서는 아마도 아예 개념 자체가 없을 가능성이 큽니다.

기업인권환경실사법은 21대 국회에서 정태호 의원이 대표발의한 바가 있는데, 제가 지금 다시 이어받아 좀 더 보충해서 발의하려고 생각하고 있습니다. 시간은 조금 걸릴 것 같지만 이를 통해서 직접 고용하고 있는 노동자들에 대한 인권, 간접적으로 관계를 맺고 있는 공급망 기업들에 대한 인권들까지도 대기업 모 회사가 책임지도록 하는, 그리고 그 실사 과정에 노동자들의 참여를 보장하는 방식으로 ESG 경영을 할 수 있도록 하는 방안을 계속 검토하고 있습니다.

조대엽　최소한 보고서 작성이나 또 실사 과정에 노조가 참여할 수 있는 정도는 되어야 한다는 말씀이시죠. 선우재에서는 지속가능한 노동을 위한 21세기 노동조합운동의 새로운 비전으로 노조시민주의를 제시하고 있습니다. 말하자면 노동조합 활동의 시민적 역량을 강화하고 시민사회적 확장을 지향해야 한다는 것인데, 이 가치에 대해서는 이미 노동조합은 이런 형태의 활동들을 많이 해왔지 않습니까? 그럼에도 불구하고 이것을 하나의 비전이나 방향, 구체화된 개념으로 제시하는 것을 노동계에서는 다소 꺼리는 인상을 좀 받아요. 노조시민주의에 대해 평가를 좀 해 주시죠.

박홍배   노조시민주의는 전통적 노조의 지향점과 활동, 이런 부분들을 구분하는 협조주의적 실리적 노동운동부터 혁명적 노동운동까지의 틀을 벗어나 있는 듯합니다. 앞서 저희가 논의했던 노동조합의 위기, 세대의 변화, 또 노동운동이 점차 더 실리만 추구하는 이런 현 상황에서 노조시민주의라는 가치는 젊은 조합원들, 현 세대들에게 조금 더 쉽게 다가갈 수 있는 새로운 개념일 수 있다고 생각합니다. 노동운동 혹은 노동조합운동이 사업장 내의 틀에만 갇혀서는 안 된다는 점을 개념적으로 쉽게 접근할 수 있을 것 같습니다. 저는 이 부분에 있어서 좀 더 목소리를 키워서 많은 노조에, 또 현장 조합원들에게도 가서 닿으면 좋겠다는 생각입니다.

조대엽   비슷한 맥락인데요. 기존의 노동조합 활동은 우리 민주화에도 적극적으로 관여했고, 민주화 이후에는 취약계층이나 사회적 약자에 대한 지원이 지속해서 있었고요. 또 한반도 평화통일 문제에도 참여했어요. 금융노조는 통일위원회가 있었지 않습니까? 기타 국제적 이슈들을 노조에서 다 공유해 왔습니다. 그래서 이러한 활동들이 조합원 이익을 넘어선 시민적 역할을 확장하는, 일종의 노조시민주의적 경향이거든요. 총노동의 차원에서 본다면, 우리 노조운동의 노조시민주의 현황을 종합적으로 말씀해 주시죠.

박홍배 이것을 꼭 노조시민주의라고 부르지 않더라도, 노동조합이 해왔던 정치 투쟁, 사회연대, 노동연대 투쟁, 평화와 통일에 관한 활동들이 매우 중요한데도 위축된 측면이 있다고 봅니다. 그것은 현 정부가 사실 보수에서도 더 오른쪽에, 어찌 보면 극우에 가깝게 운영이 되는 측면도 있고, 세대의 변화에도 기인하겠지만, 현장과 총연맹 또는 산별 지도부와의 거리가 조금 더 멀어지는 등, 사실은 여러 가지 복합적 문제인 것 같은데요. 이를테면 제가 속했던 금융노조 같은 경우에는 적어도 "금융노조에 왜 정치위원회가 있어요?"라는 질문을 제가 신임 상근 간부들에게 받지는 않았는데 "금융노조에 왜 통일위원회가 있어요?"라는 질문은 제가 받은 적이 많이 있습니다.

노동환경, 즉 노동조건에서 내가 사는 국가의 평화라는 것은 기본적 전제이고 이 평화가 깨지면 정상적 노동을 할 수 없다는 데까지 생각이 미치지 못하는 데서 비롯된 것 같습니다. 그리고 분단과 통일의 문제를 이야기하는 것, 또는 후쿠시마 오염수에 관해 이야기하는 것을 노조가 매우 정치적 이슈로 경도되어 있는 것처럼 인식하고, 현장에서는 우회하는 측면이 있습니다. 이 부분은 전반적으로 노동운동의 영향력이 줄어드는 추세와 세대교체 등의 상황에서, 점차 심화하는 측면이 있지 않은가 싶습니다.

다시 돌아가자면, 세계의 다른 어떤 노동단체 회의를 하더라도 노동조건에서 그 국가 또는 사회의 평화, 즉 전쟁 상황이 아니어야 되고 평화가 유지되어야 한다는 사실은 기본적 의제이자 노동조합의 요구 사항이고, 노동조합이 내는 목소리라는 사실들을 현장 조합원들 및 현장 간부들과 늘 많이 소통하고 교육하는 것이 정말 중요하겠다는 생각이 들었습니다.

조대엽　말씀 듣다가 보니까, 앞서 노동조합의 정책역량에 대해 얘기했잖아요. 물론 평화라고 하는 전제가 중요하다는 것은 근본적 문제지만, 사실 실용적 목적에서 보더라도, 통일 이후에 북한의 노동 이거 어떻게 할 거냐는 것이 심각한 문제잖아요. 임금 문제부터 남북 간 노동의 불균형, 이런 것들이 다 종합적 문제로 다가올 텐데, 노총 차원에서도 그렇고 연맹 차원에서도 그렇고 그런 문제들을 고민하고 있다는 거죠?

제가 금노(금융산업노조) 통일위원회 수련회에 가서 한번 얘기한 적이 있었거든요. 그때 통일위원회 활동들을 굉장히 흥미롭다고 생각했고, 이것이 금융노조가 다른 데보다 앞서 있구나, 하는 생각을 했어요. 통일 이후에 정책적인 것들, 노동정책이 미리 갖춰진다면 의미 있다고 보고, 노동조합이 사회적 역할을 할 수 있는 지점이라고 할 수 있겠죠. 노총 차원에서도 통일을 여는 데 기여할 수 있는 활동들을 볼 수 있는 것 같아요. 축구 시합하러 북한에 가기도 하고요.

박홍배   이게 마지막이 2018년도였습니까? 그때가 마지막이었던 것 같습니다.

조대엽   한국적 맥락에서 노조시민주의의 특수한 최대치가 통일운동에 노조가 뛰어드는 것 같아요.

박홍배   근데 제가 목격한 현실은, 양대노총도 명맥 정도만 유지하고 있다고 할 수 있습니다. 역사 문제, 통일 문제와 관련해서 어느 정도 관심을 가지고 활동하고는 있지만, 예컨대 강제징용 노동자상을 용산역 앞에 세우고, 일본의 광산 유적지를 살리는 활동들을 하고, 통일위원회도 매년 통일선봉대 활동을 합니다만 거의 명맥만 유지하고 있는 상황입니다.

조대엽   지금까지 하신 말씀에 이어서, 금융노조 차원에서 노조시민주의와 관련한 핵심적 활동들을 말씀해 주시기 바랍니다.

박홍배   많이 알려지지는 않았지만, 노조원들의 임금 인상분을 반납해서 금융산업공익재단을 설립하였고, 코로나 팬데믹 때는 그해 임금 인상분을 가지고 실제 생활비를 지급받지 못하던 방과 후 교사 노동자들을 지원하는 등의 노동연대, 사회연대 활동을 앞장서서 해왔습니다. 이러한 활동들은 결코 누가 부인하고자 해서 부인되는 것이 아닌 팩트이기 때문에 노조가, 특히 대기업 노조 또는 보수 진영에서 귀족노조라 일컫는 상층 노조가 자신들의 이기주의에만 갇혀 있고 취약 노동자들은 외면한다는 공격에 대한 강력한 반대의 증거로 남아 있다는 점에서 의미가 있다고 봅니다.

또한 민주노총과 한국노총을 구분 짓는 많은 요소들이 있을 수 있겠지만, 아마 대표적으로 한국노총은 사회적 대화를 지향하는 합리적 노동운동 단체로 정의할 수 있지 않을까 싶습니다. 노동조합에 속해 있으면서도 한 시민으로서 정치적 이슈에 대해서 외면하지 않고 또 사회 문제를 해결하는 데에, 정치세력화 투쟁이라고 저희 강령에는 명시가 된 부분에 적극적으로 참여해온 조직이라고 생각합니다.

조대엽 금융산업공익재단의 설립은, 사실 저로서는 이게 한국 노동운동의 획을 그을 정도의 의미 있는 일이라고 생각하거든요. 2012년부터 논의가 있었던 걸로 아는데요. 2012년 임금 인상분 가지고, 그때는 사측이 참여하지 않았다는 것 같아요. 노조가 먼저 그때 무슨 소방消防병원 짓는 것을 목적으로 시작했다고 들었는데요.

박홍배 저도 조금 시간이 지나서 정확히 기억이 안 나는데 어떤 해는 노사가 같이 출연한 적이 있었고요. 어떤 해는 노조가 출연하고 그다음 해에 사측이 출연했던 적도 있었고요.

조대엽 네 번 출연한 것으로 아는 데 중간 두 번은 그랬던 것 같고, 첫 번째 2012년에는 노사가 같이했는지 아니면 노측이 임금 인상분만 모아서 소방병원 만든다고 하다가 그게 정부 측하고 얘기가 잘 안된 것 같아요. 그래서 그 돈을 쓰지 못하고 남아 있었다고 들었는데,

그때는 사측이 참여했다는 기록을 본 적이 없거든요. 그다음 번에 2014년인가 두 번째 교섭에서 같이 내는 걸로 하고 그랬던 것 같아요.

박홍배   이 히스토리를 지금 사무국장 하는 친구한테 확인해서 자료를 받아야겠습니다.

조대엽   저도 개인적으로 들은 것이라 기록으로 좀 남겨 놔야 될 것 같아요. 2018년 전후로 공공상생연대기금, 금융산업공익재단, 사무금융우분투재단 등 주요 산별이나 연맹들이 주도하는 노동기반 공익재단이 설립되었습니다. 금융노조는 공공상생연대기금에도 참여했지요? 노동기반 공익재단 출범의 의의를 말씀해 주시고, 그에 대한 평가를 좀 해 주시지요. 향후 과제까지 종합적으로 말씀을 해 주시면 감사하겠습니다.

박홍배   2018년에 갑자기 이런 공익재단 여러 개가 거의 비슷한 시기에 생겨났던 데는 그 이전 시기의 정치 상황과도 조금 관련이 있다고 생각합니다. 어쨌든 이명박 정부 시절을 겪으면서 노동 탄압, 특히 공공부문에 대한 압박이 굉장히 심했고, 또 박근혜 정부에 들어와서는 사실상 고용 안정성까지 위협을 느낄 정도의 양대 지침 등이 있었지요. 그것을 촛불혁명이라는, 이 역시 노동 세력이 참여했던 국민의 손에 의한 정권 임기 중단 상황을 만들어 내고 문재인 정부가 2017년에 들어섰기 때문에, 또 문재인 정부가 노동 존중 사회 구현을 내세웠기 때문에 자연스럽게 세상이 좀 바뀌었고, 노동 세력 스스로도 노동이 중심이 되는 혹은 노동이 직접 어떤 역할을 하는 사회연대 활동, 사회공헌 활동 등이 가능해진 분위기가, 즉 토양이 형성되었던 것이라고 봅니다.

직접적으로 공공상생연대기금의 재원은 2016년 박근혜 정권 당시에 지급되었던 성과급 인센티브의 반납분이었고, 금융산업공익재단은 그간 2012년 이후에 누적해서 쌓아 왔던 노사의 임금 교섭 과정에서 임금 상승분의 반납 일부와 그에 대응하는 사용자의 출연에 조금 더 힘을 보태서 더 큰 규모로 한번 만들어 보자, 라는 양자 간의 합의로 거의 1,800억 원 규모의 큰 재단 하나를 설립할 수 있는 상황이 되었던 게 아닌가 싶고요. 사무금융우분투재단은 규모는 좀 작았지만 특별히 이 상황에서 함께 설립되었던 재단인 것 같습니다.

그래서 당시에는 지금보다는 훨씬 밝고 긍정적인 노동계 분위기라는 게 있었고, 작지만 이것을 통해서 사회를 그리고 노동 전반을 좀 더 나은 방향으로 바꾸고자 하는 그런 희망이 좀 있었던 시기가 아니었나 생각합니다.

조대엽 말씀을 듣고 보니, 왜 이 무렵에 이런 재단들이 생겨났는가, 라고 묻는다면 그동안에 신자유주의 시대를 거치면서 노동조합이 몸을 좀 움츠리는 경향이 있었고 또 자기 식구 챙기기의 경향이 있었는데, 그런 의미에서 귀족노조라는 평가 다음에 노조의 편협한 리더십에 대한 평가도 있었거든요. 그런 부분에 대한 일종의 성찰적 사회공헌과도 연관될 수 있나요? 어떻게 생각하세요?

박홍배   그건 좀 부정적으로 본 거 아닐까요? 그런데 기금의 형태는 아니지만 사실 당시에 사회연대, 연대임금, 또는 노동연대로 불리는 사례 중에서 아주 특별한 사례로 손꼽혔고 많이 주목받았던 것이 부산지하철노조의 사례거든요. 부산지하철노조가 아마 통상임금 소송에서 승소하고 그에 따른 일시금 지급이 상당 부분 생겼는데 그걸 조합원들이 자기 주머니에 챙겨 넣지 않고 사업장을 좀 더 안전하게 만드는 데 쓰겠다고 해서 신규고용 자금으로 내놨던 것으로 제가 알고 있습니다.

조대엽   공공상생연대기금 만들 때 부산지하철노조의 그런 기여에 대한 논의들이 있었습니까?

박홍배   시점이 아마 부산지하철이 조금 더 뒤가 아니었을까 싶은데요. 제 기억에는 2019년 정도가 아닌가 싶은데요.

조대엽   그럼 오히려 이쪽 걸 벤치마킹했을 가능성도 있네요.

박홍배   그럴 수는 있습니다.

조대엽   그러면 그것도 이 시기에 비슷한 하나의 흐름으로 봐야 되겠네요.

박홍배   사회 연대 또는 연대임금의 분위기가 좀 있었습니다.

조대엽　누구나 사회적 대화의 핵심은 신뢰라고 말하잖아요? 한국의 노사 대화, 노사정 대화에서 신뢰가 형성되지 못하는 이유는 뭘까요? 이 질문의 연장에서 성공적 사회적 대화를 위해 구체적으로 필요한 요소들이 무엇인지요?

박홍배　역사적 경험에서 비롯된 측면이 큰 것 같습니다. IMF가 대한민국 정부에 요구했던 사항들이 당시 정부 입장에서는 특히 노동 쪽에 양보를 강요할 수밖에 없는 상황이었고, 그 후 몇 차례의 사회적 대화들이 경영계에서는 다르게 생각할 수 있겠습니다만, 대부분 노동계에서 생각할 때는 사회적 대화를 하게 되면 결국 양보를 강요받고 손해 보게 된다는 인식을 자리잡게 해서 조직노동의 절반이라고 할 수 있는 민주노총이 아예 참여하지 않는 기형적인 사회적 대화들이 20년 이상 존속되어 온 거고요. 이런 것을 극복해야 하는데, 사실 문재인 정부에서 이게 조금 극복이 되기를 많은 분이 기대했고 문재인 대통령조차도 매우 큰 관심을 뒀던 것으로 알고 있습니다만 해내지 못했습니다.

　그 외에도 총리실 산하 주도로 있었던 원포인트 사회적 대화는 노동조합 내부의 반발에 의해서 반쪽짜리 사회적 합의가 되기도 했습니다. 또한 일부 택배 노동자 같은 경우에는, 국회에서 사회적 대화가 진행되어서 어느 정도 성과를 낸 사례들도 있었고요. 하여간 향후에 국회의장께서 얘기하는 국회에서의 사회적 대화 이런 부분들이 성공할지는 아직은 조금 더 두고 봐야 할 상황인 것 같습니다. 성공적인 사회적 대화를 위한 필수적 요소라고 한다면, 저는 사회적 대화는 대화 그 자체에 의미를 두는 게 필요하다는 원장님의 의견에 상당 부분 공감이 갔습니다. 지금의 사회적 대화는 마치 정부 기관처럼 기간과 의제를 정해 놓고 마지막에 합의할 수밖에 없는 형식으로 되어 있는데, 오히려 이런 것들이 사회적 대화를 더 경직시키고 주체들이 참여하지 못하게 만드는 요인이 되고 있지 않나 그런 생각이 듭니다.

조대엽 금융산업노동조합의 노사 대화를 여러 차례 경험하셨을 텐데요. 임기 중에 가장 성공적이었던 사례나 가장 어려웠던 경험으로는 어떤 것이 있나요?

박홍배 실패 사례라고 할 수 있는데, 2019년에 경사노위 내에 금융산업위원회가 있었습니다. 이 금융산업위원회에서 약 1년간 노사가 사회적 대화를 했고 마지막에 공익위원들이 합의서 안을 제시했는데 당시의 합의서는 문재인 정부 시절이긴 했지만, 노동조합으로서는 받아들이기가 쉽지 않은 임금체계 개편 등의 내용들을 담고 있었습니다. 임금체계가 변함없이 고정되어야 하는 것은 아니지만 방향성 등이 모호한 상태에서 노조가 사실 받아들이기에는 누가 보더라도 위험해 보이는 그런 내용들이었기 때문에 합의서에 사인하지 못했던 경사노위 산하 위원회 중에서 몇 안 되는 사례로 남았던 것으로 기억하고요.

그 외에 코로나 팬데믹 동안 몇 차례의 노사 합의 또는 노사정이 함께 참여해서 사회적 대화를 했던 적이 있었는데, 당시에 주요 내용은 팬데믹 동안 정부가 많은 재정을 투입하고, 또 지역보증재단과 같은 곳들이 정책금융을 풀어서 위기를 넘었던 것으로 기억하는데 사실 거기에는 많은 금융노동자의 수고가 있었습니다. 지역보증재단 직원들이 처리해낼 수 없는 양의 업무들이 밀려왔고, 그래서 일반 시중은행에서 근무하는 특히 지방은행에서 근무하는 은행원들이 현장에 직접 가서 업무를 지원했지요. 또 재난지원금도 사실은 카드사 노동자들이 그 업무를 다 받아와서 전산을 구현해내고 소상공인 지원업무, 경제위기 극복업무들을 했는데, 이런 것들을 노사가 최선을 다해서 해보자는 사회적 대화 또는 합의가 있었습니다. 워낙 특수한 상황이었기 때문에 큰 다툼 없이, 오랜 기간 지체하지 않고 빨리 합의에 이를 수 있었던 경우였습니다. 성공적 사례가 아니었나 생각합니다. 은행원들이 상당히 좋아했던 것은 "감염되면 끝이다"라는 사회적 공포가 있었던 상황이었고 은행들도 지점을 계속 폐쇄하는 상황이 반복되었을 때 영업시간을 단축했던 경험이 있었고요. 그게 다시 일상으로 돌아오면서 사용자 측이 일방적으로 밀어붙여서 이전과 같은 영업시간으로 다시 돌아왔지만, 잠시라도 영업시간이 단축됐던 것에 대해서 오랫동안 좋게 기억하고 있었기에 올해 산별 교섭에서 논의가 되는 것으로 알고 있습니다. 아마 협상하시는 당사자들은 상당히 고생하시는 것 같습니다.

조대엽　노조의 위기에 대해서도 언급하고 조직 관련된 얘기도 했습니다마는, 어렵긴 한데 포괄적으로 노동조합의 미래에 대한 전망은 어떻게 생각하시는지요?

박홍배 그렇게 밝지는 않다고 봅니다. 그런데도 극복해내야 한다고 생각합니다. 아까 원장님하고 약간의 이견은 있었습니다만 우리 사회가 이 정도라도 되는 데는 노동조합의 역할이 굉장히 컸다고 저는 생각하고 있습니다.

조대엽 이견은 아니고, 나도 전적으로 공감합니다.

박홍배 만약에 노동조합의 활동들이 지금보다 더 위축되어서 돈 가진 사람들 또는 자본만 그 위력을 떨친다면 전망은 밝지 않아 보입니다. 최근의 자본들은 정치 세력도 크게 겁내는 것 같지 않습니다. 제가 얼마 전 새벽 2시 반에 남양주 쿠팡 물류센터에 가서 문전박대 당하고, 결국 현장 조사를 못 하고 돌아온 적이 있는데요. 자본은 앞으로 계속해서 훨씬 더 법에 천착하고 정교해질 텐데, 여기에 노동조합이 계속 위축된다면 자본은 훨씬 더 잔인해질 거로 생각합니다.
　정치권에 있는 보좌진들, 또 퇴직한 정부 관료들이 대기업에 취업하고 있고, 대기업들을 방어하는 도구로 쓰이고 있거든요. 노동보다 훨씬 큰 힘을 가지고 싸우고 있는데 노동이 계속 힘을 잃어 가면 지금의 양극화는 훨씬 더 골이 깊어질 수밖에 없다고 생각합니다.

조대엽 위태로워지고 있기는 하지만, 그럼에도 불구하고 노동조합이 있어야만 그나마 정의로운 사회를 지탱할 수 있다는 말씀이시죠. 다른 질문 드리겠습니다. 노조 리더십 관련해서 여쭤보겠습니다. 위원장으로 일하면서 노동조합의 리더십 요소 가운데 가장 중요한 것은 뭐라고 생각하세요?

박홍배　　하나는 경청이라고 말씀드리고 싶고요. 아무래도 단위사업장 노조든 아니면 산별노조든 총연맹이든 서로 생각을 달리하는, 다른 생각을 가진 분들이 모여서 방향성이라든지 활동이라든지 향후의 계획들에 대해서 토론을 많이 하게 되는데요. 만약에 생각이 다른 사람이라거나 우호적이지 않은 상대 얘기라고 해서 그걸 잘 듣지 않게 되면 조직이 굉장히 어려워집니다. 그런 것들로 인해서 분열하고 갈등이 생기는 경우도 많이 있고 한 개의 산별 연맹 단위가 두 개로 쪼개지고 세 개로 쪼개지고 이런 일들이 사실은 노동계에서는 워낙 많이 일어나는 일들이어서 제 부족함을 경청하는 자세와 노력으로 좀 메꾸고자 하는 노력을 좀 많이 했던 것 같습니다.

조대엽　　한국 노동계에 많은 분이 계시잖아요? 걸출한 분들도 많이 계시고요. 그중에 가장 좋은 모델을 한 분 든다면요?

박홍배　　솔선수범하는 나순자 위원장님. 정말 누구도 손가락질하지 못할 정도로, 산별 현안 또 단사 현안이라도 본인이 나서서 해결하기 위해서 발로 뛰는 모습을 옆에서 봐왔거든요. 사실 보건의료 종사자임에도 불구하고 저렇게 단식을 자주 해서 참 나중에 어떻게 하려고 그러나 걱정이 될 정도로 자기 몸을 아끼지 않고 열심히 활동하셨던 분이어서 정말 이분을 뽑고 싶습니다.

조대엽 위원장으로서의 체험 한두 가지만 여쭙고 마무리하겠습니다. 가장 좋았던 기억 또는 아름다웠던 기억, 그리고 가장 힘들었던 기억을 각각 말씀해 주시죠.

박홍배 조합원들하고 해외 봉사활동을 몇 차례 다녀왔는데요. 사실은 해외 봉사활동은 기존 사업장 노조에서는 우수 조합원 해외연수 프로그램으로 운영되던 것이었는데, 이 연수 제도를 중단하고 해외 봉사활동으로 전환했습니다. 우수 조합원 연수 대상자 선발에 대한 조합원들의 불신이 좀 있었고 너무나 많은 전체 조합원 수에 비해서 그 수혜자가 너무 적었기 때문이었는데요. 노동조합 참여 활동 마일리지를 기준으로. 또 연수 여행이 아니라 봉사하고자 하는 의지가 있으신 분들을 저희가 선발해서 가게 됐습니다. 그래서 저기 지금 사진 책자가 꽂혀 있는데요. 인도네시아, 베트남, 미얀마 중에서 미얀마 봉사가 제일 좀 기억에 남고요. 미얀마는 특히 지역이 열악해서 호텔에서도 하루에 몇 차례 정전되기도 했는데 미얀마 분들이 너무 순수하기도 하고 학생들도 너무 순수하고 저희가 했던 봉사활동이라든지 교육 봉사 이런 부분들에 대한 호응도도 정말 좋고 해서 오래 기억에 남습니다.

조대엽 노동조합을 이끌면서 가장 힘들었던 기억은요?

박홍배 제가 요 며칠 노조법 2, 3조 관련해서 언론이나 여당에서 얘기하는 부분들을 들으면서 갖게 된 생각인데, 사실 파업이라는 것은 노동조합의 입장에서 쉽지 않은 문제입니다. 노동조합을 이끄는 집행부의 경우에는 자칫하면 집행부가 무너지는 결과를 초래할 수가 있고요. 노동조합원들도 본인의 임금 손실을 고민하고, 내가 다니는 직장에서 파업이 있을 때 갈까 말까를 생각하는 아주 간단한 문제거든요. 파업에 동참하게 되면 어쨌든, 파업에 오지 않는 사람들도 있으니까, 본인이 다니던 직장에서 인사 카드에 큰 기록 하나가 생기는 셈입니다. 물론 그런 기록들을 남기지 않기 위해서 집행부로서 노력했지만요. 그런데 마치 파업이 노동조합원들에게 너무 쉬운 것으로, "노조가 무조건 파업한다", "노조가 불법파업을 지금도 하고 있는데 이걸 조장하는 법을 왜 만들려고 하냐."는 등의 이야기들을 하는 것을 보면서, 속으로 파업이 얼마나 어렵고 노조가 함부로 할 수 없는 건데, 정말 어려운 건데 너무 쉽게 얘기한다는 생각이 들었습니다.

제가 2019년 1월 8일에 했던 국민은행 파업, 이후에 제가 이끌었던 산별 파업도 있었습니다만, 사실 저로서는 그 하루짜리 파업이 너무도 힘든 결정이었고 조합원들을 생각하면서 정말 걱정도 많이 했고 심적으로 많이 부담되면서 굉장히 힘들었던 기억 중 하나입니다.

조대엽 마지막 질문인데요. 지금은 국회의원이 되었는데, 꿈이 국회의원은 아니었겠지요? 박인상 전 의원님은 영원한 위원장이라는 표현도 쓰고, 이용득 전 의원님은 국회의원 하면서도 늘 자신은 영원한 노동자라고 말하던데, 아마 박 의원님도 비슷한 생각을 하고 있을 거로 생각합니다. 박 의원님의 노동운동에 대한 꿈은 뭐라고 할 수 있을까요?

194

박홍배 노동운동가 출신으로서 우리 사회에 가장 선한 영향력을 많이 미친 정치인, 이 정도가 제가 설정해야 되는 꿈이 아닌가 싶습니다. 노동운동 출신의 정치인들이 계셨고, 지금도 노동운동 출신으로 다선 중진급 의원들이 계시고, 장관을 하셨던 분, 또 사회적 대화를 이끄셨던 분, 진보정당을 이끄셨던 분 등 많은 선배님이 계시지만, 실제로 노동운동가의 정체성을 잃지 않고 사회를 더 친^親노동적 사회로 만드는 것은 정치적으로 또 성공해야지만 가능한 일이 아닐까 싶습니다. 지금으로서는 요원해 보입니다만 그 정도 목표를 설정하고 활동해야 되지 않을까 이렇게 생각하고 있습니다.

조대엽 노동운동가 출신으로서 가장 선한 영향력을 미치는 정치인의 꿈을 반드시 이루시길 바라겠습니다. 박홍배 의원님의 꿈을 응원합니다. 장시간 고맙습니다.

대담 ③ 나순자
일상의 소통과 교섭주의

조대엽　나순자 전 전국보건의료산업노동조합 위원장님과의 인터 뷰를 진행하겠습니다. 먼저 우리 시대 노동위기에 대해 질문 드리겠 습니다. 디지털 전환과 AI 시대에 이르는 우리 시대의 기술 발전은 인 간노동을 빠르게 대체하고 있습니다. 이 같은 현실을 인간노동이 대 면하고 있는 보편위기라고 한다면, 이에 대해 어떻게 생각하십니까?

나순자　디지털 전환과 빠른 기술 발전으로 발생하는 많은 문제점 들이 있는데, 그것과 관련해서 사회 정책이 뒷받침을 못하기 때문에 위기가 더 크다고 저는 생각합니다. 코로나 팬데믹 이후 다양한 분야 에서 디지털화가 가속화되었는데, 실제로 노동시장에서 디지털화로 인한 플랫폼 노동자들이 약 88만 3,000명에 이를 정도로 증가하고 있는데, 그런 노동자들이 대부분 불안정 노동자입니다.
그런데 기업들은 이러한 스마트 기술, 빅데이터 등이 결합되면서 나 름대로 노동과 관련된 비용들을 굉장히 절약하고 있다고 생각해요. 사무실 임대료나 사회보험 연금 등에서 비용을 굉장히 축소하고 있 죠. 불안정 노동자들에 대한 사회보장, 예를 들어서 고용보험 등은 적용이 되지 못하면서, 실제로 디지털화나 이런 기술 발전이 양극화

196

를 더 심화시키고 있다고 생각합니다. 이처럼 불평등 및 양극화가 심화될 때 국가나 노동운동이 이런 부분들과 관련해서 빠르게 보완할 수 있는, 특히 사회보장과 관련된 정책들을 빨리빨리 내놓고 적용시키고 해야 되는데, 그것이 늦어지면서 문제가 심각하게 발생하고 있습니다.

병원에서도 EMR 시스템, AI, 원격 의료 등으로 발전이 빠르게 진행이 되고 있어요. 환자의 생명이나 건강에 관련된 문제이기 때문에 간호사, 의사가 환자를 직접 보면서 대면 진료나 간호하는 것은 여전히 중요합니다. 그럼에도 불구하고, 실제로 의료정보기록 기술들이 발달하면서 간호사들은 환자를 볼 수가 없고 스테이션에 앉아서 기록을 정리하고 관리하는 데 많은 시간을 소모하고 있거든요. 실제로 엄청 바쁘게 다니는데 환자들은 간호사를 볼 수가 없다고 말하는 거예요. 기록하는 게 워낙 많으니까 이렇게 되는 것 같아요. 사회적으로는 양극화 문제가 심화되는 와중에, 우리 보건의료 현장에서는 환자들에 대해서 직접적으로 전인적 간호를 할 수 없는 문제들이 대두되고 있는 것 같습니다.

예전보다 간호사 수는 굉장히 많아졌거든요. 간호사 1인당 환자를 보는 수는 30년 전만 해도 3~40명 정도였어요. 지금은 중소병원 같은 경우엔 지금도 2~30명 보기도 하지만 대형병원에서는 1인당 10명 정도 봅니다. 그런데도 옛날보다 더 바쁘고 노동 강도가 너무 세니까 오래 일하기가 어렵고, 그래서 이직률이 굉장히 높아요. 예전에 비해 이런 문제들이 자주 발생하고 있고, 이렇게 기술 발전으로 인한 문제들을 보완하기 위해서는 간호사 수를 늘리는 정책도 같이 병행

2024년 8월 6일 오후 4시,
전 전국보건의료산업노동조합
위원장 나순자 녹색정의당
사무총장을 공덕동 소재 사단법인
선우재 이사장실에서 만나다.

하면서 진료의 문제나 간호의 문제나 진정으로 환자한테 도움이 되게끔 해야 하는데, 그런 것 없이 기술만 계속 발전하고 있으니까 문제가 된다고 생각하고 있습니다. 기술 발전은 막을 수는 없다고 생각해요. 1800년대 직물 공장에서 기계를 부수는 러다이트 운동이 있었지만, 실제로 이런 것들을 막지는 못했잖아요. 기술 발전의 가속화가 심각하게 빠를 텐데, 그것에 대비한 인간 중심의 정책들은 뒷받침되지 못하고 있다고 생각합니다.

조대엽　　그러니까 환자들 입장에서는 간호사를 볼 수가 없는데 간호사들은 또 다른 일로 너무나 바쁘다는 것일까요?

나순자 너무나 바쁜 거예요. 옛날보다 환자를 적게 보는데도 불구하고. 옛날에는 기술이 발전하면 뭐 이런 게 더 쉽게 되고 이럴 줄 알았는데 그게 아니라 일이 더 많은 거예요.

조대엽 그럼 두 번째 질문 드리겠습니다. 우리 노동조합 위기에 대한 걱정이 많거든요. 잘 아시겠습니다마는 이제 세대가 바뀜으로써 일종의 코호트 효과 같은 게 있어서 노조 기피 현상 같은 것도 있을 수 있고 노동조합 자체가 가지고 있는 경직성 같은 것들도 있고 또 노조의 리더십, 정책역량 이런 것들이 노동조합의 조직위기와 관련된 것들이라 볼 수 있습니다. 어떻게 보세요?

나순자 노동조합의 위기는 한두 해의 문제가 아니라고 생각하고요. 굉장히 오래됐는데, 저는 위기의 근본적 원인은 우리나라의 기업별노조 체계에 있다고 생각합니다. MZ세대들이 가지고 있는 노동조합에 대한 부정적 이미지는 자본과 언론이 굉장히 부추겼다고 생각하거든요.
　어쨌든 기업별 체계에서는 실제로 노동조합이 자기 조합원들의 요구사항만 교섭하고 조합원들의 이익을 위해서 활동할 수밖에 없습니다. 자기네 공장, 사업장의 담벼락을 넘어서 할 수 있는 방법이 별로 없는 거예요. 그러다 보니 실제로 현대자동차 같은 경우, 어떤 지도부가 집권하더라도 자기 조합원들의 임금 인상에 신경을 쓸 수밖에 없는 겁니다. 자기 조합원들의 요구이기 때문에 작년에는 3,000만 원 인상했고 올해는 5,000만 원 인상했다고 합니다. 그런데 현대자동차는 이익이 그만큼 많이 남으니까, 조합원들의 공정한 분배를 위해서 요구할 수밖에 없는 거예요. 저는 그걸 누구도 손가락질할 수 없다고 생각을 하거든요. 그리고 많은 대기업의 정규직 노동조합들이 마찬가지 상황이라고 생각합니다. 그런데 이를 귀족노조다, 자기네 이익만 챙긴다, 이런 식으로 자본과 언론이 부정적 이미지를 심다 보니 MZ세대들이 노동조합에 대한 부정적 생각을 가질 수밖에 없죠.

엊그제 한국행정연구원에서 발표한 신뢰도 조사결과를 보니, '노조를 못 믿는다'가 62.5%이고, '대기업을 못 믿는다', 또는 '기업을 못 믿는다'는 42.3%입니다. 노조를 못 믿는 응답률이 더 높아졌고, 매년 실태조사를 보면 계속 신뢰가 낮아지는 거예요. 물론 최근에 윤석열 정부의 반反노동정책 때문에 더 그러기도 하지만, 그렇다고 문재인 정부 때 신뢰도가 올라간 것도 아니고 계속 이렇게 낮아지고 있는 상황이거든요. 저는 노동조합이 기업별노조 체계하에서 자기네 조합원들만 신경 쓰고 집중하다 보니 그런 빌미를 제공했다고 생각합니다.

만약에 금속노조가 산별 교섭이 된다고 한다면, 그리고 현대자동차 사용자들과 현대자동차 노조가 여기에 같이 들어와서 교섭한다고 하면, 원하청 문제나 그 수익을 어떻게 공정하게 분배할 것인지와 관련한 문제, 그리고 불평등 양극화 문제 등도 충분히 논의될 수 있다고 보거든요.

우리나라는 산별 체제 자체가 제대로 안 갖춰져 있는 상황이다 보니, 이런 노동조합의 문제가 발생할 수밖에 없고, 정책적 역량 관련해서도 마찬가지입니다. 기업별노조의 차원에서는 자기네 사용자만 상대하면 되는 거예요. 그러다 보니 정책적 역량을 키울 필요성, 동기 등이 별로 없는 거죠. 그러나 산별 교섭체제가 만약에 작동된다고 하면 실제로 산별 교섭에서는 자기네 산업의 정책적 개입력 등을 높여야 되기 때문에 정책적 역량도 훨씬 더 커질 수밖에 없습니다.

지금 가장 중요한 문제는, 현대자동차도 전기차의 등장으로 인력 구조조정이 필요하듯이 '정의로운 전환'이 필요하거든요. 금속노조에서도 그런 얘기를 많이 해요. 근데 이것을 누구와 교섭할 거냐, 누구와 논의하고, 올바른 방향으로 정책들을 실현해 나갈 거냐고 하면 지금 체계에서는 너무 요원한 거죠. 그렇다고 해서 노정 교섭이 되는 것도 아니고요. 그런 차원에서 저는 노동조합의 위기라든지, 정책적 역량이 적다든지, MZ세대의 노동조합에 대한 부정적 생각이든지, 이 모든 문제들이 근본적으로는 기업별노조 체제에 의해서 발생했다는 생각입니다. 반면에 우리 보건의료노조는 다른 산별보다는 그래도 조금 낫다고 생각해요.

조대엽 보건의료노조에 대해서는 다른 질문이 있으니 그때 듣도록 하겠습니다. 그러니까 조합 조직위기에 대한 접근을 나 위원장께서는 근본적으로 기업별노조 체계에 있다고 보시는군요. 이제 윤석열 정부에 대한 말씀 듣도록 하겠습니다. 노동조합운동은 정부 성격에 따라 크게 영향을 받습니다. 최근 윤석열 정부에서 나타나는 노동운동의 정세적 위기를 노동정책과 관련해서 평가해 주시기 바랍니다.

나순자   윤석열 정부는 후보 시절부터 반反노동정책을 얘기했고, 반反노동 정권이라고 생각합니다. 후보 시절부터 노동시간 주 120시간 얘기하다가 난리 나니까 80시간 얘기하다가, 지금은 또 69시간을 얘기하죠. 그리고 저는 현재 많은 위기들이 있다고 봅니다. 불평등, 양극화 문제가 굉장히 심각하잖아요. 윤석열 정부가 노동시장의 이중 구조를 해결하겠다고 얘기했어요. 이 문제는 잘 짚었다고 생각해요. 그런데 이것을 말하는 목적은 민주노총을 비롯한 대기업 노동자들을 죽이려는 것이라고 생각해요. 정규직 노조원들은 임금을 너무 많이 받으니까 그들의 임금을 낮춰야 된다는 식으로 노동시장의 이중 구조를 해결하겠다고 주장하는데, 근본적으로 노동시장의 이중 구조를 해결하기 위해서는 기존의 정규직 임금을 내리는 게 아니라 비정규직 임금을 올리는 게 필요하죠. 그래서 아까 얘기한 디지털화로 생기는 불안정 노동 문제도 있는 데다, 노동자들의 최저임금도 인상해야 되고, 근로기준법 적용이나 고용보험 적용 등과 같은 사회 정책이 뒷받침하는 것을 통해서 노동시장의 이중 구조를 해소해야 됨에도 불구하고, 현 정권은 그런 해결방안 없이 정권 잡자마자 노동조합 때려잡기에 나섰잖아요. 화물노조 파업이나 건설노조에 대해서 '건폭'이라고 낙인찍고, 노동조합에 대한 신뢰도가 낮은 것, 노동조합에 대한 부정적 이미지가 큰 것을 대통령 지지율 높이는 데에 이용하고 있고요.

사실 노동조합도 문제라고 생각해요. 저는 그런 점에서는 노동조합이 반성해야 된다고 생각을 합니다. 또 작년부터 시작된 노조 회계 공시, 최근에는 타임오프 관련해서도 지금 문제거든요. 서울교통공사에서 30명이 해고됐잖아요. 타임오프 문제와 관련해서 노사 합의하에 지금까지 잘 해왔는데, 이제는 노동부가 개입하고 내부에서는 이른바 MZ노조들이 문제를 제기하면서, 업무직 이탈로 해고된 상황이에요. 이런 식으로 계속해서 노동조합을 무력화시키는 방향으로 가고 있는 거죠. 그리고 얼마 전에는, 노동조합의 노동쟁의 행위가 사회적 재난이라고 명시한 시행령을 만들었거든요. 그런데 이와 관련해서 민주노총은 한마디도 안 하고 있다는 게 문제입니다. 요컨대, 저는 사회 불평등 문제, 양극화 문제를 해결하기 위해 노동조합과 대화는 하지 않고 반노동정책들을 통해서 노동조합을 무력화시키려고 하는 이런 부분들 때문에도 더욱 위기라고 생각합니다. 김문수 극우 유튜버 같은 사람들을 임명해서…. 이건 완전히 노동조합을 몰아붙이겠다는 뜻이죠. 할 말을 잃습니다.

조대엽　하여튼 어려움을 많이 겪고 있습니다. 이제 또 정치 일선에 나섰으니까 나순자 위원장님의 갈 길이 참 험하군요. 다른 질문 드리지요. 전체 노동조합운동 차원에서 노동자 권익과 노동조합의 내부 역량 성장의 가장 뚜렷한 성과를 평가해 주시기 바랍니다.

나순자　저는 1970~80년대 노동조합 활동은 경험하지 못했지만, 1987년 대투쟁, 민주화 이후로 노동조합 결성도 활발해졌습니다. 노동자들의 권익 향상 측면에서 임금 인상, 노동시간 단축, 복지 향상 등 큰 성과가 있었다고 생각하고요. 더 중요하게는, 이전에는 노동자들이 주면 주는 대로 시키면 시키는 대로 하는 노예 같은 생활을 했는데 인간으로서 정당한 노동의 대가를 요구하는 주체 세력이 되었다고 하는 부분에서 가장 큰 성과가 있다고 생각합니다. 그리고 민주노총이나 산별노조들을 결성하면서 실제로 사용자나 정부에 대한 투쟁력도 높아졌고, 또 정책 개입력이나 정책역량들도 크게 높아졌다라고 생각해요.

실제로 우리 보건의료노조도 정부위원회 참여를 많이 하고 있죠. 비록 큰 사회적 대화는 안 되지만, 민주노총이 참여하는 정부위원회가 80여 개 됩니다. 굉장히 많은 분야에서 참여하고 있거든요. 저희도 한 달에 한 번씩 민주노총 회의를 가면, 그와 관련한 보고들을 쭉 받는데요. 저는 그런 측면에서, 정책 개입력이 굉장히 높은 편이라고 생각합니다. 실질적으로 분야별, 의제별로도 정책 개입의 정도가 높은 편이고요. 경사노위에는 참여하지 않고 있지만, 사안별, 분야별로는 예를 들어, 노동·안전 분야, 최저임금 분야 등 참여하는 게 상당히 많아요. 저희 의료만 해도 공공의료발전위원회, 건정심(건강보험정책 심의위원회) 등 제도적 논의를 하는 위원회에는 다 들어갑니다.

그런데 산별과 관련된 사안을 정부에서 참여시킬 때 노동계로 포괄해서 참여시킵니다. 그래서 민주노총, 한국노총 이렇게 참여하게 하는데, 저희가 보건의료에 대해서는 보건의료노조가 전문가다, 그러니까 우리를 참여시켜 달라고 요구하니 이제 그걸 가지고 민주노총 중앙과 긴장이 좀 있어요. 저도 이제 건정심도 들어가 보고, 저희는 민주노총 쪽에 강하게 요구해서 정부위원회에 많이 들어갔거든요. 근데 들어가 보면 잠깐 공부해 가서 얘기할 수 있는 곳이 아니에요. 사용자도 있고, 공익위원 있고, 정부 관료들도 있는데, 모두 이 분야에서는 베테랑들이죠. 그런데 이거를 아무것도 모르는 사람이 회의 안건이 A라고 해서 A를 공부해 가서 얘기할 수 있는 수준이 아니거든요. 얘기 한번 할 수 있을 뿐이지. 제안과 관련된 내용을 가지고 요구에 대해 이러저러하게 공격을 받았을 때 방어하고 설득시켜야 되잖아요. 그렇게 하려면 그 분야에서 정말 전문적이고 많은 내용들을 알고 있어야 하거든요. 그렇지 못하면 어렵지요. 민주노총도 실무자들은 정책적 역량이 굉장히 높아졌어요. 노동·안전 부문이나 최저임금 관련해서도 그렇고. 작년에 최저임금위원회 위원장님도 그 얘기를 많이 하셨다고 하더라고요. 민주노총 역량이 많이 높아졌다고.

조대엽   좀 더 넓은 맥락에서 노동조합운동이 노동 공공성의 확대와 한국사회의 발전에 대해 뚜렷이 기여한 바가 있다면 어떤 걸 들 수 있을까요?

나순자   저는 1996~97년 노동법 총파업 때, 김영삼 대통령이 정리해고와 파견근로 두 가지를 도입했었잖아요. 그때 우리 노동자들이 엄청난 투쟁을 했고 물론 완벽하게 막아내지는 못했지만 실제로 이 문제를 국민들로 하여금 굉장히 심각한 사회적 문제로 인식하게끔 만들었다고 생각합니다. 그리고 그 투쟁을 통해서 노동자들의 정치세력화 필요성도 느끼면서, 그걸 계기로 '국민승리 21'도 만들었고요. 이후 권영길 위원장이 민주노동당을 만들면서 우리나라의 보편적 복지와 관련한 문제 제기를 했고 일정 정도의 발전을 만든 활동들을 했었죠.

두 번째는, 2008년도 광우병반대 촛불항쟁도 그렇고, 2016~17년 박근혜 하야와 관련된 촛불혁명도 그렇고, 물론 시민단체도 다 참여했지만 실제로 마지막까지 힘을 실었던 것은 노동조합의 조직력이었다고 생각하거든요. 이런 측면에서는 우리 사회 발전에 노동조합이 굉장히 큰 역할을 했다고 생각합니다.

그리고 또 한 가지는, 우리 사회는 자본주의 사회 중에서도 굉장히 탐욕스러운 자본주의 사회라고 볼 수 있는데, 시장의 역할은 크고 국가의 역할은 왜소한 상황이죠. 보수 정권이 들어설 때마다, 필수서비스 분야, 즉 의료, 가스, 철도 등과 같은 분야에 자본의 이윤을 보장하기 위해서 항상 민영화 시도를 했었잖아요. 그럴 때마다 노동조합들이 완강하게 저지했어요. 필수서비스 분야의 공공성을 유지시키고 있는 것들은 노동조합의 큰 역할이었다고 생각합니다. 제주도 영리병원 저지에서도 저희 보건의료노조가 정말 많이 힘을 실었었죠. 우리나라에 단 하나의 영리병원도 허용할 수 없었어요.

조대엽 영리병원에 대한 말씀 좀 더 자세하게 해 주시지요.

나순자 영리병원, 노무현 대통령 때부터 시작된 이야기입니다. 우선 의료민영화와 관련해서 이야기를 하자면, 우리나라 의사들이 대부분 미국에서 공부하고 오거든요. 그래서 의료 체계를 미국식으로 따라가려고 끊임없이 시도하는데, 그럴 때마다 우리 노조가 중심에 서고 시민단체들과 연대해서 저지했고, 특히 법 개정하는 투쟁들도 계속 진행했는데요. 법적으로 영리병원을 허용하는 것까지 되어서

2018년 원희룡 제주 도지사 시절, 실제로 중국 투자자가 들어오게 한 거예요. 병원을 짓는 것을 허가해 버린 거죠. 그때 공론화위원회까지 구성해서 도민들이 참여하고 논의해서 영리병원은 안 된다는 반대 의견이 더 많았음에도 불구하고 원희룡 지사가 허가를 해 버렸거든요. 그래서 진짜 건물을 지었어요. 다 짓고 이제 개원만 하면 되는데, 그때 저희가 투쟁을 시작했죠.

저희는 오랫동안 이런 영리병원 저지, 의료민영화 저지 투쟁을 실제로 조합원들까지 교육을 다 하면서 투쟁해 왔어요. 제주도에 영리병원 하나 생기면 확산되는 것은 금방이에요. 특히 우리나라는 빠르잖아요. 미국은 첫 번째 영리병원 생긴 후 지금 전체 병원의 약 20% 정도가 영리병원이거든요. 이렇게 될 때까지 25년이 걸렸대요. 우리나라는 10년도 안 걸릴 거라고 얘기하면서 설득했죠. 근데 또 이게 가능했던 게 우리가 대부분이 사립대병원이고, 사립대병원들이 민간이잖아요. 영리병원 들어오면 우리 병원 다 죽는다. 아니면 우리 병원도 영리병원으로 간다면 문제가 더 심각하다. 영리병원은 이윤을 많이 창출해야 되기 때문에. 병원에서 이윤창출 방법은 딱 두 가지예요. 하나는 인력을 줄이는 것, 즉 인건비를 줄이는 것이고, 또 하나는 환자들한테 과잉 진료하는 것뿐입니다. 그러니 우리에게 직접적인 문제이고, 영리병원 막아야 된다는 이유가 명확했습니다.

이런 게 우리는 그전부터 쭉 교육이 되어 왔기 때문에 제주 영리병원 저지 투쟁에 정말 거의 모든 지부들이 다 같이 참여했어요. 현장까지. 제주도 원정투쟁도 400명씩 가고, 서울에서도 제가 문재인 정권 시절에 청와대 앞에서 삭발 투쟁까지 하면서… 어쨌든 이 분위기가 크게 확대되니까 언론에서도 엄청 보도를 많이 해 줬어요. 그래서 법원으로 갔는데 기각 판결이 나와서, 어쨌든 우리가 이겼고 원희룡 지사가 진 거지요. 그래서 영리병원을 막을 수 있었다고 생각합니다.

조대엽　영리병원 반대 투쟁을 보건의료노조가 이끈 것은 큰 성과라고 할 수 있는데요. 잘 아시다시피 산별노조 설립은 우리 노동조합의 오랜 과제 아니겠습니까? 우리는 금융산업노조나 보건의료노조가 비교적 산별로서의 모범이 된다고 할 수 있는데 독일 같은 나라에 비하면 여전히 한국적 산별로서의 한계 같은 것이 뚜렷한 듯합니다. 산별로서 보건의료노조의 제도적 성과를 든다면 어떤 것이 있을까요?

나순자　그걸 저희는 무늬만 산별이라고 그래요.

조대엽　그럼 보건의료에 초점을 맞추지요. 보건의료노조를 봤을 때는 제도화 수준이 어느 정도라고 평가하시는지. 아까 정부와의 노정 교섭 같은 것들은 굉장히 높은 수준의 제도화가 돼 있다고 봐야 하거든요. 산별노조로서의 제도적 성과, 예컨대 아까 제주 영리병원 저지투쟁 같은 것은 엄밀하게 보면 비제도적 투쟁을 통해 제도적 성과로서의 판결을 얻었잖아요. 보건의료노조의 성과를 제도적 차원에서 말씀해 주시기 바랍니다.

나순자　우리나라가 산별 교섭이 안 되다 보니…. 기업별노조 체계에서 산별노조로는 많이 전환했어요. 실제로 민주노총도 거의 70% 이상이 산별노조예요. 아마 80% 넘을 것 같아요, 최근에도 많이 전환했으니까. 하지만 산별 교섭이 보장이 안 되다 보니 무늬만 산별노조라고 말하고 있거든요. 우리 보건의료노조는 그나마 다른 산별노조들보다는 재정도 인력도 중앙으로 집중이 많이 되어 있어요. 저희는 2004년에 총파업 투쟁으로 산별 교섭을 쟁취했습니다. 국립대병원, 사립대병원들이 모두 다 참여를 해서 산별 교섭을 진행한 게 5년 정도의 역사가 있어요. 그때 가장 큰 성과는 주 5일제 쟁취가 가장 컸고요.

그리고 2007년도에는, 그때 노무현 대통령 때였죠. 7월 1일부터 비정규직 보호법(기간제 및 단시간근로자 보호 등에 관한 법률, 파견근로자 보호 등에 관한 법률)이 시행된다고 하면서, 100만 대란설이 있었어요. 아마 비정규직 계약을 다 해지할 거라고 하는. 그래서 100만 대해고 대란설이라고 하는데. 비정규직 차별 시정과 관련해서, 차별 철폐해야 된다, 차별을 두면 안 된다 이런 것들이 법 내용에 같이 들어 있거든요. 그래서 사용자들이 비정규직들을 많이 안 쓸 거다, 다 해고할 거다 이런 불안감이 있었는데, 그때 일하고 있는 비정규직들을 내보낼 수가 없잖아요. 왜냐하면 우리는 이 사람들이 있어야 일이 돌아가니까. 그래서 저희가 산별 교섭에서 비정규직들을 정규직화하거나, 비정규직을 둘 수밖에 없으면 이 사람들이 임금 격차가 없도록, 초임을 다 정규직 기준으로 맞추는 것을 전제로 해서, 그 당시에는 80%까지 맞추고 이후 단계적으로 맞춰나가는 걸로 정했어요.

그런데 그렇게 하면 또 사용자 측의 재정이 많이 들어가잖아요. 그래서 산별 임금 교섭하면서 임금 인상을 그때 5.4% 정도 했는데, 사립대병원 같은 경우는 1.8%에 해당하는 재정을 비정규직 정규직화 또는 차별 철폐하는 데 사용하자고 합의했어요. 저는 우리 산별에서 5년 동안 산별 교섭하면서 주 5일제와 비정규직 철폐를 위한 임금 양보가 가장 큰 성과였다고 생각해요. 이건 산별 교섭이 아니었으면 불가능한 합의였다고 생각합니다.

그때 당시에 제가 보건의료노조 사무처장이었는데, 저는 우리 조합원들이 자기 임금을 양보한 거니까 지도부에서 굉장히 반대가 많을 줄 알았거든요. 그런데 다른 때보다 훨씬 더 찬성률이 높았어요, 그 합의안에 대해서. 그래서 나중에 평가를 들어보니 우리 조합원들이 다 자기 옆에 있는 동료들이 비정규직이었던 거예요. 이 사람들이 정규직화되어야 자기 일도 편하고, 비정규직들은 사람이 계속 바뀌잖아요. 그 당시에는 6~7년까지 일을 해도 정규직화 안 된 사람들도 많았거든요. 그러니까 그런 사람들을 정규직화하는 문제와 관련해서 본인이 일정 정도 양보하는 거에 대해서는 찬성률이 굉장히 높더라고요. 그래서 저는 아까도 말씀드렸지만 산별 교섭을 하면 그런 게 가능하다는 거예요. 이게 산별 교섭에서의 제도적 합의의 성과라고 할 수 있잖아요.

우리 보건의료노조가 1998년에 산별노조를 건설하면서 두 가지를 내걸었어요. 하나는 인력 확충, 또 하나는 의료 공공성 강화. 이 두 가지는 끊임없이 매년 제기하고 투쟁해왔는데, 저는 인력 문제와 관련해서는 정말 많은 제도들을 만들었다고 생각해요. 보건의료인력지원법을 유지현 위원장이 시작하고 7년 만에 제가 홍영표 원내대표

때 만나서 법을 만들었고요. 다른 사람들은 다 안 될 거라고 생각했는데, 왜냐하면 노동조합이 이렇게 법을 만든 적이 없으니까. 의사들 파업하는데 보건의료인력지원법 관련해서도 이러쿵저러쿵 얘기가 있더라고요.

그리고 우리 인력과 관련된 병원은 정부의 제도와 인력이 직결돼요. 왜냐하면 우리가 인력을 얼마나 쓰느냐에 따라서 수가가 나오거든요. 우리가 건강보험료를 낸 건강보험 재정으로 수가를 줘요. 그러니까 저는 보건의료 분야에서 좋은 정책이고 제도라고 생각해요. 그래서 이 제도도 1990년대 말에 생겼는데, 이걸 간호관리료 제도라고 해요. 간호관리료의 경우, 간호사 1인당 환자 몇 명을 볼 건지에 따라서, 1~4등급이 있고 등급별로 수가가 다 정해져 있거든요. 그래서 우리는 사용자를 대상으로, 1등급으로 올려라 이런 투쟁도 진행하고요. 또 정부를 대상으로 해서, 노정 합의를 보면 거의 인력 문제가 많이 들어가 있어요. 그래서 간호 관리 제도의 경우에도 인력을 상향시키는 것을 언제까지 제도로 만들자고 합의해서 또 작년에 총파업하면서 거의 완성을 시킨 거죠. 그 제도를 이행을 안 하다 보니 저희가 파업해서 완성시켰던 겁니다.

그리고 우리나라만 보호자들이 간병해야 됐잖아요. 그래서 보호자 없는 병원을 2010년부터 시작했어요. 제가 위원장일 때 처음으로 시작했습니다. 보호자 없는 병원으로 시작해서, 지금은 간호간병 통합 서비스 제도를 시행해요. 이것도 처음에는 시범사업만 했었죠. 노정 합의에서 이것도 기한을 정해 두고 전체 병동으로 확대한다는 것을 합의했거든요. 그런데 또 이행을 안 해서, 작년에 총파업하면서 언제까지 할 건지 요구했고요. 그리고 이게 또 인력이 부족해서 인력을 몇 명을 늘릴 건지까지 합의를 다 했어요. 그렇게 제도적으로 많이 마련을 해 두었고요. 그리고 우리는 교대근무제이기 때문에, 보통 3교대거든요. 이걸로 인해서 힘든 부분들을 보완하는 시범사업을 하는 것도 제도로 만든 거고요. 그래서 정부가 다 시행하고 있어요. 인력과 관련된 제도들은 많은 것들을 우리 노조가 했죠. 건정심(건강보험정책 심의위원회)에 참여하면서 이게 얼마나 문제인지를 오랫동안 떠들어댔기 때문에 그것도 가능했던 거라고 생각합니다.

또 하나는 정부에서도 실무적으로는 우리 정책실이랑 얘기하고 저는 건정심 들어가서 얘기하고, 이렇게 하면서 우리 노조의 정책적 역량에 대해서 신뢰하기 때문에 가능했다고 생각해요. 그러니까 뭘 하려고 하면 복지부 실무자가 우리 실무자들에게 전화해요. 그런 논의들이 일상적으로 가능했던 거죠. 특히 문재인 정권 시절에는 아주 많이 했습니다. 우리가 일자리위원회에 참여하면서 정부에서 우리 노조에 대해서 이미지가 좋고, 우리가 또 정책적 역량이 높으니 그런 관계들이 형성이 됐죠. 또 이런 논의를 할 때 우리가 먼저 문제를 제기한 것도 받아들여졌지만, 논의하면서 우리가 참여하고 병협(대한병원협회), 의협(대한의사협회) 사람들도 그 논의 과정에 다 들어오거든요. 거기서 거의 우리가 리드할 정도였으니까요.

의료의 공공성 강화 문제와 관련해서, 우리는 끊임없이 국민이라면 누구나 아팠을 때 돈이 없어도 마음 놓고 치료받을 수 있는 사회가 되어야 한다는 것을 목표로 무상의료를 내세웠죠. 그런데 무상의료만 하면 얘기가 안 되니까, 건강보험 보장성 강화 운동부터 시작했어요. 보장성 강화 운동은 우리 노조만 한 건 아니에요. 많은 시민단체들하고 함께했지만 저는 우리 노조가 주도적으로 해왔다고 자부합니다. 그래서 의료보험 통합 일원화부터 해서 건강보험 보장성 강화, 그리고 의료민영화 반대, 공공의료 강화까지 해서 우리 노조가 많은 역할을 했다고 생각합니다. 우리 노조가 중심에 서니까, 투쟁이든 대응이든 우리 보건의료 시민단체들과 함께할 수 있었습니다.

저는 제도화의 정점이 노정 합의였다고 생각해요. 노정 합의는 실제로 우리가 투쟁했던 인력 문제, 보장성 강화 문제, 공공의료 강화 문제 등과 관련해서 많이 이루어졌어요. 예를 들어, 국립대병원, 민간병원들도 공공성을 강화하기 위해서 공익적 병원으로 인정하자, 그리고 거기에 맞게 지원해 주자 등과 같은 합의를 했고, 혈액의 공공성 강화 등 많은 합의서를 썼어요. 그 많은 내용들을 노정이 합의한 것은 제도화의 가장 높은 수준이 아니었나 하고 생각합니다.

조대엽 엄청난 일들을 하셨네요. 그럼에도 불구하고 여전히 보건의료노조의 제도화에 남은 과제가 있다면 어떤 게 있을까요?

나순자 저는 노정 합의도 중요하지만, 각 정부위원회의 역할도 중요하다고 생각합니다. 정부가 그냥 일하는 게 아니더라고요. 다 사업마다 위원회에서 형식적으로라도 논의를 거치고 하거든요. 그런데 대부분 보면 참여하는 위원들은 그냥 정부에서 제안하면 "네" 하고 답하는 정도예요. 강력하게 얘기하시는 분을 저는 딱 한 분 봤는데요. 건정심에서도 의사 인력 늘려야 된다는 걸 10년째 주장했던 분이 있었는데, 그분 말고는 정말 대부분의 사람들이 정부에서 만들어 온 초안에 크게 문제가 되지 않을 정도의 주변적인 것들을 조금 얘기하고 넘어가지, 근본적인 문제 제기하는 사람들은 그렇게 많지 않은데요. 그래도 노조는 하거든요.

어쨌든 지금 보수 정권에서는 노조들, 특히 민주노총은 다 제외시키고 있어요. 우리 노조도 그래서 못 들어간 위원회가 몇 개 생긴 거예요. 의료기관 평가인증 제도와 관련해서도, 저희가 위원회 들어가서 제도를 많이 바꾸는 역할을 했거든요. 이 의료기관 평가인증 제도가 형식적이고 보여주기식이 아니라, 실질적으로 환자들한테 도움이 되는 평가제도로 만들기 위한 것으로 저희가 개입해서 많이 만들었거든요. 근데 여기서 우리 노조를 다 빼버린 거예요. 다 빼버리고 정말 말 잘 듣는 그런 노조들 있잖아요. MZ노조라고 하는, 막 이런 노조들만 다 갖다 놨어요. 그들이 보건의료에 대해 뭘 알겠어요? 의료기관 인증에 대해서 뭘 알겠어요? 그래서 저는 각종 정부위원회에 산별노조를 참여시키는 게 가장 중요하다고 생각하고요. 그런 것들이 보장이 되어야 하고, 또 하나는 아까 말씀드렸지만 산별 교섭이 제도화되어야 한다. 그것이 산별노조들의 제도화를 이뤄낼 수 있는 길이라고 생각합니다.

조대엽 이런 부분은 없나요? 산별노조의 합의체계가 갖추어져 있다고 하더라도 산별이나 연맹 차원에서 사측과 합의해 놓으면 단사들이 또 다른 문제를 제기하는, 일종의 이중 교섭 같은 문제는 없나요?

나순자   저희도 사용자들이 늘 하는 얘기가 산별 교섭을 하면 산별에서는 임금 인상률만 결정했고, 단체협약의 경우에도, 큰 것들만 결정합니다. 나머지 조합원들의 세세한 요구들이 얼마나 많은데요. 이거는 지부가 파업하는 것을 보장해 주지 않으면 산별 교섭을 못 해요. 조합원들의 요구 때문에. 어떻게 산별 교섭에서 조합원들의 아주 작은 요구들까지 다 같이 다루나요? 8만 명의 조합원들 요구를 다 다루지 못하거든요. 그러니까 산별 수준에서는 크게 하고, 지부에서는 이제 조합원들 요구를 가지고 논의하는데, 저희 산별 교섭이 성사됐을 때는 여기에서 굵직한 것들을 합의하면 지부 파업은 거의 없었어요.

그럼에도 불구하고, 사용자들이 산별 교섭에 안 나오려고 했죠. 나오기 싫어하거든요. 사용자들 중에 꼬장꼬장하고 막 반대하고 이러잖아요. 그럼 그 사업장에 몰려가서 집중 타격투쟁을 하고 그랬거든요. 고대병원 같은 경우에도 노동조합에 교섭하러 오면 잘난 체를 많이 하고 반대를 많이 하니까, 우리가 고대병원에 타격투쟁을 많이 갔거든요. 그러니까 거기에서 거의 선동해서 산별 교섭 하지 말자고 대부분 그랬어요. 그러니까 사용자들이 산별 교섭을 안 하려고 하는 이유들이 이중 교섭, 이중 파업, 그거예요.

실질적으로 저희가 산별 교섭이 온전하게 됐을 때는, 이중 교섭은 있었지만 훨씬 더 수월했죠. 산별 수준에서 합의해 준 것을 가지고, 지부 수준에서 자기네들은 그냥 조금씩 조정하면 되니까요. 그랬음에도 불구하고 잘 안 된 부분들은 제도화가 안 됐기 때문이었어요. 그래서 저는 산별 교섭의 제도화가 반드시 이루어져야 한다고 생각합니다.

조대엽　이제 다른 질문 드리겠습니다. 최근 ESG 경영이 재계의 화두가 되고 있고, 주요 기업에서는 ESG 목표를 기반으로 하는 지속가능경영보고서를 작성하고 있습니다. ESG 기반의 지속가능경영보고서가 지속가능한 노동에 기여하는 바를 말씀해 주시기 바랍니다.

나순자　지금 상황으로는 ESG에 대해서 논의와 토론은 많이 하는데, 실질적 성과에서는 조금 부정적으로 평가하고 있습니다. 저는 ESG는 기업의 사회적 책임, 사회적 역할, 이런 거라고 생각해요. 그런데 환경적 부분, 예를 들어, 기후위기에 실제로 적극적으로 대응하는 노력을 하고 있는지 같은, 그리고 노동환경이나 좋은 일자리 창출 등도 사회적 책임과 역할이라고 생각하는데 이런 부분들을 제대로 수행하고 있다고 생각하지 않아요. 이윤 창출을 위해서는 일자리를 어떻게 하면 줄일 건지, 노동환경을 어떻게 하면 개악^{改惡}할 건지, 이렇게 가고 있는 거잖아요. 그리고 사회적 약자에 대한 사회공헌 활동 지원과 관련해서도 저는 보여주기식으로 어쩔 수 없이 한다고 보거든요.

　근데 저는 이게 정말 실질적으로 기업들이 ESG를 실천한다고 하면, 저는 지속가능한 경영이 될 수 있다고 생각해요. 그런데 지금 상황에서는 너무 보여주기식인 거죠. 실제로 이런 것들이 구체적으로 실행이 되려면, 가장 중요하게는 노동조합이 있는 곳에서는 노동조합과, 없는 곳에서는 기업 구성원들과의 활발한 의사소통이 되어야 한다고 생각하거든요. 그런 소통 없이는 그냥 평가를 잘 받기 위한 것, 그냥 지표 점수를 높이기 위한 보여주기에 불과한 것이지요. 실제로 우리 병원도 ESG를 가지고 이렇게 저렇게 해봤는데요. 이걸 하려면 정말 사용자들이 진정성을 가지고 임해야 되잖아요. 항상 돈벌이에만 치중해 있는 사람들이라 안 해요. 그래서 기업들이 이런 사회적 책임, 사회적 역할을 다하게 하기 위해서는, 노동조합이 그렇게 만들어야 해요. 요구하고, 강제하고, 이런 역할을 기업들이 해야 한다고 주문하는 것. 저는 그것이 앞으로의 노동조합의 과제라고 생각합니다.

조대엽　지속가능경영보고서는 사측이 만들고 노동조합은 지속가능노동보고서를 만들면 어떠세요?

나순자　지속가능한 노동. 저는 그것도 필요하다고 생각해요.

조대엽　그걸 만든다고 하면, 지속가능한 노동을 위해서 나 위원장께서 생각하시는 가장 중요한 지표는 뭐라고 생각하세요?

나순자　일단 교섭 구조가 일상적으로 잘 되어 있는지 여부가 가장 중요하다고 생각합니다. 소통 문제, 즉 노사 간 교섭할 때 사회적 대화와 같은 소통도 있지만, 실제로 노사협의회나 산업안전보건위원회나 일상적으로 소통의 기회가 많거든요. 그래서 그런 소통들이 정말 충실하게 잘 되고 있느냐의 문제인데, 형식적으로 교섭하면서 노사협의회에서 잠깐 얘기해놓고 안 하면 벌금 내니까 했다고 서로 사인하는 병원도 많고, 어떤 데는 꼬박꼬박 산안위도 하고 노사협의회도 하고 분기별로 다 한 번씩 해야 되거든요. 그런 걸 꼬박꼬박 하는 데도 있어요. 한양대병원이 진짜 잘해요. 그래서 그런 소통구조가 잘되어 있냐 하는 게 중요합니다. 일상적 문제들을 거기에서 다 논의하거든요.

두 번째는 병원 같은 경우에는 이직률이 얼마나 되느냐가 굉장히 중요한 지표 중에 또 하나라고 생각해요. 공공기관들 빼고는 이직률이 다 높을 것 같아요. 요즘은 공무원들도 너무 힘들어지고 민원들 때문에 너무 힘드니까 많이 그만두고 선생님들도 지금은 많이 그만두는 형편이잖아요?

조대엽 노조의 시민적 역량에 대해 여쭈어 보겠습니다. 선우재에서는 지속가능한 노동을 위한 21세기 노동조합운동의 새로운 비전으로 '노조시민주의'를 제시한 바 있습니다. 노동조합 활동의 시민적 역량 강화 및 시민사회적 확장을 지향하는 노조시민주의의 가치에 대해 평가해 주시기 바랍니다.

나순자 저희는 노동조합의 사회적 역할이라고 얘기를 많이 해왔거든요. 그런데 원장님께서 노조시민주의 얘기를 하셔서, 노조시민주의가 뭘까 그 내용을 보니까 노동조합의 사회적 역할이었어요. 그러니까 자기 조합원들의 이익과 권리만을 위해서 활동하는 것이 아니라, 실제 시민들을 위한 활동을 하는 것이 노조시민주의라고 생각하고 우리는 그걸 노동조합의 사회적 역할이라고 명명해 왔던 거죠.

조대엽 제가 노조시민주의라고 말하는 것은 노동계급을 뛰어넘어 노동시민으로 나아가야 되는 노동의 확장성과 개방성, 나아가 보편성을 반영하는 개념이지요. 이 개념을 전통적으로는 받아들이기 어려웠던 몇 가지 이유가 있어요. 계급지향성을 떨쳐버릴 수 없는 요인들이 있습니다. 특히 민노총 같은 경우는 특유의 정파주의 속에서 노동운동의 순결성 같은 데 집착하는 경향이 있어요. 이걸 극복해야 노조의 고립화를 탈출할 수 있는데요. 그래서 노동조합의 사회적 역할이라고 하는 일반적 접근보다 21세기에서는 노조시민주의라고 하는 우리 노동의 새로운 비전으로 삼을 수 있는 개념화가 필요하다고 생각한 겁니다.

나순자 좌파들이 개량주의라고 생각하죠. 왜냐하면 자본주의 사회에서는 자본과 노동, 두 계급밖에 없다고 생각하는데 노조시민주의? 하고 반문하는 거죠. 저는 노조시민주의라고 하면 어려워서… 노동조합의 사회적 역할을 얘기하시는구나, 이렇게 생각했어요.

조대엽 개량주의라는 측면이 없지 않아요. 다만 그 개량주의가 부정적인 것은 아닙니다. 노동조합 밖으로 노동의 가치를 확장시키는 것과 동시에 시민사회의 가치를 노조 내부로 가지고 오는 것도 중요합니다. 특히 노조 내부의 시민성이 강화되면 노동조합이 MZ세대와의 친화성을 적극적으로 풀어갈 수 있는 방향이 될 수 있어요. 예컨대 MZ세대에게 노조가 취미생활을 위한 복지를 보장해 주는 등 개인적 영역까지 케어한다고 하면 친밀성을 갖지 않을까요. 복지를 확장하는 것은 개인들의 삶의 영역을 방치하지 않고 가급적 광범위한 삶의 영역을 보호하고 보장해 주는 것을 의미하잖아요? 시민이라는 측면에서 접근하면 이런 게 중요해지거든요.

나순자   우리도 그런 거 많이 하는데. 아이들이 있잖아요. 그럼 아이들 데리고 어디 관람하러 가는 거예요. 래프팅 타러 다니고 그런 거 굉장히 많이 해요.

조대엽   그러니까 노조가 이런 부분을 다양한 방식으로 이미 소화하고 있다면 노동조합의 현실은 노조시민주의를 실현하고 있는데, 개념적 지체가 있다는 거군요.

나순자   용어를 그렇게 쓰는 거에 대해서는 어떨지 모르겠어요.

조대엽   노동조합 활동은 민주주의와 정치적 과제에 대한 개입, 취약계층과 사회적 약자에 대한 지원, 한반도 평화와 여타 국제적 이슈 등을 공유함으로써 조합원의 이익을 넘어선 시민적 역할을 확장해 왔다는 점에서 노조시민주의를 이미 오랫동안 실천해 왔다고 볼 수 있습니다. 총노동의 차원에서든 아니면 보건의료노조 차원에서든 노조시민주의의 현황과 수준에 대해 평가해 주시기 바랍니다.

나순자   민주노총, 산별노조, 우리 지부에서도 다양하게 하고 있습니다. 지부 간부들 수준은 의식도 높고 잘하고 있는 거죠. 그런데 조합원들도 필요성을 느끼면서 이런 활동들을 하고 있느냐 하면, 여전히 좀 부족한 부분이 있다고 생각해요. 아까 말씀드린 것처럼, 저희가 의료민영화 반대, 영리병원 반대에서 했던 것과 같이, 일상적으로 조합원들을 교육하고 같이 이 문제에 공감하면서 활동들을 하게 만드는 것, 이런 것은 많이 부족해요. 실제로 조합원들까지 그렇게 하는 거는. 그러나 어쨌든 민주노총이나 한국노총이나 산별노조들은 자기네들의 역할이라고 생각하니까, 당연히 우리의 사회적 역할이라고 생각하니까 정말 다들 열심히 해요. 관련 담당자도 두고요.

저희 보건의료노조는 조합비가 올라오면 조합비 중에 0.5%를 사회공헌기금으로 적립해요. 그래서 적립한 기금으로, 1년에 한 10군데 정도 시민단체들, 예를 들면, 이주노동센터, 비정규직 센터, 기후정의행동, 전태일재단 등에 300만 원씩, 총합 약 3,000만 원을 지원하거든요. 이런 기금 있는 데는 많지는 않더라고요.

그리고 제가 우리 지부들이 사회공헌활동을 얼마나 하고 있는지 조사해 봤어요. 지역사회에서 노동조합의 역할을 강화해야 한다고 생각하기 때문에, 지역사회에서 어떤 역할을 할 건지 이런 것들을 조사했어요. 옛날에는 진료 봉사 같은 것도 많이 갔는데 지금은 워낙에 법적으로 의사가 있어야 가능한 거라 간호사들만 가서 하는 건 한계가 있거든요. 진료 봉사는 이제 많이 안 하고, 지금은 지역 내 취약계층들에 대한 지원 같은 것을 저희 지부들이 많이 하고 있어요. 제가 봤을 때 거의 6~70% 정도는 하고 있는 것 같더라고요. 그래서 노조에서 기금을 만들거나 아니면 특별판매 같은 걸 해서 기금 마련을 하기도 하고, 노사가 같이 기금 얼마씩 내자 해서 지역 취약계층 분들께 드리거나, 구청에 써 달라고 주거나 이런 것들은 많이들 하고 있더라고요.

그런데 저는 사회적 역할과 관련해서 이런 일은 너무나 쉬운 일이라고 생각해요. 이런 역할도 물론 해야 하지만, 실제로 더 중요한 사회적 역할은 자기네 병원에 있는 비정규직들, 하청 노동자들에게 얼마나 관심을 가지고 해결해 주는가에도 있어요. 물론 대부분 우리가 지침으로 단협 때, 업체가 바뀌더라도 고용은 유지한다는 조항을 합의서에 대부분 쓰게 해요.

옛날에는 업체가 바뀌면 해고되는 경우가 많았는데 지금은 그런 게 많이 줄기는 했죠. 노조가 생기면서 "업체가 바뀌어도 단협을 유지한다"는 내용을 합의서에 넣으라고 하면 사용자들이 못 받는 거예요. 그러니까 항상 이게 또 싸움이 되더라고요. 저는 우리가 돈 모아서 다른 데 지원해 주고 이런 것들은 너무 쉬운 일이고 조합원들도 너무 쉽게 하는데, 우리 것을 조금 양보하고, 우리 기업, 우리 사업장에서라도 조금씩 내놓아 청소 노동자들, 경비 노동자들 등과 나누는 것이 중요하다고 생각합니다. 업체와 계약할 때 사용자들이 얼마에 계약하느냐에 따라서, 인력을 어느 정도 쓸지, 임금을 어느 수준으로 할지, 복지는 어느 정도 보장할 건지, 이런 게 다 결정되거든요. 그럼 최소한의 보장이 될 수 있는 걸로 하고 있느냐 이런 것들을 노조가 검토해야 하고, 보장이 될 수 있도록 만들어야 하는데, 거기까지는 많이 부족하죠.

저는 기업별노조 체제에서라도 우리 사회의 불평등, 양극화 등을 해소하는 방안을 모색해야 한다고 생각해요. 물론 산별 교섭 체제에서는 사용자들하고 직접적·전체적으로 교섭해서 그런 것들을 해 나갈 수 있지만 기업별노조 체제에서도 그런 것들이 매우 중요하고 우선해서 되어야 함에도 불구하고, 잘 되는 데도 있고 또 잘 되지 않는 데도 있습니다. 저는 그게 지도부의 의지에서 오는 것 같아요. 정말 지도부가 의지를 가지고 조합원들 설득하잖아요? 왜 설득이 안 되겠어요. 우리 병원에서 일하는 사람들이고 맨날 우리 곁에서 일하는 사람들인데.

너무 속상한 것은 어느 대학병원 청소 노동자들이 노조를 만들었어요. 그런데 노조 사무실을 여태 못 주고 있는 거예요. 병원을 새로 지으면서 넓은 곳으로 다 이전했는데, 돈도 무지 많이 벌고 있거든요. 그 청소 노동자들에게 노조 사무실 요만한 거 하나도 못 주면 안 되잖아요. 저는 노조가 맘먹고 다니면서, 받아야 할 것을 달라고 하면 다 할 수 있다고 생각하는데 그걸 못하고 있는 거예요. 속상해 죽겠어요. 그러니까 노조들이 이런 걸 해야 되는데 말이죠.

청소 노동자들의 휴식처도 정말 중요하거든요. 영양과는 옛날에 다 정규직이었어요. 그러니까 그때는 그 사람들의 휴식 공간이 그래도 좀 넓었고 보장이 됐거든요. 그런데 청소 노동자들은 청소하고 쉴 공간이 없어요. 옛날에 그런 게 있었잖아요. 점심도 화장실에서 먹는다고. 그런데 그걸 정규직 노조들이 다 있는 데서 그러고 있는 거예요. 물론 사회공헌도 해야 하지만 이것부터 정말 신경을 써야 되는데.

조대엽 사회공헌은 내 일터에서부터 해야 한다?

나순자　맞아요. 내 일터에서부터 해야 한다고 생각합니다. 그래도 많이 나아졌어요. 우리 이대 같은 경우에 조합원들 선물을 1년에 한 번씩 주거든요. 그러면 비정규직 노동자들, 하청 노동자들까지 다 챙겨서 주고 그러더라고요. 그럼 엄청 고마워해요.

조대엽　이제 또 다른 질문 드리겠습니다. 2018년을 전후로 공공상생연대기금, 금융산업공익재단, 사무금융우분투재단 등 주요 산별노조가 주도하는 노동기반 공익재단이 설립되었습니다. 노동기반 공익재단 출범의 의의를 말씀해 주시고, 구성방식과 활동현황, 의사결정방식 등에 대해 평가해 주시기 바랍니다. 아울러 향후 과제에 대해서도 의견을 말씀해 주시기 바랍니다.

나순자　공익재단 운영을 보니까 의미 있다고 생각해요. 사회정책으로 포괄하지 못하는 취약계층과 관련해서 재단 차원에서 지원하는 것들이 있는데요. 그것도 저는 두 가지 의미가 있다고 생각하는데, 하나는 취약계층이나 청년들 지원하는 역할을 많이 하고, 실제로 돈이 있으니까 굉장히 도움이 되게끔 하더라고요. 장학금도 많이 주고. 그런 역할들을 많은 노조들이 한다면 우리 사회에 그런 지원 영역이 넓어지게 되는 거잖아요.

　두 번째는 노사가 함께 재정을 마련했잖아요. 공공상생연대기금은 박근혜 정부 때 공공기관에 성과급제 도입을 했다가 노동조합이 투쟁으로 폐기시키면서 이걸 다 토해낸 거예요. 이걸로 기금을 마련하고 재단을 만든 거거든요. 그래서 이제 이사가 사용자 반, 노조 반

이렇게 되는 거고. 우분투재단도 마찬가지고, 금융산업도 노사가 같이 만든 거잖아요. 그러다 보니 공익재단에서 또 노사가 같이 만나서 대화하고 소통할 수 있는 그런 계기도 되는 것 같고, 또 돈이 있으니까 돈이 없어지기 전까지는 끊임없이 만나야 되잖아요.

이게 다 문재인 정권 시기잖아요. 그때 노사 공동기금 이런 것들과 관련해서 정부 차원에서도 얘기가 많이 됐던 것 같아요. 얘기가 많이 돼서 우리도 이주호 원장님이 노사 공동기금을 만들어보려 했는데, 산별 교섭에 작은 병원들만 참여하잖아요. 중소병원, 지방의료원처럼 돈 300만 원 내는 것도 어려워하는 이런 데만 있어서, 우리는 어찌저찌 1억 원을 마련했는데 이렇게 크게는 못 했죠. 근데 저는 그런 측면에서 좋은 것 같아요. 왜냐하면 노사가 돈으로 묶이는 거죠, 여기에서 그래도 편하게 얘기할 수 있는 일이고, 그러니까 대립적으로 하는 게 아니잖아요. 다 좋은 일 하는 건데 사회공헌 활동하는 거라는 점도 좋은 것 같고. 또 이걸 하려면 어쨌든 조직 하나를 운영해야 되는 거잖아요. 서로 이사가 되거나 해서, 책임을 가지고.

조대엽 여전히 우리 사회에서는 정부의 역할이 중요한 것 같아요. 문재인 정부 때 왜 이런 게 생겨났느냐 하는 것도 관심사항 아니겠어요?

나순자 어쨌든 문재인 정부로 정권이 교체되면서 이런 부분이 좀 일어났어요. 노사 공동기금 마련하는 거, 노사가 하면, 정부에서도 얼마를 해 주겠다 이렇게까지 했었거든요. 그래서 우리도 그걸 해보려고 했는데 안 됐고 다른 산별들도 많이 못 하고 여기만 이렇게 만들어진 것 같아요.

조대엽 보건의료노조 쪽에서도 공익재단에 대한 시도는 했었네요.

나순자 논의도 하고 했는데 아마 대병원들이 참가하는 산별 교섭
이 이루어졌다면 거기에서는 됐을 것 같아요. 왜냐하면 기금 모으려
고 조금씩 내라고 하면 대병원들이야 뭐 그거 내는 게 크게 문제는
아니니까. 합의사항으로 해 가지고요. 근데 우리 중소병원들은 너무
내기가 어려우니까요. 지금은 거의 중소병원들만, 작은 사업장들만
참여하고 있어서 어려웠죠. 저는 현대자동차나 금속노조 이런 큰 기
업들도 하면 좋을 것 같아요.

조대엽 그럼 이제 사회적 대화 관련 질문 드리겠습니다. 일반적으
로 사회적 대화의 근본적 요건은 '신뢰'를 듭니다. 한국의 노사대화,
혹은 노사정 대화에서 신뢰가 형성되지 못하는 요인은 무엇입니까?
아울러 우리의 여건에서 보다 성공적인 사회적 대화를 위해 구체적
으로 필요한 요소들이 무엇인지요?

나순자 문재인 정권 시기 코로나 팬데믹 때 민주노총 사회적 대화
가 실패했잖아요. 저는 정말 아쉽다고 생각하는데요. 실패의 원인은
한꺼번에 너무 큰 합의를 하려고 했기 때문이라고 생각하고요. 우리
보건의료노조의 노정 교섭이 성공했던 것은 아까 말씀드린 것처럼
정말 위원회든 뭐든 계속 참여하면서 우리 보건의료와 관련된 것들

이 쭉 얘기가 됐잖아요. 그런 분위기 속에서 저는 가능했다고 생각하는데, 민주노총의 경우엔 그동안 정부와 민주노총 간 대화 채널이 없었잖아요. 없었는데 갑자기 코로나 시기가 되어 하려고 하니까 어려웠죠.

또 하나는 우리가 그런 경험들이 별로 없는 거예요. 기업별 체계에서 매일 자기네 사용자하고만 교섭했지 전체적 문제를 가지고 교섭하거나 산별 교섭이 성공적 사례가 있었거나 이런 것도 없잖아요. 그런 차원에서 너무나 큰 내용을 가지고 너무나 큰 합의를 한꺼번에 하려고 하니 저는 실패의 원인이 그런 부분에 있었다고 생각해요. 보건의료노조는 노정 교섭할 때, 교섭하고 오면 거기서 다 타이핑해 보내라고 하거든요. 쉬는 시간에 저한테 보내줘요. 그러면 저는 노조 사무실에 있으면서 내용 쫙 보고 다른 사람 설명해 주라고 시켰더니 이해를 쉽게 못 시켜요. 그러면 제가 온라인으로 전체 지부장들 아침 9시에 다 들어오라고 해서, 어제 교섭했는데 내용이 어땠는지 다 설명했어요. 그게 다 공유되어야 하거든요. 그래야 사람들이 마지막에 합의가 왜 이렇게 될 수밖에 없었는지를 이해할 수 있잖아요? 그렇게 공유했어도 마지막에 지나치는 사람들도 많았거든요. 그래서 저희는 이미 교섭이 부결될 줄 알았는데 민주노총은 공유의 과정이 없었어요. 그런 게 다 경험인 거예요. 그런데 이런 절차 하나도 없이 한꺼번에 하려고 하다 보니 그렇게 실패했다고 생각하고. 그 실패가 우리 사회에 가져온 악영향은 너무 컸다고 생각하고 있어요. 그래서 정말 이런 것들을 좀 보완하는 차원에서, 작은 의제여도 저는 정부에서도 노력해야 된다고 생각해요. 보수 정권은 노력 안 하겠지만.

어쨌든 민주노총과 한국노총 간, 그러니까 노사정과 관련해서는, 민주노총의 트라우마가 정말 크거든요. 그래서 경제사회노동위원회는 아직 어려워요. 어려운데 거기만 고집하잖아요. 거기만 고집하지 말고 최저임금처럼 다른 방식으로 대화해서, 사안을 한번 논의해보자고 하고, 처음에는 총리나 노동부 장관이 같이 얘기하자고 하든지 해서 작은 협의라도 지속적으로 하는 과정들이 필요해요. 이런 과정들이 축적되어야 나중에 좀 중요한 부분에서 대화가 가능하지 않을까라는 생각이 듭니다. 노동부 장관하고 민주노총 위원장하고 한국노총 위원장은 얼마나 만나는지 모르겠어요. 얼마나 대화해요? 대화 하나도 안 하잖아요. 대화를 안 하고 있는데 이런 것만 한다고 해서 되지 않죠. 그런 일상 시기의 대화가 중요하다는 거지요.

조대엽　명답이신 것 같습니다. 나순자 총장님께서는 노정 교섭 경험이 있으시고 노사 대화에도 많은 경험을 하셨는데, 가장 성공적인 경우와 가장 힘들었던 경우에 대해 말씀해 주시지요.

나순자　성공적이었던 경우는 당연히 2021년 9월 2일 새벽 총파업을 5시간 앞두고 노정 교섭에서 합의한 일입니다. 9월 2일 오전 7시 총파업이 예고된 가운데 13차 노정 실무교섭이 진행되었어요. 김부겸 총리도 들르고. 제가 노조활동을 32년 했더라고요. 교섭을 32년 동안 했다는 건데.
　어쨌든 저는 노정 교섭 합의하고 나서도 그렇게 잘했다는 생각을 못 했어요. 교섭 끝나고 새벽 2시엔가 합의하고. 우리나라에서 장관하고 산별노조 위원장이 합의한 게 최초예요. 그러니까 우리 민주노총이나 한국노총에서도 다 대단한 일을 했다고 하는데, 저는 그게 대단하다고 생각하지 않고 그냥 쭉 했고, 우리가 당연히 해야 될 것을 했어요. 인력 문제 해결하고 공공의료 강화 같은 건 이 시기 아니면 못 한다는 마음으로 했는데, 합의하고 나서 보니까 서울지노위(서울지방노동위원회)에서는 사용자들까지 노사가 합의 안 하고 기다리고 있어요.

서울지노위 가서 합의하고, 아침 8시에 〈김현정의 뉴스쇼〉에서 인터뷰하자고 해서, 우리 그때 인터뷰 많이 했잖아요, 이제 끝난 거예요. 인터뷰하고 나니 정말 휴대폰에 문자가 엄청 들어오는 거예요. 정말 많은 분들이 너무 고생했다. 너무 훌륭한 일을 했다. 우리나라에 죽어가는 공공의료의 불씨를 살려줘서 너무 고맙다. 덕택에 '어머 이렇게 훌륭한 일을 한 거야!'라는 걸 알았죠. 그다음에 민주노총에서는 어쨌든 노정 교섭이 전무했는데 이렇게 된 거잖아요. 어쨌든 노사정 사회적 대화에 대해서는 트라우마가 많은 곳인데, 모든 문제를 해결하는 데는 노정 교섭이 되어야 한다고 생각하고 있어요. 제도를 바꾸려면 진짜 노정 교섭이 되어야 하는 거예요. 그러니까 모든 산별노조가 그걸 로망으로 가지는 거죠. 산업정책에서 제도개선을 하려면요. 근데 보건의료노조가 해낸 거죠. 그 이후에는 다 자기네 노정 교섭 쟁취, 이게 이제 목표가 된 거예요. 그런 측면에서는 큰 성과였던 것 같습니다.

그리고 제일 힘들었던 기억은, 2002년도에 우리 서울하고 사립대들이 총파업을 했거든요. 그때 왜 했냐면, 저희는 사학연금 사업장이에요. 체제가 공무원연금하고 똑같아요. 근데 연금의 50%를 우리가 부담하고 50%는 사용자가 부담해요. 그걸로 연금을 받잖아요. 사학연금사업장은 퇴직금도 없고 국민연금도 없어요. 근데 일반사업장은 사용자들이 퇴직금을 다 적립했다가 퇴직할 때 주잖아요. 국민연금은 5 대 5로 해서 내고요. 그러니까 우리가 너무 손해인 거예요. 그래서 부산의 사립대병원에서, 고신대 의료원인가 거기가 그걸 땄더라고요. 너희는 퇴직금을 적립 안 하니까 사학연금을 너희가 다 내라는 걸 따낸 거예요. 그거 너무 좋은 발상이죠. 사용자가 내는 건 아니니까 우리한테 복지수당으로 줘라, 연금 50%를 우리가 냈는데, 너희가 이거를 다시 돌려줘라, 이렇게 해서 그걸 딴 데가 있더라고요.

그래서 2002년에 사립대 병원들이 다 모여서 연금 합의를 가지고 사립대 총파업을 하자 결의했죠. 파업을 못 한다는 경희대, CMC(가톨릭중앙의료원) 찾아다니면서, 설득했어요. 제가 그때 서울 본부장이었거든요. "너네 파업해야 된다, 이거는 꼭 해야 된다, 가능성이 있다, 이틀만 하자."라고 하면서 설득해서 파업한 거예요. 이대는 파업으로 합의를 하게 됐어요. 경희대는 사용자가 새벽에 일찍 합의했어요. 근데 연금 관련된 것 외에도 요구가 많았는데 연금 관련 합의만 수용하고, 다른 사항들은 모두 포기하라고 했어요. 그리고 파업하면 연금 관련 합의도 철회하겠다고 하는 거예요. 다른 게 하나도 안 나오니까 파업에 들어간 거죠. 그러니까 사용자가 철회한 거예요. 낙장불입이 어디 있냐 이러면서, 그렇게 파업을 했는데 그 파업이 119일 동안 한 거고요.

CMC는 그렇게 시작해서, 217일을 파업한 거예요. CMC는 의정부

병원, 여의도성모병원, 서울성모병원 이 세 군데가 파업한 건데, 차수련 위원장님이 있었으니까 가능했어요. 차수련 위원장님이랑 저랑, 차수련 위원장님은 수배를 당하셔서 CMC 서울성모병원에서 상주하면서 파업을 진두지휘했는데 경희대는 타결을 잘 했어요. 저희가 총장투쟁을 엄청 했거든요. 재단 이사장이 총장의 아버지였어요. 그분이 노벨평화상 후보였던가, 조영식… 그분한테 저희가 진짜 눈물을 흘리면서, 편지를 정말 잘 쓰는 분한테 써 달라고 부탁했어요. 그 조합원이 이사장을 찾아가서 만나면서 거기는 아주 타결이 잘 됐어요.

경희대는 119일 동안 파업하면서 조합원들이 많이 갈라졌죠. 파업하다가 힘드니까 복귀하는 사람들이 있잖아요. 남아 있는 조합원들이 아예 파업 안 나왔던 사람들보다 하다가 나간 사람들한테 더 적대적인 거예요. 너 때문에 안 된다고. 사용자들은 "그래, 조금 있으면 다 복귀할 거야" 하는 마음으로, 복귀하길 기다리면서 교섭을 안 하는 거예요. 그래서 그때 노노 갈등이 엄청 심각했고, 그거 회복하는 데도 굉장히 오래 걸렸어요. 지금도 경희대에 어느 정도 남아 있거든요. 잘 타결했는데, 거기는 무노무임(무노동·무임금)도 일정 부분 적용받았는데도 불구하고.

CMC의 경우엔 정말로 반노동적이라는 생각이 들어요. 아예 교섭이라는 것을 하지 않아요. 교섭해서 주는 것은 빼앗기는 걸로 생각해요. 자신들이 주는 것은 하나님이 주는 걸로 생각해요. 정말 그 당시에도 중노위 위원장도 나서서 엄청 노력도 해 주고 이랬는데도 정말 꼼짝도 안 했거든요. 그래서 217일 동안 정말 그 무노무임 다 적용받으면서… 공권력 투입이 됐어요. 여기 경희대도 그렇고 CMC도 똑같은 날, 9월 11일에 공권력 투입이 된 거예요, 양쪽 다. 그날 정말 많은 일들이 발생했더라고요. 9·11 테러도 있었잖아요. 어쨌든 그걸 뚫고 다 견디면서도 조합원들이 싸웠어요.

그래서 경희대는 잘 타결했는데, CMC는 쫓겨 나가고, 공권력 투입돼서 명동성당에서 천막 치고 파업하고, 정말 30일씩 조합원들이 단식하고 삭발하고 오만 가지 투쟁을 다 했거든요. 전부 다 하고, 7개월 동안 투쟁했는데도 타결이 안 되는데 어떡해요? 더 할 수가 없지. 그래서 우리가 복귀를 시켰는데. 저는 그 생각만 하면 지금도 눈물이 나오는데, (눈물 흘리며) 정말 다 조합원들 울면서 들어갔거든요. 하… 그래서 그때 징계 먹고… 하… 그 후유증이 지금도 있어요. 유니온숍인데 아직도 복구도 못하고 조합원만 그냥 유지하고 있고, 그게 제 가슴에, (계속 눈물 흘리며).

조대엽 아이고, 좀 진정한 후 진행하지요. 천천히 합시다.

나순자 그래서 조합원들한테 나중에 물어보니까 자기들은 지도부가 할 수 있다, 우리는 승리할 수 있다, 매일 그렇게 해야 되잖아요. 우리는 승리할 수 있다 이러면서 매일 얘기하니까… 정말 우리 순진한 조합원들은 그걸 믿은 거예요. 우리는 그래, 끝까지 가도 우리는 이길 수 있다. 우리 무노무임 다 적용받고, 우리는 승리해서 들어갈 수 있다. 그런 마음. 정말 지도부 믿고 버티고 싸웠는데.

그리고 이 투쟁하면서 필수유지 직권중재제도가 있었잖아요. 필수유지업무사업장들은 무조건 파업을 못하게 돼 있는 거예요. 그때까지만 해도 다 불법 파업이었어요. 투쟁하면서 직권중재 활용해서 사용자들이 노사관계를 더 파탄으로 끌고 간다, 노동조합 와해하려고 파업을 유도한다. 경희대와 CMC 조합원들이 2,000명 넘게 모여서 파업했으니까. 맨날 모여서 집회하고 이러니까. 그리고 어마어마한 파업이잖아요. 대부분 여성 노동자들이고 그래서 그때 이슈화도 엄청 시킨 거예요. 그래서 직권중재가 없어졌어요. 직권중재를 철폐하면서 필수유지업무제도라는 게 생겨가지고, 파업할 때 필수유지업무만 유지하면, 파업이 합법 파업이 된 거예요. 그래서 우리 병원뿐만 아니라 필수공익사업장들이 합법 파업을 할 수 있게 된 거예요. 우리 보건의료노조 때문에, 그 사람들 알려나 모르겠네. 이 제도 개선도 저희가 했습니다. 투쟁으로.

하여튼 그 훌륭한 투쟁을 했는데 우리 조합원들은 우리는 안 돼, 우리는 아무리 파업해도 안 돼. 안 된다는 게, 너무 경험을 통해서 깊게 박혔으니까 집회는 나와도 파업은 못 하는 거죠, 거기는 지금도. 그래서 그렇게 지도부를 믿고 끝까지 투쟁했는데 조합원들한테 그런 경험을 안겨 줘가지고… (눈물 흘리며) 지도부의 한 사람으로서 마음이 많이 아프죠. (계속 눈물 흘리며) 거기만 실패한 것 같아요. 지금까지 투쟁하면서 다른 데는 그래도 조금씩이라도 다 성과를 냈고 이룬 게 있는데. 오랜만에 생각하니까 눈물이 나오네요.

조대엽 조합원들의 좌절이기도 하고 나 위원장의 좌절의 경험이기도 하네요. 그러면 다른 질문으로, 우리 노동조합운동의 미래에 대해 전망한다면 어떻게 보세요?

나순자   저는 지금처럼 가면 미래가 있을까 하는 생각이 좀 들고요. 그래서 저는 우리 민주노총과 산별노조들이 제도개선 투쟁으로, 산별 교섭, 단체협약 효력확장제도 등을 법제화하는 데에 정말 집중해서 투쟁해야 한다는 생각을 하고요.

두 번째는 사회적 역할인데요. 불평등 양극화가 이렇게 심각한 상태에서 저는 노동조합이 지속가능할까라는 회의적 생각이 들기도 하거든요. 말로만 불평등 타파가 아니라, 민주노총 지도부도 맨날 불평등 타파 얘기하거든요, 정말 실질적으로 노동시장의 이중 구조, 불평등, 양극화 이런 것들을 해소하고. 그리고 말로만 기후위기에 대응하는 정의로운 전환을 얘기하는 게 아니라 실질적으로 해결책을 수행할 수 있도록 해야 해요. 그리고 저출생·고령화 시기의 대안들을 마련해서, 저는 노동조합들이 정말 열심히 적극적으로 해야 한다고 생각해요.

조대엽   노조시민주의를?

나순자   맞아요. 이런 사회적 역할을 정말 잘해야 된다고 생각해요. 근데 이런 부분들에 대해서 구호로, 요구로는 다 얘기해요. 그러나 민주노총이 누구하고 교섭하나요. 교섭도 하지 못하고. 정말 저는 한 3년이든 5년이든 계획을 세워서, 우리 현장에서부터 조합원들 교육하고 토론하자, 이렇게 만들어서, 저는 파업하든지 뭘 하든지 해야 된다고 생각하거든요. 정말 파업할 자신이 없으면 사회적 대화와 관련해서 정부와의 논의 자리를 만들든지. 저는 이렇게 사회가 더 어려워지고 있는데, 노조가 제대로 된 역할을 못하고 있다고 생각합니다.

조대엽　그럼에도 나순자 사무총장님은 산별 위원장으로서 많은 성과와 성취를 얻은 위원장 중에 한 분이란 말이에요. 위원장으로 일하면서 가져야 할 노조 리더십 중 가장 중요한 덕목은 무엇일까요?

나순자　제가 이것 때문에 고민을 많이 했는데요. 제 경험에 비추어 본다면, 이데올로기적 말보다는 실사구시적 실천력이 중요하다. 그리고 우리는 정말 너무 다양한 사람들이 다양한 생각을 가지고 모여 있잖아요. 대중 조직이니까. 그러면 자신의 주장만이 아니라 구동존이求同存異, 즉 다름을 존중하고 이해하고 하나로 모아 가려고 하는 통합 능력들이 필요하다고 생각합니다. 구체적인 실천이요.

조대엽　그럼 한국 노동운동의 지도자(노조 위원장)들 가운데 가장 좋은 모델을 든다면 어떤 분을 들겠습니까? 이유는?

나순자　지금은 문제제기를 하기도 합니다만 저는 어렸을 때부터 봤기 때문에 권영길 위원장님을 존경합니다. 왜냐하면 그때 권영길 위원장님 리더십으로 민주노총을 건설했고, 특히 그때는 제조업 업종회의, 사무직 업종회의 등으로 다 나뉘져 있었잖아요. 이것들을 다 통합했고, 그다음에 민주노총 건설하고 나서 1996~97년 총파업을 진두지휘하셨거든요.

근데 저도 총파업을 해 봤지만, 이걸 만들기 위해서는 정말 지도자가 의지를 가지고 만들어가는 과정들이 반드시 필요하거든요. 그냥 '총파업해야 돼' 이런다고 해서 되는 게 아니에요. 정말 그걸 만들려고 민주노총은 1년 동안 준비했어요. 저도 그때 이대병원 위원장이었거든요. 그때 정리해고가 처음 도입되었잖아요. 정리해고가 도입되면 우리한테 어떤 문제가 생길지, 근로자 파견법이 도입이 되면 우리한테 어떤 문제가 생길지 이걸 다 교육시켰어요. 당시에 중간관리자들이 더 관심이 많았어요. 왜냐하면 자기들이 해고될 가능성이 더 높다고 생각하니까. 그래서 파업할 수 있었던 거예요. 중간관리자들이 도와주고 파업하는 데 이렇게 호응해 주고, 저는 이런 요소들이 크게 작용했다고 생각하거든요. 민주노총 위원장으로서 이것을 조직할 수 있도록 만든 것, 그 과정에서 단위노조 위원장들끼리 모여서 토론도 하고 집회도 하고, 그 사람들이 현장에 가서 조직할 수 있는 계기를 많이 만들어줬어요. 그래서 저는 그런 큰 총파업을, 김영삼 대통령이 사과할 정도로 이끌었던 사람으로서 굉장히 존경하고, 대단하다고 생각합니다.

또 거기서 끝낸 게 아니라, 그걸 통해서 또 진보정당인 민주노동당을 만들어서 우리나라의 진보 정치를 살려낸 분이라고 생각해요. 우리나라의 보편적 복지와 관련해서도, 무상급식을 반대한 오세훈 당시 서울시장도 끌어내리고, 지금은 국민의힘이 선별적 복지 얘기는 별로 안 하잖아요. 권영길 위원장님은 민주당도 마찬가지고 국민의힘까지도 보편적 복지를 얘기하게 만든 중요한 역할을 했다고 생각합니다.

조대엽 노동조합을 이끌면서 기억나는 가장 소중한 일이 어떤 게 있을까요?

나순자 우리 조합원들과 지부장들한테 너무 고마웠는데요. 2021년에 노정 교섭을 처음 시도하려 하니까, 지부장들이 터무니없는 얘기하고 있다고 하는 사람도 많았고, 파업까지 하자고 하니까 코웃음 치는 사람들도 많았었어요. 어쨌든 그나마 교섭이 되니까 뭔가 관심을 갖긴 했지만, 그래도 파업까지 해야 한다는 사람들은 많지가 않았거든요. 그럼에도 불구하고 교섭이 되니까, 그러니까 교섭이 진짜 중요하긴 하더라고요. 노정 교섭 끝날 때까지 지부에서 노사 교섭 타결하면 안 된다는 것을 대의원대회에서 규율로 정했거든요. 정말 단 한 군데도 타결을 안 했더라고요. 지노위에 가서 다 앉아 있는 거예요. 근데 결렬되어서 파업을 준비하고 있는 곳도 있었지만, 지노위에 갔더니 다들 언제 타결되나 이러면서 노사가, 심지어 사용자들도 다 그 좁은 데 앉아 있는 거예요. 노정 교섭만 쳐다보고 있는 거예요. 정말 그때가 제일 감동이었어요.

그래서 제가 노정 교섭이 끝나고 나서, "여러분들한테 큰절하고 싶다. 너무 고맙다"고 말했었죠. 그런 힘이 있었으니 타결도 가능했던 것 같아요. 그때 너무 고맙고 감동이었어요. 전국의 지노위 위원장들과 공익위원들이 다 우리 노조 때문에 TV를 보고 있었던 거예요. 타결 끝나자마자 뭐, 불났죠. 지노위에서 "언제 타결합니까?" 하면서 우리 노조로 전화하고, 왜냐하면 우리가 타결해야 타결이 되니까요. 산별노조의 지침이 그만큼 중요하고 영향력이 있더라고요.

조대엽 처음부터 끝까지 나순자 위원장은 교섭이 제일 중요하고, 교섭이 이루어져야 제도적 성과가 얻어지는 걸 경험했고, 그리고 소중한 기억, 힘들었던 기억까지도 다 교섭이었네요. 교섭주의자세요.

나순자 맞아요. 노동조합은 교섭이 정말 중요해요. 제가 그렇게 해 왔고, 보건의료노조가 그렇게 해 왔으니까요.

조대엽 핵심이죠. 그걸 나순자 위원장께서 가장 뚜렷하게 제시해 주셨어요. 노동조합의 과거도 그렇고 미래도 그렇고 결국은 산별노조 플러스 교섭력. 이게 가장 중요하다는 것을 분명히 해 주셨어요. 그럼 화제를 돌려, 노동조합을 이끌면서 가장 힘들었던 기억을 말씀해 주시기 바랍니다.

나순자 교섭 외 힘들었던 거는… 교섭이 힘들어서 나머지는 별로 생각이 나지 않는데요. 사람 때문에 힘들죠. 그래도 저는 딱 한 번밖에 경선을 안 했고, 다 그냥 단독이었어요. 제가 선거를 11번 했더라고요. 그중에 한 번만 사무처장을 했고, 나머지 10번을 대표자만 한 거예요. 이대병원부터 서울 본부장 위원장까지, 그중에 한 번만 경선한 거죠. 그리고 다 단독으로 한 거고. 제가 좀 잘한 거죠? 감히 누가! (웃으며)

32년을 했다니까요, 노조활동을. 좋았던 것은 제가 첫 번째 위원장을 하고 다음에 미조직 위원장을 했거든요. 아마 산별노조 위원장 출신이 미조직 위원장 한 경우는 저밖에 없을 거예요. 근데 저는 위원장 하면서도 어떤 생각을 했냐하면, 조직화에서 모든 경험을 해본 산별노조 위원장이 조직화를 하면 참 좋겠구나, 이런 생각을 했어요.

근데 이제 제가 그때 비례도 출마했다가 안 되고, 민주노총 사무총장 출마했다가 안 되고, 저는 제 인생을 통틀어 보면 그게 다 안 되길 잘했다고 생각해요. 안 된 게 어쨌든 또 이렇게 미조직 위원장을 할 수 있는 계기가 됐어요. 제가 현장으로 복귀하려고 하니까, 유지현 위원장이 그러지 말고 미조직 위원장을 해달라고 했어요. 유지현 위원장과도 산별노조 위원장 다음에 미조직 위원장 하면 좋겠다는 얘기를 한 적 있었거든요. 그래서 미조직 위원장을 맡게 된 거고, 현 위원장이 전 위원장과 그렇게 같이 일하게 한 경우도 없을 거고, 다른 연맹에서도 산별 위원장 출신이 미조직 위원장을 한 예도 없을 거고. 그러니까 우리 보건의료노조였으니까, 경선을 안 했으니까 저는 그런 게 가능했다고 생각해요. 유지현 위원장이랑 저랑 관계가 좋았으니 가능했던 거죠.

미조직 위원장 하면서 정말 많은 경험을 했어요. 노조 없는 사업장들이 어떤 상태인지를 몰랐어요. 사실 저는 노조 있는 데만 경험했잖아요. 노조 없는 데는 육아휴직도 못 가더라고요. 대학병원들이, 예를 들어 을지병원, 한림대병원, 길병원 이런 노조 없는 병원들 환경이 정말 얼마나 열악한지 경험했고요. 그래서 노동조합이 얼마나 중요한지를 다시금 경험했습니다.

근데 그때 제가 고려대 노동대학원을 다녔잖아요. 그게 정말 도움이 많이 된 거예요. 왜냐하면 우리가 그냥 노동조합 활동만 했을 때는 노동법이나 이런 것들에 대해서 세세히 알지 못하고 그냥 노조활동을 하잖아요. 투쟁으로 하니까. 그런데 노동대학원을 다니면서 노동법 공부도 제대로 하고, 노사관계, 노동복지 등 다른 나라 사례들과 비교하고 공부하면서, 공부한 것들을 현장에서 다 써먹은 거예요. 교섭할 때에도. 사람들이 너무 훌륭하다고 했죠. (웃으며) 그게 이렇게 딱 맞아떨어져서. 그때가 또 문재인 정부 출범하면서 좋은 분위기도 됐지만, 전국의 대학병원들 거의 다, 노조 없는 곳들 노조를 조직했잖아요. 그때 동국대병원, 을지병원, 길병원, 한림대병원, 건국대병원 다 했고요. 지금 대학병원 중에는 삼성병원하고 차병원 두 군데만 안 됐어요.

조대엽 그럼 당시 미조직 위원장을 하면서 다 조직한 거라고요?

나순자 조직한 거죠. 정신병원들은 더 열악해요. 제가 얘기하면 정말 기겁할 텐데요. 이런 사회가 아직도 있구나! 그런 경험들을 많이해서 도움이 됐죠. 그리고 그런 활동들을 하면서 교수님들, 전문가들하고 정신보건 제도와 관련한 정책을 많이 공부하면서 대응했거든요. 우리 보건의료노조는 그냥 무작정 투쟁만 하지 않아요. 내용들을다 공부하면서 정부와 논의하고, 정부에 요구하고 그러죠. 제가 위원장을 하면서 정부위원회에 들어가서… 정신보건의료 하면 저 따라올사람 없었어요. 제가 얘기하면 다 조용히… (웃으며) 그러니까 신뢰도 많이 받았죠.

　3년 동안 미조직 위원장을 했기에, 그래서 제가 위원장을 다시 할 수 있었던 거예요. 제가 미조직 위원장 하는 동안에 그냥 합의한 사업장들은 없었어요. 노동자들이, 그냥 쟁취하면 공짜로 되는 줄 알잖아요. 우리가 스스로 투쟁해야 쟁취하는 거라는 사실을 심어주기 위해서. 그리고 또 사용자들이 그렇게 만들었어요. 그래서 그냥 타결할 수도 있지만, 우리는 무조건 전야제까지는 간다. 조합원들이 무조건 다 모여서 전야제를 한다. 그리고 타결했어요. 그냥 파업한 사업장은 두 군데 있었고요. 을지병원은 노동탄압 전문가를 데려와서 파업했고, 용인정신병원은 유명하거든요. 거기는 진짜 악질적이어서 파업했어요. 나머지들은 전야제까지 다 하고 타결했죠. 새벽에 타결하고.

조대엽　마지막으로 위원장의 꿈이 있다면 말씀해 주시기 바랍니다.

나순자　저는 이제 노동운동은 끝났고요. 제가 생각해 보니까 정말 위원장만, 아니 대표자만 10번을 했잖아요. 그 자리가 항상 긴장하고 살아야 하는 자리거든요. 대표자를 하면, 물론 다른 분들도 다 긴장하고 살지만 어쨌든 내 임기 동안에 조합원들하고 함께 뭔가를 해내야 한다는 게 있기에, 내가 투쟁 안 해도 사업장이 투쟁하면 그 투쟁이 잘 끝나야 되잖아요. 위원장으로서 해내지 못하고 잘 못 끝내면 그게 다 위원장 지도력의 문제고 이러니까. 그런 것들을 하나하나 다 지도하면서, 항상 긴장하고 살았던 거죠.

　그런 생활을 32년 동안이나 했기 때문에 이제는 정말 쉬어야겠다,

편하게 놀러도 다니고 여행도 다니고 쉬어야겠다고 생각하고 안 하려고 했는데, 어찌어찌해서 정의당 비례를 다시 또 하게 된 거예요. 제가 2011년에 한 번 비례에 출마해서 실패했잖아요. 그때 정말 조직적으로 힘들었거든요. 저로 인해서 힘들었잖아요. 한 10년 동안은 노동조합 정치세력화 얘기를 꺼내지 못할 정도였어요.

어쨌든 그럼에도 제가 다시 위원장을 하면서 노정 교섭을 성공시키고, 좋은 위원장으로 남게 됐잖아요. 만회하게 된 거죠. 그래서 다행이라고 생각하고. 노동자 정치세력화도 후배들이 얘기하면 되겠다고 생각을 했는데 또 나가라고 해서… 저는 그게 제일 두려웠던 거예요. 다시 나가서 또 안 되면 이제는 만회할 시간도 없는데. 그래서 절대 안 한다고 했는데. 하여튼 또 중집(중앙집행위원회)에서 다시 하라고 그러고. 그리고 "노동조합 정치세력화를 위해서는 당신이 서 있기만 하면 된다"는 꼬임에 빠져 다시 하게 됐는데요.

어쨌든 그래서 제가 다시 정의당 사무총장을 하게 된 것은, 제가 비례대표가 되지 못했으니 더 이상 정당활동은 안 한다고 해서 누가 저한테 욕하겠어요. '망해 가는' 정의당에 제가 간 것만으로도 고마워하더라고요. 전국을 다니는데 정의당 당원들이 "이렇게 어려운데 와주셔서 너무 감사합니다"라는 얘기들을 많이 하더라고요. 제가 안 한다고 해서 누가 저한테 돌을 던지겠어요? 그럼에도 제가 전국을 다니면서, 저도 당연히 될 줄 알았죠, 노동 현장을 다 다니면서 우리 노동조합 정치세력화 다시 한번 합시다, 그렇게 말했어요.

그리고 어쨌든 진보정당이 위성정당으로 이렇게 남았잖아요. 그래서 이런 원칙을 지키는 정당이 하나 정도는 있어야 하지 않겠냐고 했지요. 노동 중심의 진보정당으로 다시 한번 만들어봅시다, 거기에 제가 앞장서겠습니다. 이렇게 다 얘기하고 다녔는데 국회의원이 안 됐다고 제가 안 하면 우리 노동자들이 어떻게 생각하겠어요? 앞으로 누가 나와도, "그래 다 너네 국회의원 되려고 그러는 거잖아." 이런 반응이 나올 수밖에 없잖아요. 제가 그렇게 만드는 사람이 되지는 말아야 하겠다. 그래도 최소한 말을 했으면, 저렇게 지키는 사람이 있구나. 이런 생각을 하게 만드는 역할을 해야 하지 않을까. 모범을 보여야 하지 않을까. 그래서 사무총장을 다시 하게 된 거예요. 노동 부대표도 해도 되고 뭘 해도 되는데, 이왕에 할 거면 제대로 한번 해보자, 그렇게 생각했죠.

그래서 사무총장을 맡게 되어 지금 하고 있습니다. 정의당을 제가 보니, 유럽의 경우와 같이 어쨌든 강력한 산별노조가 있어야 되고, 거기에 또 진보정당이 있어야 하는 거잖아요. 같이 합해졌을 때 유럽식 복지국가와 같은 것을 만들 수 있다고 생각하고요. 아직 멀었다는 생각은 들지만 그래도 이런 진보정당들이 잘 되려면 실제로 산별노조가 잘 되어야 한다. 그래서 우리 정의당도 어쨌든 좀 살려놔야 되고요. 진보정당으로서, 노동도 산별노조들이 잘 됐으면 좋겠다.

그래서 이렇게 만나서 사회민주주의 얘기하면 또 말이 많습니다만, 제대로 된 유럽식 복지국가를 만들어야 한다는 것이 제 꿈입니다. 거기에 제가 조금의 역할을 하겠습니다. 저는 이제 많은 역할 안 맡으려고 생각해요. 정의당만 이렇게 조금 살려놓는, 아니 살려놓는 게 아니라 토대를 만드는 꿈을 가지고 역할을 하려고 합니다.

조대엽　장시간 인터뷰 참석해 주셔서 감사합니다. 너무나 체험적인, 소중한 말씀을 많이 들었어요. 나순자 사무총장의 꿈이 이루어지기를 응원하겠습니다.

대담 ④ 이재진

세상을 밝게 바꾸는 노동조합

조대엽　이재진 전국사무금융서비스노동조합 위원장과의 인터뷰를 진행하겠습니다. 먼저 첫 질문 드리겠습니다. 디지털 전환과 AI 시대에 이르는 우리 시대의 기술 발전은 인간노동을 빠르게 대체하고 있습니다. 이 같은 현실을 인간노동이 대면하고 있는 보편위기라고 한다면 이에 대해 어떻게 생각하십니까?

이재진　사람들이 인공지능과 관련해서는 챗지피티가 나오면서 가장 민감하게 반응하더라고요. 인공지능의 수준이 이렇게까지 발전했나 하는 것이 피부에 와닿는 가장 큰 계기가 챗지피티였던 것 같아요. 이제 인공지능과 관련해서 AGI(인공일반지능) 개념도 접근을 하더라고요. 일반적 인공지능과 더 강한 인공지능, 이런 부분들이 저희 금융권에서는 이미 현실적으로 다가오는 게 있거든요. 특히 콜센터와 같은 곳들, 실질적으로 인공지능에 의한 노동자들의 일자리가 감소하는 부분들은 이미 현장에서 경험하고 있는 상황입니다.

　그런데 과연 여기에서 그칠 것인가. 정치, 경제, 사회, 문화 전반적으로 영향을 미칠 수밖에 없지 않겠는가. 노동만의 문제가 아니라 사회 전반으로 미치는 파급 효과가 클 걸로 판단되기 때문에 이에 대한

노조시민주의와 노동조합운동의 미래 ⅠＩ　245

어떤 논의가 됐든 사회적 합의틀이 좀 만들어져야 하지 않겠는가 하는 게 제 생각입니다. 다시 말해, 기술 발전을 노동 대체로만 보는 게 아니라, 전반적인 사회적 변화에 가장 큰 문제일 수 있다고 판단하고 있다는 거죠. 머지않아 생산 요소인 토지, 자본, 기술까지도 지배 혹은 통제하지 않겠나, 하는 생각을 하고 있습니다. 때문에 저는 단순하게 우리 노동권 보호도 중요하고 일자리 창출이라든지 사회 대전환도 중요하지만, 사회 전체를 놓고 보면서 변화에 대응하는 계기를 만들고, 더 심도 있게 고민하는 자세가 필요하다고 생각합니다.

조대엽　현장에서는 아까 콜센터 말씀하셨는데, 그 외에도 지금 은행권 같은 경우에도 은행 지점 숫자가 자꾸 줄어든다고 합니다. 비슷한 상황이겠지요?

이재진　증권도 그렇고 보험도 그렇고, 다들 축소되는 상황인 거죠. 그럼 자연스럽게 일자리도 축소되는 거고, 이건 현실로 지금 다가온 겁니다.

조대엽　다음 질문으로 이어가겠습니다. 최근 노동조합의 위기에 대한 걱정이 많습니다. 젊은 세대의 노조 기피 현상, 노동조합의 경직성, 리더십과 정책역량의 위기 등을 포괄하는 노동조합의 조직위기에 대해 어떻게 생각하시는지요?

이재진　한국 사회 전반에 걸쳐서 고령화 문제는 피할 수 없는 상황이라고 판단하고 있고요. 그리고 일정 부분 수구 보수 언론들이 마치 MZ세대를 공정이라든지, 자기중심적 사고만 하고 이기주의 비슷하게 평등만을 주장하고, 노동의 가치 등에 관련해서는 더 강하게 자기 것만을 위하는 세대로 매도하는 측면이 없지 않아 있습니다. 저희가 현장에서 만나보는 MZ세대들이 꼭 그렇지는 않거든요. 자꾸 그것만 부각하면서 갈등을 오히려 더 조장하는 것 아닌가 하는 점은 좀 우려스러운 부분이기도 합니다.

　저는 사무노조 위원장으로서 산하 지부가 170개 있는데 노동의 위기는 세대 간의 문제가 있을 뿐만 아니라 전체적으로 모든 상황에서 다 똑같이 펼쳐져 있다고 보거든요. 그래서 이것을 극복하기 위해서는 무엇보다도 교육 역량을 강화하는 게 중요하다고 생각합니다. 교육을 진짜 많이 해야 합니다.

그런데 간부들마저도 교육을 안 받으려고 해요. 간부들마저도 현실적인 여러 가지 현안들을 해결하는 데 바쁩니다. 그 해결이라는 것도 사측과 소통을 통해서 당장 눈앞의 문제를 해결하는 데 급급하지, 장기적 전망을 놓고서 전체적인 사회적 구조적 변화라든지 노동의 변화, 노동자의 정체성을 심어주는 것들에 대해서는 안 하려고 하는 게 가장 시급한 문제입니다. 간부들의 역량을 키워야 하는데, 물론 선우재에서도 노동교육을 하지만 안 가려고 하거든요. 간부들이 책임의식을 갖고 더 노력하고 더 설득하고 해야 되는데, 이마저도 안 하고 있습니다. 이게 가장 큰 문제라고 생각합니다.

조대엽 예산이 없어서 그런 것은 아니고요?

이재진 저희 같은 본조는 당연히 그런 예산이 없죠. 그런데 산하 조직들은 교육을 하려고 하면 충분히 예산이 있다고 봅니다. 그런데 교육이란 것이 상당히 시간이 걸리는 문제잖아요. 단시간에 효과를 보기는 쉽지 않은 거예요. 그러다 보니까 교육에 신경을 안 쓰는 것이고, 또 현장의 간부들도 본인들이 지쳐서 안 하는 것도 있습니다. 현장 조합원들은 또 현업 업무를 봐야 되기 때문에, 업무 보는 것으로 낮에는 지쳐 있다 보니 저녁에 다시 또 학습하고 이런 것들에 대해서 질색을 하죠. 그건 당연히 노조에서 해줘야 할 일로 인식이 되고 있고, 조합비 내니까 그건 노조가 알아서 할 일로 이렇게 이분화돼 있는 게 지금 현실이거든요.

저는 어쨌든 첫 번째는 젊은 세대들이 관심을 가질 수 있도록 여러 가지 의제를 발굴한다든지, 그리고 그들에게 실질적으로 노동조합의 필요성을 느낄 수 있도록 계속 유인하는 부분들을 개발하고, 그래서 노동조합 간부라는 사람들이 좀 귀찮고 힘들더라도 인내를 갖고 운영해 나갈 필요가 있다고 생각하는데, 이런 의식이 상당히 많이 떨어졌다고 봐요.

조대엽 그럼 이 위원장 말씀은 세대 간에 원천적인 격차라든지 이해 방식의 문제 이런 것들은, 실제보다 오히려 언론이 조장하는 측면이 있다는 말씀이시죠?

이재진 저는 세대 격차가 생각보다 그렇게 크다고 보지 않습니다.

조대엽 그보다는 오히려 노동조합의 재생산을 위해서도 교육 등이 새로운 세대들한테도 확산되어야 하고, 또 참여시키는 게 중요하다는 말씀이시죠?

이재진 이제 환경이 많이 변화되었잖아요. 사실은 지금 국민소득이 3만 달러 시대라면 우리 때는 1만 달러 세대였고, 그럼 지금 2~30대들이 자라오면서 경험한 환경과 기성세대들, 부모세대들이 봤던 환경은 분명히 다르거든요. 그래서 사고방식 자체가 똑같을 수는 없다고 봅니다. 솔직히 일정 부분의 차이는 분명히 인정하고 들어가는

데, 그래도 그들이 결국은 본인들 스스로는 노동자라는 정체성을 벗어날 수는 없다고 보거든요.

그나마 예전에 우리 세대는 학생운동이라든지 이념적 문제들을 대학에서도 고민했던 세대인데, 지금 세대는 그런 게 없는 세대이거든요. 그러면 그들은 그런 부분에 대한 고민이 좀 적을 수밖에 없는 거죠. 저는 이것을 고민할 수 있도록 계기를 마련해 주고 또 고민할 수 있는 여러 가지 의제들을 던져줬을 때 그들이 또 고민할 거 아닌가 생각합니다. 어차피 2~30대에 계속 머물러 있는 건 아니잖아요. 시간이 흐르면 본인들도 40대가 되고 50대가 되는 거고, 또 조직 내에서도 책임자가 되는 거고, 이런 변화들은 분명히 있는 거거든요.

저도 처음에 증권회사 들어갔을 때 한 10년 다니면 많이 다니겠지 생각했죠. 근데 지금 정년까지 오잖아요. 많은 사람이 그렇다고 봅니다. 그래서 당장 눈앞의 이익에 급급하지 않고 크게 볼 수 있는 그런 계기들을 자꾸 만들어내야 한다는 게 저의 기본적 생각입니다.

조대엽　MZ 노조원들을 대상으로 한 교육 프로그램을 좀 특화해서 따로 만들면 어떨까요?

이재진　저도 고민을 했는데 MZ세대 교육 프로그램을 마련하면, 그 대상자들이 교육을 받을 수 있도록, 참여할 수 있도록 해야 하잖아요? 저는 그것이 현재 노조 간부들이 해야 될 역할이라고 보거든요. 그런데 이 노조 간부들이 그 필요성을 못 느낀다는 데에 문제가 있습니다.

조대엽   대가 끊기는데도요?

이재진   실은 관심이 크게 없어요. 제 임기 3년 동안 저는 제 역할만 하고 가면 된다는 생각이 큰 것 같아요. 그러니까 기존의 선배들은 조합원을 대상으로 한 노조운동을 어떻게든지 계속 이어서 해야 한다는 생각이 강한데, 오히려 저는 중간에 있는 간부들 역량을 키우는 것이 더 급선무라고 봅니다. 실은 이 사람들이 시간은 더 많거든요.

조대엽   그러니까 내부에서 교육의 중요성을 꾸준히 서로 얘기하고 교육 예산을 단사별로 좀 갹출하든지 해서 일정하게는 연맹에 있는 노조 간부들, 상근자들 교육받을 기회를 줘야 합니다. 단사에서야 자기들 돈을 가지고 올 수 있게끔 해야 하는데 그게 취약하면 사실은 생명력이 없지요.

이재진   네, 맞습니다. 저 같은 경우도 지치는 부분이 그런 거거든요. 기본적으로 이제 일도 많지만 어렵게 간부 한 명이 올라오면 계속 소통하고 대화하고 교육도 받게 하거든요. 그런데 딱 3년 하고 선거에서 지거나 본인이 더 이상 안 맞는다 싶으면 가 버려요. 그러면 또 새로운 사람들이 올라와요. 그럼 그 사람들은 또다시 처음부터 손발을 맞춰야 하고, 여기에 막 지치는 거예요. 이게 너무 힘들구나. 저는 그 부분에 있어 좀 체계적 방안을 고민할 필요가 있다고 생각합니다. 우선 1차적으로 간부 육성 교육이 중요하다고 생각합니다. 그래야 그들이 조합원들을 당겨올 수 있는 역할을 할 수 있거든요.

조대엽 이 위원장님, 지금 3선입니까? 재선쯤 할 때 그런 걸 이슈화해서 공약으로도 삼았어야 했을 텐데요. 초선 때 다루기에는 좀 깊은 문제이고 당면한 문제가 아니니까 말입니다. 박홍배 의원은 위원장 당시 선거에서 이른바 노조가 가지고 있는 위기를 극복하기 위해서, 그리고 훨씬 더 탄탄한 노동조합의 제도화를 위해서 공약으로 걸었던 것이 법률원 설립, 두 번째가 교육원 설립이었다고 하더라고요. 그런데 법률원은 만들어졌고 이게 상당히 고민 끝에 만들어졌고 잘했다는 평가를 받았는데, 교육원은 아직 못 만들었다고 하더군요.

이재진 금융산업노조는 '노동대학'이라고 있어요. 아마 똑같이 고민하는 게 이런 거죠. 노동대학을 만들었는데 문제는 뭐냐? 신청을 안 하는 거예요. 인원이 안 되는 거예요. 그래서 실은 올해 저희랑 같이 노동대학을 운영하기로 했었죠. 인원을 우리도 하고 그쪽도 하고 해서 가자, 프로그램 같이 만들자고 같이 고민했었죠. 그런데 그게 지금 거의 깨졌죠. 금노(금융노동조합) 선거가 파행되면서 논의가 안 되고, 이번 연도는 거의 하기가 어려울 겁니다. 그러니, 간부 입장, 산별노조 위원장 정도 하는 사람 입장에서는 여기에 대한 고민을 안 할 수가 없습니다. 실제로 가장 중요한 게 교육입니다.

이재진 이사장님하고 진짜 같이 한번 고민해야 할 문제입니다. 이건 저는 민주노총이나 한국노총 다 마찬가지로 결국 노동운동은 열정이 있어야 된다고 생각하거든요. 그 열정을 중간 간부들이 뜨겁게 달아오를 수 있도록 만드는 것이 중요합니다. 개개인들을 놓고 봤을 때는 의협심이라든지 정의감이라든지 이런 게 없지는 않다고 봐요. 어떻게 보면 저 같은 노동운동 지도부가 제대로 역할하지 못하는 부분도 없잖아 있다고 반성도 하고 있습니다.

조대엽 위원장들이 하는 일이 많아서 그렇죠. 이따가 얘기하겠지만 공익재단 만드는 것들을 해냈잖아요. 그런 걸 해내는 건 보통 힘을 가지고 되는 게 아니거든요. 교육체계를 만드는 것도 그만큼이나 어려운 일인데, 사실 우리 노동계가 수준이 높아지는 것은 고려대 노동대학원 같은 교육기관의 영향이 커요.

이재진 그럼요. 고려대 노동대학원이 역할을 많이 했죠.

조대엽 그런데 그렇다고 해서 고려대 노동대학원에 보냈던 사람을 또 보내고 또 보내고 이럴 수는 없는 거란 말이에요. 이제 갈수록 노동교육의 다양성이 훨씬 더 확대되면서 교육 프로그램의 다양성 또한 확대되어 노조 측에서 자기들이 필요한 것을 선택하는 식으로 가야 하는데, 다양성은커녕 제도 자체가 제한적인 것이 현실입니다. 하여튼 그 숙제를 이번 인터뷰를 계기로 어떤 식으로든지 방안을 같이 만들어보도록 하겠습니다.
　정부 얘기 좀 하죠. 노동조합운동은 정부 성격에 따라 크게 영향을 받습니다. 최근 윤석열 정부에서 나타나는 노동운동의 정세적 위기를 노동정책과 관련해서 평가해 주시기 바랍니다.

이재진　참 뻔뻔하다는 생각이 들어요. 어제였죠. 어제(8월 7일) 국민의힘 임이자 의원 중심으로 노동약자 지원보호 제도개선 토론회를 열었어요. 노동약자, 자기들은 한동훈 대표도 그렇고 약자의 편에 서겠다. 나 이거 참, 도대체 얼마나 국민을 우습게 보면 이런 표현을 씁니까? 임이자 의원 말인즉슨, 대한민국 임금노동자 2,200만 명이 있는데 노조법 2, 3조 개정은 노동조합에 있는 240만을 위한, 귀족노조를 위한 법이다. 그러면서 자기들은 비정규직, 플랫폼 노동자들, 배달 노동자들, 이 어려운 노동자들인 '약자' 편에서 만들겠다. 이게 어제 한 토론회예요. 기가 찰 노릇이죠. 그렇게 마치 '약자' 편이라는 듯이.

　대체, 노조법 2, 3조는 제대로 알고 있는 건지. 노조법 2조 같은 경우는 이게 어떻게 보면 '진짜 사장' 나오라는 법이잖아요. 보통 노사관계는 사용자와 노동자 간의 관계이기 때문에, 막말로 자본이 발달해서 사내하청을 주고 이렇게 가져가는 거잖아요. 그런 것을 못 하게 해야 되는 거거든요. 그들이 진정으로 약자를 위한다면요. 노조법 3조 손해배상 관련해서는 무분별한 파업을 조장한다고 주장하고. 대우조선해양 노동자들은 사내하청이었던 거고, 도저히 방법이 없으니까, 원도급 회사에서 예산을 승인해 주지 않으면 임금을 올릴 수 없으니까, 거기 깔고 앉아서 독dock을 막고 싸웠던 건데 그걸 470억 원 손해배상 소송으로 때려버리는 게 말이 됩니까?

　사내하청 사람들이 귀족노조냐, 이거죠. 옛날에 30% 임금 삭감했던 걸 다시 복원해달라고 요구했던 그 힘든 사람들인데요. 그리고 지금 조선업이 어려운 이유가 용접하고 이런 사람들 다 떠났어요. 나름대로 숙련된 노동자가 떠나니 지금 안 되는 거예요.

그런데 노조법 2, 3조가 어떻게 240만 민주노총, 한국노총에 가입되어 있는 노동자들을 위한 법이냐고요. 아니거든요. 최저임금은 왜 안 올리냐고 그러면 또, 영세 사업자들 죽기 때문에 못한다고 뻔뻔하게 나옵니다. 그러면서 어제 노동약자 지원보호 제도개선 토론회라는 것을 열고 한동훈 대표가 번지르르하게 약자 편에 선다고 하고, 폭염에 건설 노동자들이 목숨 건 사투를 벌이고 있다고 말해요. 윤석열 정부가 건설 노동자들 '건폭'이라고 낙인찍고 때려잡았던 거 아닙니까? 그래놓고는 "이 폭염에 건설 노동자들이 목숨 건 사투를 벌이고 있습니다." 이런 식의 인터뷰를 하고 앉아 있고, 이 사람들이 사람의 얼굴을 하고서 도대체 어떻게 이렇게 뻔뻔할 수 있을까? 기가 막히는 거예요.

정말 노동자들을 생각한다면 파견법을 없애야 하는 거고 기간제법도 없애고, 그리고 불안정 노동을 없애야 맞는 건데, 그런 거는 마치 배부른 귀족노조들, 240만 민주노총, 한국노총 조합원들이 있는 그 귀족노조들을 위해서라고 하고. 정말 본인들 말대로라면 이렇게 해서는 안 되는 거잖아요. 지금 윤석열 정권만큼 힘든 적이 없던 것 같아요. 최악인 것 같아요. 모든 걸 거부권 행사해서 다 거부해 버리고. 참 이걸 보면서 아직도 30%의 지지율이 나온다는 것도 이해가 안 되고요.[1]

참 웃기잖아요. 이재명 방탄국회네 어쩌네, 하지만 그러면 자기들

---

1   2024년 11월 둘째 주 기준 지지율이 10%대로 하락하였다.

은 김건희 양평고속도로가 됐든 명품백을 받든 도이치모터스 제 어머니하고 같이 23억 원 차액 실현한 거 아닙니까? 어쨌든 검찰 조사해서 나온 건데 그런 것들에 대해서 말 한마디 안 하면서, 국가를 위해서 군복무 중이던 채 해병의 순직이 뻔히 드러나는데도 불구하고 방탄은 자기들이 하면서 어떻게 저렇게 호도糊塗하는지 모르겠어요. 어떻게 이렇게 낯이 두꺼울 수가 있는지 이게 이해가 안 됩니다. 참 이렇게 답답합니다. 기본적으로 윤 정부는 특히 도덕성, 신뢰 측면에서 국정을 운영하는 능력을 이미 상실했다고 봅니다.

조대엽 어쨌든 우리 사회 전체 지형으로 볼 때 가장 조직된 힘은 노조가 가지고 있는 거잖아요. 그럼에도 이 정부에 대해 특정 지지율이 나오는 게 이상하다고 했는데, 노조가 과거 같으면 들고 일어나고 저항하고 했을 텐데 그렇지 않은 이유는 뭐라고 생각하세요?

이재진 보통 단발성으로 파업하면 2~30만 명이 참여하고 끝나 버리는데, 작년에는 나름대로 2주 파업을 한 거거든요. 그런데 2주 동안 집회하고 파업했는데, 거기 전체 동원된 인력이 40만이 안 돼요. 도대체 이걸 어떻게 극복해야 될까.

저는 한편으로는 코로나 팬데믹의 영향도 크다고 봐요. 왜냐하면 코로나 정국에서 기자회견도 9명 이상을 못 하게 했거든요. 그러면서 자연스럽게 집회 문화가 위축될 수밖에 없던 거죠. 코로나 정국에서도 민주노총은 집회를 했거든요. 우리 간부들은 전부 검찰에 고소당하고, 소환도 당했죠. 집시법 위반이라든지 도로교통법 위반 이런 걸로 벌금도 다 내고 했는데. 그런 가운데서 보수 언론은 국민의 건강권을 담보로 민주노총 저들이 이 어려운 코로나 팬데믹 시기에 길거리 집회하고 있다고, 마치 집회하는 게 엄청난 문제가 있는 것처럼 공격하니까 위축될 수밖에 없었죠.

중대재해로 1년에 2,000명이 죽어 가는데 코로나로는 그렇게까지 죽지 않았거든요. 그럼 당연히 중대재해처벌법을 만들라고 누군가는 목소리를 내야 되잖아요. 근데 실질적으로 이게 안 되더라고요. 결국은 길거리에 나가서 여론화시키고 공론화시키고 그랬을 때 관심 있게 보게 되거든요. 그렇게 노력하려고 집회를 하는 건데, 코로나 정국에서 그 자체가 막혀버리고 2~3년이 지나도 집회가 잘 안 되는 경우도 있고, 조합원들도 안 오려고 해요. 우리도 동원이 잘 안 됩니다. 그래서 이게 시대의 흐름일까 하는 의문도 들고요.

조대엽 그러니까 집회가 잘 안 되는 요인은, 팬데믹을 거치면서 분위기가 가라앉은 측면이 크다고 보시는데, 현 정부 들어서, 화물노조 잡고, 건설노조 잡고, 회계 장부 갖고 잡고 하는 노조 탄압의 영향이 있는 것 아닌가요? 노조 내부 분위기는 어떻습니까? 그냥 이런 식으로 수세적으로 갈 것이냐, 아니면 투쟁 국면으로 갈 것은 분명한데, 노동조합이 정세에 대한 판단이나 의사결정하는 데에 시간이 좀 길게 걸리기 때문에 그게 언제가 되나, 이런 측면만 남은 것일까요? 어떻게 생각하십니까?

이재진 그게 만만치가 않더라고요, 보니까. 정말 어려운 시점인데,

뭐라 그럴까요? 부모 입장에서 자식들이 걱정되는 시점, 우리 자식들한테 이런 문화, 이런 사회적 상황을 넘겨줘서는 안 된다는 고민을 할 시점에 혁명은 일어난다고 하더라고요. 어떻게 보면 저는 지금 시기가 그 시점이라고 보거든요, 지금 시기가. 그런데 기존에 했던 방식으로 될까 하는 생각은 들어요, 솔직히 제가 자신감이 결여된 것일 수도 있겠는데 박근혜 정권의 촛불혁명을 떠올려보면, 박근혜 정권 때보다 더하면 더했지 지금이 못하다고 보지는 않거든요. 근데 이게 확산되지 않아요.

조대엽   주말에 엄청난 인원들이 나오잖아요. 그런데 이게 메이저 언론에는 하나도 보도가 안 됩니다. 유튜브 영상으로나 돌아다니는데, 그러니까 서로 다른 세계가 되어버린 거죠. 그런 요인도 있을 텐데 이제는 보수 언론도 윤석열 정부 비판하는 상황까지는 왔는데 그렇다고 해서 노동조합의 손을 들어줄 일은 만무하고. 그러니까 노동조합의 다른 위기들, 일반적 위기와 이런 정세적 위기가 맞물려서 점점 더 위축된 방향으로 가는 것 아닌가 하는 걱정이 있는 거죠.

이재진   정규직 노조의 경우엔 어느 정도 급여 같은 것들이 받쳐주거든요. 그리고 또 자연스럽게 부동산 가격의 급등 등으로 인해서 자산 형성이 되기도 했어요. 그래서 저는 일반적 노동자들, 정규직 노동자들은 안주하는 측면이 없지 않다고도 봅니다. 오히려 자기 것을 지키려고 하는 경향도 있고요.
　　제가 봤을 땐 별것도 아닌데, 집 한 채 가지고 있으면 대충 10억 원에서 20억 원까지 부동산 가격이 올랐고요. 정규직 노동자들은 그걸 더 싼 가격에 사긴 했지만. 또 웬만한 정규직들은 임금이 상당히 많이 올랐거든요. 그런 부분에 있어서 예전하고 다르게 약간은 보수화되지 않았나 하는 생각도 있습니다. 그래서 이걸 분출시키려면 좀 더 강력한 실책들이 나와줘야 분노할 것 같습니다. 집 한 채만 있으면 국민의힘을 찍는다고 하는데, 이런 것들도 지금의 분위기가 아닌가 하는 생각도 합니다.

조대엽 다음 질문 이어가겠습니다. 우리 노동조합운동이 전반적으로 성장도 해오고 나름의 성과들도 가져왔잖아요. 우선 한국노동조합 전체 측면에서 볼 때 내부역량의 성장에 있어 뚜렷한 성과 같은 게 있다면 어떤 걸 짚을 수 있을까요?

이재진 저희가 작년에 유니^{UNI}라는 세계 사무직 노동조합 연합 세계총회에 가봤는데요. 대한민국이 그래도 교섭권은 상당히 확보된 나라라는 느낌을 많이 받았어요. 다른 나라들은 교섭마저도 잘 안 되는 나라들이 많더라고요. 근데 우리는 어찌 됐든 간에 조직률이 13~14%대지만, 노동조합이 만들어지는 과정에서 교섭권은 확실히 확보됐다는 생각이 들거든요. 그것이 우리나라의 특징 중에 하나라고 저는 생각하고, 또 그만큼 많은 부분에서, 노동조합의 힘에 의해 노동의 가치, 인권 등이 정말 많이 보장받는다고 생각합니다.
단편적인 예로, 예전 증권사 노동자들은 50세를 넘어가는 사람이 없었습니다. 그리고 자기의 실적을 채우기 위해서 직원들 간에 맞보

증을 서고, 대출받아서 자기 실적을 채우고 그랬었어요. 이런 게 다 없어졌습니다. 다 정년까지 가는 거고 또 자기 실적을 위해서 빚을 내야 한다든지 하는 문화도 다 없어졌어요. 이건 노동조합의 엄청난 기여라고 보거든요.

어떨 때는 제가 아쉬운 부분이 이런 겁니다. MZ세대들과 얘기하고 하잖아요. 간혹 우리 회사가 이 정도 임금과 복지수준을 달성할 수 있었던 것은, 그동안 30년 넘도록 우리 노동조합 선배 노동자들이 열심히 투쟁해서 만들어 준 것이라는 얘기를 해요. 그런데 그걸 생색내기 위한 게 아니라, 그렇기에 우리가 지금 힘을 합쳐야 한다는 맥락에서 이야기를 꺼낸 건데 그 친구들은 "저는 그렇게 만들어진 기준을 통해서 입사했기 때문에 그건 당연한 거 아닌가요?" 이렇게 얘기해요. 이럴 때 제일 난감하죠.

1987년 노동자 대투쟁 이후 대부분의 노동조합이 만들어졌고, 벌써 그게 대략 35년이 지났는데, 그 과정에서 업종과 기업별 노동조합을 뛰어넘어서 산별 노동조합으로 가는 과정에서 상당히 조직화도 잘 되어 있고 내부역량도 엄청나게 강화되었다고 판단합니다. 노동조합 자체로만 놓고 봤을 때 단지 아쉬운 것은, 아까도 제가 얘기했습니다만 전체적인 것을 끌고 가려면 산별 교섭이 법제화되어야 한다고 보거든요. "말말로 노동조합 240만 명 너희들만 배부르고 이런 거 아니냐"라고 하는 공세에 대응하기 위해서는.

유럽의 경우엔 산별 교섭이 법제화되어 있잖아요. 그 업종에 있으면 그 업종의 모든 노동자가 다 혜택을 보게끔 돼 있거든요. 우리는 이게 안 되어 있죠. 지금 보수 쪽에서 얘기하는 그 어려운 사람들을 위해서라면 산별 교섭을 법제화시켜서 전체 산업에 영향을 미칠 수 있도록 해 주면, 노동조합에 가입되지 않은 사람들도 혜택을 볼 거 아니에요. 저는 그렇게 가야 한다고 보거든요. 그런데 그게 안 되잖아요. 그런 것은 안 하면서 말로만 노동 약자 운운해요. 어쨌든 간에 약 35년 넘는 시간이 흘러오면서 대한민국의 노동조합은 한국노총이든 민주노총이든 많은 성장을 이뤘다고 봅니다.

조대엽 핵심적인 것은 교섭력이 많이 확보됐다는 것, 그리고 지금 모두 다 산별도 아니고 또 완성된 산별이라고 볼 수는 없지만, 그러나 산별로 가는 조직화의 수준 이런 것들을 평가할 수 있다는 말씀이시죠. 노동조합의 역량성장 측면이 그렇다면 노동조합운동이 노동의 공공성 확대를 비롯하여, 한국 사회 전체 발전에 기여한 바가 있다면 어떤 걸 우선 들 수 있을까요?

이재진 저는 대한민국에서 지금 이 정도 수준의 민주화를 추동한 주체가 노동세력이라고 봅니다. 솔직히 박근혜 정부의 촛불 집회도, 우리가 깃발을 안 들었을 뿐이지 민주노총 산하 많은 조직이 나섰던 거고요. 깃발을 들고 나가는 순간, 보수 언론은 이거를 마치 불순한 좌경 세력들에 의한 것이라고 덧칠하잖아요. 이걸 막기 위해서 우리는 깃발을 안 들었던 것뿐이지 실질적으로 조직은 저희가 직접 했어요. 물론 촛불 든 국민들이 훨씬 더 많았죠. 그렇지만 초창기부터, 백남기 농민 사건부터 민주노총이 엄청나게 개입했던 게 사실이거든요. 티를 안 냈던 것뿐이었죠. 저는 그것이 전술적으로 잘했다고 생각합니다. 즉, 대중 또는 국민들이 자발적으로 촛불혁명을 만든다는 걸 보여주게끔 우리가 겸손하게 보완 역할을 했던 것이 주효했지요. 그런 의미에서 노동계가 엄청난 역할을 했다고 봅니다. 우리나라의 민주화에 있어서 민주주의를 제도화하고 민주주의 정치를 공고히 하는 데 있어서 노동계를 뺄 수 없다는 것이죠.

아까 이사장님께서도 말씀하셨다시피 저는 기본적으로 대한민국에서 사회를 변혁시키는 데에 있어 실체가 있는 것은 노동계밖에 없다고 보거든요. 노동조합과 시민단체의 차이점이 거기에 있다고 봅니다. 시민단체는 이슈화하고 화두를 던지기는 합니다만 책임을 못 집니다. 그 피드백까지 끝까지 물고 늘어지고, 책임을 가져가는 것은 결국 노동조합이라는 것, 여기서 차이가 있다고 보고, 물론 시민단체가 역할을 많이 한 것을 부인하는 것은 아닙니다. 그렇지만 결국 책임은 노동계가 진다는 겁니다. 조직을 하든 뭘 하든, 누가 더 기여한 부분이 큰지 작은지의 측면이 아니라, 저는 각자 위치에서 잘 해왔다고 생각합니다. 노동계가 반드시 자기들의 이익만을 위해서 투쟁하지는 않았다는 말씀을 드리는 겁니다.

조대엽 정치 민주화에 노동계의 기여가 크다는 것이 굉장히 중요하지만, 그 때문에 시민 속에 노동이 묻혀버리는 측면들도 있지요. 말씀하신 대로 촛불 같은 경우에 실제로 민주노총이 초기부터 선도했고요. 또한 경제적 기여 측면에서도 노조운동의 역할을 뚜렷하게 얘기할 수 있는 게 있겠죠. 예를 들면, 국민소득이 비약적으로 성장해서 3만 달러 시대에 들어왔고 곧 4만 달러 시대로 가는데, 보수 언론은 노동계는 맨날 파업이나 해서 성장의 장애였다고 말하지만, 실제로 그 부를 이루는 근본적인 힘들은 노동력 없이 이루어지지 않았을 겁니다. 그런 차원에서 본다면, 불평등 수준은 세계적으로 볼 때 우리가 심각한 편이지만, 그래도 그나마 노동조합운동으로 최저임금을 조금씩 올린 것과 같이, 약자층을 끌어올린 것은 노동이 기여한 바라고 할 수 있지 않을까요?

이재진   얼마 전에 우리나라의 KT와 비슷한 일본의 NTT(일본통신) 노조 위원장이 한국을 방문해서 같이 얘기해 봤는데, 제가 그걸 물었거든요. 일본은 왜 그렇게 임금 인상을 안 하는가, 노조가 이 역할을 안 하는 데 대하여 일본 노동자들은 불만이 없냐 했더니 그분이 이런 얘기를 하더라고요. 일본도 역시 자본이 자꾸 분할시킨다고요. 여러 계열사로 분할시키고, 이런 과정에서 고용이 제일 중요한 문제였다는 겁니다. 그리고 두 번째는 물가가 올라가지 않고 안정적이었고요. 그러니 임금 인상의 필요성을 많이 못 느끼고, 약 20년을 이렇게 해왔던 이유가 거기에 있다고 하더군요. 저금리, 제로금리 분위기 때문에요. 그런 것들을 보면서 충분히 그럴 수 있겠다고 생각했습니다. 일본 노조는 왜 저럴까, 하는 의구심이 있었던 게 풀리는 계기가 되었습니다.

저는 현대자동차를 보면서 그런 생각을 많이 하는데요. 현대자동차노조는 제가 가장 존경했던 노조입니다. 정치 파업을 할 수 있던 조직이었으니까요. 그런데 가만 보면 파업하기 전에 합의할 수 있는 건데, 꼭 파업 들어가고 그다음에 합의하거든요. 보수 언론은 마치 억대 연봉 받는 애들이, 저 배부른 애들이 또 저걸 달라고 파업한다며 비난하잖아요. 그런데 현대자동차가 벌어들인 이익이 있는 거잖아요. 결국 저는 기본적으로 노동자들이 임금을 인상해 달라고 요구하는 것은 무조건 옳다고 보거든요. 노동시장의 이중 구조 문제이기도 하지만 기업마다 이게 공산주의가 아닌 이상 다 똑같을 수는 없는 거라고 봅니다. 생산성이 더 좋은 회사들이 이익을 많이 내면 그만큼 노동자들의 노동가치를 인정해서 임금을 더 줄 수 있다고 보는 거고, 그렇게 해줘야 결국은 그 사람들이 소비할 거 아니냐는 겁니다. 그래야 또 내수 시장이 활성화되고요.

일본의 강점은 인구가 1억 명이 넘는다는 것이지만, 우리는 6,000만 명이 안 되고요. 그런 측면에서는 임금 인상이 노동자들의 이기주의가 아니죠. 부동산 시장이 불안해지니까 '영끌(영혼까지 끌어모으기)'하고, 그 과정에서 유동성 시장이 풍부해지니까 물가가 올라가고, 금리 올리니까 대출 '영끌'해서 집 샀던 사람들은 결국에 급여의 반을 대출 이자 내는 데 쓰면, 소비를 못 하거든요. 소비할 돈이 없잖아요. 그러면 내수 시장이 죽는 거고 이게 악순환이거든요.

저는 노동조합의 공공성이 중요하다고 보는 이유가 뭐냐 하면, 어쨌든 간에 집값이 됐든 부동산이 됐든 사교육이 됐든 의료가 됐든 잡아줘야 크게 임금 인상을 요구하지 않아도 사는 데 지장이 없지 않겠습니까? 결국 비교 대상은 있는 거고, 집 한 채 없는 나만 모자란 것 같고. 그리고 집 한 채 잘 사면, 예를 들어 10억 원짜리 샀다가 20억 원, 30억 원이 되면, 평생 내가 모을 수 없는 돈을 그런 데에서 이익을 창출하고 가져가는 게 과연 옳은 것인가? 의문이 드는데 저는 안 된다고 보는 거고, 그럼 그런 것들에 대해서 정치권에서 정확히 방향성을 잡아줘야 하는데 이걸 못하는 게 가장 큰 문제라고 생각합니다. 노동자 입장에선 어느 정도 여유가 있어야 소비를 하고 계획성 있게 갈 수 있는 것인데, 그게 안 되면 결국 이게 다 사회 문제가 되잖아요.

애를 왜 낳냐, 도대체 낳을 수가 없습니다. 요즘 젊은 친구들하고 얘기하다 보면 그러더라고요. 둘이 사귀더라도 굳이 서로 간에 감정을 깊게 갖지 말자, 막말로 사랑하지는 말자, 이런 식으로 사랑을 해요. 그러면 저는 사람이라는 게 사귀다 보면 정이 들 수 있고 감정이 생길 수 있는 거 아니냐고 묻는데, 그러면 끝난다는 거예요. 이런 게 과연 그들의 문제인지 생각해볼 필요가 있습니다. 왜냐하면 집 한 채 살 수 있는 여건도 안 되는데, 결혼해서 집을 사야 될 거고, 애도 낳으면 애를 또 어떻게 키울 것인지, 사교육비 이런 것들이 다 문제거든요. 그러니까 그게 싫은 겁니다. 결혼 안 한다 그러고, 만나도 그냥 편안하게, 인생 즐기는 그 정도의 파트너로 서로 간섭하지 않고 만나자는 생각인 거죠. 이것이 쇠퇴라는 겁니다.

어떻게 할 것이냐 하면, 저는 경제적 부분에서도 노동자들이 회사 내에서 대기업은 대기업대로 이중 구조를 해결하기 위해 비정규직들에게 더 관심을 갖고 우리가 더 도와주고 함께해야 한다는 것에 대해서는 반대 안 한다고 보거든요. 그렇지만 정규직 노조가 자기들 잇속만 챙기고 자기들만 배부르려 한다고 비난할 필요는 없다고 생각합니다. 정부의 책임이고 자본의 책임인 거지, 우리 내에서 서로 이럴 필요는 없다고 봅니다. 오히려 많이 받는 사람은 많이 받는 거죠. 옛날에 은행이나 증권사 이런 데가 고용보험 많이 했거든요. 근데 지금 다른 곳도 다 급여가 그만큼 올라왔어요. 그런 예시가 있으니까 또 따라 올라오는 거잖아요. 저는 이렇게 가야 한다고 보는 거거든요.

조대엽 경제적 측면에서, 노동조합의 임금 인상 요구라는 것은 결국 기업의 성장 그 자체라는 생각을 갖고 계신 거네요.

이재진 저는 일정 부분 그렇다고 봅니다.

조대엽 또 노조가 교육이라든지 의료라든지 이런 복지 활동 같은 것들을 해 주니까 그렇게 해야 임금이 안 올라가고 유지되는 측면도 있다는 말씀이시죠.

이재진 한편으로는 그런 겁니다. 노조가 맨날 사업장 내에서 임금 인상만 요구하면 뭐 할 거냐, 그래서 공공성 투쟁을 해야 한다는 생각입니다. 집값을 잡아야 하고, 의료보험료를 잡아야 하고, 교육비를 잡아야 하고요. 임금 2~3% 올라 봤자 결국은 이런 비용들이 올라가 버리면 격차가 엄청나게 생긴다는 겁니다. "의미가 없다. 그래서 내 앞의 이익에만 급급하지는 마라." 전체 사회가 같이 굴러갈 수 있도록 이런 고민을 해야 한다는 것이 저의 생각입니다.

조대엽 뒤에서 다시 질문하겠습니다만 제가 강조하는 노조시민주의는 지금 이 위원장께서 말씀하신 측면과 직접적으로 닿아 있습니다. 그럼 이제 사무금융노조에 대해서 좀 얘기를 해보죠. 이미 말씀을 하셨습니다만 산별노조가 우리 노동운동의 오랜 과제이지 않습니까? 그리고 지금 산별 연맹의 형식을 가진 데도 있고, 또 그 수준에 못 미치는 데도 있고요. 사무금융노조의 제도화 수준 혹은 산별로서의 제도적 성과는 어떤 것을 강조할 수 있을까요?

이재진　5년 전에는 사무금융노조가 산별도 있었고 연맹도 있었거든요. 제가 연맹 위원장과 산별 위원장에 모두 당선될 당시 제 선거 공약 자체가 '대산별 완성'이었습니다. 연맹은 발전적 해산을 하고, 사무금융노조를 띄우겠다는 겁니다. 사무금융연맹의 역사를 보면, 한국노총에서 분화되어 나올 때 1987년 이후에 민주노총을 태동했던 조직이거든요.

　사무금융노조가 처음에 호헌 철폐를 외치며 한국노총에서 나오면서 화이트컬러 노동자의 특색을 가지고 민주노총을 소정의 업종, 지역 이렇게 해서 만들었던 조직이 사무금융연맹이거든요. 공약을 냈을 당시만 하더라도 약 37년 역사가 됐는데, 사무금융노조는 11년 전에 IMF를 겪으면서 이렇게 말했습니다. 연합체 형태의 연맹으로서는 한계가 너무 뚜렷하다. 그래서 이제 하나의 직군, 업종으로서 산별노조를 건설하자. 그래서 지금으로부터 약 12년 전에 사무국 노조를 띄운 것이거든요. 그때는 얼마 되지 않았죠. 조합원이 1만 2~3,000명 됐을까. 그때 당시 사무금융노동자가 7만 명이 되는데 나머지는 전환을 못 한 상태로 처음 그렇게 시작했는데, 11년이 지나도록 연맹 따로 산별 따로 있었던 상황이었습니다. 그리고 두 조직에 엄청난 갈등도 있었거든요.

그래서 제가 5년 전에 연맹 위원장과 산별 위원장 다 당선되면서 가장 큰 공약으로 사무노조를 건설하겠다고 했던 거고, 그래서 재작년 말에 결국은 연맹을 해산하고 완전한 사무금융노조 산별을 만들었습니다. 저에게는 이것이 가장 기억에 남는 일이기도 하고, 우선은 이것이 정착하는 데 있어 상당히 좀 어려움이 많았어요. 기업별 문화, 단위노조의 습성이 그대로 남아 있었기 때문에 본조 위원장의 교섭권이든 체결권을 인정을 안 하려는 경향도 없지 않았습니다. 그리고 아직도 저희 사무노조는 체크오프가 안 됩니다. 지부에서 6,500원 조합비만 올려주면. 원래 산별은 본조로 다 올리게 돼 있거든요. 금속이나 보건은 다 그렇게 합니다. 조합비를 회사 인사에서 본조로 다 올려 줘요. 그런데 우리는 아직도 지부에서 조합비를 받고, 지부에서 1인당 6,500원을 본조로 올리는 시스템이니까, 간혹 큰 조직들은 이걸 가지고 장난질하는 경우도 있어요. 마음에 안 들면 조합비를 안 내버려요. 아직도 그런 문화가 있습니다. 그 정도로 이 산별 자체를 제대로, 우리가 구상했던 산별 자체로 구동하기가 쉽지 않더라는 겁니다.

아직도 기업별 문화에 젖어 있기 때문에, 어쨌든 자기 조직 내에서는 자기가 대장이거든요. 자기가 위원장이고. 그러다 보니 제 입장에서는 지부 교섭을 열심히 하는 이유가 거기에 있는 겁니다. 어쨌든 간에 사용자들 입장에서는 7만 명으로 구성된 조직의 위원장이고 대외적으로 활동도 활발하게 하고 있고, 이런 것들을 보면서 상당히 위원장의 위상이랄까 이런 것들을 인정해요. 그래서 본조가 현장에 가면 확실히 교섭에 엄청 도움이 됩니다. 어느 누구든 사장들은 왠지 모르게 저를 보고 싶어 하지 않거든요. 그러면서도 지부장들한테 우리끼리 하지 왜 자꾸 상급단체를 부르냐고 불만을 터뜨리는데, 저는 상급단체가 아니다, 본조는 같은 노조다, 대표는 나다, 라고 하죠.

"정확하게 말하지만 우리 노조에, 사무금융노조 위원장은 한 명밖에 없다. 당신은 지부장인 거고, 교섭권과 체결권은 나한테 있는 거고, 그걸 활용해라. 활용하라는 얘기는 교섭력을 극대화시키라는 얘기다. 아니, 우리가 파업하는 이유가 뭐냐. 교섭력을 극대화시키기 위해서 파업을 하는 거다. 똑같은 거다." 그런 식으로 이야기하면서 조직을 하나로 모아내는 과정이거든요. 아직도 산별노조로서의 체제를 갖추기 위해서는 더 많은 변화가 있어야 하는데, 어쨌든 간에 저는 그래도 이제 1~2년 만에 자리는 잡아가고 있다고 생각하고 있습니다. 금융산업노조는 어찌 됐든 전체 통일 교섭, 중앙 교섭을 하거든요. 우리는 지금 그게 안 됩니다. 우리는 그래서 지부별로 다 교섭을 하는 겁니다.

조대엽 그러니까 사측 대표 조직이 없는 거죠?

이재진 맞아요. 우리는 그래서 사무국 내지는 7개 업종 본부로 구성되어 있는데, 그게 소산별들, 예전 같으면 전국 증권산업 노동조합, 생명보험 노동조합, 손해보험 노동조합 그리고 협동조합 노동조합, 이런 식으로 소산별들이 뭉쳐서 된 거거든요. 그래서 증권업종본부만 통일된 중앙교섭이 됩니다. 여기는 사장들이 다 나오고 지부장들이 저랑 같이 나와서 금노처럼 교섭이 되고 있어요. 나머지 생명보험, 손해보험은 아직도 안 되기 때문에 대각선 교섭을 하고 있는 거고요. 그리고 또 이것을 전체 사무금융노조 산별 교섭으로 가져가기는 어려워요. 증권, 손생보, 여수신, 카드 또 다르거든요. 이걸 하나로 모아내기가 어려운 구조입니다.

독일 같은 경우는 산별노조가 완전히 정착돼 있잖아요. 교섭도 마찬가지이고. 거기는 처음부터 산별노조로 만들어졌기 때문에 가능했다고 봅니다. 그런데 우리는 이미 기업별 문화로 고착되어 있었죠. 우리도 옛날에는, 일제강점기 시대 이럴 때는 전평(조선노동조합 전국평의회)이라든지, 다 산별이었어요. 박정희 정권 시절에는 산별로 해서 어용화시키면 관리하기 쉬우니까 산별로 갔던 거고, 전두환 정권은 노동자들이 힘이 너무 세지게 된다는 우려로 또 다시 쪼개버린 거고요. 쪼개는 데에 익숙해져 있다 보니 이게 만만치가 않다는 거죠. 그런 측면에서 사무금융노조도 제대로 완성된 건 올해가 2년차이기 때문에 지금 자리를 잡아가고 있다고 생각을 하고 있고요. 그 과정이 말은 못 하지만 정말 힘들었거든요. 연맹에서 전환을 안 하려는 조직들을 설득해 가면서 데려오는 과정이 너무나 힘들고 어려웠지만 그래도 그걸 마무리 지을 수 있었다는 게 저는 가장 좋았던 일입니다.

두 번째, 한계점은 어마어마하게 많죠. 그래서 실은 개인적으로 하고 싶은 일은 금융노조의 통합입니다. 거기는 제1금융권 중심이고, 저희는 제2금융권 중심인데, 문제는 금융지주가 모든 것들을 쥐고 있거든요. 노조법 2조가 개정되면 진전될 수도 있을 텐데요.

조대엽 지금 말씀하신 금노와의 통합 논의는 민감한 부분 아닌가요?

이재진 괜찮습니다. 왜냐하면 금노와의 통합 문제에 대해 대표자, 지부장들 100여 명 회의 때 이미 얘기는 했어요. 물론 반발이 심하죠. 왜 반발이 심하냐? 그러면 우리가 민주노총 나와야 되느냐 여기서부터 시작인데요. 그래서 제가 우선 우리가 통합 논의를 한번 의제로 띄워서 고민해보고 우리 노조가 어떻게 발전해 가는지에 대해 고민을 해보자, 하는 의제를 던지는 거고, 이것이 어떤 장단점이 있는지 고민부터 좀 해볼 생각을 해야지, 민주노총 탈퇴하네 마네 왜 거기서부터 접근하냐? 그렇게 접근하지 말라고 했죠.

우리의 역량을 극대화시키고 교섭력을 뛰어넘으려면, 또 우리가 얘기하는 임금피크제 폐지라든지 주 4일제 이런 것들을 만들어내려면 어떤 것이 기본적으로 바탕에 깔려 있어야 되는지 이런 고민을 해야 되는 거 아니냐. 예를 들어서 신한금융지주를 보면, 신한은행이 있고 신한카드가 있고 신한생명이 있고 쭉쭉 있거든요. 신한카드가 1년 내내 파업한들 이거 못 만들어냅니다. 지주가 있기 때문에. 그렇다고 하면 신한금융지주가 이걸 할 수 있느냐 하면, 나는 못 한다고 봅니다. 최대한 5대 금융지주가 같이 움직여야 되기 때문입니다.

2003년에 주 5일제가 도입될 때, 주 5일제 도입에 실은 금노하고 저희 증권산업 노동조합이 주축이 되었거든요. 왜 그랬냐 하면 그전에는 증권시장이 점심시간에 휴장이었습니다. 그리고 토요일 오전 장이 열렸고요. 점심시간 휴장을 없애면서 토요일 휴장으로 만들었거든요. 그런데 증권사 직원들이 토요일에 하는 게 없어요. 근데 출근하는 거예요. 왜? 돈을 인출하러 오는 고객들이 있기 때문에. 그러니까 격주로, 2주에 한 번씩 출근하고 한 주 쉬고 이렇게 얘기했거든요. 그래서 제가 또 생각했던 것이 이건 은행이 문을 닫아야 주 5일이 된다, 하는 거였는데, 증권하고 은행하고 같이해서 결국은 은행도 토요일 날 쉬게 되고 증권도 쉬게 되면서 이게 전 산업에 영향을 미치게 된 거죠. 주 5일제가 공공기관부터 시작해서 확산됐던 거거든요. 그럼 지금 이 상황에서 임금피크제 폐지든지 주 4일제든지 이런 것들을 정부가 나서서 법제화하지 않는 이상 어려운 거고, 노동조합에서 역할을 할 수 있는 것은 결국 금융지주를 놓고 봤을 때 지주를 상대로 해야 되는데 지주는 노사관계가 아니기 때문에 한 발짝 벗어나 있다고 발을 뺍니다. 그러면 이걸 협상테이블로 끌고 올 수 있는 힘이 있어야 될 거 아니냐, 우리가 같은 금융권인데 왜 은행 따로, 나머지 따로 가냐. 이걸 통합해서 하나의 노조로 만들어서 지주를 상대로 교섭을 요구하고 맞붙어야 이런 문제들이 해결되지 않겠냐, 이런 고민을 해야 되는 거 아니냐는 겁니다.

금노가 한국노총에 있다고 해서 어용이라 하는 건 우스운 일입니다. 금노는 하루짜리 파업이라도 하는데 우리는 그것도 못 합니다. 그런데 어떻게 그런 식으로 재단할 수 있겠습니까. 물론 우리가 금노에 서운한 건 좀 있죠. 지주 쪽이 머리가 좋아요. 어쨌든 간에 금융지주 회장 입장에서는 은행하고 같은 건물을 쓰잖아요. 기본적으로 금노 쪽 지부들은 우리은행이든 신한은행, KB은행이 됐든 최소한 상근 간부들이 30명이 넘습니다. 농협중앙회 같은 경우가 제일 크거든요. 조합원이 1만 5,000명. KB은행이 1만 3,000명 그리고 우리은행, 하나은행, IBK은행 조합원이 1만 명 정도 되거든요. 그래서 상근 간부들이 3~40명 되고, 그러면 이 간부들이 같은 건물 내에서 언제든지 회장 방문 박차고 들어갈 수 있거든요.

그럼 이 사람들이 어떻게 하나. 은행은 큰집이라고 더 대우해 줘요. 그리고 우리 쪽, 예를 들어 KB금융을 놓고 봤을 때, KB은행이 1만 3,000명이고 나머지 KB증권, KB카드 신용정보, KB손보, KB 손사 이쪽은 전체 조합원으로 따지면 약 7~8,000명 됩니다. 근데 우리 쪽은 거기 안에 들어가지 못 해요. 게이트가 막히기 때문에. 그러니까 사용자들이 분리 정책을 쓰는 거죠. 지주회사는 그래도 은행이 이익을 제일 많이 내고 큰집이니까 좀 더 대우를 해 주고. 이게 통합이 안 돼요. 같이 싸우다가 먼저 들어가 버려요, 은행이. 이게 현실이거든요.

저는 이런 부분을 보면서 뭘 이걸 나누냐, 금융은 전체 금융이 통으로 가야 하고 통으로 할 수 있는 일이 많지 않느냐. 그래서 박홍배 위원장 시절에, 저희와 같이 공투본(공동투쟁본부)을 구성했던 거거든요. 작년 1년 공투본을 구성해서 용산 앞 집회도 시작했고, 그리고 이런 것들을 같이 논의해서 하자고 합의했죠. 왜냐하면 기본적으로 공동 사업을 하면서 동질감을 느껴야 이후에 하나의 노조로 통합하는 데도 수월할 거 아니냐. 이렇게까지 얘기했는데, 저는 우리 대표자들한테 고민에 들어가자고 얘기했고요.

그런데 금노는 좀 반발이 있었다고 하더라고요. 박 위원장하고 저하고는 거기에 대한 공감대를 형성했기 때문에 한번 추진해보자 했던 건데. 이제 또 바뀌었고 좀 반발도 생기는 것 같아요. 왜냐하면 금노는 조직이 42개인가 그럽니다. 그리고 9만 명 정도 돼요. 우리는 170개에 7만 명입니다. 170개면요, 죽어나요. 노조 위원장들 모이면 다 달라요. 진짜 각기 자기 환경, 자기 조직 입장만 대변하지 절대 상대편 의견에 수긍하려 들지 않는 습성이 있어요. 하지만 저는 계속 노력해야 한다고 생각하고, 독일 같은 경우는 하나의 산별노조가 200만 명 이러는데, 금노 9만 명, 사무 7만 명 이걸 왜 못 묶냐 싶어요. 더 크게 세상을 변화시키려면 당연히 더 큰 산별을 만들어야 된다. 또 따로가 아니잖아요. 지주 계열사로 다 같이 있거든요. 그래서 5개 금융지주가 통으로 묶여 가져가면서, 여러 제도 개선을 견인해 내면 나머지 금융 재벌, 금융사들, 한화생명이 됐든 삼성이 됐든 따라올 거 아니냐. 그것이 우리가 2003년에 좋은 일자리를 견인했듯이, 이게 또 전체 산업에 영향을 미칠 거 아니냐. 왜 그런 꿈을 우리는 못 꾸나.

조대엽　사측으로 봐서도 낫지 않나요? 하나로 뭉치면 효율적일 것 같은데.

이재진　사측도 저는 좋을 거라고 생각해요. 일장일단이 있는 거잖아요. 근데 사측은, 아까 말씀드렸다시피, 큰집이 은행이잖아요. 은행이 임금 2%를 딱 정해버리면 나머지들이 그걸 뛰어넘기 어려운 구조가 되어버려요. 우리한테는 엄청난 거죠. 그래서 정말 이거는 극복해야 할 문제다. 그래서 금융지주 계열사 지부들은 거기에 대해서 환영하죠. 이렇게 한번 만들어 봅시다.

조대엽 　다음 질문으로 넘어가겠습니다. 최근 ESG 경영이 재계의 화두가 되고 있고, 주요기업에서는 ESG 목표를 기반으로 하는 지속가능경영보고서를 작성하고 있습니다. ESG 기반의 지속가능경영보고서가 지속가능한 노동에 기여하는 바를 말씀해 주시기 바랍니다.

이재진 　환경이든 사회적 구조든 중요한데요. 솔직히 개인적으로는 거버넌스에 가장 관심이 있거든요. 윤석열 정부 들어 계속 주식시장의 밸류업을 얘기하고 있죠. 근데 밸류업과 관련하여, 이른바 '코리아 디스카운트', 즉 우리나라가 저평가돼 있다는 것이 가장 심각한 문제로 지적받고 있거든요. 그럴 수밖에 없는 거예요. 왜냐하면 지배구조가 엉망이기 때문이거든요. 아시다시피, 대주주가 5~6% 지분만 가지고 있어도 거의 오너죠. 그러다 보니 삼성물산과 제일모직 합병 때 엘리엇이 국제 소송을 청구했고 우리나라가 패소했기 때문에 아마 1,300억 원 정도를 물어줘야 될 거예요. 말도 안 되는 합병 비율을 책정해서 삼성물산의 기업가치가 큼에도 불구하고 주식교환 비율은 제일모직이 더 큰 걸로 해서 삼성물산 주주들한테 손해를 보게 한 거잖아요. 심지어 그것을 박근혜 정부 때는 국민연금이 2대 주주인데, 국민연금이 그걸 찬성하게끔 해서 난리가 난 거고요. 그래서 결국은 외국계 사모펀드가 국제 분쟁 소송을 걸어서 결국 졌고 국민 세금으로 물어줘야 되는 거거든요.
　그런데 최근 무산되기는 했지만 두산로보틱스와 두산밥캣이 또 합병을 시도했거든요. 두산밥캣은 아마 매출이 9조 이상 되는, 꽤 좋은 회사거든요. 두산로보틱스는 적자의 개인 회사고요. 그런데 밥캣 1

주당 두산로보틱스 0.6주인가 그럴 거예요. 왜냐하면 두산로보틱스의 지분을 두산 일가가 더 많이 가지고 있거든요. 그래서 자기들이 이익 보려고 지배구조가 이 모양인데, 또 합병을 통해서 가져가겠다는 거였는데 엉망이에요. 밸류업을 하려면 실은 배당 같은 걸 잘 해줘야 되는데 우리나라 오너들은 배당을 잘 안 합니다, 배당을 안 하고 그 돈을 가지고서 계열사들 어떻게 지원해서 키우는 데에만 혈안이 돼 있어요. 배당을 안 하는데 누가 주식 투자하냐 이거예요.

그래서 저는 이 지배구조를 대대적으로 뜯어고쳐야 대한민국의 밸류업이 이루어질 거고 그래야 기업의 투명성도 제고될 거라고 판단합니다. ESG는 한때 한참 유행했던 적이 있습니다. 그래서 금융권에서도 탈脫석탄 선언하고, 석탄산업 등 환경·기후 변화에 영향을 주는 데는 투자하지 않겠다. 결국은 선언만 하고 실제로 투자는 안 하고 있어요. 경영진들이 자신들이 마치 무언가를 고민하는 듯 포장하기 위해 ESG를 활용했던 거죠. 이건 잘못됐다고 생각하고, 냉정하게 이것들을 조사해서 평가해 볼 필요가 있습니다.

조대엽 ESG 목표 중에 거버넌스의 문제가 우리한테는 제일 심각하고 중요한 문제입니다. 그러면 지속가능한 노동이 가능하기 위해서도 이 지배구조의 문제가 제일 결함입니다. 그렇게 보면 될까요?

이재진 저는 기본적으로 기업이 투명해져야 된다고 봅니다. 그랬을 때 지속가능한 거지요. 결국은 사고 치는 거 보면 전부 다 투명하지 않기 때문에 발생하는 거거든요. 그러려면 지배구조부터 투명해

276

야 되고, 올바르게 가야 된다는 점을 강조합니다.

조대엽 　그럼 지속가능한 성장 혹은 지속가능한 노동을 위해서도 가장 중요한 지표가 거버넌스 지표라고 생각하시는 겁니까?

이재진 　네. 사회적으로 봤을 때 가장 중요한 게 기후 문제, 환경의 문제라고 보는데, 지속가능한 경영과 지속가능한 노동권 보장을 위해서는 거버넌스가 중요한 문제라고 생각합니다. 그게 수반되어야만 직접적으로 영향을 미칠 수 있다는 생각입니다.

조대엽 　기후위기에 대한 대응도 사실은 지배구조가 어떻게 바뀌느냐에 따라 달라질 수 있다는 말씀이시죠.

이재진 　그렇죠. 아까 얘기했던 환경과 관련해서 탈^脫석탄화 등의 경우도 마찬가지고요.

조대엽 　이제 노조시민주의에 관한 말씀 좀 나누시지요. 선우재에서는 지속가능한 노동을 위한 21세기 노동조합운동의 새로운 비전으로 '노조시민주의'를 제시한 바 있습니다. 노동조합 활동의 시민적 역량 강화 및 시민사회적 확장을 지향하는 노조시민주의의 가치에 대해 평가해 주시기 바랍니다.

이재진 　한때 한동훈 대표가 '동료시민'이라고 그랬던가요? 저는 한편으로는 네이밍이 중요하다고 보거든요. 노동조합이 대표적인 집단이기주의로 분류가 되었잖아요? 노조가 사회에 어떤 긍정적 영향을 미치는 게 아니라, 자기들 뱃속만 채우는 집단으로 평가되어 왔는데, 노조시민주의와 같은 언급은 정말 중요하다고 봅니다. 방향성도 중요하다고 보고요. 어차피 노동조합이 됐든 정치가 됐든 대중과 함께하지 않고서는 어렵더라고요. 특히 노동조합은 뼈저리게 느끼고 있잖아요. 그래서 우리 민주노총도 민주노총 방송국을 만들어서 그걸 해보려고 노력했는데 결국은 잘 안 되더라고요. 우선은 역량이 부족한 것도 있겠지만 노동조합 측면에서 전체 대중한테 쉽고 편안하게 접근할 의제가 별로 많지 않더라는 거예요. 딱딱할 수밖에 없는 거죠. 마음은 급하고 부당함 같은 걸 알리려다 보면 좀 더 과격해질 수밖에 없고. 그러면서 상당히 어렵고 재미가 없더라는. 이거는 뭐 벌써 20~30년 전부터 계속 우리가 비판받으면서 바꾸려고 했는데도 잘 안 되더라고요. 그렇게 어렵더라고요.

저는 노조시민주의, 아까 이사장님께서 말씀하셨듯이 그런 부분들이 자연스럽게 스며들어야 한다고 생각합니다. 왜냐하면 우리나라 5,100만 명 인구 중에 2,200만 명이 임금노동자인데 왜 이렇게 별도로 노느냐는 거예요. 완전히 따로 놀거든요. 조합원 본인이 사무노조 조합원이면서도 조합원이나 노동자라는 생각보다는, 시민이라는 생각이 더 강하거든요. 같은 사람인데도. 이건 우리가 제대로 풀어내지 못한 문제입니다. 이런 부분이 중요하기 때문에 이사장님이 제안하신 노조시민주의가 참 와닿는 표현이라고 생각합니다.

조대엽　노동조합 활동은 민주주의와 정치적 과제에 대한 개입, 취약계층과 사회적 약자에 대한 지원, 한반도 평화와 여타 국제적 이슈 등을 공유함으로써 조합원의 이익을 넘어선 시민적 역할을 확장해 왔다는 점에서 노조시민주의를 이미 오랫동안 실천해 왔다고 볼 수 있습니다. 총노동의 차원에서 노조시민주의의 현황과 수준에 대해 평가해 주시기 바랍니다.

이재진　저는 현장에서도 그런 얘기를 하거든요. 임단협(임금·단체 협약) 교섭을 잘해 놓고도, 찬성률이 낮은 경우가 있거든요. 그건 홍보를 제대로 못 한 미스예요. 예를 들어 70을 얻고도 실패한 교섭이 있고, 30을 얻고도 승리한 교섭이 있습니다. 저는 그걸 홍보라고 봅니다. 조합원들이 납득할 수 있도록 설득을 못하기 때문에 결국은 안 된다는 겁니다. 그러니까 말씀하셨듯이 노조시민주의라는 것은 이미 일상에서 흔하게 해왔음에도 불구하고 평가를 못 받은 것이거든요. 괴리가 있기 때문에 이런 일이 발생하는 거예요. 이것을 같이 묶어서 일상에서 이것이 다 노동조합의 활동이다, 그리고 일상에서 이렇게 만들어져 왔다, 이걸 느끼게 해줘야 된다고 저는 보거든요.

조대엽　그러니까 노동계 전체 차원에서 어떤 식으로든 노조시민주의적인 내용을 확장시켜 왔는데, 그것을 사회적으로 공유하고 여론화시키는 것들은 크게 부족했다고 판단하시는 거군요.

이재진　네, 저는 거기에서 오는 괴리가 있다고 봅니다.

조대엽 아주 중요한 얘기네요. 마음에 쏙 드는 얘기기도 하고요.

이재진 하여튼 저는 이사장님의 노조시민주의에 대해서는, 정말 중요하다고 봅니다.

조대엽 그동안 사무금융 쪽에서도 이런 활동을 쭉 많이 해왔잖아요. 사회공헌 활동의 형식으로 많이 해왔고. 우분투재단 얘기하기 전에, 사무금융노조의 노조시민주의 활동에 대해서 포괄적으로 평가를 한번 해 주시죠.

이재진 노조시민주의에 대해 포괄적으로 평가하자면 아직 많이 부족하다고 봅니다. 실은 말씀드렸다시피 사무금융노조는 조직 자체를 안정화시키는 데에 집중되어 있었다고 보시면 될 것 같아요. 그래서 그 외적인 부분에 눈을 돌릴 겨를이 좀 부족했고, 저희가 상근하는 임원이 4명밖에 없거든요. 그래서 우분투재단도 훨씬 더 적극적으로 같이해야 하는데 못하는 측면이 많거든요. 그래서 올해 같은 경우도 우분투재단 사무처장한테 요구한 게 뭐냐 하면, 재단에서 소외된 계층을 도와주고 함께하는 사업도 중요하지만, 우리 사무금융노조의 전임 간부들, 지부 전임 간부들만 400명 가까이 될 건데, 이들이 현장에서 같이 부대끼면서 할 수 있는 사업들을 기획해 달라는 것이었습니다. 실천을 통해서 본인이 갖는 가치, 보람, 이런 걸 좀 느끼면서 가야 노조활동에 관심도 더 갖고 노조도 더 확대되어 갈 것이니까요.

물론 귀찮을 것입니다. 우리가 어디 놀러 가게 되면 가기 전에는 정말 귀찮습니다. 가기도 싫고. 그런데 일단 가면 기분 좋지 않습니까. 저는 똑같은 거라고 봅니다. 이것을 해야 한다는 당위성만 얘기해서는 한계가 있는 거고, 막상 제가 어디 가서 부딪혀서 봉사활동이 됐든 뭐가 됐든 이런 걸 해보면, 거기서 오는 보람이라는 게 분명히 있는 겁니다. 이걸 느끼게 해 줘야 합니다. 그래야 변합니다. 그래서 그 사업을 한번 고민하고 준비하라고 했습니다. 그러면 어쨌든 나는 우리 구성원들을 1년에 한 번이든 두 번이든 끌어내서 그 일을 할 수 있도록 이끌겠다고 말한 바 있습니다.

조대엽 중요한 말씀이시네요. 이제 공익재단 얘기 좀 해보죠. 사무금융우분투 얘기하기 전에, 2018년 전후 노동기반 공익재단이라고 부를 수 있는 공공상생연대기금, 금융산업공익재단, 우분투재단 등이 만들어졌습니다. 출범의 의의에 대해 말씀해 주시고 과제가 있다면 그것도 말씀해 주시기 바랍니다.

이재진 저는 이것을 노조시민주의의 한 형태라고 봅니다. 계속 말씀드리지만 보수 언론에 의해서 집단이기주의로 매도되어 왔던 노동조합들이, 자기 것만 챙기는 게 아니고 전체 사회가 밝게 변화할 수 있는 데 역할을 하는 것, 저는 여기서부터 출발했다고 봅니다. 솔직히 모든 공익재단들이 그 부분에서 일정 정도 효과를 봤다고 볼 수 있고, 그렇지만 한계는 있더라고요. 우선은 출연부터가 쉽지 않은 거고, 두 번째는 금융산업공익재단 같은 경우는 제가 평가할 수 있는 위치는 아니지만 임금 상승분이라든지 노사가 같이 출연해서 규모가 커져버리고, 이사회 구성 자체가 반반씩 구성되다 보니 출연 기금을 활용하는 데 있어서 제약이 너무 많다는 걸 새삼 느낍니다.

그나마 우분투재단은 그런 측면에서는 상당히 자유롭거든요. 어떻게 보면 이사회 구성 자체가 다양하게 포진되어 있고, 우리가 어디의 눈치를 보거나 구애받지 않기 때문이죠. 대신 출연 금액이 적지만, 그래도 자부심은 갖죠. 금액은 얼마 안 되더라도 사회 곳곳에 필요한 부분에 우리는 빠른 판단과 빠른 집행을 할 수 있는 재단이다, 그 자긍심은 있습니다.

조대엽 노동기반 공익재단이 노조시민주의의 한 형태라고 규정해 주셨어요. 보수 집단에 의해서 노조가 이익 집단으로 오랫동안 매도된 데 대해서 우리도 훨씬 공익적 역할을 한다는 사실을 부각시키기 위한 요인을 말씀하셨는데 이 대목을 좀 더 적극적으로 해석해도 되나요? 예컨대, 신자유주의 시기 동안에 우리로 말하자면 IMF 이후에 노동조합이 내부 결속적 측면들, 즉 자기 식구 챙기기에 집중하면서, 미조직 노동자들에 대한 관심이 엷어지고 자꾸 배제하는 태도를 취함으로써 우선은 우리 챙기는 것도 힘겹다고 하는 흐름들이 있었잖아요. 노동조합의 이기성, 독점성, 배타성, 이런 데 대한 반성적 흐름으로 등장한 측면도 있다고 평가해도 되나요?

이재진 냉정하게 봤을 때는 그런 부분을 면피하기 위해서 했을 수도 있죠. 문제는 진정성이 과연 얼마만큼 있느냐, 과연 얼마만큼 진정성을 가지고 하느냐는 부분에 대해서는 저는 솔직히 후한 점수를 주기는 좀 어려워요. 그렇지만 시작 자체는 큰 의미가 있고, 그것들이 결과로 나오면서 보여주는 모습들이 훨씬 더 의미가 크다고 보거든요. 사회에 울림을 주는 게 더 클 수 있고. 그러면서 더 확대되는 계기가 되는 것이기 때문에, 처음 시작 자체는 우리도 좀 면피성으로 했다는 측면이 있다고 봅니다.

우리가 냉정하게 평가할 건 평가해야 해요. 그렇지만 그것이 발생시킨 여러 가지 효과라든지 긍정적 부분들은 또 제대로 평가를 해줘야 되는 거고 그런 거죠. 그래서 그걸 지향점으로 가져갈 수 있도록 만들어가는 게 중요하다고 생각합니다.

조대엽 이런 제도가 만들어지는 과정을 보면 늘 문제의식들이 응축된 가운데 특정의 계기가 주어지면서 만들어지니까 그걸 우리가 특별히 폄하하거나 그럴 필요는 절대 없는 거죠.

이재진 저희들 나름대로는 가장 힘든 것들 중에 하나가 그런 부분이거든요. 예를 들어서, 보험사가 있으면 정규직 중심으로 되어 있거든요. 그리고 설계사들은 특수고용 노동자인 거고요. 이게 참 같이 가기가 어려운 구조인 거예요. 이것을 극복해야 한다고 저는 주장하지만 설계사 쪽이 영업해 오면 정규직들이 관리하고 운영해서 이익을 내고, 이익이 많이 나면 정규직 임금이 올라갈 거 아니에요. 그런데 여기도 설계사들이 보험 영업을 해오면 거기에 따른 수수료를 줘야 하고, 수수료 비용이 많이 나가게 되면 당연히 보험사 이익이 떨어질 거 아니에요. 그러면 정규직의 임금을 올릴 수가 없는 거고. 그러니까 설계사 쪽이 잘 되기를 바라지 않죠. 그런 게 같은 공간 내에 존재하는 거예요. 여태까지 설계사들이 노동조합을 못 만들었던 이유는 특수고용 노동자이기 때문이죠. 노조법상 노동자로 인정을 안 하잖아요. 자영업자인 거지.

그런데 이걸 어떻게든지 만들어서 지금 4년 되었는데, 교섭을 못하고 있어요. 그런데 저는 본조 위원장으로서 그런 부분들을 해야 한다고 계속 강요를 하는 거고요. 그리고 콜센터들이 거의 대부분 금융권에 있지만 다 사내 하청이거든요. 그들을 또 데려와서 조직하고, 이런 활동들을 안 하지는 않아요. 합니다. 하는데 쉽지 않아요. 우리 조직 내에 정규직이 있고 비정규직, 특수고용도 있기 때문에 이걸 하나로 묶어가기가 정말 쉽지 않거든요. 그런데 그런 괴로움, 어려움들을 재단을 통해서 완화시켜 낸다든지, 그런 모습들을 보여주면서 해야 한다는 것, 같은 노동자라는 것을 보여줄 수 있어야 해요.

조대엽 우분투재단을 들여다보면 다른 노동기반 공익재단과 차별성이 있어요. 비정규직 센터가 만들어지고 여기에서 비정규직 문제에 대한 토론회를 처음에 시작했던 걸 보니까 노조 측에서 먼저 제안하고 시작한 것이 맞지요?

이재진 우분투재단 시작은 김현정 위원장이 했는데, 처음에 그렇게 비정규직 문제에 관심을 가졌던 건 아닙니다. 김현정 위원장이 처음에 시작할 때 소외계층에 대한 고민들은 있었는데 구체적인 것들은 없었어요. 그리고 실질적으로 제가 위원장 되면서 우분투재단이 공식적으로 출범하고 사업을 시행했다고 보시면 될 것 같습니다. 기금 출연은 김현정 위원장 시절 거의 했습니다. 기금 출연은 금노라든지 공공상생연대기금처럼 하지 않고 거의 대부분 사측의 출연으로 한 겁니다. 노조가 경영진과 사측을 설득하고, 사측이 출연하는 식이었지요.

조대엽   노조가 주도하고 사측은 출연하고?

이재진   그렇죠. 그리고 어떤 조직들은 노동조합에서 같이 출연하는 데도 일부 있고요. 그때 당시 문재인 정권은 어쨌든 친親노동자적이고, 노동이 존중받는 세상을 지향했잖아요. 그러니까 사측을 움직이는데 좀 수월했던 거죠. 그런데 윤석열 정권이 들어서면서는 반反노동조합이잖아요. 때려잡잖아요. 그러니까 사측들도 엄두를 못 내죠. 어쨌든 간에 출연하면 출연하는 걸 홍보해서 언론에도 많이 나오게 되죠. 기부했으니까. 근데 지금은 이 자체가 싫은 거예요. 괜히 정부에 찍힌다는 생각들 때문에. 그래서 지금은 약간 답보 상태예요.

조대엽   지금 말씀처럼 실제로 노측에서 제안하고 사측에서 돈을 내고 했다면, 사측이 이쪽에서 제안하니까 그럼 돈은 우리가 내겠다고 했다는 점에서 다른 공익재단보다 훨씬 더 포용성이 커요. 그래서 확장가능성도 더 크고요.

이재진 　이사회 구성을 보면 당연직 이사로 사측이 한 명 들어오고, 저희는 위원장이 들어가고 그리고 나머지 이사는 알아서 자유롭게 구성하거든요. 그러니까 자유롭게. 그리고 저는 기본적으로 신필균 이사장한테 그런 얘기를 했죠. 사무금융노조가 주도해서 이 재단을 만들고 출연했지만 저는 가급적이면 빠지겠다. 자율적으로 하시라. 가급적이면 간섭 안 하겠다, 뭐든지. 물론 이사로서 이사회의 논의 과정에는 들어가죠. 논의 과정에는 들어가는데 재단은 독립적으로 간다, 개입을 최소화하겠다, 그래서 이사장님 하고 싶은 대로 하세요, 그랬습니다. 저는 그것이 우리 우분투재단이 지금처럼 갈 수 있었던 하나의 요인이 되지 않았나 하는 생각이 듭니다. 우리가 출연했기 때문에 간섭하고, 이랬더라면 훨씬 더 어려울 수도 있었을 텐데 저는 거의 간섭을 안 했습니다. 사측도 그렇고요.

조대엽 　그러니까 기금기반을 정확히 표현하면, 사측이 출연한 것이지만 노측이 포함되어 있는 단위 사업체별로 출연한 것이라고 말하는 것이 정확할 것 같습니다. 그래서 사업체별로 순차적으로 출연을 쭉 해오다가 이번 정부 들어서 끊겨버린 것이지요?

이재진 　이번 정부 들어서서 완전히 끊어진 건 아니고요. 일부 있긴 한데 완전히 끊어진 건 아닌 거고, 확실히 눈치를 많이 보더라고요. 엄청납니다. 미미하기는 하지만 개인도 일부 있을 거고요. 노동조합에서 자기네 기금을 출연하는 데도 있고 그래요. 그런데 저는 기업들이 단사에서 출연하는 것도 중요하지만 출연의 범위를 넓혀서 CMS

운동 이런 것들은 해야 되는 거 아니냐는 생각입니다. CMS 한 달에 1만 원이든 5,000원이든 할 수 있도록 만들자고, 제가 계속 얘기했던 이유가 그런 것들도 있거든요.

재단이 출범하고 2~3년 지나면서 결과물들이 있을 거 아니냐. 이런 것들을 홍보하면서 우리 산하 조직 조합원들이 CMS로 후원할 수 있는 것들을 만들 필요가 있다. 참여할 수 있도록. 이게 지금 다 맞물려 있는 겁니다. 그러기 위해서는 아까 말씀드렸듯이 간부들이 직접 참여할 수 있는 참여형 봉사활동이라든지 이런 것도 같이해야 되고, 그렇게 했을 때 또 조합원들한테 이렇게 활동하고 있다는 것을 보여주면서 CMS 가입 운동도 가져갈 수 있고. 그래서 저는 이게 다 맞물려 있다고 보는 거예요.

조대엽 다른 질문 드리겠습니다. 사회적 대화 관련 질문 좀 드릴게요. 사회적 대화의 근본 요소는 누구나 신뢰라고 하는데, 우리 노사정 대화에 신뢰가 형성되지 못하는 요인은 뭐라고 보세요?

이재진 신뢰가 형성되지 않는 이유는 정부가 객관적 입장을 제대로 내놓으면 될 텐데 정부가 자본이나 사측으로 많이 기울어져 있다고 보거든요. 그건 문재인 정부도 비슷하다고 봐요. 솔직히 정부가 정치하는 데 있어서 냉정하게 중간자적 입장에 서면 많은 문제가 해결돼요.

조대엽 아예 정부는 빠지는 게 좋을 수도 있잖아요?

이재진　경사노위에서 정부가 **빠져버리면** 이게 되겠습니까? 저는 중간에서 정부가 어느 정도 역할을 해줘야 한다고 보거든요. 저는 **빠**지면 더 안 된다고 봅니다. 결국은 교섭하고 똑같은 거거든요. 자기 주장만 하는 거고, 자기 유리한 것만 하는 건데. 그래서 저는 정부가 정확히 중간에 서서 노사 간의 대화를 붙이는 역할을 해야 되는데, 자본 쪽에 기울어져 있으니까, 안 된다는 생각이 큰 거고요. 저희 같은 경우는 금융정책협의회를 금융위(금융위원회)하고 했거든요. 저는 상당한 효과가 있었다고 봐요.

　그때 당시에 금융위원장이 은성수 위원장이었는데, 이게 처음에 어떻게 만들어졌냐 하면 한국노총은 경사노위에 참여하잖아요. 민주노총은 노사정 때부터 참여를 안 했던 거고요. 그래서 금노는 실은 금융위하고도 그런 부분에서는 대화가 있었을 수도 있어요. 그런데 우리는 서로 이해관계가 안 맞아 대화를 안 했는데, 제가 문재인 정부 시절, 정세균 총리 때죠. 그때 코로나 극복을 위한 원 포인트 노사정 협의회를 하자는 제안이 있었고 그래서 민주노총 김명환 위원장이 그 제안을 받았어요. 그건 그거고, 저는 경사노위 코로나 정국에서 중소 영세사업장들에는 일정 부분 금융적 지원이 필요한 부분이 있을 수도 있겠다 싶어서, 민주노총 김명환 위원장하고 저하고 은성수 위원장 면담을 갔던 거예요.

　거기서 제가 처음으로 은성수 위원장에게 우리 이렇게 하지 말고 노사정 협의틀을 만들자, 그래서 그런 것들에 대해 의견을 계속 모아보자고 했어요. 은성수 위원장이 좋다고 했지요. 그러면 우리는 제2금융권이니 금노도 오라고 하자. 그래서 금융위, 사무금융노조, 금노, 그리고 노사적 협의체니까 사용자도 은행연합회장 그리고 우리 쪽은 금투협회장(금융투자협회장)이 들어와서 이렇게 대화를 시작한 거예요. 금융위 내에 디지털 협의회, 우리 쪽 본부장이 한 명 들어가고, 금노는 금발심(금융발전심의위원회) 거기 한 명 넣기도 하고, 또 녹색협의회에도. 그리고 저희 쪽에서 하승수 변호사를 추천했는데, 디지털 협의회만 좀 원활하게 되고 금발심 같은 경우는 결국은 못 넣더라고요. 안 넣어줍니다, 금융에서. 그래서 넣네 마네 이걸 가지고 질질 끌다가 결국은 못 간 거고. 그러면서 디지털 금융협의회에서도 전자금융거래법 같은 것들 논의를 많이 했거든요. 그때 당시에 전자금융거래법 관련해서 의견 받아서 제대로 됐더라면 지금 티몬·위메프 사태 같은 것들이 일정 부분 걸러질 수도 있었던 거예요. 근데 그런 것들이 제대로 안 돼서 이런 거고. 금융위도 상당히 좋다, 이건 해야 된다고 이렇게 했거든요.

그래서 저는 노사정 협의체는 해야 된다고 봐요. 물론 결정적으로 민주당 정권에서 몇 번 뒤통수를 쳤어요. 아시잖아요. 정리해고법이라든지 비정규직법이라든지 이런 부분들이 다 민주당 정권 때 통과됐거든요. 그러다 보니까 민주노총은 민주당을 못 믿는 거고 척결의 대상인 거예요. 정부라는 게 어떻게 일방적으로 노동조합 편만은 들 수 있겠어요. 기업에게 좋은 환경도 만들어줘야 된다고 생각하거든요. 일정 부분 그럴 수 있다고 보는데 그래도 저는 그런 것들을 대화를 통해서 하고, 대신 정부가 객관성이 있다는 걸 좀 보여줄 필요가 있다고 봅니다. 그러면 훨씬 더 대화도 잘 되지 않겠는가 하는 아쉬움이 있는 거죠.

윤석열 정부 들어와서도 강원도 레고랜드 사태가 터졌잖아요. 정부가 대처를 정말 잘못했거든요. 아마 그때 당시 저희와 금융위에게 그런 노사정 협의틀이 있었더라면 저는 정확히 얘기했을 거예요. 기금 1조 6천억 원 가지고 그거 봉합 안 되거든요. 그리고 빨리 손을 썼다면 훨씬 더 수월했을 텐데, 현장 분위기를 모르는 부분들, 그런 것들이 좀 많이 아쉬웠어요.

조대엽　현장은 정말 노조와 대화하면 쉽고 정확하게 판단할 수 있을 텐데요.

이재진　저희들도 나름대로 또 이런 게 있거든요. 금융위는 금융권에서는 거의 두려움의 대상이잖아요. 경영진들이 가서 말을 할 수가 없습니다. 눈치 보여서. 근데 우리는 허심탄회하게 막 지르잖아요. 이게 대화거든요, 실은. 나머지 일들은 경영진들이 가서는 말을 못합니다. 눈치 보느라고. 그래서 제가 심지어 경영진들한테 그런 얘기도 하죠. 저희한테 얘기하시라 저희가 다 얘기할 테니까 걱정하지 마시고. 하여튼 뭐 그런 부분들이 있습니다.

조대엽　사무금융의 경우 이 위원장님께서 경험하신 가장 성공적이었던 노사 대화, 그리고 가장 어려웠던 경험 이런 걸 하나씩 말씀해주세요. 지금 금융정책협의회 얘기는 굉장히 성공적 사례로 이해해도 될 것 같은데요.

이재진 네, 저는 성공적이었다고 봅니다. 진짜 성공 사례의 하나라고 생각하고요. 노사 대화에 가장 어려웠던 경험은 다 어려웠던 것 같아요. 지금 현재 가장 어려운 부분은 OK저축은행 건인데요. 노동조합이 만들어진 지 지금 한 4년 됐거든요. 아직도 단체협약을 체결하지 못하고 있습니다. 거기가 일본계 자본이거든요. 최윤 회장이 재일교포예요. 그런데 모르겠어요. 자기 눈에 흙이 들어와도 노조는 인정 못 하겠다는 건지, 가장 어렵고, 잘 안 되고 있어요. 아까 말씀드렸던 보험설계사 노조, 거기서 지금 4년 넘도록 단체협약 체결이 안 되는 상황이어서 참 답답하죠. 저한테는 가장 어려운 사업장이 그 두 군데입니다.

OK저축은행 같은 경우는 작년에 국정감사 증인으로 채택했거든요. 왜냐하면 콜센터 직원들이 출근을 할 때 전화기를 다 반납하고 들어갔어요. 세상에, 그런 회사가 있더라고요. 그런데 거기 노동자들은 그게 당연한 줄 알았던 거고. 업무 중에 부모님이 위독하다는 전화도 못 받고, 이런 말도 안 되는 일이 벌어져서 그게 언론에 보도되고. 그걸로 저희들은 국정감사 인권 유린으로 증인으로까지 채택했는데 사측이 난리가 난 거죠. 그거 빼 주면 교섭 잘 하겠다고 해서 빼 줬죠. 그랬더니 다시 엎어요. 거기가 전체 구성원이 한 2,000명 넘는데 조합 가입자는 300명 정도밖에 안 되고, 우리로서는 단체행동을 통해서 이걸 돌파해야 하는데 단체행동은 안 되는 상황이잖아요. 또 최윤 회장 밑에 사장이 있는데 사장이 교섭에 안 나와요. 그래서 지금 지노위까지 가 있습니다. 저희가 부당노동행위로 제소했거든요.

조대엽　아직도 고민이시겠네요. 다른 질문 드리지요. 앞에서 우리 시대 노동의 위기 관련 질문에서 노동조합의 조직위기에 대해 여쭌 바 있습니다. 여러 가지 어려운 여건에 직면하고 있는 노동조합운동의 미래에 대해 전망해 주시기 바랍니다. 어두운가요?

이재진　저는 그렇게 밝아 보이지는 않습니다, 솔직히. 개인적으로는 밝아 보이지 않아요. 그런데 이게 공통점이 있더라고요. 노동조합이 조직 내에 좀 힘이 있고 활발한 조직들은 꼭 경선이 이루어집니다. 힘이 없고 어려운 조직들은 아무도 안 하려고 해요.

　아쉬운 건 이런 겁니다. 세상도 좀 변화시켜 보고, 세상까지는 아니더라도 조직 내 민주화라든지, 조직 내에 조합원들을 위해서 뭔가를 해보겠다는 사람들이 간부를 하면 좋겠는데, 약간 도피성으로 오는 사람들이 많습니다. 한 3년 쉬고 간다는 생각으로. 그중에 조직을 완전히 망가뜨리고 가는 사람들이 있어요. 그런 것 보면 맥이 푹푹 빠지죠. 얘기해도 안 통합니다. 그런 거 보면 절망적이에요. 어떻게 저럴 수 있지. 어떤 친구는 지부장 단체 채팅방에 "기본소득 이런 게 중요하겠습니까?", "증권 내에 있는 우리 노동자들을 위해서 우리는 일합시다", "금투세 폐지해야 됩니다" 이러고 있어요. 쪽팔리니까 어디 가서 그런 얘기 하지도 말고 네가 그런 생각을 갖고 있는 것은 뭐라 안 하겠다고 했지만요.

　금투세 폐지? 아니 진짜 노동조합 한다는 사람이. 물론 당연히 금투세 폐지하면 좋죠, 증권 노동자들은 당장에. 그러면 이후에 국가적으로 자꾸 감세정책으로 가게 되면 문제가 없나요? 금투세라는 게 현재로서는 5천만 원 이상 수익 낸 사람이 세금을 낸다는 건데 나는 그걸 반대하면 안 되고, 차라리 1억 원이든 정산 기간을 몇 년을 늘리든, 최소한 노동조합은 증세를 주장하는 게 맞지 않나요? 복지 전체를 가져가기 위해서는. 전 세계적으로 금투세를 안 내는 나라가 있나 보면 언론에서 대만 얘기하던데. 대만이 금투세 도입해서 증권 시장이 망했다 이런 얘기도 해요. 그건 그때 잠깐이었거든요. 그리고 대만이 그럴 수밖에 없었던 이유는 금융실명제가 안 돼 있었거든요, 금투세 도입할 때. 금투세 도입 자체는 금융실명제와 같은 효과가 나타나거든요. 수익 낸 사람은 세금을 때려야 되기 때문에. 그러니까 돈 많은 사람들이 다 빠져 나갔던 거예요. 그러니까 폭락했던 거죠. 그리고 다시 자리를 잡거든요. 그걸 비교해서 마치 증권시장이 무너진다고 하고 지금 똑같아요.

한동훈이 금투세 폐지해야 한다. 토론하자. 그렇게 말하는데, 금투세 폐지하면 주식시장이 살아나냐, 이거예요. 내수 시장이 좋아지냐 이거예요. 실은 이번에 증권시장이 이틀간 내려앉은 것은 미국 연준이 금리를 빨리 내리지 못한 부분도 있고, 또 하나는 우리 증권시장이 그만큼 체질이 약하다는 얘기거든요. 미국의 경제지표 몇 가지가 안 좋은 게 나오는 바람에 와장창 깨진 거거든요. 그거하고 금투세가 뭔 상관이냐 이거예요. 그런데 그렇게 호도하는 거죠. 1,100만 금융투자자들, 이 사람들 표 얻으려고 하니까. 또 이 사람들은 진성준 정책위의장한테 너는 왜 금투세 주장하냐고 공격해요. 이건 진짜 해도 너무 해요. 기본적으로 정치한다는 사람들이 객관적으로 보면서 해야지 거짓으로 사람들을 호도하고 이런 게 막 신물이 나는 거거든요.

진짜 짜증나는 거거든요.

　그러니까 얼마나 답답합니까. 그런 사람들이 정치를 하고 대표를 하고 있고, 다음 대선에 차기 주자로 거론되고 있어요. 저는 젠더갈등을 폭발시켰던 모 의원 같은 경우 정말 문제가 있다고 봐요. 2030 여성 대 남성. 자신의 정확한 정치적 포지션을 "나는 2030 남성들 끌고 가겠다"고 한 거예요. 그게 할 짓이냐고요. 정치한다는 사람들이 갈등을 조장하고. 물론 똑똑하죠. 말은 잘하니까. 그렇지만 저런 사람들이 정치를 하는 순간 정말 우리나라는 희망이 없다고 생각해요. 상속세, 종부세 관련해서도 중도층을 잡아야 된다고 그러는 것 보면서 참 미치겠어요. 이거 도대체 뭘 어떻게 해야 되나 싶기도 하고.

조대엽　어둡고 한심한 현실 정치를 보면 여전히 노동조합의 역할이 중요한 의미를 가지지 않나요? 그렇다면 어떤 식으로든지 미래가 조금은 그래도 밝아야 되지 않을까요?

이재진　그러니까 밝아야 희망이 있는데요. 저는 그런 생각을 해요. 나부터 지쳐 있다는 생각. 저는 저부터 지쳐 있다고 생각해요. 그러니까 이게 희망으로 안 보이는 거예요. 젊은 친구들이, 파닥파닥한 친구들이 이제 위원장을 해야 된다는 생각부터 하는 거예요. 저도 옛날에는 뭐 거의 희망이 없는 데서도 일어서고 또 일어서고 또 하고 또 하고, 계속 부딪혔는데요. 이사장님 앞에서 나이 얘기하면 안 되는데 나이를 먹었구나 하는 생각이 드는 게 현실이에요. 지치고.

　하여튼 노동운동에서 제일 중요한 건 저는 열정이라고 생각하거든요. 그것이 내 스스로에게는 많이 퇴색되어 가는구나, 하는 생각을 많이 해요. 그러니까 이렇게 밝게 안 보이고 안 좋은 모습들만 보이는 거죠. 젊은 친구들 보면 저 친구들을 어떻게 해야지 하는 걱정만 되고. 이렇게 되는 것 같아요. 사이클이라는 게 있으니까 지금은 내가 많이 좀 다운돼 있는 시점일 수도 있다고 생각해요. 또 반복되거든요. 또 다시 올라가거든요. 이게 평생 제가 이렇게 살아왔던 궤적인 것 같더라고요. 지치고 귀찮다, 다 때려치자, 이런 생각이 들다가 다시 또 분노해서 또 올라가고 또 떨어지고 또 올라가고 이게 반복이더라고요.

조대엽　서글퍼집니다. 눈물 나게 만드는군요. 스스로 사이클이라고 믿듯이 또 다시 열정이 일어날 거예요. 나는 사람을 통해 그런 열정이 생기는 경우가 많다고 보는 데 이 위원장의 열정을 깨울 후배들이 반드시 나타날 겁니다. 이 위원장님은 노조 위원장 몇 년 하신 겁니까?

이재진　저는 2000년도부터 했죠, 위원장은. 도중에 3년 정도 현업에 복귀했었고요. 위원장을 20년 했다고 보면 되죠.

조대엽　20년 동안 위원장으로 일하면서 느낀 노조 리더십의 요소가운데 가장 중요한 게 뭐라고 생각하세요. 조금 전에 노동운동의 핵심은 열정이라고 말씀해 주셨는데.

이재진 맞습니다. 노동조합의 리더십에서 가장 중요한 것은 저는 열정이라고 생각합니다. 최우선이 열정이고요. 그리고 공부를 많이 해야 한다는 것. 진짜 공부를 많이 해야 하더라고요. 저는 못하지만. 뭐라 그럴까, 리더십이 뜨거운 열정도 중요하지만 또 그만큼 소양을 갖춰야 되더라고요. 똑똑해야 됩니다. 저는 그렇게 생각합니다. 그리고 그에 더해 담대함이 있으면 좋겠어요. 벼랑 끝 전술을 펼 수 있는 배짱과 담대함, 승부사적 기질 같은 것이 있어야 합니다.

조대엽 한국 노동운동의 지도자들 가운데 좋은 모델이 있습니까?

이재진 솔직히 롤 모델은요. 제가 누군가를 롤 모델로 하고 일해 본 적이 없는 것 같아요. 그냥 제가 부딪히는 대로 살아왔던 거지. 제가 아무리 생각해도 누구를 롤 모델로 할 생각이 안 나더라고요.

조대엽 롤 모델이 특별히 없더라도, 강규혁 위원장이나 나순자 위원장처럼 늘 같이 다니는 분들 있잖아요. 그분들 평가 한번 해 주세요.

이재진 동지, 동료라고 생각하는데요. 저는 강규혁 위원장은 확실히 어렵고 힘든 경험 속에서 축적된 풍부한 역량이 뛰어나다. 빠른 판단력 같은 부분들이 강점이라고 생각해요. 그리고 친화력. 나순자 위원장님은 앞뒤가 같은 것 같아요. 앞에서 보나 뒤에서 보나. 겉과 속이 같다. 그리고 겸손하고. 또 헌신성이 남다릅니다. 아무래도 제가 참 두 분 다 존경하는 분들이죠. 배울 점도 많고요. 어떻게 보면 이 판에서는 가장 가까운 두 사람이라고 할 수 있어요.

조대엽 글쎄 그런 것 같아요. 리더십에 대해 물었는데 사실은 굉장히 정확한 모범답안을 말씀하셨어요. 제가 가끔씩 스피치할 때 인용합니다만, 막스 베버가 정치인의 자질 두 가지를 드는데 하나는 '신념의 윤리'고 다른 하나는 '책임의 윤리'거든요. 이재진 위원장이 얘기한 열정이라고 하는 거는 신념이라고 볼 수 있는데, 신념만 강해서는 안 되거든요. 열정만 있어도 안 된다고요. 그러니까 거기에 책임의식이 따라야 하는데, 국민에 대한 책임, 역사에 대한 책임, 국가와 공동체에 대한 책임 등을 가지려면 소양이 있어야 되고 다른 사람들의 요구가 뭔지도 알아야 되는 겁니다. 그래서 배우고 공부해야 된다는 게 여기에 해당하는데, 그 두 축을 잘 지적하신 것 같습니다. 그래서 역시 현장에서 이런 깊은 내용들을 끄집어낼 수 있구나 하는 생각도 듭니다. 또 리더로서의 담대함도 반드시 필요한 덕목이라고 할 수 있지요. 아무튼 오늘 좋은 말씀을 많이 듣습니다.

다소 중복되기도 합니다만, 노동조합을 한 20년 끌어오셨으면 소중한 기억들이 있을 것 아닙니까? 어떤 기억을 소중하게 생각하시나요?

이재진 저는 평소에 이렇게 되었으면 좋겠다고 생각하는 소중한 경험을 갖고 있어요. 2008년인가 코스콤 비정규직 투쟁을 했어요. 한창 이랜드 파업하던 때 있잖아요. 같은 시기에 파업했던 조직이 코스콤이거든요. 비정규직법이 통과되고 비정규직을 기간제로 2년간 할 수 있도록 한다고 하니까, 사측이 비정규직들을 사내 하청으로 돌리는 거였어요. 코스콤이 한국증권거래소 전산을 담당하는 공공기관이었거든요.

100여 명 조합원을 데리고 475일을 파업했습니다. 근데 제가 사무국연맹 부위원장 겸 증권업종 본부장을 맡고 있었고 여기에 집행위원장으로 들어가서 같이 결합해서 싸웠는데 475일간 일주일에 하루 집에 들어가고 나머지는 다 그들하고 같이 길바닥에서 동고동락을 했어요. 노상에서 야전 침대 같은 거 깔고 천막 비닐 해서 같이 잠자고, 겨울에는 거기서 김장해서 화단에 묻어두고 거기서 밥 해 먹고. 하여튼 안 해본 투쟁이 없었어요. CCTV에 올라가서 플래카드도 내리고, 언론을 엄청나게 탔죠. 475일 해서 결국은 승리했죠. 직접고용으로 다 전환되고 아마 그게 공공기관 최초일 거예요.

그게 저한테는 최고의 기억이라고 할 수밖에 없는 게 뭐냐 하면 기존의 상급단체 간부들은 집회하고 그럴 때 와서 투쟁사 한마디 해 주고 가고 격려 방문하고 가고 다녔는데 그때 당시에 저하고 증권 노조의 간부들, 여성 간부들 3명, 이렇게 4명은 계속 같이했던 거예요. 보통 나중에 가면, 475일 정도 되면, 파업의 대오와 상급단체의 괴리가 생기거든요. 말을 안 들어요. 이 사람들은 지쳐 있고 막 힘들고 하니까. 근데 이거는 말을 안 들을 수가 없죠. 같이 밥 해먹고 같이 싸우고 같이 투쟁하고 하니까. 하나가 되는 거예요. 투쟁을 제대로 하려면 가서 관망하면서 지도하려고 하지 말고 같이 부대껴야 해요. 그래야 동질감이 생기고 같은 동지애가 더 느껴지는 거고 함께 의사결정을 만들어가는 과정이 있기 때문에 신뢰가 쌓이는 거고 승리할 수 있는 겁니다. 저한테는 그게 노동운동을 계속 이런 식으로 가져가야 된다는 지표가 만들어졌던 계기인 거죠. 또 하라면 못할 것 같아요.

하여튼 이게 제일 기억에 남고, 또 한 가지는 어쨌든 간에 사무금융연맹을 해산하고 산별을 완성시킨 것. 이게 저한테는 가장 크나큰 일이었습니다. 두 가지 일이 가장 기억에 남습니다.

조대엽 가장 아팠던 기억은 어떤 걸 들 수 있을까요. 아까도 힘들었던 것 물으니 다 힘들었다고 하셨는데.

이재진 NH투자증권 지부장 시절인데 조직 내부의 갈등으로 인해서 사무금융노조가 사무금융연맹을 탈퇴한 적이 있습니다. 저는 그걸 막으려고, 당시 임시 대의원이었는데, 그 탈퇴 안건을 가지고 저희 조직만 4시간 동안 싸우고 그랬었는데요.

제가 NH투자증권으로 통합되기 전 우리투자증권 지부장일 때, 그때 사무금융연맹하고 노조가 갈등이 심했습니다. 내부 갈등으로 사무금융노조가 연맹을 탈퇴하는 결의를 하는 자리가 있었어요. 저는 그걸 엄청나게 반대했고 탈퇴하는 순간 민주노총 멤버십도 같이 없어진다고 했어요. 그때가 1월이었는데 12월이면 연맹 임기가 끝나는데 선거를 통해서 연맹을 우리가 접수하면 될 거 아니냐. 그렇게 하지 왜 탈퇴를 하느냐? 그랬는데, 결국은 탈퇴를 못 막았죠. 그렇게 탈퇴하고 나서 3~4년이 흘러갔어요. 그게 저한테는 가장 아픈 기억입니다.

조대엽 마지막 질문입니다. 이재진 위원장의 꿈은 무엇입니까?

이재진 이게 한 3년 전부터 얘기했던 부분인데, 퇴직연금을 기금형으로 바꾸는 것이 꿈입니다. 지금은 계약형이거든요. 아까 제가 ESG 거버넌스 얘기했지 않습니까? 이게 제가 꿈꾸는 건데 뭐냐 하면, 지금 현재 우리나라 퇴직연금이 대략 400조 원 정도 될 겁니다. 국민연금이 지금 1천조 원 정도 돼요. 그런데 앞으로 국민연금은 계속 줄어들 수밖에 없고, 퇴직연금이 지금 400조 원인데, 앞으로 6년만 지나면 이게 한 1천조 원 가까이 될 겁니다. 그런데 알다시피 퇴직연금이 정말 중요하잖아요. 지금 사회가 고령화되는 시점에서 국민연금이 됐든 정부의 보조는 한계가 있는 거고, 노동자들에게 퇴직연금은 노후 대책의 마지막 보루라고 생각하는 중요한 거거든요. 근데 이 퇴직연금이 현재 수익률이 1~2% 밖에 안 나옵니다. 게다가 1%는 금융사에 수수료를 떼 주고 있고요. 그리고 현재 400조 원 중에 약 100조 가까이가 DC형으로 들어가 있고 300조는 DB형으로 들어가 있는데, DB형 같은 경우는 기존 퇴직금 제도하고 똑같습니다.

제가 이것을 기금형으로 바꿔야 된다고 말하는 이유가 뭐냐 하면, 현재 국민연금이 1천조 원 가까이 되는데, 이게 규모의 경제거든요. 이걸 국민연금관리공단에서 관리를 하잖아요. 관리하면서 예를 들어 미국에 있는 빌딩에 투자할 수도 있고 또 주식시장에서 주식도 사기도 하고 채권에 투자하기도 해서 수익률이 담보가 되거든요. 5~6% 이상 나오거든요. 금융 투자만 해도 5~6%가 넘게 나와요. 근데 우리 퇴직연금은 1%도 안 나오는 상황이라, 이걸 바꿔야 된다고 생각합니다.

기금형으로 바꿔서 수익률을 끌어올리고 두 번째는 초단시간 근로자들에게도 퇴직금을 줄 수 있는 기반을 만들 수 있어야 한다고 생각합니다. 이걸 해야 되는 이유는, 스튜어드십 코드^{stewardship code}, 즉 의결권 행사거든요. 지금 알다시피 국민연금은 민주노총에서 운영위원이 한 명 들어간다든지 한국노총 1~2명 들어오고 사용자도 들어오고 공익위원 정부가 선임한 사람도 들어오죠. 실제 우리나라 기업들 대부분 2대 주주가 국민연금입니다. 근데 보통 2대 주주가 의결권 행사를 제대로 하지를 못해요. 정부 입김에 의해 좌지우지되거든요. 제가 지배구조를 강조했던 이유가 그런 부분들입니다.

앞으로 5~6년 후에는 1천조 원 가까이 될 퇴직연금을 만약에 주식 투자해서 국내로 가져온다면 이 퇴직금의 소유자가 누구냐는 것을 따져야 합니다. DC형 같은 경우, 퇴직금을 해마다 본인이 직접 받아 직접 운영하거든요. 그럼 자기 거잖아요. 퇴직연금관리공단을 만들어서 관리를 해야 하는 이유는 지금 금속노조에 있는 사람들이 퇴직연금에 대해서 잘 모르거든요. 괜히 잘못했다가 다 튕겨먹고 손실 나고 이런 거 아니냐는 불안감이 있을 거라는 거예요. 절대 그렇지 않다는 걸 담보해줄 공신력 있는 기구가 필요하기 때문에 정부가 개입할 필요가 있습니다. 공공성을, 공신력을 담보해줘야 됩니다. 그러고 나서 그 소유주가 누구냐 한다면, 노동자 것 아니겠습니까. DC형으로 만약 다 바꾼다면, 제대로 된 스튜어드십 코드 의결권을 행사할 수 있는 거 아닙니까.

예를 들어, 제가 삼성전자의 퇴직연금에서 한 2%, 5%를 투자했으면 이 기업이 투명하게 제대로 굴러가게 되면 당연히 주가가 올라갈 거고 그러면 제 투자 수익률도 올라갈 거고 이게 저한테 더 좋아지는 거 아닌가요. 이렇게 가야 합니다. 그럼 정부도 어찌 보면 1천조 원 가까이를 밸류업할 수 있는 거죠.

지금 가장 큰 문제가 뭐냐 하면, '서학개미'라고 우리나라에서 더 이상 주식 투자해봤자 별로 재미가 없다 생각하니까 다 미국으로 넘어가는 거거든요. 그들이 국내에 있으면 정부는 정부 나름대로 그 돈 가지고서 일정 부분 장기 투자로 국내 주식을 사들이고, 그러면 또 주가는 부양될 거고 그게 밸류업이 되는 기회가 되는 겁니다. 또 국내 기업들도 그를 통해서 더 활발하게 경영해서 이익을 더 낼 수 있는 거고. 이렇게 긍정 효과들이 엄청나게 많아지죠. 단지 지금 현재 이게 안 되는 이유는 이 400조 원, 200조 원이 은행에 들어가 있기 때문입니다. 그리고 약 80조 원이 증권사에 들어가 있고 또 약 80조 원이 생보사(생명보험사)에 들어가 있고 약 40조가 손보사(손해보험사)에 들어가 있거든요. 이익구조가 이 사람들은 거기서 나는 수익으로 먹고살기 때문에 이걸 안 하려고 하는 겁니다.

그래서 저는 정말 증권사에 있는 노동자들이, 노동조합들이, 자기 회사의 이익을 대변하지 말고, 전체 2,200만 노동자들에게 도움이 되는 역할을 하자고 합니다. 정부가 일정 부분 개입해서 퇴직연금관리공단처럼 만들어서 운영하고, 그걸 통해서 기업들 투명성을 제고하게끔 해 주고, 수익률을 올려서 노후에 도움이 될 수 있도록 이렇게 가져가야 되는 거 아닌가요. 이 판을 만들고 싶어서 3년 전부터 얘기했고, 그래서 민주노총도 지난 대선 공약에 그걸 넣었던 거고, 또 이재명 대표하고도 얘기했는데 김병욱 의원이 디폴트 옵션만 개정하고 결국은 못 했죠. 이건 끝까지 계속 가져가야 된다고 봅니다.

남들이 위원장님 퇴직연금관리공단 이사장 하려고 그러십니까, 하는데 그렇게 되면 영광이죠. 이걸 체계적으로 쭉 해서 내일(2024년 8월 9일) 국회 토론회도 합니다. 2년 전에도 한 번 했었고 계속 공론화 가져가야죠. 내일 2시에 퇴직연금 공공성 강화 토론회를 국회에서 하는데 이거는 진짜 하고 싶습니다. 노동자들의 노후 보장과, 그리고 더 크게는 대한민국의 기업들의 투명성 제고를 위해서, 지배구조에 변화를 주기 위해서, 큰 차원에서 이건 반드시 해야 된다고 말씀드리는 겁니다.

조대엽 좋은 프로젝트네요. 의미 있는 계획이고요. 제도적이고 실무적인 꿈을 얘기했는데 꼭 이루시기 바랍니다. 노조 위원장 하기 전에 젊을 때 꿈은 뭐였어요?

이재진 젊을 때 저는 1987년 이후를 보면서 더 이상 대한민국 민주화는 큰 의미가 없겠다는 생각이 들어서, 시민운동을 하고 싶었어요. 변화와 개혁. 그래도 세상에 좀 변화를 줄 수 있는 역할을, 시민운동을 하고 싶었는데, 먹고살아야 되잖아요. 증권회사가 뭐 하는지도 모르고 취업했어요. 학교 다닐 때 졸업준비 위원장을 했거든요. 그때 당시 졸업준비위원회라는 것이 문제가 있는 학생 기구였어요. 앨범 제작 같은 걸 하면서 커미션을 먹기도 하는 학생 자치기구였어요.
 저 역시 그걸 받았죠. 학교와 얘기해서 공개적으로 받고, 학교에서 더 돈을 받아가지고 그때 당시 제가 "면접, 그것이 알고 싶다"라는 제목으로 면접 비디오를 만들었어요. 건전한 사회 진출을 위해서 학교

자치기구에서, 특히 졸업을 준비하는 기구니까 도움을 줘야 될 거 아니겠어요? 근데 막상 면접이라는 것은 답이 없거든요. 어떻게 해서 도움이 되게 하자 해서, 그때 유명했던 게 문성근이 나오는 "그것이 알고 싶다"였거든요. 그래서 "면접, 그것이 알고 싶다"로 콘텐츠를 만들었어요. 이게 대박을 친 거예요. SBS, MBC, KBS, 주요 언론 그리고 조중동 언론 다 보도되고 그러니까 학교가 난리 난 거죠. 그래서 교직원으로 남으라는 제안이 왔는데 제가 시민운동하고 싶다고 했었잖아요. 학교 교직원으로 남으면서 대학원 공부도 하고 시민단체 활동도 좀 하고 해야 되겠다 생각했는데 공채 취업 시기를 놓쳐버린 거예요. 1년을 기다리라고 하는데, 제가 어떻게 1년을 기다리나 싶은 와중에 증권사 대표가 온 거예요. 이미 공채는 끝났는데도 온 거예요. 증권사가 뭐 하는지도 솔직히 몰랐어요. 관심도 없었고. 근데 먹고는 살아야 하니까 원서를 냈죠.

그런데 당시에 우리가 취업하고 그럴 때 보통 토익 성적이 800점, 900점 나오고 그랬거든요. 우리는 시험을 봐본 적이 없어요. 대신 TV에 나왔던 것들, 언론에 나왔던 것들 다 이력서에 집어넣었죠. 회사가 이 녀석 봐라, 영업 좀 하겠다 싶어서 저를 채용한 거예요. 그래서 회사에 들어가게 된 건데 딱 들어가서 보니까 시민단체와 비슷한 게 노조네? 그래서 신입사원 때 노동조합 대의원이 된 거고 대의원 대회 갔더니 거기서 또 회계감사로 선출돼서 1년 하고 곧바로 그 위원장이 사무국장 전임으로 데려간 거예요. 사무국장 1년 하다가 다음 선거에서 수석으로 올라갔는데 그 선거를 진 거예요. 그리고 현업 복귀할 때가 2년째였어요. 현업 복귀했다가 그 다음번 위원장에 직접 출마하겠다고 해서, 33살 나이에 출마했던 겁니다. 그렇게 당선된 거고 지금까지 온 거죠.

조대엽 학교 다닐 때부터 시민운동, 시민단체에 관심이 있었으면 노동조합하고는 반드시 연결이 될 수밖에 없었네요.

이재진 관심이 있었던 거지요. 그러다 보니까 사람들이 그런 말도 합니다. 20년 넘도록 대장질만 했다고. 그러면 저는 말합니다. 월급쟁이가 자기 하고 싶은 대로 살았다는 데 만족한다. 내 지난 삶은 다른 무엇보다 누구도 눈치 보지 않고 하고 싶은 대로 하고 산 것 자체가 행복이다. 그렇게 얘기하죠.

조대엽 긴 시간 인터뷰에 수고 많으셨습니다. 개인적 체험과 평소 드러내지 않았던 생각까지 편하게 말씀해 주셔서 감사합니다. 퇴직연금을 기금화하는 꿈을 꼭 이루시기 바랍니다. 응원합니다.

대담 ⑤ 강규혁

90%와 어울리는 노동

조대엽　강규혁 전국서비스산업노동조합연맹 위원장과의 인터뷰를 진행하겠습니다. 첫 질문 드리겠습니다. 디지털 전환과 AI 시대에 이르는 우리 시대의 기술 발전은 인간노동을 빠르게 대체하고 있습니다. 이 같은 현실을 인간노동이 대면하고 있는 보편위기라고 한다면 이에 대해 어떻게 생각하십니까?

강규혁　우리 사회가 AI 시대로 접어들면서, 실질적으로 기계가 대체할 수 있는 분야와 그렇지 못한 분야가 있을 것이라 보입니다. 다만 조직노동자로 구성된 분야들은 많이 대체될 확률이 높다고 봅니다. 대표적으로 저희 서비스연맹의 경우, 마트 노조를 예로 들자면, 마트에서 계산할 때 계산대가 점점 줄어들고 있죠. 현재 우리나라에서는 중간 단계 자율계산을 하고 있는데, 이미 8~9년 전쯤 제가 미국에 갔을 때 RFID가 생활 속에 깊숙이 들어와 있었습니다. 장바구니 가지고 쓱 나가면 저절로 다 결제가 되는 시스템들이 시범적으로 나오기 시작했고, 그 당시에도 우리가 일자리에 대한 고민을 시작해야 한다고 했어요.
　지금은 이제 그 전환 과정으로 가고 있다고 보는데, 여기서 저희가

2024년 7월 29일 오후 3시, 강규혁 전국서비스산업노동조합연맹 위원장을 공덕동 소재 선우재 이사장실에서 만나다.

주장하는 것은, 대형마트를 예로 들자면, 대형마트의 사용자들이 서비스를 제공해야 될 부분인데도 고객들에게 노동을 전가한다는 것이 문제라는 겁니다. 고객들이 직접 다 바코드를 찍고 나가게끔 하는데, 거기에 대한 어드밴티지는 하나도 주지 않으면서, 오히려 이 계산대 수를 줄여서 개인이 자발적으로 선택하는 것이 아니라 내몰려서 선택하게끔 하고, 그것이 대세가 될 것이라 보여주는 거죠. 그다음 단계로는 지금 일부 도입되고 있는, 일일이 계산대에서 바코드를 대지 않아도 그냥 시장바구니 갖고 나가면 저절로 다 계산이 되고 카드 하나 딱 찍고 나가면 영수증이 나와서 뜯고 나가든가, 이런 정도라고 생각하는데. 그래서 이미 계산대도 그 수가 약 50% 정도 줄어들었죠. 그래서 저희들이 사용자들에게 제안하는 것은 다른 직무 개발들을 해야 된다는 겁니다. 예를 들어, 계산대 직원의 절대 인원이 10명에서 5명으로 줄어들면, 티오(정원)를 5명으로 줄일 것이 아니라, 오히려 다른 직무 개발을 위해 같이 지혜를 모아보자고 제안합니다. 하지만 그게 본격적으로 노사 간 협상 테이블 위에 있지는 않죠. 대한민국에서 아직까지는 이렇게 성숙한 노사관계가 굉장히 드물 수밖에 없다는 판단입니다.

지금까지는 저희 예시를 말씀드린 거고, 제가 바라보는 전반적인 흐름을 얘기한다면, 사실 이건 단순히 노사관계의 문제가 아니고 노사정의 문제로 보이는 거죠. 그리고 우리가 예상했던 것보다도 이 AI 시대는 더 빠르게 속도를 낼 것이라 예상하고 있어요. 대표적으로 독일 기업인 지멘스Siemens 같은 경우를 보자면, 제가 지멘스 CEO의 인터뷰를 인상 깊게 읽었던 기억이 있습니다. "글로벌 지멘스는 AI 시대가 오더라도 단순히 일자리를 덜어내는 개념이 아니라, 그 안에 있었던 또 다른 직무를 개발해서, 우리는 함께 공존해 간다"고 하거든요. 그런 맥락에서, 저는 이런 것이야말로 노사정이 서로 지혜들을 모아서 가야 한다고 생각합니다. 실질적으로 절대 일자리가 줄어들게 되면서, 결국은 노동자들을 벼랑 끝으로 내몰고 있는데요. 이렇게 직무 개발을 해야 하고, 물론 거기에 전제조건은 이런 게 있는 거겠죠. 예를 들어서, 사용자 측은 기계를 도입하는 데에 투자했는데, 그 고정비용을 줄여야 한다는 고심들이 있을 텐데 그와 관련한 어떤 쟁점 등을 노사가 협상 테이블에 올려놓고 같이 해결해야 한다는 겁니다. 한 발짝 더 나아가서는, 예를 들어 일 8시간 근무를 하는데 이제 주 35시간 등 논의를 할 때, 본격적으로 노동시간 단축을 어떻게 볼 것이냐, 일자리를 나누는 걸 중점으로 보는 것이냐, 아니면 우리 세대가 점점 빠르게 변화되는 이런 시대에 조응하는 의미로 판단할 거나, 이런 것까지 고민해야 하지 않을까 생각이 들었습니다.

조대엽   최근 노동조합의 위기에 대한 걱정이 많습니다. 젊은 세대의 노조 기피 현상, 노동조합의 경직성, 리더십과 정책역량의 위기 등을 포괄하는 노동조합의 조직위기에 대해 어떻게 생각하시는지요?

강규혁   저는 민주노총에 소속되어 있기 때문에 민주노총에 대한 판단을 할 수밖에 없을 것 같은데, 일단 결론 먼저 말씀을 드리면 "민주노총은 이름 빼고는 다 바꿔야 된다"라는 게 제 생각입니다. 대한민국에서 노동조합 조직률이 14% 전후 정도라고 보는데, 그러면 과연 이 14%가 노동자 100%를 포괄할 수 있는 거냐 물었을 때, 그렇지 않은 거죠. 대표적으로, 전태일재단의 사무총장을 역임했던 한석호 선배가 방법이 좀 거칠었지만 끊임없이 던졌던 화두의 가장 큰 핵심은 정규직과 비정규직, 즉, 노동자의 양극화를 어떻게 해결할 것이냐에 있었거든요.

저도 비슷한 경험들이 있었는데, 제가 현대차 핵심 간부들이랑 이런 얘기를 한 적이 있습니다. 현대차 노조에 '귀족노조' 프레임이 덧씌워져 있지 않습니까. 현대차 정규직의 경우, 평균 연봉 1억 원 이상을 받고 있는데 그 1억 원에 대한 의미를 우리가 어떻게 판단할 거냐. 예를 들어서 노조 내부에서는 "오너십이 떼돈을 벌어가는데 우리가 받는 1억 원이 뭐가 크냐, 당연히 우리는 받아야 한다"라고 하는데, 그 의견에 동의합니다. "금융권에 있는 노동자들은 연봉 1억 5천만 원, 2억 원을 받는 게 자연스럽고, 제조업 노동자들은 20년 근무했는데 1억 원 받으면 안 되냐, 이게 사회적 편견 아니겠느냐"라고도 하는데, 그 의견에도 동의합니다.

다만, 현대차 노동자에 현대차 정규직·비정규직, 1차 벤더vendor 정규직·비정규직, 2차 정규직·비정규직 등 지그재그 형태의 계급이 있는데, 이 계급을 누군가는 좀 흔들어야 되는 것 아니겠냐는 생각이 있습니다. 전체 판을 흔들기 위해서는 우리가, 대기업 정규직이 팔하나를 내놓는다는 심정으로 이 판을 흔들어야 합니다. 예를 들어서, "우리 3년 동안 동결할 거야. 대신 우리 재원들은 비정규직으로 다 내려 줘. 대신 사측도 우리 이상 재원을 내놓자"라는 매칭펀드 개념과 같은 요구로, 100 대 55~60을 최소 100 대 80, 더 나아가 동일노동 동일임금까지 만들자는 건데요. 이렇게 한다는 의미는 어떤 게 있냐면, 우리 사회의 양극화를 해결해야지 비정규직이라는 용어 자체가 없어질 거 아니냐는 화두들을 던지는 거죠. 그러면 반론으로, "그거 정몽구 회장이 다 내야지, 왜 우리가 내?"라는 말이 있는데, 그 말도 맞습니다. 그런데 그 누구도 이 판을 흔들어대는 시도조차 하지 않는 한, 문제가 있는 거 아니냐는 겁니다. 저와 대화를 나눈 그 간부들도 여기에 동의를 하는데, 결정적으로 "노조 지도부 선거를 2년에 한 번씩 치르는데, 그렇게 했다가는 우리 정파政派는 다 떨어질 거다"라는 표현을 쓰더라고요.

그래서 제가 또 웃으면서 뭐라고 얘기를 했냐 하면, "선거는 떨어질 거다. 다만, 역사책에는 나올 것 같다"고 했습니다. 그게 어떤 의미인가 하면, 지금 질문과 연결되어서, 저는 우리 젊은 MZ세대들을 끊임없이 각 조직별로 조직하려고 하고, 청년들에 대한 고심이 깊은

데 엄두가 안 나요. 이 청년들한테 어떻게 다가가야 하는지, 이 청년들한테 어떤 화두를 던져줘야 하는지 엄두가 안 나는 거죠. 우리 안에서부터 차이가 있다는 걸 어떻게 깨닫느냐 하면, 전통적으로 노동조합 활동가들, 노동운동하는 우리는 희생과 헌신이 베이스에 깔려 있는데, 요즘에 새로 유입되는 MZ세대 활동가를 보면 희생과 헌신이 완전히 없지는 않지만, 우리 눈높이 정도까지는 없는 거죠.

단편적인 예로 토요일이나 일요일 날 집회가 있어서 나왔으면, "내가 휴일에 나왔으니 연차나 휴일 수당을 달라"는 요구들이 자연스러워요. 물론 법적으로는 당연합니다. 또는 집회가 끝나면 보통 전체 구성원들이 고생했으니 술 한잔 하는 뒤풀이 문화가 있는데, "저희는 소주 싫고 파스타랑 피자 먹으러 갈래요"라는 의사 표현들을 해요. 저희는 (집회의) 연장선상에서 그렇게 같이 술 한잔 하는 것도 조직 질서 안에서의 우리끼리의 단결력이라든가 스킨십이라든가 이런 일련의 마침표로 보는데, 전혀 다르더라구요.

그러면 이른바 노동운동을 한다고 온 젊은 MZ들도 그럴 정도인데, 노동조합의 조직대상인 젊은 청년들은 어떻게 할 거냐. 그러면 최근에 MZ를 대표한다고 하는 노동조합이 설립되었는데 그게 진짜 MZ를 대변하는 거냐 하면 그렇게 안 보여요. 대상화되어 있는 친구들 일부가 MZ라는 걸 퍼 올려서 대표한다고 하는 느낌이 이제 개인적으로 좀 많이 들었고요. 그래서 우리 MZ세대들한테는 뭔가 이 판이 완전히 바뀐 어떤 화두들을 던지지 않으면, 노동조합에 대한 관심도는 점점 떨어질 수밖에 없겠다는 생각들이 있고요.

민주노총 아까 제가 이름만 빼고 다 바꿔야 한다고 얘기를 드렸는데, 대표적인 게 민주노총은 1996~97년 노동자대투쟁에서 벗어나지 못하고 있는 거죠. 그때 우리는 정치총파업을 했었어요. 대한민국을 뒤흔든 역사적 총파업이었죠. 근데 이미 대략 27여 년이 지났는데도 불구하고, 그때 기억에 매몰되어 있어요. 그러면 지금 예를 들어서 1996~97년 정도의 총파업을 할 수 있는 힘이 민주노총에 있느냐하면 단언컨대 없습니다. 산별노조들은 조금은 있죠. 각 산별의 요구내용을 갖고서 저희가 마음먹고 할 수 있는 거지, 그조차도 1~2년 정도 기간이거나 아니면 정말 우리 목에 칼이 훅 들어오는 이런 정도의화두가 있지 않으면, 총파업 전술은 이미 쉽지 않습니다. 전체 노동이 완전히 이제 벼랑 밑으로 떨어질 거라는 위기, 예를 들어, IMF 때도입되었던 비정규직법이라든가 정리해고법이라든가 이런 큰 화두가 있지 않는 한 불가능합니다. 저희가 1996~97년에 국민 70~80%의 지지를 받고 총파업을 했던 기억이 있는데, 국민 지지율 고작10~20%만으로, 더군다나 '머리에 빨간 띠 두른 빨갱이' 프레임을벗어나지 못하고 있는 민주노총 입장에서는 국민에게 끊임없이 다가가는 운동을 하지 않으면 더 이상 성장이든 확장이든 쉽지 않습니다.여전히 20년 전, 30년 전 기억을 갖고 "아 옛날이여" 또는 "우리끼리만의 리그"로 당위성을 갖고 "우리는 옳으니까"라는 생각으로는 한발자국도 전진하지 못할 것이라 생각합니다.

　마지막으로 한 가지 더 강조하고 싶은 바는, 뿌리 깊은 이 정파 구조를 타파해내지 않으면 정말 어렵습니다. 물론 정파 구조의 순기능도 있지만, 역기능이 너무 많기 때문에 공조직 중심으로 투명한 의사결정 구조들을 확보하지 않는다면, 노동조합의 미래는 쉽지 않을 것이라는 생각을 저는 갖고 있습니다.

조대엽 쉽지 않은 이야기들을 허심탄회하게 해 주셔서 고맙습니다. 노동조합운동은 정부 성격에 따라 크게 영향을 받습니다. 최근 윤석열 정부에서 나타나는 노동운동의 정세적 위기를 노동정책과 관련해서 평가해 주시기 바랍니다.

강규혁 저는 윤석열 정부에 노동 브레인이 없구나 하는 생각이 들었던 이유가, 정부 출범하고 사실은 입이 쩍 벌어질 정도의 정책 한두 개 정도는 들이밀면서, 전체 내용을 한번 흔들어 보면 저희들도 굉장히 혼란에 빠졌을 텐데 우리의 예상에 한 치도 어긋남이 없이 정말 아마추어적으로 나오더라구요.

단편적인 예를 또 하나 들면요. 윤석열 정부 들어와서 국민투표, 무작위 투표(국민동의청원)를 합니다. 그 첫 번째 대상이 '대형마트 둘째·넷째 일요일 휴무일 폐지'였어요. 대다수의 국민들은 일요일에 쇼핑하는 게 좋죠. 토요일에 쇼핑을 못하면 일요일에 하니까요. 토요일, 일요일 주말이 보통 한 달에 8번에서 10번이 있는데 일요일 휴무 이틀도 불편합니다. 당장 저부터도 시장 보러 갈까, 하고 일어났는데 오늘 쉬는 날이라고 하면 오늘 둘째, 넷째 주 휴무였구나, 이렇게 생각할 정도니까요. 일반 국민들은 당연히 이제 그렇게 되죠.

그런데 이 문제를, 한 사람이 10표, 20표, 30표를 찍을 수 있는 투표 시스템으로 밀어 넣은 겁니다. 혼자 100번 클릭하면 100표가 되는 거죠. 근데 저는 그 대목에서 뭘 봤냐 하면은, 누군가한테는 너무나 자연스럽지만 누구한테는 너무나 간절한 것들이 있는 거죠. 사람이 배고플 때나 정말 허기질 때, 라면 한 그릇이 감사하고 정말 얼마나 고맙겠습니까? 배불러서 더 이상 입에 넣지도 못하는데 호텔 뷔페 가서 마음껏 먹자고 하면 고맙지 않죠. 대형마트 둘째 넷째 의무휴업은 유통 노동자, 특히 어머니 노동자들한테는 정말 간절하죠. 그동안 단절됐던 가족 간의 관계라든가 친인척 간의 관계, 친구들의 관계, 그리고 누구는 월~금 일하고, 토요일, 일요일 쉬는 게 너무나 당연하지만 서비스 노동자한테는 그게 당연하지가 않은 것이거든요.

그거를 4년 동안 우리 서비스연맹 조합원들이 한 주도 빼먹지 않고 전국을 다니면서 국민들께 외쳤던 것이, "여러분은 매주 빨간 날 쉬지만, 서비스 노동자는 그러지 못합니다. 서비스 노동자도 일요일 중 이틀만이라도 쉬어야 하지 않겠습니까"입니다. 저희가 유럽을 가봤더니, "쇼핑은 평일에! 유통 노동자들, 서비스 노동자들도 주말은 가족과 함께!"라는 모토들이 보였어요. "서비스 노동자들도 누군가의 가족이고 부인이고 엄마들이고 아빠들이다"라는 화두로부터 골목상권 보호를 위해 한상총련(한국중소상인자영업자 총연합회)과 함께 정말 어렵게 만들어낸 정책이 대형마트 의무휴업인데, 경총을 비롯해서 유통사 재벌들의 오랜 바람을 들어 주려고, 윤석열 정부 출범 후 첫 번째로 그걸 밀어 넣은 걸 보면서 그때 저희는 이 정부의 성격 규정을 다 끝낸 거죠.

말씀드린 대로 결국은 사용자를 위한 정부, 부자를 위한 정부 그런 것들이 한 치도 어긋남이 없습니다. 여전히 부자감세라든가 대기업 세금 감면이라든가 모든 것들의 치우침이 너무 심한 거죠.

결국 윤석열 정부는 시늉이야 하겠지만, 노동 관련된 사항들은 단 하나도 개혁을 못할 거라는 게 저희들의 판단이고 제 판단입니다. 그러니까 현 정부의 노동 관련 브레인이 없다고 판단하는 이유가, 예를 들어서 이 정부의 성격이 있으니까, 이거는 정말 꼭 하고 싶다, 근데 이거는 그대로 유지하고 아니면 이건 좀 내줘야 되겠다는 이런 종합적인 것들을 좀 내놔야 되는데 하나하나가 모두 다 저희들이 아주 고개를 설레설레 젓는 짓들만 하고 있기 때문이거든요.

　　예를 들어서 얼마 전에 국민의힘에서 산별 교섭 효력 확장 얘기가 나왔어요. 저희한테 얼마나 반가운 소리입니까? 그런 얘기가 저기서 나올 정도야? 하면서 깜짝 놀랄 그런 화두를 세게 던져서 사회적 대화를 제안한다면 우리도 고민할 수밖에 없다고 보는 거죠. 그런데 진심이 안 담겨 있고 면피용일 뿐이니 문제인 겁니다. 이거 한번 논의해보자, 하고 난 다음에는 후속조치는 아무것도 없고, 이름표만 올려놓고 협상 테이블에서는 쑥 빠져 있고. 이런 것들을 보면서, 실력도 없고 의지도 없고, 정부의 성격도, 단 1%도, 노동을 위한 성격들은 없다고 단언할 수밖에 없겠다는 생각이 듭니다.

조대엽　　한국의 노동조합운동이 험한 시기도 겪고 어렵게 해왔는데 그래도 큰 성장이 있었잖아요. 한국 노동조합운동 전체적 차원의 노동자 권익과 노동조합 내부역량의 성장에서 가장 뚜렷한 성과를 평가해 주시기 바랍니다.

강규혁　　저는 우선 노동조합 내부역량의 성장과 관련해서 두 시기를 비교해 보고 싶은데요. 첫 번째 시기는 내셔널 센터가 한국노총만 있었던 시기이겠고, 1986~87년을 거치며 군사정권 독재정권 체제로부터 6·29 직선제를 쟁취한 이후 민주노총의 태동기를 두 번째 시기로 볼 수 있겠습니다. 저는 민주노총의 출범이 민주노총뿐만이 아니라 한국노총에도 굉장히 긍정적이었다고 생각합니다. 그래서 한국노총의 독점 체제가 아니라 양대노총이 서로 견제와 협력, 이른바 서로 눈치를 볼 수 있는 자극제가 되지 않았냐는 점에서 민주노총 출범이 한국 노동운동에서는 굉장히 중요한 역할을 한 거 아닌가라는 생각이 있고요.

두 번째로는, 우리 사회가 민주화를 이루는 데에 일반 노동자들의 힘, 시민사회단체의 힘, 지식인들의 힘, 학생들의 힘과 같이 여러 가지 힘들이 기여했지만, 결집된 조직력을 보여준 것은 바로 우리 조직된 노동자들의 힘이 아니었느냐고 말씀드리고 싶습니다. 우리 사회의 민주화, 더 나아가 일방적인 분배구조에서 노사가 같이 합의하는 구조를 만들어낸 것이 대표적 성과라고 할 수 있겠습니다.

마지막으로, 우리 사회의 손길이 미치지 않는 다양한 사회적 약자들을 장애인부터, 성소수자, 이주 노동자에 이르기까지 연대라는 가치로 끊임없이 서로 나누려고 노력함으로써 우리 사회 사회적 약자들의 벨트라인의 가장 중심에 노동조합이 있었다는 생각을 갖게 했습니다. 더 멀리 보자면, 우리 사회의 노동시간 단축의 역사 한가운데에 노동조합이 있었던 거 아닌가, 이 정도가 얼핏 생각납니다.

조대엽 민주노총 탄생, 민주화에 대한 기여, 사회 연대 운동 확장,

아주 구체적으로는 노동시간 단축에 이르기까지 우리 노동운동의 아주 큰 흐름을 다 짚어 주셨네요. 우리 노동조합운동의 성과 가운데 사회적 약자인 장애인, 이주 노동자 등과의 연대를 통한 성과 얘기가 나왔습니다마는 크게 본다면 우리 노동의 공공성 수준을 점점 확장시킨 역사라고 볼 수 있잖아요. 그래서 말씀해 주신 것을 포함해서 우리 노동조합운동이 한국 사회 발전에 가장 뚜렷이 기여한 바를 든다면 무엇이라고 할 수 있겠습니까?

강규혁　조금 겹칠 수도 있을 거라는 생각이 드는데, 저는 '노동조합의 공공성'이라는 것의 기준점 하나를 굳이 만들어 보자면 노동자들이 주체가 되느냐 대상이 되느냐의 차이라고 봅니다. 이전에 제가 초기 노동조합 간부를 했을 때 저희 조합원들은 다 대상화가 돼 있었고, 일부 핵심 간부들의 버튼에 의해서 모든 게 이루어지던 시대였습니다. 저는 그걸 90년 초까지 경험했던 것 같아요. 그러다가 제가 속해 있던 기업의 노동조합도 민주화 바람을 타면서 우리가 대상은 아니지 않느냐, 주체가 되어야 하는 것 아니냐, 그렇게 해서 민주노조를 해야 한다고 결심했던 기억이 있습니다. 그 당시 저희가 굉장히 어려웠던 게 저희가 속한 그룹 위원장이 한국노총 위원장이었어요. 현직 위원장일 때 저희가 탈퇴를 결심해서 한국노총 난리가 났었죠.

　근데 이 얘기를 제가 왜 드리느냐면, 아까도 잠깐 말씀드렸지만 노동조합의 조합원들이 주인이 되고 주체가 되는 시기가 1986~87년에 태동했고 그 힘들이 이제 이른바 업종산별, 현총련, 대노협으로 대표되는 현장의 민주화 바람을 타면서 90년대 초반에 불붙어서 민주노총의 토양들이 이제 마련됐다고 봅니다. 물론 초기 1~3년은 갈증이 있었기 때문에 월급 많이 올릴 때는 연간 20~30%도 올렸었죠. 그것은 반대로 그동안 얼마나 착취당하는 구조였나를 말해 주는 것이기도 합니다.

그래서 그 갈증이 해소되고 난 다음부터는 단순히 월급 5%, 10%가 중요한 게 아니고 파이를 키워서 전체 노동계급들이 우리 사회의 주역이 되어야 한다. 또는, 우리 사회의 주춧돌이 되어야 한다는 운동으로 자연스럽게 되면서 그게 우리 사회의 연대까지도 연결이 된 거 아니냐는 겁니다. 다른 식으로 표현하면 노동 공공성 확대와 한국 사회 발전에 있어서 노동조합이야말로 우리 사회 민주화에 가장 큰 기여를 한 세력 아니겠느냐는 생각이 듭니다.

조대엽 이제 서비스연맹 얘기 좀 해보죠. 산별노조운동은 우리 노동운동의 오랜 과제입니다만 서비스연맹의 경우에 산별로 가는 제도화 수준이 어느 정도 갖추어졌는지. 그러니까 산별화한다는 것은 노동운동이 사업장 단위 내지는 개별화된 상태를 넘어 훨씬 큰 단위의 결집력을 가지고, 산별에 걸맞은 상대와 함께 교섭이나 협의 협상 이런 것들로 가는 과정이기 때문에 제도화 수준이 어느 정도 되어 있는지가 중요한 것 같아요. 서비스연맹의 경우 이러한 제도화 수준과 제도적 성과가 어떤 것이 있었는지 듣고 싶습니다. 아울러 과제도 함께 말씀해 주시기 바랍니다.

강규혁 산별로의 수준을 높이기 위한 과제를 간단하게 말씀드리면, 저는 입법화로 두 가지가 선행이 되어야 한 단계 점프가 될 거라고 봅니다. 첫 번째는 산별 교섭 법제화가 만들어져야 된다는 것이고 두 번째는 산별 교섭 효력 확장이라는 입법화가 되어야 합니다. 이것이 되지 않으면 한국의 산별노조는 정말 쉽지 않다고 봅니다. 잘 아시겠지만 유럽 같은 경우 이제 교섭 효력 확장 같은 것이 보편적으로 많이 퍼져 있죠. 우리나라 대표적 산별노조 사례를 한두 개만 거론하면, 금속노조가 금속산별 교섭을 매년 하죠. 금융노조나 다른 얘기는 한국노총 쪽이니 하지 않고 저희 쪽 얘기를 하면 금속산별에 대기업 완성차들은 나오지 않습니다. 현대차, 기아차, GM대우 이런 데가 안 오죠.

규모 있는 사업장들은 오지 않고 1차, 2차 하청업체 같은 곳들이 와 있어요. 그 자리에서 금속 노사의 임금 가이드라인을 정하거나, 아니면 아까 처음 질문하셨던 우리 사회가 급격하게 AI 쪽으로 가고 있을 때나, 혹은 단편적으로는 내연에서 전기차로 갈 때, 일자리들이 하청업체 수백 개, 수천 개가 없어질 건데 그 자리에서 논할 수는 없는 거죠. 현대차 기아차가 와 있어야지 그 자리에서 논할 수 있을 겁니다.

보건의료노조도 대학병원들은 산별 교섭에 나오지 않습니다. 그런 가운데 예를 들어서 최근에 의사 파업으로 인해서 전문 간호사라고 하죠. 의사가 해야 하는 것을 대신하는 PA간호사 문제라든지 간호인력이라든지 이런 근본적 내용들을 다루기가 어렵습니다. 다만 그런데도 금속, 보건의 산별 교섭은 그 자체로 의미가 크다고 할 수 있습니다.

저희 얘기로 다시 돌아와서, 서비스연맹은 2001년에 통합연맹으로 출발해서 23년 차입니다. 제가 부러웠던 것은 보건의료는 "돈보다 생명을" 정말 감동이죠. 또한 '병원' 간결하죠. 금융노조는 '금융' 간결하죠. 서비스연맹은 너무나 다양한 업종을 갖고 있습니다. 예를 들어서 유통서비스, 관광서비스, 돌봄서비스, 교육서비스, 설치수리서비스, 택배서비스, 배달플랫폼서비스 등 온통 뒤에 서비스가 붙어 있기 때문에, 그래서 연맹 위원장인 제 고민은 우리가 한 번에 대산별로 갈 수 있느냐 하는 겁니다. 저는 불가능하다고 봤습니다.

그래서 소산별 구조로 한번 가보자. 그래서 유통은 유통대로, 그런데 유통조차도 마트가 있고 백화점이 있고 면세점이 있고 다 달라요. 그래서 이걸 또 쪼개서 마트끼리 한 번 묶어 놓고, 백화점·면세점끼리 이제 묶어 놓고, 그다음에 관광호텔·골프장끼리 묶어 놓고, 이렇게 소산별을 10여개 정도 해서 지금 약 90% 완성되어 있습니다.

현재 마지막 퍼즐 하나 남은 게 유통으로 다 크게 묶자, 그 안에 마트노조가 들어와야 하고 백화점 면세점노조가 들어와야 하고 지금 산별에 올라타 있지 않은 개별노조들이 들어와서 유통노조를 딱 하면, 저희 연맹은 한 10여개 정도의 소산별이 완성됩니다. 그랬을 경우 그게 완성된 게 확인되면 연맹 뚜껑을 열어놓고 서비스 대산별노조로 출발하면서 개별 노조들은 업종 본부체계로 가서 본부는 교섭에 집중하고, 지역은 일상연대, 투쟁을 하고 대산별에서 진두지휘를 하는 이런 구조들을 저희들이 그리면서 가는데 저희가 이전에 더 잘할 수 있었는데, 하는 후회가 살짝 되었던 것이 있습니다.

연맹 체계에서 대한민국 최초로 저희가 '감정노동'이라는 화두를 띄웠지요. 어떤 학자도 누구도 감정노동이라는 얘기를 안 할 때, 국내에서 감정노동 문헌조차 없을 때 저희가 감정노동 화두를 2005년쯤 던졌죠. 화두를 던졌을 때 비아냥대고 조소를 받았죠. 어떻게 육체노동도 힘들어 죽겠는데 감정노동이 어디 있다고 감정노동 얘기를 하냐? 배가 불렀다고 했어요. 그걸 포기하지 않고 끊임없이 외쳤는데 마침 도와주느라고 '갑질' 논란이 터지기 시작합니다. 물론 그전에도 어마어마하게 많이 있었죠. 대표적으로는 특히 서비스 업종은 일본에서 수입을 많이 합니다. 그래서 '고객은 왕이다'라는 게 단편적 표현이거든요. 근데 '고객은 왕이다'가 너무나 자연스러웠던 시절이 있었어요. 지금은 고객이 왕이라고 하면 저거 미친놈 아니냐는 소리가 나오는 거죠. 이게 세상이 바뀌고 있으니까 그 와중에 감정노동을 화두에 퍼 올리면서 사회적 의제를 만드는 데 성공했고 감정노동 보호법을 만들어내고 입법을 한 거죠.

그래서 산업재해로 처리가 안 되던 게 산업재해로 다 인정돼서 예방하고 아프면 치료하고 후유증이 나오면 요양시키고, 이거 완성하면서 우리가 산별 체계의 강력함이 있었으면 이런 것들을 이루는 데 10년까지 걸리지 않고 한 3년이면 해치웠을 텐데, 하는 안타까움이 있었죠.

그래서 저는 제도화 수준을 높이기 위한 과제는 아까 입법으로는 두 가지 얘기한 대로 산별 교섭 법제화와 효력확장이라고 보고, 그런데 여기에는 파트너가 있는 거잖아요. 경총이 있고 전경련이 있고 사용자가 있는데 이것을 하기 위해 국가가 해야 할 일은 딱 하나입니다. 이게 모두한테 윈-윈이 된다는 걸 끈기 있게 설득하고 실천해서 보여줘야 돼요. 사회적 비용으로 낭비돼서 노사가 분쟁 일으키고 맨날 파업하고 저희들도 길바닥에 뿌린 돈이 수백억 원이에요. 집회 한 판 하면 올라오는 차비까지 막 다 두들기면 한 번에 몇십억 원씩 깨져요. 그런데 이렇게 쌓인 걸 비정규직 노동자 조직사업에 쓰면 얼마나 좋겠습니까? 근데 그렇게 못하는 거죠. 우리도 실력이 안 되니까 아마 국가가 막연하게 산별노조하면 사용자들은 경기驚氣를 일으켜요. 무서워합니다. 그래서 산별노조 못 들어가게 무지하게 방해해요.

지금도 저희가 백화점 면세점 했을 때 다 글로벌 기업들이에요. 열려 있는데도 무서워해요. 제가 일부 대표들을 만나는데 외국 CEO는 좀 빨라요. 왜 유럽의 경우는 산별개념이 있으니까 그래서 루이비통으로 대표되는 부루벨코리아 뭐 이런 데 만나면, 이제 프랑스 대표 만나서도 "유럽 본사에서 되는 거 경험해 봤잖아?" 하고 물으면 맞다고 해요. 근데 한국은 그거 없잖아요, 라고 이제 물어요. "우리는 그거 실험할 거야. 산별 교섭했을 때 무리하게 너희가 못하는 것을 요구하지 않을 거야. 이게 안착될 때까지는 너희가 받을 만한 걸로 자꾸 연습을 시킬 거야."라고 했더니 이해하더라고요. 이처럼 국가가 사용자를 향해서도 이게 사회적 비용이 훨씬 작게 든다는 걸 적극적으로 설득하고 그래서 노사, 정부까지 다 해서 대토론회를 끊임없이 열어 한국형 산별의 노사모델을 만들어내면 대한민국 노사관계는 저는 한 단계 더 도약할 수 있는 토양이 될 수 있을 거라는 생각이 들었습니다.

조대엽 산별의 제도화에 대한 현장에서의 갈증이 심한 만큼 아주 격정적으로 말씀해 주셔서 감사합니다. 이제 다른 쟁점으로 지속가능한 노동과 관련된 문제에 대해 질문하겠습니다. 최근 ESG 경영이 재계의 화두가 되고 있고, 주요기업에서는 ESG목표를 기반으로 하는 지속가능경영보고서를 작성하고 있습니다. ESG기반의 지속가능 경영보고서가 지속가능한 노동에 기여하는 바를 말씀해 주시기 바랍니다.

강규혁　제가 아직 치열하게 고민하지 못한 부분이라서 약간은 조심스럽습니다만 우리 사회에서 ESG 경영이라는 화두가 얼마나 "폼 잡는 말인가" 하는 느낌이 듭니다. 서비스 업종을 대표하는 위원장을 가장 오래 한 저조차도 ESG 경영에 대해 깊이 있는 토론을 해 본 기억이 없습니다. 글로벌 흐름으로 보면 환경, 사회적 책임, 거버넌스 같은 것들이 거스를 수 없는 대세가 이미 되고 있지만, 예를 들어서 미국의 도널드 트럼프나 한국의 윤석열은 원전 다시 퍼 올리고 석탄 쭉 퍼 올려요. 이런 것들을 보면서 기업들은 눈치가 빠하니까 시늉하고 포장하고 하는 것들이 여실히 보입니다.

저는 이런 것조차도 제가 말씀드린 대로 개별 노사관계로 되는 것이 아니고 우리 사회 노사정이 크게 합의해야 할 문제이고 또 그렇게 해야 서로 덜 부담스럽다고 생각합니다. 월급 얼마 올릴 거냐, 아니면 노동시간 얼마나 줄일 거냐 하는 것보다는 ESG 경영 같은 경우야말로 사회적 대화로 한번 올려볼 만한 주제 아니냐는 생각이 들어요. 여러 가지 비용 문제나 관련된 문제들이 있겠지만 큰 틀로는 서로 더 크게 합의할 수 있는 분야가 아닌가 하는 생각이 듭니다. 개별 산별 수준에서는 그래도 해봄직한데 이게 단위사업장 수준에서는 얼마나 성과를 낼 수 있을까. 그냥 우리 집, 우리끼리만 좀 챙기지 뭐 이 정도 생각 갖고서는 티도 안 날 걸로 보여요. 대한민국 근본을 만들어내는 문제이기 때문에 거대 담론들을 노사정이 좀 만들어내고 그게 밑으로 내려가야 되는 거 아닌가 하는 생각이 들어요.

조대엽 '폼 잡는 ESG', 그리고 강규혁 위원장조차도 ESG 경영에 대한 토론에 본격적으로 참여해 본 적이 없다는 말씀이 아주 인상 깊게 들립니다. 특히 노동 ESG(L-ESG)도 언급되고 있어요. 본격적인 토론을 좀 해봤으면 좋겠어요. 이게 과연 지속가능한 노동을 실질적으로 떠받칠 수 있는 것인가? ESG의 노동 버전 정도로는 안 될 것 같거든요. 강 위원장 말씀대로 폼 잡는 ESG 경영에 같이 폼 잡아주는 게 될 수도 있지는 않은지. 이 쟁점을 사회적 대화로 한번 올려보자는 제안은 좋은 것 같아요. 실제로 단편적으로는 진행되고 있는 것 같기도 하고요. 선우재 노동마루에서 한번 다루도록 하겠습니다. 그럼 지속가능한 노동을 위한 주요 지표로 삼을 수 있는 항목으로는 어떤 것을 들 수 있겠습니까?

강규혁 먼저 제 경험을 간단히 말씀드리고 싶어요. 택배 노동자들 26명이 쭉 과로사합니다. 일주일에 70시간 이상 노동하고 하루에 3시간씩 공짜 노동으로 분류작업을 해요. 그전에도 많이 사망했는데 노동조합이 없으니까 알려지지 않죠. 저희가 노동조합을 조직해서 사회문제로 제기하니까 한 달에 한두 명씩 과로사로 죽고, 공짜 노동을 그동안 하루에 2~3시간씩 너무나 당연하게 했네, 라는 게 화두가 됐던 거죠. 그래서 지금 국회의장을 맡고 있는 우원식 의원이 당시 을지로위원회 위원장을 맡았을 때, 을지로위원회가 프랜차이즈 문제, 저희 문제랑 마트 문제랑 결합해서 출발했어요. 그때 우리가 사회적 대화를 강력히 주문했던 기억이 있거든요. 거기서 시민사회단체도 다양하게 불러 달라, 그래서 대표적으로 소비자 연맹 같은 데를 다 불렀어요. 그래서 사회적 대화의 권위가 그때 섰던 거죠. 일방적이지 않다는 모델이 된 것이지요.

그즈음에 지금 경총 회장을 맡고 있는 손경식 회장을 제가 두 차례 만나서 "노동이 있어야지 경총이 있는 거 아닙니까? 노동이 없는데 경총이 있을 까닭이 있습니까? 노사가 서로 말로만 상생이 아니고 몸, 덩어리 상생이 되어야 하는 거라고 저는 봅니다. 그 지표가 친정 사업장인 CJ의 사회적 대화라고 저는 봅니다."라고 말하면서 적극 설득했던 기억이 있습니다.

또 하나의 기억은요. 플랫폼 노동이 우리 사회에 본격적으로 확산될 때, 4년 전에 유니 세계총회를 갔을 때도 이 정도는 아니었는데, 작년 세계총회에 갔더니 전 세계적으로 플랫폼 기업에 대한 것들이 이미 깜짝 놀랄 정도로 화두가 되어 있더라고요. 그 당시에 어떤 실험을 했는가, 하면 한국 사회에서 최초로 정부를 끼지 말고 노사가 주체적으로 한번 합의서를 만들어 보자. 철저하게 노사 중심이었기 때문에 우리는 '코리아스타트업포럼'이라는 스타트업 기업들 1,300개가 모여 있는 협회에 "너희가 필요한 것을 줘. 우리가 할게. 지원법안이 필요하대요. 대기업으로 편중되어 있고 스타트업 기업은 영세

하기 때문에 이걸 지원할 수 있는 법안은 너희만으로는 힘들잖아. 우리가 같이해 주면 좀 수월하겠지. 맞대요. 우리가 같이 할게. 우리 필요한 거 얘기할게."라고 했습니다.

우리가 필요한 것은 특수고용 노동자로 분류하지 말고, 어차피 우리는 노동조합 할 건데 시원하게 노동 3권을 인정하고 우리가 단체협약이라는 걸 한번 맺어보자, 그러면 서로 원-원 모델이 되지 않을까, 했던 겁니다. 그래서 협약이 탄생하면서 당시에 언론과 학계에서도 큰 관심들이 모아져서 이 합의서가 유럽까지 소개되었죠. 그때 코로나 팬데믹 시기였는데, "문재인 대통령께서 한번 보고 싶다고 했다, 너희들 다 들어와." 이렇게 해서 이제 청와대로 들어가려고 10명 정도 노사, 학계 이렇게 준비해서 날짜를 딱 받았는데 위기 단계가 2, 3단계까지 휙 올라가니 청와대에서 수석 되시는 분들이 저희가 나가는 수밖에 없겠습니다. 안에는 안 될 것 같습니다, 라고 해서 그분들이 나와서 같이 협약식을 하고, '정부가 정말 원하는 모델'이라며 대통령의 말씀을 전하던 기억이 생생합니다.

제가 왜 이 말씀을 드리냐면, 기본적으로 사회적 양극화, 우리 사회의 노동자원 양극화를 해결해야 되기 때문입니다. 대표적인 단어가 비정규직인 거죠. 거기에 내 의지와 상관없는 비자발적 프리랜서들이 너무 많죠. 사실은 우리 안에 이 비자발적 프리랜서들의 노동권을 어떻게 보장할 거냐 이런 문제들에 필연적으로 수반되는 게 "내 호주머니에서 꺼내는 게 너무 아까운데", "저놈이 더 많이 버는데", "사용자가 더 내야 하는데", "왜 내 주머니를 자꾸 얘기할까"라는 생각들이에요.

이것을 흔들기 위해서는 많은 사람이 일부라도 내 주머니를 내놔야 한다고 저는 봅니다. 저도 이게 욕먹을 소리인 줄 압니다만 지난 10년 동안 초지일관初志一貫 그렇게 주장했어요. 왜 더 큰 것을 갖기 위해서 그래도 버틸 수 있는 우리 사회에서 대충 한 1억 플러스, 마이너스 되는 쪽에서 '그 판단들을 좀 해야 한다'고 저는 개인적으로 보고 있습니다. 그래야 판이 흔들린다고 봅니다.

그래서 지속가능한 노동을 위한 항목들은 말씀드린 대로 우리 안의 노동의 양극화 문제를 극복하는 것입니다. 궁극적으로는 이제 '연대'라는 표현을 쓰고 일반적 단어로는 '나눔'이라는 말을 씁니다만 격차를 줄이는 것이 중요할 것 같고요. 두 번째로는 노동의 주체를 흔히들 현장이라고 얘기를 많이 합니다만 현장에 기반한 노동운동, 저는 그것도 맞지만 그것만큼 중요한 게 우리 국민들의 눈높이에서 지지하고 지원하는 것이겠지요. 이런 정도가 지속가능한 노동의 또 하나의 가장 중요한 요소가 아닌가 생각합니다.

그러면 국민들의 지지를 받지 못했을 때, 소수 의견으로는 못하느냐 하면 그건 아닙니다. 그러나 전체적 흐름에서 본다면 우리가 당연히 소수 의견을 존중하고 보장해야겠지만 그렇더라도 우리 경험치를 놓고 봤을 때 폭발적으로 사회를 바꾸는 동력을 드러냈던 1980~90년대 기억을 더듬어 보면 공통점 딱 하나가 국민들의 전폭적 지지가 있었다는 거라고 얘기하고 싶어요.

조대엽　지속가능한 노동과 관련된 질문으로 노조시민주의에 대한 견해가 어떠신지요? 선우재에서는 지속가능한 노동을 위한 21세기 노동조합운동의 새로운 비전으로 '노조시민주의'를 제시한 바 있습니다. 노동조합 활동의 시민적 역량 강화 및 시민사회 확장을 지향하는 노조시민주의의 가치에 대해 평가해 주시기 바랍니다.

강규혁   노동조합의 한 단계 도약을 위한 방향으로 중요한 것 같아요. 국어사전을 보면서 제가 충격을 받았던 게 우리가 노동조합이라고 하면 공적인 영역이라고 생각하는데, 그게 아니고 이익단체로 표현이 되어 있어요. 누구의 이익? 조합원의 이익? 사전적으로는 조합원의 이익을 대변하는 게 맞아요. 1차적으로는. 그런데 대한민국이 처해 있는 상황을 봤을 때 조합원의 이익만 대변하면 우리 사회가 불행해질 수밖에 없어요. 우리 사회가 성장이 불가능한 사회가 될 수밖에 없지 않을까, 라는 거죠. 미국의 유명한 상위 몇 프로 부자들이 우리 세금 팍팍 낼 거야. 그걸로 끊임없이 더 나눠. 그렇게 말하는데, 그 근간에는 사회가 잘 돌아가야지 더 많은 돈을 벌 수 있다, 라는 판단이 있는 거죠. 저는 저기가 훨씬 고수구나 하는 생각이 들어요.
    그래서 노조시민주의의 가장 핵심은 끊임없이 나누고 함께 간다라는 것으로 봐요. 우리 기준으로 표현하면 요만한 빵 갖고 눈 빨개져 갖고 서로 싸우는데 대표적인 예가 최저임금이라고 봐요. 최저임금 받고 일하는 노동자들 임금 100원, 200원 인상이 정말 간절한데 편의점에 있는 편의점주, 소상공인들은 너무 힘든 거예요. 그러면 우리가 결합해서 서로 원-원을 만들 수 있는 것을 찾아내는 게 저는 노조시민주의 아닌가 생각이 들었어요. 그래서 민주노총 중집에서 토론할 때 끊임없이 민주노총이 먼저 소상공인 대책 마련하라고 최저임금 올리라는 것보다 더 세게, 3배로 더 많이 얘기를 해야 된다. 우리 얘기는 조금 참고 이 얘기를 한 다음에 우리 얘기를 해야지 소상공인들이 "그래 맞아"라고 하면서 지지를 한다는 겁니다.

그런데 이 얘기를 안 하다가 또는 가끔 가다 한 번씩 툭툭 던지고 이렇게 해서는 가슴에 와닿지 않아요. 그래서 저는 기본적으로는 노조시민주의라는 용어를 선우재가 표방하고 원장님이 처음 제시했을 때 처음에는 좀 어려웠어요. 노조에 시민을 붙여서 어떤 주의를 우리가 만들 수 있을까라는 생각이 들었는데 이제 말씀하시는 것을 쭉 읽어보고 했을 때 궁극적으로는 노동조합이 너희끼리만 잘 먹고 잘 살것이 아니고 우리 사회에 깊숙이 들어와서 우리 사회의 이른바 90%랑 같이 어울려서 노동조합을 해야 한다는 말씀으로 이해했습니다.

조대엽 역시 강 위원장의 학습역량이 뛰어나네요. 우리가 노조시민주의를 구체화하는 데 강 위원장 말씀이 큰 도움이 될 것 같습니다. 우리의 노동조합 활동은 민주주의와 정치적 과제에 대한 개입, 취약계층과 사회적 약자에 대한 지원, 한반도 평화와 여타 국제적 이슈 등을 공유함으로써 조합원의 이익을 넘어선 시민적 역할을 확장하는 노조시민주의를 이미 오랫동안 실천했습니다. 총노동의 차원에서 노조시민주의의 현황과 수준에 대해 평가해 주시기 바랍니다.

강규혁 "아직 걸음마다."라는 말로 압축할 수 있을 것 같습니다. 특히 파편화되어 있습니다. 예를 들어, 현대자동차 노사가 임단협을 마무리하면 3,000만 원 올렸느니 4,000만 원 올렸느니 쭉 얘기들을 해요. 그리고 맨 앞머리는 뭘 갖다 붙이냐 하면 울산 지역사회에 취약 계층을 위해 기금을 조성했다고 합니다. 저는 그런 걸 보면서 이게 걸음마구나, 아직도 한참 멀었구나, 물론 나름대로의 진정성도 있지 만 그보다 근본적 고민이 필요하다고 생각해요. 저는 한국노총 사업 장 중에 SK하이닉스를 인상 깊게 봤어요. SK하이닉스가 어떻게 노 사가 합의하느냐 하면요. 임금교섭 과정은 잘 모르겠는데, 노사가 합 의해서 연말 성과급을 지급하는 시점에서 SK하이닉스 안에 있는 모 든 노동자들 성과급을 다 줘요. 협력업체까지 1차, 2차 청소하시는 분들까지. 물론 금액 차이는 있겠지요. 각자의 역할과 소속이 다르기 때문에 차이가 있지요.

보통은 노사 당사자들만 퍼먹고 입 닫고 말죠. 비율 차이는 있지만 협력업체까지 다 나누는 것을 저는 굉장히 인상 깊게 봤어요. 이런 것을 삼성전자 또는 다른 대기업에서 그렇다는 소리를 제가 들어본 적이 없어요. 이런 것들이 국내 대기업군에서 예를 들어 최소한 자기 사업장에 포함된 1차, 2차, 3차 벤더, 용역업체까지 나누는 이런 것 들이 모이게 되면 저는 확장력이 있을 거라고 보고 우리 사회의 인식 도 많이 바뀔 수 있을 거라고 생각합니다.

말씀하셨듯이 이런 내용들을 총노동 차원에서 얘기해야 되거든요. 그런데 이거 못해요. 소주 마시는 자리에서는 얘기해요. 하지만 비디 오카메라가 돌아가는 공식회의 자리에서는 하지 않아요. 그래서 저 는 여전히 걸음마 차원이라고 보는 겁니다. 물론 민주노총의 핵심 활 동가들이 들으면 굉장히 불쾌하겠죠. 너도 최상층에 있으면서 네가 선수로 같이 뛰어놓고 심판처럼 얘기하느냐, 저는 선수인데 심판 노룻하는 거를 제일로 경멸하는 사람 중에 하나입니다. 오늘 자리는 저 포함해서 반성해야 되는 자리고, 평상시에 생각했던 것을 얘기해야 되는 자리라고 보기 때문에 허물없이 말씀드리는 겁니다.

그래도 민주노총은 실제로 노조시민주의에 바탕을 둔 연대를 크게 하고 있습니다. 예를 들면 세월호 참사 유가족, 이태원 참사 유가족, 아리셀 참사 유가족들과 연대합니다. 민주노총이 진정성 있게 연대해요. 조직된 단체들과 분향소 지키고, 화성 아리셀 참사 진상규명 투쟁 저희가 함께해요. 저는 이게 시민주의라고 보고 있어요. 사실은 그것조차도 어떤 이슈가 터져 나와서 신문 1면, 2면에 나온 것들 정도만 겨우 연대합니다. 저는 그래서 걸음마라고 표현하는 거지요. 근본적으로 총노동 정도가 되면 우리 사회 전체 담론들을 선도하면서 저희들이 들어가서 해야 하고, 같이 설계해야 된다고 보는데 케이스 바이 케이스로 함께하는 단계를 현재 벗어나지 못하고 있다고 보고 있습니다.

조대엽　SK하이닉스 사례는 아주 인상적이네요. 노조시민주의라고 하는 게 노동조합 외부의 시민사회영역으로 사회공헌활동과 같은 것을 통해 확장성을 갖는 데에 초점을 맞추는 게 일반적인데, 강규혁 위원장께서는 작업장 내부, 기업 내부에서 일상적으로 함께하는 배제된 노동 영역에 대해 협력적으로 해 나가는 측면을 강조하셨어요. 말하자면 내부시민주의, 기업 내 시민주의의 확장을 떠올릴 수 있겠군요. 노조시민주의에서 중요한 의미를 가지고 있는 것 같습니다.

강규혁 추가로 말씀드리면 우리가 '용역 철폐'를 민주노총의 대표 구호로 걸고 있습니다. 아웃소싱으로 대한민국에서 가장 큰 기업이 삼구INC라는 데가 있습니다. 여기 회장을 맡고 계신 분이 구자관 대 표책임사원이신데, 직원이 약 5만 명 됩니다. 그러니까 아웃소싱의 삼성이나 마찬가지예요. 매출이 대충 2조 원 전후 정도 됩니다. 근데 첫 번째로 여기가 6개월 지나면 퇴직금을 줘요. 퇴직금은 법적으로 1 년 지나야 주거든요. 두 번째로는 5만 명이 다 정규직이에요. 여사님 에게 명함도 만들어 드립니다. 입찰에서 지잖아요. 당사자들이 우리 는 삼구INC에 계속 남겠다고 하면 가장 가까운 데서 재배치하고 새 로 온 데에서 승계하겠다고 하면 그걸로 가면 되는 거고….

그래서 물어봤죠. "왜 이렇게 하십니까?" 했더니 청소하시는 분들, 여사님들이 은행 가면 비정규직이니까 대출을 못 받고 정규직은 적 은 금액이지만 대출을 해 주는데 이걸 이제 보셨다고 하더라고. 오너 십 가지신 대표책임사원께 인상 깊었던 세 번째로는 영업이익이 HR 기업 중에 압도적으로 작아요. 한 2% 전후 정도 되는 것 같습니다. 안 떼어먹으려고 노력하는 거죠. 직함도 대표책임사원이라 하시는 데 '사원 중에 대표로 책임진다'라는 의미라 합니다. 그래서 제가 혼 동을 많이 느꼈던 기억이 있습니다. 그때 참 감동했어요.

그리고 원장님 고려대 노동대학원 과정에 이천 SK하이닉스 노조 위원장이 그때 당시에 당사자로 머릿속에 남아 있어요. 그래서 속속 들이 깊은 곳까지는 잘 모르겠지만 한번 쭉 들어보시고 정리하면 좋 을 것 같아요. 예를 들어서 조그마한 기업들이 원 포인트로 하는 게 아니고, 대한민국에 반도체라는 특수성이 있지 않습니까? 그런 SK,

삼성, 이런 데를 모아서 하면 문화를 만들 수 있고 근본을 좀 만들어 내는 것들을 해볼 수 있지 않을까라는 생각이 들어요. 원 포인트로 재단을 만들어서 많이 해요. 그런데 재단에 대한 저희 인식은 결국은 뭐 다 너희들 것이지, 너희 밥그릇 안에 사람들 다 집어넣고 돌리고 앉아 있는 거지. 그런 겁니다. 물론 나누지만 거기에 두 번째로는 세금 세이브 시키는 거 아니야? 하는 인식 이상이 별로 없어요.

조대엽   삼구INC 라고요? 귀에 익은데. 이런 사례들을 모아보는 것도 의미가 있겠네요.

강규혁   여기 구자관 대표책임사원께서 노사모 초대회장 출신으로 알고 있습니다. 고 노무현 대통령께서 대통령 되자마자 바로 회장 자리 내놓고 '임기 마치시고 고향에서 뵙겠습니다'라고 하셨더라고요. 사람을 소중히 하시고 노동조합을 혐오하지 않고 파트너로 대하시고, 지금 82세이신데요. 존경받아 마땅한 분이라는 생각입니다.

조대엽   그럼 이제 서비스연맹 이야기를 좀 하지요. 서비스연맹의 노조시민주의와 사회공헌활동을 포함한 활동현황에 대해 말씀해 주시기 바랍니다.

강규혁   저희 연맹 차원에서는 그야말로 어떤 사안이 있을 때 모금 아니면 몸이 가는 거 이상으로 하기 힘들어요. 창피하지만 여력이 없어요. 굳이 이유를 들면 우리 연맹 자체가 비정규직 특수 노동자들이 거의 다수를 점하는 조직이기 때문에 사실은 몸이 갈 수 있는 것들이야 저희들이 조정할 수 있지만 금전적으로 갈 수 있는 것들은 한계가 있는 거지요. 우리가 11만 명인데 약 7~8만 명되는 보건의료노조의 3분의 1도 안 되는 예산 갖고 살림을 꾸리는 수준이기 때문입니다.

다만 저희 모범사례 하나 말씀을 드리면 저희 사업장에 동원F&B 노동조합이 있습니다. 동원참치, 동원양반김, 이런 데들이죠. 여기 위원장이 굉장히 오래된 위원장입니다. 그리고 교회 장로예요. 노동조합 열심히 하죠. 노동조합만큼 열심히 하는 게 봉사활동입니다. 한 달에 약 4차례 정도 간부들 20~30명이 노동조합 사무실이 있는 은평구 관내뿐만 아니라 어르신들 계신 곳, 몸이 불편하신 분들 계시는 시설, 이런 곳들을 10군데 정도 돌아가면서 가서 빨래하고 청소하고, 자기 휴일을 다 나눠서 그렇게 해요. 대단한 거죠. 제가 볼 때 우리 대한민국 노동조합에서 이런 곳이 거의 없지 싶은 생각이 듭니다. 그 활동들을 지금도 거의 한 15년, 20년째 하고 있어요. 저는 이런 게 정말 모여서 문화가 된다고 보고, 말씀드린 대로 우리 노조시민주의 사회공헌 활동의 표본 아니냐는 생각을 해요.

우리가 흔히 핑계 대잖아요. 저도 그랬고요. "저희가 너무 어렵습니다, 돈이 없습니다." 근데 우리가 좀 많이 갖게 되면 남도 돕고 살아야 한다고 하는 게 다 허세잖아요. 작을 때는 작은 대로 나누고 좀 더 있으면 그거 더 있는 만큼 또 나누고 더 많이 있으면 더 많이 나누고 이렇게 하는 대표적인 샘플이 동원F&B 노동조합입니다. 우리 어머님들이 어떤 일을 하시는 분들인가 하면 마트 가면 참치 시식 담당하시는 어머니들이에요. 이분들이 그 활동을 해요. 종일 서서 근무하고 월급 해봐야 최저임금보다 좀 더 많은 거고.

그런데 노동조합이 너무 감사한 거예요. 비정규직일 때 노동조합이 딱 만들어지니까 정규직이야. 돈은 많이 안 주지만 정년까지 일할 수 있어, 만 60세까지. 그런데 옆에 보니까 다른 동종업체는 맨날 용역이고 맨날 잘려. 어려울 때 그만 나오라고 하면 그냥 집에 가야 해. 노동조합이 없으니까. 그러니까 노동조합이 너무 감사한 거죠. 그러면서 노동조합과 모든 걸 우리는 함께한다고 해요. 제가 물어봅니다. 한 달에 서너 번씩 하시면 너무 버거우실 텐데요? "저희끼리 평균적으로 두세 차례 정도는 하는 것 같아요. 근데 정말 큰 삶의 활력소가 되고, 우리도 어렵지만 어려운 와중에 더 어려운 분들께 나누는 게, 나눌 수 있다는 게 너무너무 감사해요. 제가 튼튼하니까 청소하고 빨래할 수 있잖아요. 너무 감사해요."라는 표정들을 하고 있는 50대 전후 나이대의 어머니 노동자들 얘기 들으면서 감동하지 않을 수 없어요. 그래서 이 감동이 저희 안에서 다른 사업장으로 민들레 홀씨처럼 퍼져 나가죠. 그래서 같이 동참해서 배워서 우리도 할 거야, 마음먹어요. 루이비통 등 면세에서 명품을 판매하는 부루벨코리아노조 이런 데들이 그것을 지금 배워서 하고 있고 이렇게 퍼져 나가고 있죠.

조대엽   2018년 전후 공공상생연대기금, 금융산업공익재단, 사무금융우분투재단 등이 생겼습니다. 지금 강 위원장의 서비스연맹은 공공상생연대기금에 직접 관여하고 있지는 않지요? 이런 연대 기금들이 만들어진 상황은 익히 잘 알고 계실 테고, 저는 이 기금들을 노동기반 공익재단이라고 말하는데, 그 의의와 활동 현황에 대한 인상이나 향후 과제가 있다면 어떤 것이 있는지를 말씀해 주시죠.

강규혁 그저 부러울 뿐입니다. 정말 고맙고 감사한 일입니다. 또 하나, 저는 지켜보는 입장에서 역시 이 기금이나 재단도 정권과 무관하지 않다는 것도 조금은 느꼈습니다. 이 재단들이 대개 문재인 정부 때 출범한 재단들입니다. 당시 조성됐던 금액들도 의미 있게 많이 나누었죠. 근데 윤석열 정부 2년 넘어서 여기다가 추가로 조성된 기금이 거의 없는 걸로 제가 알고 있습니다. 두 번째로는 윤석열 정부 들어와서 기금사용도 상당히 줄어든 것으로 알고 있습니다. 안타깝죠. 전태일병원 건립에 팍팍 쓰면 정말 좋은데요. 그래도 업종별로 계속 기금, 재단이 생기는 것은 굉장히 긍정적이라고 봅니다.

그래서 더 많이 생기고 더 많이 강화되어서 우리 사회에 노동조합 손이 못 미치는 부분들을 노동조합이 호주머니에서 돈을 뽑아내는 데 한계가 있으니 우리도 좀 뽑고 너는 더 많이 뽑고 이렇게 해서 조성된 걸로 나누는 것, 그러니까 재분배를 하는 역할들을 그나마 좀 했던 것 아닌가라는 생각이 들어 굉장히 긍정적으로 보고 있어요. 다만 아까 말씀드린 대로 정권이 바뀌니까 호주머니 털기가 점점 힘들어지는구나, 하는 생각을 원장님께서 더 많이 하실 것 같은데요. 한 번 털어보시려고 시도도 해보셨을 텐데 안 털리지 않습니까?

조대엽 오늘 중요한 얘기해 주셨는데 그동안에는 이런 얘기들은 잘 안 했던 것 같아요. 정부 성격하고 기금도 관련이 있다는 것을 아주 날카롭게 지적하셨는데요. 그런 측면이 없지 않으나 반드시 정권에 구속된 것은 아니라는 말씀도 드립니다. 금융산업공익재단은 제가 처음부터 관여했던 데라서 어려운 점이 있기는 하지만 잘 해 나가고 있는 것 같아요. 어쨌든 강 위원장께서도 앞에서 부러운 뿐이라고 했는데 재정기반이 튼튼하면 이런 재단 만들 생각은 있지요?

강규혁　원래 저는 네팔 이주 노동자 동지들 가끔 보고, 네팔의 국제회의 한 번씩 가면서 마음이 아팠던 게 5,000만 원이면 학교 하나를 세울 수 있는데 못하고 있다는 거였어요. 그것을 1호, 2호 쭉 하고 싶었어요. 그런데 어디서 막혔냐 하면 학교를 만들어주는 게 끝이 아니고 매년 학교를 유지할 수 있도록 하는 예산이 따라붙더라고요. 그 설계를 못 해서 학교를 못 세웠는데, 그런 것들에 대한 갈증이 있습니다. 우리가 그동안 받았던 것들을 우리 안에서도 나눠야 하지만, 예를 들어서 네팔이나 정말 이런 어려운 데들에 우리가 나눠야 되는 거 아닌가, 우리가 작더라도 시작해야 하는 것 아닌가, 이런 갈증은 끊임없이 있었어요. 그런데 우리 내부의 벽을 제가 잘 못 뛰어넘겠더라고요. 웬만한 건 그래도 제일 왕고참이니까 제 의견대로 많이 하는 편인데 예산 관계는 못 뛰어넘겠더라고요.

조대엽　강 위원장님 의지대로만 되면 모든 게 좋을 텐데요. 금전적 문제도 뛰어넘을 수 있기를 응원합니다. 이제 사회적 대화 관련된 말씀 좀 나눠보죠. 일반적으로 사회적 대화의 근본적 요건은 '신뢰'를 듭니다. 한국의 노사 대화, 혹은 노사정 대화에서 신뢰가 형성되지 못하는 요인은 무엇입니까? 아울러 우리의 여건에서 보다 성공적인 사회적 대화를 위해 구체적으로 필요한 요소들이 무엇인지요?

강규혁　점수 내려고 하니까 그렇죠. 구체적으로 말씀을 드리면 한국에 그동안 노사정 사회적 대화를 성공하지 못한 게 당연히 서로 못 믿기 때문인 건 맞고요. 그런데 전문가들이 사회적 대화의 모델로 들고 나오는 게 북유럽 버전을 갖고 옵니다. 핀란드 버전 그다음에 스웨덴 버전들 쭉 근데 그 좋은 것만 갖고 와서 설명하지 필요한 것들은 설명을 잘 안 해요. 어떤 게 필요했을까, 50년, 100년 걸린 사회적 대화예요. 그것을 빨리빨리 브랜드로 만들어서 정권 5년 안에 점수를 내려고 하니, 될 까닭은 1%도 없다는 겁니다. 예를 들어서 문성현 위원장께서 저희랑 워낙 오래 계셨던 분인데요. 경사노위 할 때, 본인의 불만이 민주노총 너희들이 안 들어오니 너희 말대로 안에 있는 규약도 다 바꾸고 규정도 다 바꾸고 이름도 다 바꾸고 다 원하는 대로 했는데 왜 안 와? 하고 항의를 했죠.

　사회적 대화는 민주노총 일부 산별 위원장들과 함께 열심히 외쳤죠. 저는 초지일관 민주노총은 사회적 대화를 해야 된다. 교섭과 투쟁의 두 바퀴를, 우리는 가야 된다. 교섭을 두려워할 까닭이 없다. 이런 얘기들을 끊임없이 했는데 말씀드린 대로 정말 필요한 것은 시간인데, 역대 어느 정권이든 마찬가지라고 저는 보고 있습니다. 이 정부 안에 점수를 내야 하는 조급함이 있는 거죠.

　두 번째로는 하고 싶은 일이 있으니 이 테이블에서 그 명분을 만들어내고 싶은 욕심이 있는 거죠. 그러다 보니까 신뢰가 어떻게 되는가 하면, 노동 쪽, 특히 민주노총은 저기 올라타는 순간 우리는 이용당

할 거야, 그러면 우리 점수가 안 나와, 본전도 안 나와, 그러니까 아예 그 테이블은 안 가. 이렇게 되는 겁니다. 저는 이게 성공하려면 정부에서 임기 내 뭘 하려는 조급함을 가져서는 안 된다고 생각해요. 우리 끊임없이 신뢰만 쌓자, 우리가 낮은 단계로 모두가 다 수긍할 수 있을 정도로 끊임없이 작은 것부터, 남들이 볼 때는 "야 그까짓 거 하려고 사회적 대화를 돌린 거냐?"라고 할 정도의 낮은 단계부터 끊임없이 합의하는 연습을 해야 된다. 연습이 좀 돼서 내가 생각했던 것과는 다르다는 것을 알고 서로를 인정할 수 있어야 합니다.

대표적으로 제가 손경식 회장을 직접 뵙기 전에는 그냥 재벌 정도로 생각했는데, 딱 뵙고 나니까 이 양반이 와인 한 병 마셔도 끄떡없는 체력을 갖고 계시더군요. 또 이 양반이 그래도 얘기는 좀 되는구나, 라는 걸 느꼈어요. 경총의 남용우 상무와 소주 한잔 섞어보니까 그래 머리에 뿔 안 났네. 남용우 상무도 저한테 위원장님 머리에 뿔 안 나셨네요. 이게 서로 서로 알고 있는 이런 것들이잖아요.

대표적으로 옛날 이마트 5호 담당제 했을 때, 약 10년, 11년도 전에 두세 달 동안 신세계 이마트 그룹이 언론에 매일 나왔죠. 그때 3개월 동안 그 안에서 파일 7천 개가 공익제보되고 저희가 오마이뉴스, 한겨레, 경향에 계속 특종 돌려서 이마트가 완전히 패닉에 있었어요. 그때 제가 "총괄 부회장 뵙고 싶습니다."고 했죠. 그래서 만났어요. 제가 놀랐던 게요. 그 양반이 별명이 '독일 병정'이라 하고, 신세계 이마트 오너 빼면 1번이니까 이명희 회장 빼놓고는 넘버원이었어요. 처음 보는데 엄청 긴장하고 계신 거예요. 제가 깜짝 놀랐습니다. 12년 전이니까 제가 더 젊을 때잖아요. 3시간 정도 대화를 나누니까 그

제야 긴장을 풀더라고요. 대화가 된다는 것을 이제 안 거죠.

두 번째 만났는데, 자기가 "진작 알았으면 이렇게 하지 않았습니다. 저희는 민주노총에 대한 인식이 이렇게 되어 있었는데 이런 줄 몰랐습니다. 일사천리로 해고자 복직시키고 쭉쭉 되고 저희는 이제 폭로 스톱시키고 쭉 정리해 나갔습니다." 그랬던 기억들이 생생합니다. 제가 이 얘기를 과외로 한 건데, 사회적 대화는 낮은 단계부터 욕심내지 말고 특히 정권을 갖고 있는 쪽에서 욕심내면 안 된다, 다음 정부에 넘기더라도 끊임없이 낮은 것부터 차례차례 가야 한다. 이게 성공의 1번입니다.

문 정부 때도 점수 내려고 하니까 실패한 겁니다. 그럼 너희들은 왜 안 들어왔느냐? 하면, 우리는 알레르기가 있으니까 그래요. 그래도 기회가 한 번 왔었죠. 코로나 팬데믹 때 원 포인트 사회적 대화, 그때 저희 민주노총이 김명환 집행부 때였죠. 모두가 한번 해보자고 합의했는데 갑자기 반대했죠. 갑자기 돌변해서 그때 저, 보건의료, 사무금융, 정보경제, 언론 등 일부 산별 대표자들이 고립당한 거예요. 우리는 분노했고 다시는 안 한다고, 사회적 대화의 시옷 자도 꺼내지 말라고 했어요.

그런데 세상은 아이러니하죠. 지난주에 우원식 국회의장이 국회에서 사회적 대화 하자고 민주노총에 제안을 보냈어요. 이 정부에서 사회적 대화가 안 되지 않습니까? 경사노위는 저희 기준으로는 폐기고, 또 할 양반도 자격도 없다고 보기 때문에, 국회 기준으로 야권이니까 우원식 의장이 하고 싶다는 거예요. 테이블을 국회로 갖고 오자. 저는 원래 대찬성인 사람 중에 하나죠. 하지만 지금 민주노총 지도부 중에 사회적 대화 하자고 자신 있게 나설 수 있는 세력은 없다고 봅니다. 가장 적기였던 문재인 정부, 코로나 시기 엄중할 때도 걸어찼는데요. 안타깝습니다.

아무튼 그래서 제가 뒷이야기를 간단히 말씀드렸던 건데요. 저는 말씀드린 대로 서로 욕심 부리지 말고 정부 안에서 뭐든지 점수 내려고 하지 않고, 누적이 돼야지 그나마 성공 확률이 있다는 점을 강조합니다. 노사정 대화에서 가장 성공적인 것들은 택배사회적 대화, 플랫폼사회적 대화 두 개가 가장 큰 사례였다는 말씀드리고 싶습니다.

조대엽 앞에서 우리 시대 노동의 위기 관련 질문에서 노동조합의 조직위기에 대해 여쭌 바 있습니다. 여러 가지 어려운 여건에 직면하고 있는 노동조합의 미래에 대해 전망해 주시기 바랍니다.

강규혁 우선, 조금은 주제넘지만 전체 노동의 미래이기에 한국노총이 지금보다 조금 더 현장으로 들어가고 대중 속으로 들어가면 좋을 거라는 생각이 하나 있고요. 민주노총은 소위 상층에 있는 활동가들의 판단으로 110만, 120만 조합원들을 학습의 대상화로 만들 게 아니고 이들의 의견을 모으고 지도력을 확보해서 끌고 가야 하는 것이 가장 핵심적인 거고요. 두 번째로는 제가 '국민파'라고 표현이 됐는데 국민파의 가장 핵심은 "국민의 지지를 받는 운동을 하자, 그래야지 노동의 미래가 있다"라고 끊임없이 말한 것을 또 반복할 수밖에 없습니다. 국민의 외면을 받는 순간 고립될 수밖에 없고 고립되면 우리들만의 리그를 할 수밖에 없어요.

민주노총의 가장 큰 의사결정을 하는 단위는 민주노총 중앙집행위원회인데 중앙집행위원회의 구성은 민주노총 임원, 실장들 플러스 산별 위원장 16명, 플러스 지역 본부장 16명, 이게 민주노총 중앙집행위원회의 가장 큰 의사결정 구조의 핵심인데 제가 공개적으로 얘기합니다. 내 정파가 얘기하면 틀린 것도 맞다고 우기고, 다른 정파가 얘기하면 맞는 것도 틀리다고 우기는 게 우리 회의 구조다. 두 번째로, 한 얘기 또 하고 한 얘기 또 하고를 어떻게 10번을 하느냐? 세 번째로, 어떻게 18시간, 20시간 회의를 하느냐? 그런데 그게 지금 나아졌느냐? 한 치도 나아지지 않았다는 거죠. 다름을 인정을 안 하니까, 인정해야 되잖아요. 잘못한 거 있으면 잘못했다고 반성해야 되잖아요. 이걸 극복해야 민주노총의 미래가 열린다고 생각합니다.

아무튼 그래서 노동조합의 미래는 서두에 말씀드렸듯이 민주노총은 이전에 정말 치열했던 1980~90년대는 정파 운동이 정말로 큰 역할을 했다고 봐요. 그런데 2010년, 2020년 넘어오는 지금 인터넷 시대, AI 시대의 정파 운동은 순기능보다 역기능이 높다고 봅니다. 그래서 지하 1층에서 몇 명이 버튼 누르는 운동이 아니고, 이거를 수면 위로 올려서 대중운동답게 대중과 호흡하는 걸로 전환하지 않으면 노동조합의 미래는 없다고 저는 보고 있습니다. 민주노총은 지하 1층에서 몇 명이 결정들 해서 가는 거죠.

조대엽　지하 1층이라. 재미있는 비유네요. 다른 질문으로 넘어가겠습니다. 노조 위원장으로 일하면서 체감한 노동조합 리더십의 요소들 가운데 가장 중요한 두 가지를 든다면 어떤 것을 드시겠어요?

강규혁 제가 가끔 강의할 때는 이렇게 좀 쓰는데요. 노동조합의 지도자들은 작게는 단위사업장 지도자부터 크게는 산별노조 지도자도 있지요. 사자성어에 살신성인殺身成仁이라는 표현이 있는데 여기서 '성인'이 되려면 뭘 해야 될까 하면, 붙어 있는 말이 '살신'이죠. 그럼 이 '살신'이 뭘까? 그것은 희생이죠. 그런데 지금 시대에 내 가족도 챙겨야 되고, 어떻게 무한정 희생을 요구할까? 그건 무리지요. 과거에는 목숨 던지고 했던 시절이 있지만 지금은 그러면 바람직하지도 않잖아요. 차선이 뭘까? 좀 양보해서 솔선率先 정도로 표현하고 싶어요. 솔선하지 않는 지도자는 불가능한 구조다. 몸뚱어리가 되어야지 대중들은 쳐다보면서 끄덕거린다. 주둥이만으로, 말로만 하는 게 아니라는 거죠.

여기에 비추어 보면 제가 2009년에 서비스연맹 위원장을 하고 지금 여섯 번째 위원장을 하는데 우리 사무처에 약 5~60명 인원이 있어요. 저는 그때부터 지금까지 첫 번째, 두 번째로 출근하는 것 같아요. 1시간보다 전에 항상 먼저 출근해요. 현장에 농성이 있든 선전전이 있든, 최근에는 노조법 2, 3조 또는 최저임금 투쟁이 있었는데 보통 위원장들이 바빠 죽겠고 할일이 산더미인데 서대문 사거리 가서 1시간 동안 서 있지 않죠. 저는 하죠. 왜? 위원장이 솔선해야지 대중들에게 연맹 위원장이 가서 하는 게 중요한 거구나 우리도 해야 되는 거구나, 알리니까. 저는 이게 솔선이라고 봅니다.

지지난주에 윤석열 퇴진 시위에 민주당부터 해서 쭉 오죠. 제가 가죠. 그래서 저희 연맹 깃발에 앉아 있죠. 그게 사진으로 돌면 이게 정말 중요한 거구나, 민주노총이 거의 없었어도 우리 연맹에게 중요한 가치로 보는 거구나 이런 걸 보여주는 겁니다. 그래서 저는 살신성인까지는 아니지만 솔선수범率先垂範까지는 해야 되는 게 리더십의 핵심 중에 하나라고 보는 거고요. 두 번째로 제가 가끔 '보스'라는 표현도 쓰는데 저는 리더의 판단 하나에 조직의 흥망성세가 달려 있다고 생각해요. 폭망할 수가 있고요. 단위사업장의 경우는 특히 단위사업장 위원장의 역할이 90%입니다. 어떤 단위 단위사업장 위원장이 오느냐에 따라 그 사업장이 더 단단해지기도 하고, 그 사업장이 완전히 전향해서 어용노조로 추락하고 이런 것도 수시로 많이들 봤지요. 그래서 정말로 리더의 판단력이 중요해요.

그런데 우리가 판단력과 관련된 얼마나 많은 경험을 갖고 있겠어요? 혼자 하면 불가능한 거죠. 그래서 우리가 조직 체계를 만들어준 거죠. 그래서 조합원들과 직접 소통이 안 되는, 몇천 명 정도 있는 데라면 대의원을 통해서, 또는 상집(상임집행위원회)을 통해서 끊임없이 소통들을 해서 결정하는 이 구조를 충실히 지키기만 해도 판단력 문제는 해결할 수 있어요. 그런데 일부 위원장들은 그렇지 않습니다. 위원장이 먼저 답을 갖고 회의를 시작해요. 그래서 자기 결론으로 끌어당기죠. 안 끌려오면 그 회의는 오래 걸리죠. 저는 결론을 갖고 회의를 하면 안 된다고 봅니다. 다만 아주 의견이 팽팽할 때는 결단을 내려야 되겠죠.

일반적으로 위원장들끼리 토론을 붙여보면 거의 비슷한 토론들이 됩니다. 내 판단과 거의 비슷한 정도, 그러니까 위원장 자리에 앉아 있다고 저는 생각합니다. 공조직이라고 제가 자주 표현하는데 공조직에 붙여놓으면 자신이 갖고 있는 생각이랑 비슷한 결론들이 올라오니까 그걸 미리 쏘지 말라는 얘기를 제가 단사위원장들한테 많이 합니다. 저도 그래서 연맹 위원장을 하지만.

저희는 한 달에 한 번씩 중집을 통해서 중요한 결정을 하지만, 제가 예단해서 결정들을 많이 하지 않습니다. 다만 제가 결정하는 것들이 몇 가지가 있어요. 예를 들어서 정치 방침이나 사회적 대화에 관련된 것들인데, 제가 운동을 30여 년을 했지만 평생 제 신념은 양보할 수가 없기 때문에 그 부분들은 저도 안 되는 줄 알면서도 결론을 딱 움켜쥐고서 회의를 합니다. 하지만 다른 것은, 일반적인 것들은 그렇게 하지 않습니다.

조대엽   리더십의 요소를 솔선수범과 올바른 판단력, 두 가지를 말씀해 주셨는데 제가 얼핏 보기에 판단력은 지적 능력이라고 볼 수가 있고, 솔선수범은 보기에 따라 다를 수도 있습니다만 그래도 다른 노조원들보다 훨씬 더 탁월한 성실성으로 앞장서서 일하는 것으로 볼 수 있을 텐데요. 그런 의미에서 솔선수범은 덕장德將으로서의 요소이고 판단력은 지장智將이 갖추어야 할 요소라고도 할 수 있잖아요? 스스로 덕장이라고 생각하세요, 지장이라고 생각하세요?

강규혁   저는 지장에 가깝다고 봅니다. 사실은 제가 원장님 앞이니까 "네" 하고 있지만 우리 조직에 가면 제가 호랑이 중에 상호랑이로 돌변합니다. 물론 좀 지나고 나니까 많이들 덜 무서워하는데 이전에는 저를 많이들 무서워했던 기간들이 있었어요. 그런데 지금은 그렇지 않죠. 제가 우리 조직 막둥이들이랑도 친하게, 편안하게 소주도

섞고 하는데 그래도 저를 평가하면 덕장 스타일은 아닌 것 같고. 지장까지는 아니지만, 판단력은 제가 비교적 괜찮은 것 같아요.

예를 들어서 김앤장 특강을 갔던 기억이 나요. 약 4년 정도 되었던 것 같아요. 어렵게 섭외가 들어왔는데 제가 그때 대상이 유니온 파트의 헤드에 약 20~30명의 변호사들이었어요. "민주노총을 너무 알고 싶어서 그러는데 위원장님 얘기를 듣고 싶습니다." 그래서 저희 내부 임원들한테 "김앤장에서 강의 한번 해달라는데 가는 게 좋겠니? 안 가는 게 좋겠니?"라고 물었더니 딱 갈리더라고요. 반은 "거기 가면 또 온갖 걸 다 뒤집어쓰는데 가지 마세요." 또 반은 "거기 가서 제대로 노동조합에 대해 알려주는 게 필요합니다." 저는 가는 걸 선택해서 약 1시간 반 정도 하고 왔는데 당시 했던 말이 우리가 느끼는 김앤장 모습과 갈등을 유발시키는 시간을 늘려 돈을 벌지 말고 타결시켜 성과금으로 돈을 벌어라, 마지막으로 민주노총 제대로 알기 정도, 이야기했네요.

후일담을 제가 들어봤더니 몰랐던 걸 너무 많이 알아서 좋았다는 겁니다. 두 번째로는 "노동 유튜브 하시면 떼돈 버실 것 같은데 왜 안 하십니까?" 뭐 이런 이야기를 얼핏 들었던 것 같은데… 아무튼 뭐 그렇습니다.

조대엽 위원장을 6번째 하면 18년 하는 셈이지요? 그 정도면 지장의 요소만 갖춰서도 안 될 것이고, 덕장의 요소도 있어서 조합 내에 취약하고 아픈 구석들을 잘 챙기고, 해야 하는데 우리 강 위원장이 탁월한 능력을 가졌으니까 그런 덕장의 요소가 다 작동했을 텐데 그래도 지장의 요소가 본인이 볼 때는 많다는 거죠?

강규혁 거기에 더해서 저도 당연히 옛날에 정파에 소속되어 있었지요. 그런데 제가 2007년에 정파를 탈퇴하고 공조직 운동하겠다고 해서 2009년부터 위원장을 시작했고, 제가 서비스연맹 위원장 처음 할 때 서비스연맹이 1만 3,000명이었습니다. 지금은 11만 명으로 성장한 거고 민주노총에서, 정파가 작동하는 조직에서 이렇게 연속으로 서너 번씩 위원장을 하는 것은 불가능한 구조죠. 하도 치열한 전쟁터니깐.

아무튼 그런 정파에 휩싸이지 않고 공조직 중심으로 해서 6번을 했던 거의 유일한 케이스 아닌가라는 생각이 듭니다. 저는 서비스연맹을 그래도 민주노총에서 세 번째 조직으로 성장시켰던 동력 아닌가 하는 생각이 개인적으로 듭니다.

조대엽 나는 언젠가 노조 위원장들의 인물사를 좀 쓰고 싶다는 생각을 했어요. 고려대 노동대학원장 초기에 가까운 몇 분들하고는 얘기를 해왔어요. 나이가 들면서 사람의 가치가 중요하다는 생각을 많이 해요. 강 위원장도 느끼겠지만 젊을 때야 개인이 다 구조, 틀, 제도, 이런 속에서 움직인다고 보는 거지. 개인의 자질이 뭘 중요해요? 그런데 나이가 들면서 점점 더 중요해지는 것은 인물의 요소, 개인의 역량, 리더십 등인데 이게 완전히 개인의 요소인 것만은 아닙니다.

왜냐하면 리더십의 경우 비전을 제시하고 공감을 얻는 역량이라고 할 수 있는데 이 역량은 개인의 품성 차원을 넘어 시대를 읽고, 민심을 알고, 현재 삶의 문제를 알아야 비전을 제시할 수 있기 때문에 구조에 대한 이해와 결합되어 있어요. 강 위원장과 이번 인터뷰 쭉 진행하면서 더 느끼게 됩니다만 여기서 연장해서 인물사에 대한 갈증이 생기네요. 1만 3,000명 조합원에서 11만 명 조합원으로 늘렸다는 것은 엄청난 시간과 역량이 있었다는 거거든요.

이제 좀 다른 질문으로, 한국 노동운동의 지도자(노조 위원장)들 가운데 가장 좋은 모델을 든다면 어떤 분을 들겠습니까?

강규혁   원장님도 아시겠지만 이수호 위원장 시절에 이용득 위원장과 함께 깊이 논의했어요. 양대노총으로 가지 말고 하나로 통합하자. 그러면 정말 대한민국 바꿀 수 있다. 저희는 대찬성했던 사람들 중에 하나입니다. 아무튼 그 당시 이런저런 이유로 성사가 안 됐던 기억들이 있어요. 제가 민주노총과 한국노총이 공식적으로 위원장끼리 왔다 갔다 하는 것 말고, 한국노총 지도부들과 속 깊게 우정을 나누면서 일하는 마지막 세대인 것 같아요. 제가 1997년 IMF 외환위기 때 금노 위원장이었던 이용득 위원장을 처음 뵙고 법정관리중인 미도파 M&A 관련 은행에 외풍을 막아 달라 부탁했어요. 대농그룹 미도파 백화점 적대적 M&A부터 많은 공부를 했어요. 노동 쪽에서 당시 제가 M&A 최고 전문가가 되었어요. 그 당시에 5년 동안 공부해서 제가 실전 전문가가 되었던 기억이 있는데, 그때 이후로 이용득, 김동만 그 형들이랑 정말 절친한 멤버십이 되었어요.

한국노총에 박인상 전 위원장님이 이제 팔순이신데 민주노총에서 딱 두 명 초대한 게 이석행과 강규혁이었어요. 그래서 한국노총의 지도부들 쭉 있는데, 그래도 민주노총 동지들 중에 이석행과 강규혁을 인정하면서 소주 한잔 나눠주시던 기억들이 지금도 생생합니다. 제가 이 얘기를 왜 하냐 하면, 한국노동운동의 지도자들 가운데 가장 좋은 모델들을 쭉 그리실 수 있을 것 같아서요.

조대엽 몇 분 이름이 나왔네요.

강규혁 다양한 모델이 있어요. 저는 아까 얘기한 대로 '솔선' 개념의 모델은 민주노총 이석행의 모델을 말씀드릴 수 있습니다. 물론 다른 견해도 많을 겁니다. 위원장 그만두고 감옥에서 나와서 여러 비난을 무릅쓰고 노동자들을 위해서 국회에서 일해 보겠다며 민주당으로 갔죠. 당시에 한명숙 대표 시절에 제안을 받았는데 비례 6번으로 제안 받았다가 나중에 24번으로 밀려서 그건 아닌 것 같다고 했어요.

이랜드 투쟁을 비롯해서 여러 가지 일로 금고 이상의 형이 있었기 때문에 출마는 못하고 두 번 선거 때 민주당의 지역 위원장들을 전국을 다니면서 다 도와주고 문재인 정부 시절에 폴리텍 이사장을 했죠. 폴리텍 이사장 임기 3년 동안 폴리텍대학들이 30개 전후 되는데 보통 전체의 3분의 2를 못 돕니다. 그런데 이석행은 7바퀴를 돌아요. 30개 전후 되는 전국의 폴리텍대학을 7바퀴 돈 걸로 아주 유명합니다. 두 번째로는 청소, 경비 노동자부터 다 정규직으로 전환시킵니다. 노동운동했던 입장에서, 제가 이사장인데 어떻게 비정규직이 존재하냐고 생각해서 정규직으로 전환시켰어요.

민주노총에서 처음으로 '현장 대장정'이라는 용어를 씁니다. 당시에 민주노총 위원장이 뒷짐 지고 있는 게 아니고 현장을 알아야 한다고 해서 시작된 겁니다. 제가 금속 부위원장 출신이고 민주노총 사무총장 출신인데 현장의 다양한 업종의 16개 산별들을 6개월 동안 돌겠다 해서 월요일 회의 끝나면 등짐 메고 출발해서 현장을 구석구석다 갑니다. 그때 반대하는 입장에서는 직선제 되면 자기가 또 퍼먹으려고 표 관리하러 다닌다고 뭐라고들 했죠. 그리고 나중에도 구설이좀 있었고요.

그런데 제가 왜 얘기를 하냐 하면, 아까 말씀드린 대로 '살신'까지는 아니지만 '솔선'이라는 의미로 노조 위원장은 부지런해야 된다고 믿는 사람입니다. 첫째로 부지런함이 요구됩니다. 무엇보다도 지도자 모델의 부지런함은 현장 대장정을 했던 이석행, 그리고 모두를 아우르는 모델을 뽑으면 이수호, 김동만 정도 모델을 들겠습니다. 지금도 풀빵으로 나누고 플랫폼공제회로 나누고 계시죠. 그리고 카리스마를 갖고 시원하게 쭉쭉 끌어당기면서 가는 데는 이용득 모델을 들수 있겠다는 생각이 들어요.

조대엽 아주 구체적인 말씀 감사합니다. 연맹 위원장 17년 하시면서 소중한 기억들이 많으실 줄 압니다. 가장 아름다웠던 기억과 힘들었던 기억 한 가지씩만 말씀해 주시지요.

강규혁 아름다웠던 기억이 몇 번쯤 있었겠죠. 그런데 저희들이 워낙 치열하고 처절한 현장일 수밖에 없는데요. 그래도 감동적이었던 기억은 있어요. 아까 제가 잠깐 언급했듯이 이마트가 2명이서 노동조합을 출발시켰어요. 하나는 이미 잘렸고 하나는 곧 잘릴 사람, 둘이서 위원장, 회계, 감사 다 했지요. 더군다나 범汎삼성가에서 말입니다. 궁극적으로 5,000명으로 성장했습니다. 그 성장을 지켜보면서 1명의 결심이 정말로 동토凍土의 왕국인 저 척박한 데서 수천 명을 만들어낼 수 있구나라는 걸 보면서 경이로웠고 감동적이었어요.

참고로 그 위원장이 전수찬인데 지금은 이제 위원장 직무를 마무리해서 후배들에게 물려주고 저희 연맹 정책연구위원으로 와서 유통 쪽 연구를 하고 있어요. 그 외에 정규직, 비정규직 공동투쟁 이랜드 투쟁부터 여러 가지 사례들이 있는데 저는 너무 아름답다, 전수찬 정말 감동이다, 이런 스토리를 봤습니다.

힘들었던 일은, 정파로 인해서 정말로 대중이 판단한 것들이 왜곡되거나 부결되거나 할 때마다 끊임없이 힘들었던 기억이 있습니다. 제가 후회 같은 것을 잘 안 하는 편입니다. 제가 선택한 일이니까, 제가 행복하려고 운동하는 거니까요. 그런데 뒤돌아서 심하게 후회했던 기억들이 있어요. 가장 최근에는 올해 초 이 정파 구조 안에서 마지막으로 연맹 위원장을 잘 마무리하고 진보정당 대표 선수로 국회에서 또 다른 도전을 하고 싶었고 가능성이 높다고 판단했어요. 그래서 연맹 대의원대회에서도 공간이 열리면 간다라고 했고, 다들 흔쾌하게 동의했는데 아무튼 그 정파 구조를 못 뛰어넘었어요. 좌절되었을 때 생니가 뽑히는 아픔을 두 달 동안 겪었어요. 너무 힘이 들어서 굉장히 아팠던 기억이 아직도 남아 있어요.

조대엽　이제 마지막으로 강 위원장의 꿈은 무엇입니까?

강규혁　민주노총 위원장 기회가 한두 번 있었는데 이런저런 이유로 못 했는데 지나고 보니 당시에 했어야 했구나, 하는 후회가 많아요. 민주노총 위원장을 선택하지 못한 첫 번째 이유는 서비스연맹을 물려줄 후배를 못 만들었기 때문이에요. 그 당시에 민주노총 위원장을 했으면 정말 아까 말씀드린 대로 민주노총 이름만 빼고 모든 걸다 바꾸는 시도를 했을 것 같아요. 민주노총이 다시 국민으로부터 박수 받고 인정받으면서 그동안의 민주노총의 공헌이 헛되지 않았으며, 우리 사회가 민주노총이 있어서 그나마 한쪽으로 가지 않고 이정도까지 버티고 있구나, 라는 국민적 동의에 대한 확신이 있거든요. 그런 확신에 더해서 '민주노총' 하면 사람들이 신뢰를 넘어 존경까지 받는 그런 조직을 우리가 만들 수 있지 않았을까? 하는 생각을 많이해요. 그런 걸 좀 실현하고 싶었다는 생각이 개인적으로는 꿈이라면 꿈입니다. 또 하나는 조금 더 나누면서 더불어 사는 인생으로 마무리하고 싶다는 것입니다.

조대엽　장시간 인터뷰에 응해 주셔서 감사합니다. 특히 쉽게 들을수 없는 노동계의 사정들을 아주 생생하게 말씀해 주신 데 대해 각별히 감사드립니다. 강 위원장의 꿈이 이루어지시길 응원하겠습니다. 감사합니다.

4
노조시민주의와 노동조합운동의 미래 II

이 장은 김준영, 김형선, 최희선, 이지웅, 정정희, 최철호 등 6명의 현직 산별노조 및 노동조합연맹 위원장들과의 대담을 실었다. 대담자들은 노동위기 진단, 노동조합운동의 효과, 지속가능한 노동과 노조시민주의, 노동기반 공익재단, 사회적 대화에 대한 관점, 노동조합의 미래, 리더십, 개인의 꿈 등 3장과 동일한 주제의 질문에 답했다.

대담자들은 노동위기가 업종에 따라 과도하거나 왜곡된 채로 진단되는 지점을 지적하며 위기의 해결책을 강조한다. 무엇보다도 '같이 먹고살자'는 방향 추구와 노동시간 줄이기, 일자리 나누기를 통해 위기 극복이 가능하다고 말한다. 노동조합운동의 효과로 두터운 중산층을 만든 것, 전체 노동자의 기본권 향상을 위한 사회변화, 양극화 완화, 공공성 강화, 양대노총의 성장 등에 기여함에 주목했다. 지속가능한 노동의 필요 요소로는 노동시장 및 산업안전 격차 해소, 노동시간 단축, 정치참여, 공공성 강화, 저출생 문제 해결, 시민적 공감대, 노동생산성, 노동이사, 노조가입률 등을 들었다. 노조시민주의의 특징은 길게 보고 연대를 쌓는 축적의 시간, 정당 정치참여, 시민이 이해하고 함께하기, 정책노조, 지속가능성과 노동보호의 조화, 산별노조로 실현되는 노조시민주의 등으로 표현했다. 노동의 미래에 대해서는 대담자 모두 비교적 낙관적으로 판단했다. 끊임없는 실험과 준비된 노동, MZ세대의 노조 필요성 공감, 다른 형태로의 발전, 자기중심적 세대의 장점 등이 우리 노동과 노동조합의 미래를 밝힐 것으로 전망했다.

길게 보고 길을 찾는 축적의 시간

조대엽　김준영 전국금속노동조합연맹 위원장과의 인터뷰를 진행
하겠습니다. 노동위기에 대한 걱정을 오랫동안 했습니다. 그래서 세
가지 차원에서 노동위기에 접근해 보려고 합니다. 우선 AI 시대까지
오면서 기술 발전이 있었는데 이런 위기는 보편적으로 다가온 위기
로 볼 수 있고요. 노동조합 차원에서의 조직이 겪는 위기, 정권 변화
에 따른 정세적 위기로 구분해서 말씀을 듣고자 합니다. 첫 번째로
기술 발전에 따라 인간노동을 빠르게 대체하고 있는 현실에서, 인간
노동이 직면하고 있는 위기에 대해 어떻게 생각하십니까?

김준영　인류 역사에서 기술 발전이 노동에게 해를 끼쳤는지 득을
가져왔는지를 보면, 노동이 단순화되어 가는 것에 대해서는 좀 걱정
스럽긴 해요. 최근 우리 자동차산업 같은 경우, 우리나라가 워낙 로
봇 보급률이 높아서 자동화율이 세계에서 가장 높거든요. 독일보다
도 우리가 더 높은데 현장에 가서 보면 우리 조합원들의 노동이 너무
단순화되고 있다는 것이 걱정스럽긴 합니다. 예전에는 자동화 라인
설치되면, 현장에서 일자리가 줄어들까 저항도 하고 이럴 때, 저는
일자리 줄어드는 것에 대해 저항은 해야 하지만 그것을 거부하지는

않았으면 좋겠다는 생각이거든요.

왜 그런가 하면 예전에 현장 가보면 무거운 것을 들고, 아주 단순한 반복작업을 인간이 하고, 이것은 사람이 할 짓이 아닌데, 기계 시키면 될 것 같은데 하는 생각이 많이 들어서 고용 유지와 관련된 주장을 하더라도 기계 도입을 반대하지 않는 게 좋겠다, 하는 것이 제 생각이었는데요. 요즘은 기계가 사람을 도와주는 게 아니라, 사람이 기계를 도와준다는 느낌이 너무 강하거든요.

전기차 중에 배터리가 제일 큰 데가 EV 라인인데 패킹 라인을 가보면 4명 정도 가거든요. 예전 같으면 봉고 트럭 배터리에 7~8명 붙어서 일했는데, 그 2배가 넘는 일을 4명이 하는데 그냥 지켜보는 겁니다. 오류 나는 걸 대처하고, 재료가 떨어지지 않도록 해 주는 것, 조립 끝나면 자동화 기계가 와서 떠서 창고까지 알아서 사람을 피해 이동하여 빈 자리에 착착 갖다 놓고, 사람이 하는 일이 검사 정도거든요. 중외제약의 수행 라인을 갔는데 라인이 워낙 기니까 층을 나눠서 디귿 자로 꺾어놓은 라인인데… 사람이 4명밖에 없어요. 50m가 넘는 라인인데. 그런데 이게 사람이 기계를 그냥 도와주는 듯한 느낌이 들어서, 그건 좀 걱정스럽긴 한데.

기술 발전이 우리 노동자의 일자리를 줄인다는 것에 대해서는 저는 별로 걱정할 문제는 아니라고 생각해요. 아주 단순한 생각인데, 기계, 기술 발전이 인간의 일자리를 줄여서 예전 선배들은 기계를 때려 부수고 했는데 지금 저는 그러지 않았으면 좋겠어요. 대신 일자리와 노동시간을 줄여서 일자리를 나누는 걸 하면 좋겠다. 그 관점에서 노동시간 줄이고, 같이 먹고살자고 하는 관점만 인정이 되면, 저는

2024년 9월 13일 오전 10시,
김준영 전국금속노동조합연맹
위원장을 여의도 한국노총빌딩
전국금속노동조합연맹
위원장실에서 만나다.

기술 발전은 큰 문제는 아니라는 생각을 가지고 있습니다.

장기적으로는 저는 그렇게 가야 지구가 계속 유지될 것이고, 자본주의가 유지될 테니 그렇게 갈 건데, 그 과정에서 일시적으로 누군가는 일자리를 잃고 누군가는 소득을 더 늘리고 이런 과정들이 있는데 그 갈등관리를 노동조합이 제대로 해야 된다고 생각해요. 그런데 그러기 위해서는 같이 먹고살자고 하는 노동조합의 기본적 관점이 충분히 깔려 있어야 해요. 지금 양극화가 점점 심해지고 그 얘기를 끊임없이 하는데도 불구하고 양극화 심화를 못 막는 걸 보면 단순하지는 않겠지만 접근은 그렇게 해야 한다고 봐요. 같이 먹고살자, 일자리를 나누자, 노동시간을 줄이자. 이 관점으로 가면 기술 발전 과정에 생기는 문제들을 해결할 방향은 보이는 게 아닌가 싶어요.

그런데 1, 2, 3차 산업혁명과 달리 지금 AI는 조금 다른 문제가 있는 것 같긴 해요. 그건 우리 노동자가 고민할 문제는 아닌 것 같긴 한데, AI가 가지는 감정을 포함한 판단 능력, 그것 때문에 생기는 인간의 피해, 사회의 피해 이런 것들에 어떻게 책임을 물을 것인지에 대한 고민입니다. 제가 공부는 안 했지만 전공이 철학과였는데, 고민을 해도 저도 답이 좀 잘 안 보이는 문제이긴 한데, 이것도 공론의 장에서 충분히 논의될 의제이긴 하다는 정도의 생각을 갖고 있습니다.

조대엽　노동 이상의 문제이지요. 기술철학이나 실천철학 같은 부분이 강화되어야 할 때거든요.

김준영　철학에서 다뤄 보지 않은 새로운 영역 같은 느낌이 강해서요. 그러니까 자율주행 자동차가 나오면, 그다음 법철학 관점에서 이걸 어떻게 할 건지, 이런 논의가 많았는데, 저는 그 이상의 고민이 필요하다고 봅니다.

조대엽　일단 김 위원장께서는 기술 발전 자체를 너무 위협적으로 생각할 필요는 없다. 적어도 우리 인류에게 축복이 될 수 있는 방향으로 가는 게 좋겠다. 그래서 노동시간 줄이고, 일자리 나누고 이런 방식의 큰 합의를 통해 넘어서야 할 문제라고 생각하시는 거죠?

김준영　이게 매끈한 직선 그래프는 아니지만, 인류 전체가 아니라,

자본주의 시작부터 쭉 보더라도 그래프의 경향성은 그렇게 가고 있거든요. 노동시간은 천천히 떨어지고, 실제로 소득이라고 표현하기는 그런데, 근로조건도 계속 나빠졌다고 볼 수는 없고, 좋아지는 방향, 노동 강도도 좀 떨어지는 방향으로 가고 있다고 보기 때문에, 그것이 중간중간 튀긴 하지만 큰 경향성은 그렇게 가지 않을까 싶습니다. 또 그 과정은 우리 인간의 노력이 들어가는 거니까 그렇게 만들어 낼 것이라고 저는 생각하고 있습니다.

조대엽 김 위원장께서 넓은 시각을 갖고 계시고, 큰 문제를 현실적으로 잘 짚어주셨던 것 같습니다. 노조의 고립화, MZ세대의 노조조직에 대한 거리감, 노조 기피 현상 등을 포함해서 노동조합의 정책역량의 한계에 대한 지적이나 노조 리더십 위기 같은 것들이 자주 언급되었습니다. 이런 것들을 포괄해서 노동조합이 직면한 위기에 대해서는 어떻게 생각하시는지요?

김준영 제가 35년간 노동조합 하고 있는데, 매년 우리 정세 분석하고, 봄에 임투賃鬪를 앞둔 교육을 할 때 노동의 위기가 아니라고 얘기해 본 적이 거의 없었던 것 같아요. 노무현 대통령, 문재인 정부 들어설 때 초기에 약간의 기대감들이 섞인 시기 빼놓고는 거의 없어요.
　2000년도에 새로운 밀레니엄, 새로운 세대에 대한 관심이 집중될 때 EBS에서 2020년이라고 전제하고 뒤에 주제를 하나씩 달아서, 매주 한 꼭지씩 다루는 프로가 있었는데요. 그때 제가 거기에 갔을 때, 제목이 2020년 노동조합은 사라지는 것이었어요. 그래서 제가 가서,

택도 없는 소리 하지 마라 이런 얘기를 했는데요.

하여튼 지금의 위기, 젊은 세대의 노조 기피 현상이라는 표현에 대해, 저도 처음에는 그렇게 느꼈는데, 젊은 친구들을 만나보고, 최근에 젊은 친구들이 주도하는 노동조합을 만나보면서 기피 현상은 아니라고 생각하게 되었습니다. 지금 포스코는 조합원이 9,000명인데요. 위원장이 45살, 수석이 39살, 그 밑에 모든 간부가 30대, 20대 후반까지 있어요. 기업이 크고 고령자가 많은 포스코에서 집행부를 구성하고 있거든요. 집행부가 너무 열심히 해요. 그리고 상급단체를 가지지 않은 젊은 세대 노동조합 위원장도 몇 명을 만나봤는데 기피 현상은 아닌 것 같아요. 전통적 노동조합운동과는 다른 접근을 끊임없이 고민하고, 그 관심과 방향이 달라서 그렇지, 젊은 세대가 노동조합을 기피한다고 평가하고 싶지는 않아요.

1987년 이후가 제가 보고 경험한 노동조합인데, 우리 헌법이 1987년부터 지금까지 오듯이, 노동조합도 사실 1987년 이후에 노동운동에 뛰어들었던 많은 세대들이, 아까 교수님 말씀하신 출구와 비전 이것을 약간 교조적으로 해석했던 그룹이 초기에 들어왔고, 그분들이 아직도 세대적으로 보면 남아 있거든요. 우리 한국노총의 산별 위원장 중에 제가 나이가 많은 편이 아닙니다.

제가 1987년 세대의 막내인데요. 저는 막내 세대가 빠져나간 이후가 새로운 출구와 비전을 고민할 시점이라고 보고요. 젊은 세대들이 출구와 비전에서 자기들의 의견이 반영되는 걸 찾는 과정, 이렇게 생각하면 어떨까라는 생각도 있고요. 그런데 그 친구들 만나보면서 저는 미안한 것도 있습니다. 사실 저희 세대는 3D 업종이란 개념도 없었고요. 월급을 많이 주면 더 가려고 했던 세대이고요. 대표적으로 금형공장과 주물공장이 있다고 하면, 주물공장이 임금을 1.5배에서 2배 가까이 더 받아요. 또 노동시간도 길고, 힘들긴 하지만 그런데도 다 여기를 들어갔거든요. 그랬던 세대였고, 지금은 돈을 아무리 많이 줘도 안 들어가려고 하는 정서를 가진 세대들이 있고 또 이것을 드러내 놓고 일자리를 찾기도 합니다.

대졸자 기준으로 보면 저희 때는 학교 다닐 때 공부를 안 해도 어떻게든 취업은 가능한 세대였거든요. 저처럼 공부를 진짜 안 한 사람도, 제 친구들 중에 1~3학년 저처럼 공부 안 하고 딴짓만 하다가 집안 걱정 때문에 4학년 때 공부 잠깐 하면 대기업 다 들어갔습니다. 그런데 지금은 그게 불가능하잖아요. 젊은 세대를 만나면서 미안한 느낌은 우리가 그때 생각했던 세상과 다른 세상으로 가고 있는데, 그 과정에서 무한경쟁에 너무 오래 노출되어 있다는 느낌이 많이 들어요. 그러니까 학교 다닐 때부터 그렇지요.

당장 학교도 저희랑 정서가 다른 것이 저희 때는 학점을 상대평가를 안 했어요. 교수님이 200~300명 수강생 교양과목에서 전부 다 A 학점을 주고, 한 10% 정도 A+ 학점을 주는 과목도 있었거든요. 지금은 친구를 경쟁상대로 생각할 수밖에 없는 구조에 계속 놓여 있는 것 같아요. 입시 과정, 학교… 어릴 때부터 익숙해져 있어서, 그게 당연한 것으로 여겨져요.

노동조합이 같이 먹고살아야 되는 거야, 라고 하는 걸 이해하면서도 그 안에 있는 경쟁을 그냥 자연스럽게 받아들이는. 저희 때는 그런 느낌은 아니었거든요. 그것이 저는 정서적 차이로 크게 지금 자리 잡고 있다고 봅니다. 그런데 인간의 경험이라고 하는 것이 사고를 결정하는 데 가장 큰 영향을 주는데, 지금 세대 전체가 그런 경험을 했는데 "야, 아니야 지속가능하려면 같이 먹고살아야 돼."라고 그냥 막 떠든다고 될 것 같지는 않아요.

1987년도에 빵 터졌을 때는, 그냥 같이 먹고살자고 초임이든 고참이든 다 같이 정액으로 올려, 라고 하면 반대하는 사람 아무도 없었거든요. 그런데 지금은 그런 정서가 아닌 거죠. 그것을 이해시키기 위한 노력이 필요한 세대를 마주하고 있는 거죠.

조대엽 김 위원장은 MZ세대를 비롯한 젊은 세대를 거의 완벽하게 이해하시는데요. 우리 사회학자보다 더 깊이. 저는 수업에서 학생들을 늘 접하잖아요? 너무 오래 경쟁에 노출된 세대라는 김 위원장의 표현이 아주 와닿아요.

저는 386세대를 '박정희의 아이들'이라고 표현하거든요. 그러니까 박정희의 아이들이 권위주의 체제 속에서 태어나서 자라는 동안에 문화적으로 가부장제 전통들을 잘 답습하고 컸는데, 대학 와서 신군부에 대한 도전으로 전환하는 과정이 있었다고 보는 거지요. 너무 오래 경쟁에 노출된 세대를 저는 '신자유주의 아이들'이라고 불러요. 어려서부터 스펙 쌓는 걸로 살아왔는데 그러면 이 세대들은 어떤 식의 전환이 과연 가능할까. 김 위원장님은 젊은 세대들이 노조를 기피하는 것이 아니라, 자기들 방식의 것을 추구하고 있다는 것을 인정하는 거 아닌가요.

김준영　노조가 자기가 해결해야 될 문제를 풀어주는 도구적 창구로서 필요하다고 인정하는 친구들이 꽤 있다는 거예요. 왜? 다른 대안이 사실은 안 보이거든요. 사회에서 자기가 노동자로 살아가면서 자기의 문제를 해결할 수 있는 출구를 노동조합 말고 다른 데서는 저는 찾기 어렵다고 봅니다.

　그런데 제가 사실은 MZ세대 담론이 확산되는 초기에, 카톡 채팅방에 들어가서 눈팅을 계속했어요. 혹시 조직할 여지가 있나 싶어서요. 그런데 어느 정도는 포기하고 우리 사무처로 모니터링을 넘겼던 이유가, 아까도 말씀드렸지만 '같이 먹고살아야 한다'라는 전제가 아주 약해요. 일단 경쟁을 인정하는 선에서 내가 훨씬 더 스펙도 높고, 더 열심히 일했고, 더 많은 시간을 일했는데, 왜 노동조합이 성과급을 똑같이 줘야 한다고 주장해? 라고 생각하고, 이런 게 수용이 안 되는 거예요.

　저는 계속 그런 주장을 하면 노동조합을 할 수 없다고 보거든요. 그래서 제가 교육하러 가면, 아주 젊은 친구들이 그런 불만을 제기할 때가 있어요. 예를 들어 노동조합이 차등을 인정한다고 합시다. 조합원이 1,000명 있는데, 노동조합이 500명에게는 -10%를 주고, 나머지 500명에게는 +10%를 주는 결정을 했다고 합시다. 그리고 이것이 합리적이고 공정했다고 합시다. 하지만 제가 여태까지 지노위, 중노위 가서, 인사시스템, 평가시스템이 공정하고 진짜 이것은 나도 수용할 수 있는 방식이라고 느낀 적이 단 한 번도 없어요. 그런데 500명 중에 한 절반만 공정하다고 느꼈다면, 10% 받은 사람들은 공정하다고 느꼈지만 마이너스 10% 받는 사람들 중 절반 수용이 안 된다고

하면 다음 해에 조합비 내고 계속 노조활동을 할 것인가? 하는 생각
이 드는 거예요. 1년에 25%씩 떨어져 나가는 구조로 가면 노동조합
말라 죽는데. 그렇게 하면서 새로운 대안을 찾는 과정이 생길 거라고
본다면, 그런 주장을 가지고 노동조합을 계속하겠다고 하면 저는 이
것이 노조 안에서 지속가능한 주장으로 관철되지 않을 것 같다는 얘
기를 합니다.

조대엽   중요한 말씀입니다. 노동조합의 정책역량에 대해서는 어떻
게 생각하세요?

김준영   노동조합의 정책역량은, 다른 나라와 비교하면 우리는 아
주 취약하다고 봅니다. 산별노조의 틀을 오랫동안 유지했던 유럽을
우리는 쫓아가고 싶어 하는데요. 제가 부러웠던 게, 카탈로니아를 가
보니 사민당과 같이하는 제1노총인 카탈로니아 노총이 최대조직으
로 의회도 3분의 1을 장악하고 있고, 산맥 하나 넘어서는 별도의 나
라 같은 느낌이 있더라고요.
   당시 우리가 교류하는 곳은 우리로 치면 경기본부 정도의 규모로
보면 되거든요. 그런 곳에 연구원 6명을 두고 있더라고요. 연구원이
직업 훈련도 하고, 잡다한 일도 하긴 하지만, 우리나라에서는 지역
조직에서 연구원을 데리고 있다는 것은 상상이 안 되는 일이거든요.
그래서 엄청 부러워서 그때 부천시 와서 시장한테 연구소 만들어 달
라고 했더니 전국적으로 기초 지자체에 연구소가 있는 사례가 없다
는 거예요. 그래서 노동연구소 아니어도 좋다. 대신 시 연구소를 만

드는데, 그 연구인원 3분의 1의 추천권을 나한테 달라고 그랬죠.

경기도가 좀 큰 편인데, 그래서 부천에서 처음에 제가 제안한 건 6명이었어요. 카탈로니아 가니까 이런 게 있던데 우리도 하자. 돈은 없으니까 시장이 2명, 상공회의소 회장이 2명, 제가 2명, 6명 추천해놓고 우리 부천 경사노위 열심히 하고 있으니까, 그 연구원들끼리 한방에서 지지고 볶고 싸우게 좀 해 주자. 거기에서 정책적 의제들이 쭉 올라오는데, 그 안에서도 합의는 당연히 안 될 건데, 그 합의 안 된 지점의 정무적 판단을 우리 지역 노사정위원회가 하면 되는 거 아니냐. 여기서 한 3년 연구한 걸 우리 의제로 삼자.

제가 그 제안을 해서 연구소를 만들려고 했는데, 사례가 없다는 이유로 공무원들이 버티는 겁니다. 왜냐하면 의회에도 인원 채용에 정원이 있는데 6명을 들어내고 나면, 자기네들이 갈 자리가 줄어드는 거예요. 공무원들의 극렬한 반대 때문에 그때 못했거든요. 그래서 제가 공무원들한테 부천시가 최초로 한 게 많다고 얘기했어요. 부천시는 담배 자판기가 한 개도 없어요. 1991년도에 조례를 만들었거든요. 그게 상위법이 없는 최초의 조례예요. 그게 가능했는데, 왜 사례가 없다고 안 해 주냐 그랬더니 시장이 공무원 설득하기가, 밥그릇이 걸린 문제라 너무 부담스럽다고.

조대엽　시 연구소 만드는 것, 아주 좋은 생각인데요.

김준영　정책역량이 부족한 건 현실이고요. 그게 산별노조의 틀을 갖고 있지 않아서 재정의 중앙 집중, 거기에 따른 정책역량을 키울 수 있는 여지가 다른 나라에 비해서는 취약하다는 생각이 들고 지금 당장 우리 경사노위의 전문위원 숫자보다 노와 사에서 정책 연구하는 것이 더 많아야 그 의제가 돌아가잖아요. 경사노위의 의제 열리면 한두 명이 여러 개를 다 감당해야 돼요. 아무리 공부를 많이 해도 저는 그걸 따라갈 수는 없고, 그게 워낙 짧고 첨예한 문제를 막 하니까 그게 돌아가는 것처럼 보이지 길게 보면 정책역량의 부족을 훨씬 더 크게 느낄 거라고요.

부천에서 제가 꿈꿨던 건 이런 겁니다. 노사정이 추천한 위원들이 있으면, 위원들이 공부한 사람들이기 때문에 객관적이라는 것을 저는 안 믿거든요. 그러니까 노勞에서 추천하는 사람은 노의 입장을 대변하고, 사使에서 추천하는 사람은 사의 입장을 대변하기 마련이잖아요? 그 안에서 연구하는 사람끼리 지지고 볶고 싸우면 쓸데없는 소리는 좀 덜 하지 않겠냐. 최소한 축적된 연구과제들도 서로 같이 보면서 지지고 볶고 싸우는 과정이 쌓여야겠다고 생각했는데요. 저는 그런 판이 열리면 국책연구기관도 의제 선정이 확 달라질 거라고 생각해요. 그러한 역동성을 불어넣을 수 있을 거라고 생각하거든요.

조대엽　선우재의 노동마루 포럼에서 노조의 정책역량을 주제로 검토하고 있습니다. 제가 정책기획 위원장 할 때 취약한 정책역량을 가진 쪽은 연구네트워크로 보완하려는 기획을 했어요. 도道연구원하고 국책연구원하고 노동계하고 네트워킹을 해서 연구역량을 아웃소싱 받는 프로그램도 논의를 했는데 못 했어요.

김준영　저는 노동공익재단이 사업을 통한 모범도 필요하지만, 정책역량을 키우는 데 역할을 하면 독일의 에버트재단을 따라가 보는 것이 어떨까, 하는 생각을 해요. 리더십 관련해서는 지금 우리 노동조합의 최상층에 있는 그룹의 리더십을 내려놓는 리더십이 필요하다, 지금 시기에는 새로운 세대의 생각들, 인식의 격차, 경험의 격차가 큰 세대들의 얘기를 수용할 수 있는 리더십. 이런 것이 좀 필요한 시기가 아닌가 생각합니다.

조대엽　그럼 다음 질문으로 넘어갑시다. 윤석열 정부가 만드는 정세적 위기에 대해서는 어떻게 생각하시나요?

김준영　의료사태에서도 확인되듯이 합리성이 있어야 평가를 하는데, 합리성이 없어서 노동정책도 평가하기 어렵다는 생각이 들고요. 안타까운 건 여러 정권을 거쳐서 일하고 있는 공무원들이 정권 교체 이후에 이렇게 갑자기 바뀔 수 있다는 걸 다시 한번 느꼈고 합리성 없는 제안을 만들어내다 보니까 일하기 싫어서 그런 건지, 너무 성의가 없어요. 노동부에서 나오는 이정식 장관님 계실 때도 기자회견 보도자료를 보면, 예전에 노동부가 냈던 자료보다 너무 성의 없네, 치밀성이라고는 전혀 보이지 않고 억지로라도 끼워 맞추는 노력조차 하지 않네, 이거 욕먹을 거 뻔히 알면서도 그냥 막 내네… 이런 느낌이 들었거든요. 그래서 초기에는 좀 평가하다가 지금은 평가를 포기했습니다.

조대엽 평가하기 어려울 정도로 합리성 자체가 없는 정부, 그렇게 이해하면 되겠네요. 이제 노조의 성장과 성과에 대한 질문 드리겠습니다. 한국 노동조합운동의 가장 뚜렷한 성과가 있다면 어떤 걸 얘기할 수 있을까요?

김준영 예전에 우리 선배님들, 어용 소리 들어가면서 노동운동했지만, 그때 얘기 들어보면 사실은 목숨을 걸어야 되는 시기들이 꽤 있었는데요. 1987년 이후에 노동자들이 투쟁하고 노동조합이 좀 안정화된 이후에는 노동조합을 하면 구속을 각오하는 정도의 변화였다면, 제가 작년에 구속됐긴 하지만 아주 이례적인 일이고 이제는 구속을 걱정해야 하는 상황은 아닌 정도로 변했다는 것이 상징적이지 않을까 싶고요. 그렇다고 해서 지금이 아주 노동조합 하기 좋아졌는가 라고 하면, 개인적 불이익을 감수하거나 자기희생을 좀 해야 된다는 정도의 각오는 필요한 지점까지 와 있는 것 같아요. 이후에 노동조합 하는 것에 대해, 미국의 어린이들이 소방관을 바라보듯, 선망을 갖게 되는 수준으로 가려면 조금 더 해야 될 것 같긴 한데요. 노동운동을 길게 보면 이런 게 상징적 변화가 아닐까 하는 생각이 들고요.

내부역량은 사실 1987년 그때 저는 못 느꼈는데 지금 돌이켜보면 우후죽순처럼 막 생겼던 자생적 노동조합 설립이라고 하는 것이, 사실 법도 안 지키고 막 하던 시절이었거든요. 그런데 그걸 다 담을 수가 없었어요. 내부에서 그것을 담아가지고 안정화되는 데까지 간다는 것은 불가능한 정도의 폭발이었거든요. 지금은 그때보다 역량이 조금은 키워졌다는 느낌이 있어서, 그런 상황이 똑같이 올 가능성은 거의 없는데, 그 정도의 폭발이 올 가능성은 없지만, 그런 폭발이 와도 조금은 우리가 수용할 수 있는 정도의 역량은 만들어낸 거 아닌가 하는 차이는 좀 있는 것 같아요.

조대엽 합법성이라든지 제도화 등이 역량적 측면에서도 강화가 되었다는 것이네요.

김준영 1987년 같은 폭발, 말하자면 사용자들이 주장하던 1987년의 무법천지, 이러한 것으로 확 번지기 어려울 정도로 안정화된 시스템을 갖춘 거죠.

조대엽 전체 시스템 안정화라는 것이, 윤 정부 들어서 가지고는 정말로 상상하지 못했던 방식으로 위협받고 있잖아요?

김준영 교수님이 더 잘 아시겠지만, 윤 정권이 무너지는 타이밍 직전에 그런 폭발이 일어나지 지금은 절대 안 일어납니다. 제가 노동조합 설립 통계들을 2002년부터 관리하고 있는데요. 문재인 정부 들어서서 노동조합 조직률이 늘어난 것으로 통상적으로 이해하는데요. 설립일 기준으로 보면 박근혜 탄핵 촛불이 막 활활 탈 때부터, 노동조합이 만들어지는 시작이 설립일로 보면 그때 쭉 만들어져요. 그러니까 노동자들이 정세 공부 안 해도 몸으로 다 알아요.
지금 노동조합 하면 해볼 만하겠는데, 이걸 알아요. 제가 볼 때는 1987년에 6월 항쟁 터지고 난 다음에, 전두환이 6·29를 받아들인다고? 그럼 우리 사업장은 해볼 만하겠네. 이런 정서가 사실은 폭발력의 근원이라고 보거든요. 촛불 끝나고는, 1987년 정도는 아니어도 쭉 노동조합에 대한 우호적 정서로 붐이 일겠지 싶었는데, 데이터를 보니까 촛불 때부터 노동조합이 꿈틀거리고 만들어지기 시작했어요.

조대엽 이번 총선 이후에는 반격 같은 걸 좀 고민하고 있나요?

김준영 일단 반격하긴 하는데 제가 현장에서 얘기하는 건, 우리가 문재인 정부 때 10이라는 공력을 들였다 그러면 성과가 한 4~5 정도 나올 수 있는데, 지금 10을 들이면 1 정도 나온다, 그렇다고 우리가 10을 안 할 거냐, 계속하자. 이 정도로 하는 건데, 비슷할 거라고 봅니다. 저희도 신규 노조가 안 생기는 건 아닌데요. 그렇지만 저희 사무처의 노력의 양으로 보면 성과가 떨어져 있는 거죠.

조대엽 다른 차원에서 질문 드리겠습니다. 노동조합운동이 전체 우리 사회 발전에 기여한 게 있다면 어떤 걸 들 수 있을까요? 실제 사회 발전이라는 맥락에서 본다면, 노동조합이 큰 역할을 많이 했고 전체적인 삶의 수준을 올리는 데도 기여한 것으로 보이는 데 구체적으로 말씀 부탁드립니다.

김준영 1987년 노동조합 대투쟁 이후에, 사실은 의도하지 않았던 두터운 중산층을 만들어가는 과정에 노동조합이 기여했다고 봅니다. 그때 통계를 보시면 노동조합이 있는 곳과 노동조합이 없는 곳의 임금 인상률의 격차가 계속 존재했어요. IMF 외환위기 때까지요. 그런데 임금 인상률이다 보니까, 정액보다는 더 큰 비율로 계속 벌어져나가는 과정에서 두텁고 안정적인 노동자의 경제적 성장에 기여했다고 봐요. 요즘 중산층이 욕을 먹긴 하지만. 이를 만들어 내는데 그때당시의 운동은 영향을 미쳤다고 보고요.

그런데 이것이 지속되면서 이제 불평등 심화로 간 측면에 대해서는 인정하거든요. 그것 말고, 성과라고 하면 최저임금제도를 노동조합의 제안과 힘만으로 만들어낸 건 아니지만, 초기에 노동자들이 계속 주장했던 관계로 보면 그렇다고 생각해요. 사회에서 정책 변화가모두 힘의 역관계의 산물이라 본다면, 노동조합이 가장 크게 영향을미쳤다고 할 정도로 이해를 해 준다면, 최저임금제도를 만든 것도 저는 노동조합의 성과로 봅니다.

그다음으로 비판받기는 하지만 각종 보호입법들도 노동조합의 끊임없는 주장의 결과물인데요. 아쉬움은 있더라도 그런 것들이 천천히 누적되고 있다고 봅니다. 1987년 대투쟁 이후, 노동연구원에서국민의식 패널 조사를 한 데이터를 저도 보고 깜짝 놀랐는데, "노동조합은 경제성장에 도움이 됩니까?"라는 질문에 약 80% 가까운 국민들이 도움이 된다고 응답한 것이 1987년 대투쟁 직후에요. 그 난리법석을 떨었던 시대에요. 그런데 지금은 저는 그런 응답이 안 나올거라고 보는데요. 관련 데이터를 한번 좀 찾아봐야 될 것 같습니다.

1987년 초기에 언론의 엄청난 폭격이 있었거든요. 현대자동차 파업할 때, 제가 울산을 간 적이 있는데, 지방지가 6장짜리였어요. 페이지로 하면 6페이지 대판★版 크기로요. 그중 4면에 노동조합 파업을 비판하는 게 실려 있더라고요. 지방지이긴 하지만요. 그때 국민들은 그 파업에 대해서 그렇게 거부감을 느끼지 않았던 정서들이 좀 있었는데, 지금은 저희 연봉 높은 사업장들은 파업해도 보도자료도 안 내고 조용히 싸웁니다. 파업 직전까지 가면서, 그걸 알리지 못하는 거죠. 그러니까 내부정서로 보면 회사가 이만큼 벌었는데, 우리가 지금 연봉이 다른 노동자들보다 좀 높다고 해서, 수익을 받아오는 걸 포기해야 돼? 이런 정서가 아주 강하게 있기 때문에, 기업별노조 형태에서는 그것을 요구하는 정서를 해결할 방법이 없는데요. 이게 알려지면 언론에 집중포화를 맞잖아요?

엊그제 박홍배 의원이 다친 집회를 보더라도 집회 내용은 하나도 기사에 안 실리고 박홍배 의원 다쳤다는 것만 나오는데요. 연봉 1억 2,000만 원인 사람들이, 주 4일제를 하겠다고? 주 4.5일제를 하겠다고? 연봉 많은 사람들은 노동시간 줄이면 안 된다는 이런 정서를 지금 계속 깔잖아요. 그것에 대한 두려움 때문에, 언론에서 금융 싸움을 기사화하지 않을 수는 없지만 회사 내에서 조용히 싸우는 것은 안 알리면 특별히 확 번질 일은 없거든요. 회사가 이를 이용하지 않으면요. 그런데 조용히 싸우고 있는데 기사가 났다는 것은, 이것은 회사가 제보하는 거예요. 비판 기사 내달라고요.

조대엽 전체적으로 지금 불평등 문제는 심화됐다고 하더라도, 소득 하위 계층들의 수준 자체는 올려놓는 역할을 했다는 것이지요?

김준영 〈아름다운 청년 전태일〉 영화를 보면, 근로감독관이 노수

영과 전태일한테 그렇게 얘기해요. 우리도 1980년대 되면 모두 자가용 한 대씩 굴릴 거야, 라고요. 1994년도에 경원석유라고 하는 노동조합의 단체협약 요구안에, 주차타워를 세워 달라는 내용이 들어가요. 1991년도만 해도 경원석유에 자가용을 끌고 출근하는 사람은 진짜 손에 꼽을 정도였거든요. 1,000명 중에서요. 그런데 1994년도에 조합원들이 주차할 데가 없으니까, 주차타워를 세워 달라는 요구안이 들어간 기억이 나요. 그러니까 전태일 영화에 나왔던 것이, 14년 정도 늦게 현실이 되는 과정을 겪었던 거죠. 그런 측면에서 상대적 불평등은 몰라도 절대적 생활의 수준을 끌어올리는 데 노동조합이 큰 영향을 미쳤다고 보고요.

　우리가 늘 고민하는 것은, 기업별노조의 한계를 안고 가다 보니까, 공공성 확대 측면에서는 노동운동 전체가 이걸 주도했다고 할 만한 것이 다른 나라의 역사에 비해서 좀 적은 게 아닌가라는 생각이 들어요. 제일 큰 것은 1987년 당시, 산별노조의 틀을 바탕으로 노동조합을 해냈다고 하면 지금의 모습은 아닐 거라고 봅니다.

조대엽　다음 질문으로 이어가겠습니다. 연맹들의 수준이 산별노조라고 보기에는 좀 어려운 측면들도 있는데, 금속을 기준으로 했을 때 노조의 제도적 수준, 제도적 성과들에 대해서 어떻게 보세요?

김준영　저희도 산별로 전환을 못해 성과는 없는데요. 일단 저희 선언 강령 아래 한국노총 제조를 전체로 묶어서 제조연대를 만들자고 이 선언강령에도 산별추진의 내용이 담겨져 있어요. 그러니까 선언

강령에 담겨 있으면, 당연히 매년 사업계획에 산별추진이 들어가야 되는데요. 17~18년 전에 금속노조보다 저희가 조금 스텝을 느리게 해서, 저희도 산별 전환 결의를 대대에서 하고 이 사업을 한 3~4년 추진했어요. 그런데 저희는 실패했고, 금속노조는 성공해서 쭉 가고 있는 거죠.

그때 우리랑 금속노조가 모델로 삼았던 건, 독일의 IG 메탈 금속노조처럼 우리도 한번 해보자 이런 게 목표였거든요. 좀 부럽긴 했죠. 처음에 금속노조는 해냈고 우리는 못 했고요. 저도 그때 추진위원이긴 했는데요. 지금 산별 전환을 제가 포기한 건 아닌데요. 모델을 지금 못 찾고 있다, 이런 생각을 갖고 있고요. 금속노조가 잘했으면, 금속노조가 저걸 해결했는데 우리도 좀 따라가 보자 이런 얘기를 좀 할 수 있겠는데, 금속노조가 산별 전환되는 과정의 마지막 마무리는 현대, 기아의 산별 전환이거든요. 처음에 산별 전환 결의를 했는데요. 현대, 기아가 산별 전환 결의를 안 하고 끝까지 버텼단 말이에요.

우리가 산별 전환을 하려는 이유는, 대원칙, 동일노동 동일임금, 그다음 양극화 해소, 이런 것들이 사실은 '같이 먹고살자'라는 산별노조의 비전을 통해서 더 잘 구현될 거고, 그것이 사용자 단체와의 교섭뿐만 아니라 대정부 교섭을 통해서 해낼 수 있을 것이라는 기대 때문에 독일 모델을 따라가고 싶었던 건데요. 그래서 강조했던 것이 사업장 내에 공동 의사결정 이런 것들도, 우리가 산별 가면 다 할 수 있을 거야, 이런 생각을 갖고 했던 것인데요. 금속노조가 산별 전환은 성공했어요.

지금 산별 전환 안 된 노조는 손에 꼽힐 정도로 소수라고 제가 알고 있고요. 그걸 정확히 공개는 안 하는데, 문제는 산별 교섭 참가율이 더 떨어지고 있다는 거예요. 그 이유는 현대 기아가 산별 교섭에 들어온 적이 없기 때문입니다.

산별 교섭을 하는데, 다양한 업종을 포괄할 수 있는 상징적인 것, 저는 성과도 있다고 봅니다. 금속노조가 초기 산별 교섭을 해내면서, 우리 금속노조 조합원만의 최저임금을 정한다든가, 이것이 전체 최저임금과 액수 차이가 크지는 않았는데요. 그래도 저는 상징적이고 좋은 성과라고 보거든요. 그런데 이것이 지금 좀 시들해지고 있는 거죠. 산별 교섭에 참가하는 단위가 계속 늘어나고, 늘어나야 그 산별 교섭의 결과물이 금속노조 전체로, 다음에 비조합원들까지, 그다음으로 우리나라 전체 금속 산업으로 이렇게 넓혀질 수 있을 텐데요. 사실 그게 우리 목표였는데요. 오히려 더 줄어들고 있으니까 우리가 산별 전환을 해서, 다시 그 길을 간다고 해서 이를 극복할 수 있을까, 하는 고민이 생긴 이후로 길을 잃고 지금 헤매고 있습니다.

조대엽 현대, 기아 같은 큰 노조들이 여전히 기업별로 남아 있는 요인이 가장 큰 거죠?

김준영 그것도 있고요. 기존의 기업별노조의 틀에 익숙한 기득권, 이런 표현도 쓰긴 하는데요. 그 측면도 저는 분명히 좀 있다고 보기는 합니다. 최근에는 산별 전환이 아니라, 이해관계에 있어 관심영역도 같고, 이해관계가 첨예하게 부딪히면 함께할 수 있는 그룹이 뭐가 있을까 고민하다가, 제가 업종별 협의회를 만들고 있고요. 그룹사별

협의회를 활성화시키는 걸 먼저 해보려고 합니다. 그 이유는 공동의 관심사와 의제를 다룰 수 있는 영역들을 같이하니까 더 큰 효과를 낼 수 있다는 효능감을 느낄 수 있기 때문입니다. 더 커지면 더욱 효능 감이 커지겠다는 것을 실전에서 보여주지 않는 이상, 그냥 우리의 해 묵은 과제 강령에 있으니까 우리는 무조건 해야 돼. 이것만 가지고는 전환이 쉽지 않을 것 같아요. 저희도 전환할 때 가장 큰 걸림돌이 똑같았거든요.

그때 LG전자 장석춘 위원장 시절인데 LG전자가 산별 전환 결의를 하면, 우리가 왜 안 따라가겠냐, 위원장 사업장부터 해놓고 우리한테 하라 그래라. 그럼 우리도 할게. 이 저항에 대해서 제가 막 교육도 다니고 했는데 그때는 거의 협박했죠. 우리 산별 전환 안 하면 우리 다 말라 죽는다. 어떻게든 가보자. 이게 위원장들까지는 되는데, 조합원 들에게 가면 그러려니 해요.

사실 저희는 30여 개 전환 결의를 해내는 걸로 하다가 이제 접었어요. 지금 다시 제가 한다고 해도 30~40개 하다가 또 접을 것 같아서, 조금 다른 형태의 효능감을 보여주는 사업들을 배치하는 게 좋겠다는 게 지금의 제 고민입니다. 포기하지 않았는데요. 언젠가는 가야되는데, 쉽지는 않을 것 같습니다.

조대엽   대안적 모델들을 끊임없이 모색하고 계시네요.

김준영   지금은 금속노조 내에 초기업노조 하나를 별도로 만들었습니다. 제가 사실 우리나라 청계피복 이후에 최초의 지역 소산별노조 출신이기도 하고, 저희가 1988년도, 1989년도에 소산별을 띄운 최초의 노조거든요. 제가 속해 있던 부천 지역 금속노동조합이에요. 거기서 저는 노동조합을 배웠고 성장했습니다. 그래서 산별에 더 애착을 가지고 있었는데요. 지금 다른 모델로 우리 노련 내 위원장을 제가 겸하는데요. 법률적으로 금속노련 위원장이 그 노조 위원장을 한다는 건 불가능하니까 금속노조 임시대대가 끝나면, 그다음 달에 금속 일반노동조합이라고 하는데, 대대를 치르도록 해서 위원장이 바뀌면 여기 위원장이 출마해서 당선되는 구조를 만들어놨고요.

당장 초기업노조가 자생력을 가지기 어려우니까. 우리 사무처가 그 일의 상당 부분을 해결하고요. 규모가 작거나 원청이 있는 사내하청의 경우 원청은 이미 조합이 있어서 그것을 저희가 당장 하나로 만들어내기는 어렵고요. 이런 데들이 소속돼서 지금 규모를 조금 늘리고는 있지만, 그게 산별노조에 가는 희망을 제시해 줄 수 있는 성과는 아니고요. 산별노조를 운영하면 이러한 고민이 생길 거야, 라는 것을 우리 사무처 내에서도 저는 공부하는 과정이 필요하다고 보거든요. 뭐 그런 것도 지금 하고 있는 거죠. 산별노조를 하니까 이런 문제도 있네, 이런 문제도 있는데 이런 것은 이렇게 해야지. 우리 사무처는 지금 훈련하고 있는 과정 정도는 만들고 있어요.

조대엽 김준영 위원장의 산별에 대한 고심과 실험의 과정이 길고도 깊었네요.

김준영 우리나라 산별노조의 등수를 매기기는 좀 그렇긴 하지만,

그나마 역사성도 있고 산별노조의 틀을 유지하는 것은 금융노조가 가장 앞서간다고 봅니다. 그런데 거기도 중앙 교섭 끝나면 지부 교섭을 해야 되고, 단체협약이 다 쪼개져 있고 이렇긴 한데요.

교섭 틀이 지속가능한가에 대한 고민이 있다고 듣긴 했는데, 그것 때문에 조직화에 아쉬움도 있었습니다. 금융노조가 은행연합회를 통해서 교섭하는 것이 시중은행 중심으로 약간의 폐쇄성이 생길 수밖에 없었던 게 도로 산별노조로 가서 그런 거거든요. 저는 산별노조의 취지랑은 조금 안 맞는 판단이었다고 보는데, 오히려 그런 폐쇄성이 그나마 지금 산별 교섭의 틀을 유지한 측면이 있기 때문에 그것을 또 폄하할 수도 없고, 지금 딱 그런 상태입니다. 최근에 시중은행들의 조합원 수가 줄면서 조직 확대에 대한 고민은 금융노조도 내부적으로 하고 있고 좀 더 치열하게 해야 할 지점이라고 봅니다.

사실은 지금 민주노총 산업금융 쪽에 있는 조직들도 그렇고, 아직도 조직되지 않은 금융 노동자들이 꽤 있어요. 지방 단위농협, 새마을금고 등 금융이라고 할 수 있는 곳들이 많죠. 이용득 위원장이 제일 아쉬워한 지점이 그것이거든요. 그때 사무금융 쪽이 금융과 합치든가 아니면 노총 내에 새로운 산별로 인정받고자 하는 요구가 있었는데 그걸 내부적으로 관철을 못 시켜서, 사무금융으로 떨어져 나간 것을 크게 아쉬워하시거든요.

조대엽　　말씀 중에 거의 다 나온 것 같은데, 산별노조로의 제도화 수준을 높이기 위한 과제가 있다면 추가로 말씀 부탁드립니다.

김준영 아까도 말씀드렸지만 모델이나 지향이 선명하면, 이에 따라 우리가 해야 할 일이 분명하게 보일 건데, 가야 할 종착지에 대한 그림을 제가 잘 못 그리다 보니까, 사업에서도 나열식으로 이것저것 그냥 테스트해 보는 수준에 머물러 있는 게 지금 현실입니다. 사실은 금속노조가 저희 경쟁노조이긴 하지만, 그곳의 고민도 내부적으로 좀 치열하게 하는 과정이 있다면, 저도 거기에 끼어서 얘기를 들어보고 싶을 정도로 좀 갈증은 있습니다.

조대엽 보건의료노조도 산별로는 성공적 사례 아닌가요?

김준영 산별 교섭의 모범으로 봅니다. 제일 부러운 것은 교육시스템이죠. 금속노조보다 더 빨리 산별을 이루어낸 모범 사례라고 저는 봅니다. 공동교섭을 먼저 해낸 거죠. 그런데 서울대가 떨어져 나가는 과정이 제일 아쉬운 부분입니다. 그러니까 금속노조로 보면 현대가 들어와 공동교섭을 쭉 끌고 가다가 현대가 툭 빠진 케이스거든요.

조대엽 다음 이야기로 넘어갑시다. 지속가능한 노동에 대한 이야기를 해야 될 것 같아요. ESG 얘기들 많이 하잖아요. 선우재 입장에서는, ESG라고 하는 것 자체가 기업 측에서 일정한 필요에 의해서 시대적으로 이런 담론들을 생산해내는 데 그 끄트머리에 ESG가 있다고 봅니다. 그런 측면에서 ESG 자체가 노동 쪽에 대해 갖고 있는 효과를 긍정적으로 볼 수 있나요? 또 L-ESG라는 용어도 사용하는데요. 선우재는 ESG라는 틀보다는 지속가능한 노동을 위한 목표를 고민하고 있습니다. 훨씬 더 근본적인 맥락에서 노동기반의 사회질서를 만드는 지표에 대한 관심이 많습니다. ESG 혹은 ESG를 기반으로 만들어내는 지속가능경영보고서를 큰 기업들은 만들고 있잖아요? 이것이 지속가능한 노동에 어떤 기여를 할 수 있다고 생각하십니까?

김준영 제가 자세히 공부하지는 않았는데요. 일단 저는 ESG도 이전에 교수님 언급하셨다시피, 자본주의하에 생명 연장을 위해서 필요하니까 나온 거라고 보거든요. 그런 측면에서 '지속가능함'이라고 하는 게 담겨 있다고 생각하고요. 인권, 환경, 사회, 지배구조 이런 것들 안에 세부 지표를 어떻게 설계하느냐에 따라 달라질 수 있다고 보는데요. 그 목표가 노동, 기업 자본주의, 지구의 지속가능함이라고 하는 전제하에서 바라보면 저는 쟁점인지 잘 모르겠는데요. 명칭이 어떻게 됐든 지속가능함의 전제하에서 그런 지표들이 만들어진다고 하면, 노동조합도 크게 거부할 일은 아니라는 생각이 듭니다.

전에 USR 얘기 나올 때, 노동조합의 사회적 책임이 이렇게 시의적 사업들을 일부 하는 것을 USR의 표본으로 삼아야 하는가? 대표적으로 LG전자가 많이 했거든요. 저는 지속가능함에 큰 도움이 안 된다고 보거든요. 이익 집단들, 너희들만 잘 먹고 잘 살려고 하는 거냐? 에 대한 면피성으로 보이고 이것 가지고는 지속가능함이 나올 수 없다는 생각이 들어서요. ESG도 교수님이 말씀하신 것처럼 지속가능함을 진짜 목표로 하는 지표들이라면, 노동조합이 충분히 동의하고 같이 갈 수 있는 여지들은 있다고 생각합니다.

조대엽　면피성이라고 하셨잖아요? 기업이 대부분 세탁용으로 ESG라는 콘셉트를 사용하는 경향이 있어요. 그러니까 이 자체가 이미 오염 비슷하게 되어 가고 있기 때문에, 노동으로서는 이것을 어떤 식으로 받아들여야 되는가에 대한 고민이 있어야 할 것 같거든요. 노동계의 한 축에서는 이것을 무비판적으로 받아들인다고 할까요. 예를 들면 환경, 사회, 지배구조 이런 지표 속에 노동 관련 지표를 그냥 끼워넣는 차원을 넘어설 수 없는 것으로 보입니다. 노동위기 얘기를 많이 해왔습니다만, 전체적으로 노동의 위기를 넘어서 정말로 지속가능한 노동이 되어야 지속가능한 사회가 되니까요.

김준영　마치 1987년 초기에 있었던 교조주의와 개량주의 논쟁 같이 되면서 USR도 그렇고, ESG도 그런 개량화의 과정으로 접근하는 게 있는데요. 그중에 하나가 경영참여 같은 것입니다. 경영참여를 우리가 왜 해? 지금은 경영참여에 대한 거부감이 별로 없는데, 초기에 경영참여를 노동조합이 주장하는 것에 대한 거부감이 꽤 컸던 것처럼요. 저는 지배구조 내에서도 투명경영, 그다음에 경영참여, 독일식의 공동 의사결정 제도, 이런 것들이 지배구조에 들어간다고 하면 저는 개념은 잘 모르겠는데, 그런 것들을 요구하고 관철하는 과정은 같이 가야 되지 않나 이런 생각이 들어요.

조대엽　이제 다음 질문을 이어가겠습니다. 선우재에서는 지속가능한 노동을 위한 비전을 노조시민주의라고 제시하는데요. 노조시민주의가 자칫 아까 이야기한, 1987년 당시 오소독스와 개량의 논쟁같이 노조시민주의에 '시민'이라는 단어가 붙으면 개량적인 것으로 비칠 가능성이 있어서 개념적으로는 위험성을 안고 있다고 생각해요.

그런데 우리가 기존의 노동이 가진 한계를 극복하려고 한다면 개념과 언어의 오랜 관행을 뛰어넘어 노동가치를 확장하는 방향으로 가야 한다고 봐요. 그런 점에서 개념의 장애를 넘어서야 하고, 훨씬 더 자유롭게 받아들여야 된다는 생각인데요. 노조시민주의를 바탕으로 한 지속가능한 노동은 노동가치의 확장을 의미하기 때문에 어쩌면 상당히 근본주의적이라고 할 수 있습니다.

서두가 길었습니다만 노동가치의 시민사회적 확장을 의미하는 노조시민주의의 가치에 대해 평가해 주시기 바랍니다.

김준영　제가 노조시민주의에 대한 기사만 딱 읽어서요. 포스코를 갔는데 오래된 회사 임원들이나 고참이 아니라 20대 조합원들이 '기업시민'이라는 단어를 자유롭게 써요. 깜짝 놀랐어요. 이게 예전처럼 우리가 국민교육헌장 외우듯이 뭔가 교육했나, 뭐 이런 생각이 들었어요. 기업시민이라는 단어를 자연스럽게 그냥 쓰는 구조더라고요. 그래서 제가 기업시민이 뭐야, 싶어서 홈페이지도 보고 했어요. 자세한 설명은 없는데, 정서상 기업이 시민으로서의 권리 의무를 다해야 되고 이런 개념을 넣으려고 했구나, 라는 정도였는데요.

지금 교수님 말씀하신 노조시민주의는 이제 그런 느낌에다 기사에서는 계급성 중심의 경직성을 탈피하자는 이런 표현을 쓰셨더라고요. 저는 꼭 그 표현을 안 써도 되겠다는 생각은 좀 있어요. 계급성을 잘 유지하면서 지속가능함을 추구하는 것이 중요하다고 생각합니다. 저는 이것을 현장에서 설명할 때 이렇게 얘기를 합니다. 지금 눈앞에 있는 목표가 아니라, 길게 보면 우리가 이것을 따내는 게 우리 조합원들의 절박한 요구이긴 한데, 장기적으로 길게 보면 여기로 가야 된다는 것을 제시하고 따내는 것과 그냥 여기에 매몰되어 이것 가지고 막 싸우는 것과는 좀 느낌이 다를 수 있다고 이야기하거든요. 간부 교육할 때, 길게 보고 판단하자는 얘기를 끊임없이 하는 이유가 저로서는 지속가능함의 다른 표현이었거든요. 계급성을 유지하면서도 길게 보면 지속가능함을 만들기 위한 결론을 낼 수 있다는 게 제 생각이어서요. 지금 계급성에 매몰된 경직성, 이걸 너무 강조하시면 필요 이상의 논쟁을 만들어낼 수도 있다는 우려가 있습니다. 노조시민주의의 기사를 보면서 그런 느낌은 좀 들었습니다.

조대엽   지속가능한 노동의 콘셉트는 우리 시대 화두가 되어야 한다고 생각해요. 노동의 지속가능성은 노동의 보편성과 관련되어 있어요. 노동의 보편성을 확보하는 것이 지속가능한 노동을 실현해가는 과정이거든요. 보편성이라는 것은 노동가치의 공공적 확장과 결부된 것인데 이런 점에서 노동의 시민화, 노동의 국민화로 볼 수 있고 노동조합이 얼마큼 적극적으로 변화시켜내는가의 문제인 겁니다. 노동조합도 변해야 하고 국민도 시민도 질서도 바뀌어야 하는 거지요.

김준영   예전에 제 강의 제목이 노동조합 잘하기, 노동 간부 잘하기, 이런 거였다가 요즘은 '지속가능함을 위하여'로 바뀌었어요. 노조의 경우도 사실은 내부에서 비정규직 정규직화, 파견직 없애기 뭐 이런 거 하면 원청의 안정적 조합원들한테는 전혀 와닿지 않는 의제예요.

그런데 제가 지속가능함이라는 걸 계속 강조하는 이유는 이 구조로 그대로 가면, 너네도 입술이 없어서 이가 시린 상황이 무조건 올 거야, 라는 얘기를 하는 데에 제일 좋은 표현이 저는 지속가능함이라는 겁니다. 양극화 해소, 이런 게 아니라 이대로 가면 너네도 유지 안 돼, 약간의 협박성이지만 그래서 정규직, 비정규직, 파견직, 그다음 원청과 하청 간의 소득 격차, 노동조건 격차, 산업안전에서 원청과 하청이 더 힘든 일은 하청이 하고, 이런 게 어떻게 지속가능하겠어? 라고 하면, 당장 가서 조합원들을 직접 설득은 못하겠지만 원청이 스스로 창피하지 않으려면 이 정도는 해야 되는 거 아니야? 라고 하는 정서를 만드는 게 지금 목표거든요. 그게 저는 '지속가능함을 위하여'라고 하는 것이 가장 좋은 표현이라고 생각했습니다.

제가 포스코 비판할 때 하는 말인데요. 너희 '기업시민' 한다며? 원청과 하청의 임금 격차가 이렇게 큰 게 권리와 의무를 다하는 거라고 얘기할 수 있어? 저는 이렇게 얘기하거든요. 지속가능한 노동의 의미에서 정규직, 비정규직, 원·하청 문제, 파견직 문제, 이런 것들이 지표 안에 들어가 있으면 민주노총도 그걸 거부할 이유는 없다고 봐요.

조대엽　노조시민주의 얘기를 했습니다마는, 노동조합이 그동안 사회참여를 해 왔지 않습니까? 조금 큰 주제로는 민주화운동 자체가 노동조합이 관여했던 노조시민주의 활동이라고 할 수 있고, 말씀하신 공익재단 활동 같은 것까지 노조시민주의로 포괄할 수 있는데요.

총노동 차원에서 노조시민주의를 평가한다면 어떻게 보시는지요.

김준영　현재와 같은 기업별노조에서 조합원의 이익을 넘어서 시민적 역할을 강조하거나 시민단체와의 연대를 하는 건 불가능하다고 보는데요. 그것을 극복하는 게 길게 보는 지속가능함이 유일한 방법이라는 생각이 들고요. 의제별로 노동조합이 주도하는 의제도 있지만 시민단체들이 주도하는 의제에도 끊임없이 노조가 연대하고 참가하는 과정 속에서 그것들이 무르익고 현장에도 전달되고 이런 과정들이 계속 쌓이는 게 저는 필요하다고 보거든요.

　제가 있었던 부천 같은 경우에는 노동조합이 지역 시민단체 연대체가 꾸려질 때 빠진 적이 단 한 번도 없었어요. 어떤 의제든 간에, 그리고 전 조합원이 다 참여하는 건 아니지만, 의장이 대표 자격으로 참여하는 상징적 의미를 갖기도 하고, 실제로 사업을 하다 보면, 예를 들어 "리본 달기를 합시다."라고 하면 리본을 제일 많이 가지고 가는 건 저희잖아요. 그런 활동들이 꾸준히 쌓이면 지속가능함이 생기고, 그다음에 당장의 이익이 아니라도 길게 보면 우리한테도 이익이라고 하는 것을 실천 활동을 통해서 끊임없이, 조합원들에게 전달해야 된다고 봅니다. 그 과정이 지금 우리 한국노총 차원에서 보면 무척 아쉬운 측면 중에 하나라고 보거든요.

조대엽　그런 사업들이나 실천 활동들이 꾸준히 축적되어 온 건 사실이잖아요?

김준영 1987년 6월 항쟁에서 노동조합의 역할이라고 하면 넥타이 부대라는 상징적 이야기를 하지만요. 그것이 조직적 결합은 아니었습니다. 실제로 금융노조는 그런 것이 있었다고 하고, 흔적들이 좀 남아 있는데, 지금의 민주노총 전노협이 있기 전이니까 그냥 시민의 한 명으로 참여한 정도라고 평가하는 게 맞을 정도로 미미한 영향력이라고 봅니다.

1987년 이후, 노동조합이 그 고민을 지금 하고 있는 거죠. 그 이전에 한국노총의 연대활동이라고 하는 것은, 반성해야 될 지점들이 꽤 있는 활동들이었거든요. 그래서 그것을 지금 쌓고 있는데 한국노총이 취약한 지점이라서 노조시민주의를 받아들이는 데 거부감이 없을지는 몰라도, 동력이 나오는 것은 또 시간이 걸리는 거죠. 그런 차이가 있을 거라고 봅니다.

조대엽 이제 연맹 쪽 얘기를 좀 해보죠. 금속노련에서도 사회공헌 활동들을 많이 하고 있잖아요?

김준영 저희 금속은 거의 없다고 보시면 됩니다. 장석춘 위원장님 계실 때는 LG의 사회공헌 활동이 장석춘 위원장님을 통해서 있었는데 그 이후로는 시들해지고 있다고 보시면 되고요. 김만재 위원장님 들어서는 특별히 사회공헌 활동이라고 할 수 있는 것은 거의 없는 상태에 가깝습니다. 제가 와서는 더 그렇고요. 사회공헌 활동도 재원이 필요한데 제가 대기업 출신도 아니고요. 그런 게 아쉽죠. 우리는 다른 사회공헌 안 하고 민주주의와 정치적 과제에 관련해서는 우리가 더 열심히 하고 있다, 이걸로 지금 밀고 있는 거고요. 사회공헌 하는 걸 말리지는 않는데, 지금 우리는 그것보다는 '금속다운' 걸 더 열심히 하는 게 노조시민주의에 더 부합하는 거 아닌가 생각합니다.

조대엽 노조시민주의는 그 범위가 포괄적이기 때문에 민주주의나 정치적 과제에 충실한 것도 더 없이 중요한 일입니다. 총점으로 보면 금속노련이 밀리지 않을 것 같네요.

김준영 지금도 사실 제가 우리 조합원들한테 미안한 것은 윤석열 퇴진운동본부에 민주노총은 민주노총 단위로 들어가 있고, 한국노총에서는 저희만 들어가 있거든요. 우리 조합원들이 열심히 한다고 해서, 한국노총에서 다른 선배들이 막 같이할 건 아니어서, 그 역할은 중앙에서 특히 제가 해야 할 역할인데 그걸 제대로 못해 늘 죄송스럽죠.

조대엽 노조시민주의의 요소 가운데 조합원들의 복지라든지 기본적으로는 충족되어야 할 인간적 욕구 같은 것이 있기 때문에, 보편적 시민사회의 시민으로서 동등한 가치를 생각하고, 동등한 위상을 만들어주고 하는 이런 차원의 복지 같은 게 있단 말이에요. 나는 노동 기반 공익재단을 노동가치의 시민사회로의 외적 확장이라고 본다면 오스트리아 노동회의소와 같은 노동자 복지확장은 노동조합의 '내부 시민주의'의 확장이라고 볼 수 있다고 생각해요.
　이용득 의원께서 노동회의소를 주장하실 때, 저는 민주노총이 거부감을 보이는 게 당황스럽더군요. 주도성 문제를 걱정하는 게 저는 이해가 되지 않았어요.

김준영　10% 이상의 조직률을 가지고 있는 단체 두 곳이 들어가면, 그곳에 조직되어 있지 않은 90%를 대상으로 아주 선명하고 상징적인 사업들을 몇 개 해내면, 신뢰도 확보하고 주도성도 가질 수 있다는 게 제 생각이었는데요. 그게 이제 정부에 관여하는 문제 등 때문에 우려되고, 우리와 경쟁하는 조직처럼 생각하는 게 저는 이해가 안 됐거든요. 그게 진짜 아쉬운데요. 이용득 의원님 말씀하실 때, 저는 이게 쉬운 일이 아니라고 생각을 하면서도 끊임없이 주장하고 그 지향을 놓치면 안 되겠다고 생각했는데 이용득 위원장 이후에 다시 그 얘기를 꺼내는 사람이 없어서 그때 스타트라도 끊을 수 있었으면 하는 바람이 있었는데요.

조대엽　저도 이용득 의원을 많이 도운 입장인데 아쉽습니다. 지금 노동조합의 튼튼한 보완재로서의 역할을 할 수 있는 건데요.

김준영　사실은 저는 그 당시 우리가 조금 양보해도 된다는 것이, 그때 우리가 초기에 냈던 자료들이, 노동회의소 만들어서 회비를 낸 사람들이 직선제로 회장 뽑자는 것이었거든요. 이건 정치권에서도 받기 어렵겠다고 생각했는데 그 이유가 대통령 다음으로 유권자가 많은 지도자가 하나 생기는 건데, 이 영향력이라고 하는 건 엄청날 거라고요. 정치권에서 만들어 줄까, 하는 걱정이 있었어요. 정치권이 내용과 사업의 관점이 아니라, 정치적 관점에서 경쟁자를 키워내는 무서운 조직으로 접근할까 봐 저는 걱정스러웠던 측면도 있습니다.

회장이야 대통령이 그냥 내리꽂으면 되는데 여기서 직선제로 뽑겠다고 하니까. 차라리 임명제를 그냥 초기에 받아들였으면 어땠을까. 그럼 대통령이 임명할 수 있는 자리가 하나 늘어나는 정도로 접근하도록 초기에 좀 놔뒀으면 어땠을까 이런 생각도 들어요.

조대엽 역시 김준영 위원장이 스케일이 크고 생각이 깊네요. 지금 지나온 것들을 짚다 보니 거의 모든 주요 이슈에 관심을 가지고 같이 고민했던 것이네요.

김준영 오지랖이 넓어서 그냥 다 보는 겁니다. 제가 있었던 부천 같은 경우에 노사정위원회가 활성화돼 있으니까, 예를 들면 부천에서 가끔 했던 게요, 요즘은 불가능한데, 예전에 택시 탄 손님들한테 동전을 거슬러 주면, 동전을 넣을 수 있는 통을 만들어서 택시 200대에 설치해 놓고 1년 동안 모은 동전을 노동조합이 어디에 기부해야 되는지 저한테 상의하면, 사회공헌 활동 속에서 생긴 네트워크를 통해서 전달했어요.

우리 조합원들 은행나무 열매 떨어질 때 청소하기 진짜 힘들잖아요. 그 와중에 은행을 주워서 시청 옥상에다가 은행을 까서 말려서 그걸 수거해서 판매한 돈을 또 기부한다든가, 이런 거 할 때 통로가 제가 되는 거죠. 의장은 지역에서 많이 돌아다니는 사람이고, 네트워크가 넓으니까 그중 가장 의미 있는 데다 기부하고 싶다고 할 때 채널 역할을 해 주는 일은 가능했는데, 금속 와서는 그런 경험이 좀 없어졌어요.

조대엽 부천 시절로 돌아간 듯하군요. 노동기반 공익재단에 대해서 얘기를 좀 해보지요. 이 표현은 일반화된 표현은 아니고 2018년 전후해서 만들어진 공공상생연대기금, 금융산업공익재단, 사무금융우분투재단을 저는 노동기반 공익재단이라고 설명하는데 여기에 대해서는 어떻게 생각하세요?

김준영 부럽습니다. 일단 저희가 못 하고 있는 거라서 부럽고, 아까도 말씀드렸지만 그 산별의 틀이 있었다면 이미 했어야 될 일들을 지금 조금 뒤늦게 하고 있다는 생각이고요. 이 공익재단들이 사업에 있어 모범을 만들어내서 이게 국가의 정책 과제로 던져질 정도의 모범을 만들어내는 것, 그다음에 그 안에 산별과 관련된 정책역량들이 재단에서 길러지는 것들을 해낸다고 하면 너무나 좋겠다. 그래서 너무 부럽다는 생각을 가지죠.

제가 금융노조가 부러웠던 시절이 있었는데요. 박근혜 시절에 공무원 임금 동결, 공공기관 임금 동결의 여파가 금융까지 쫙 미쳤을 때, 금융 위원장이 그 제안을 했다고 그러더라고요. "동결은 하는데 올려는 주시오. 공무원 임금까지만 올려주시오. 그러면 우리 안 가져가고, 이것을 다 기금화하겠습니다." 인상분은 월급봉투에 찍히는데, 다시 다 뺏어가도 좋다는 제안이었어요. 그것을 5년 치를 모으니까 1조 원이 되더라고요. 조합원들이 동결인데 과연 받아들일까? 지금 박근혜 정부에서는 임금 올리기는 어려운데 우리 토해놓자. 대신에 내년에 우리가 100원에서 임금 인상률을 1% 할 건지, 110원에서 임금 인상률을 1% 할 건지를 보면 남는 거 아니야, 받자. 이거라도 받는 게 우리한테 유리하다. 그런데 결론은 1조 원이라고 하는 기금이 모이는 성과를 낼 수 있던 거죠.

산별노조니까 가능했는데 그게 제일 부러웠거든요. 그때 저는 기껏해야 내는 게 고용보험 1% 더 내자, 우리가 1% 더 낸다고 그래봐야, 우리 0.5% 내는 거잖아, 사용자한테 0.5% 빼앗고 대신에, 그 1%의 사용처는 지금 노동부가 일반회계처럼 막 쓰는데 노사가 결정하는 걸로 하자. 그러면 이게 취약계층에 쓰일 수도 있는데요. 그것은 금융노조보다 돈이 더 크게 모일 것 같아서 그 주장을 계속 했거든요. 그런 게 있었으면, 사용처를 우리가 결정할 수 있다고 하면 이런 재단도 만들고, 과제도 던지고, 취약계층에게 지원하는 것도 하고, 정부가 고용보험 쓰는 것보다 훨씬 더 모범적으로 쓸 자신 있다는 생각도 있었어요.

조대엽 지금은 안 되나요?

김준영 그때는 위기감, 임금억제 정책, 이런 게 내리꽂힐 때니까요. 그때는 현장에다 그런 걸, 탁 뿌리면 되는데 지금은 타이밍이 좀 아닌 것 같습니다. 금융도 사실 그때 임금 올리는 게 불가능하다고 판단되니까 그런 아이디어를 낸 건데요. 그러니까 그걸 통해서 사실 제가 목표로 했던 것은, 고용보험 기금을 우리하고 사용자가 내는데 왜 너희가 만들었어? 그건 우리가 더 잘 쓸 수 있어. 이런 걸 보여줄 수 있다고 생각했는데. 기금운영위원회에서는 답이 안 나오고요. 아예 이쪽에다 그거보다 작은 한 5분의 1의 기금을 만들어 놓고 한번 덤벼 보자 이런 생각이었던 거예요.

노동회의소 논의 때도 기금기반을 고용보험으로 처리하면 걷는 거 문제없다고 생각해서 제안했거든요. 재향군인회 회비는 전역 신고 할 때 내고 끝이거든요. 요즘은 강제하지 않는데, 예전에는 재향군인회 회비를 어떻게 걷었는가 하면, 전역 신고를 하러 가면 재향군인회 가입 원서를 주고 회비 내고 가입했어요.

조대엽　이제 과제까지도 말씀을 해 주셨는데요. 국가 정책과제 같은 것을 공익재단이 좀 담아냈으면 좋겠다는 제안이요.

김준영　그때 실업극복 시민운동본부가 만들어지고 기금이 모였을 때, 거기에서 나온 아이디어 중에, 좋은 것이 국가정책으로 넘어가는 데 초점을 좀 더 맞췄으면 했는데요. 사실은 지금 그게 어떻게 정리 되었는지 저도 이후에 모니터링을 안 해봤는데요. 그런 계기가 있을 때 시민단체 역량을 보여줄 수 있는 절호의 기회라고 생각하거든요.

저는 기금이 좀 넉넉하다면 공모사업들도 효과적이라고 생각해요. 벤처 투자하듯이 공모사업 10개 해 가지고, 규모는 작지만 10개 가 지고 1~2개 성공할 목표로 하는 거죠. 나머지는 공부의 과정이었다 고 생각하고요. 한두 개의 아이디어라도 진짜 의미 있다면 그것을 그 이후에 키우는 방식으로 하면 의사결정의 마찰도 저는 줄일 수 있다고 보거든요. 좋은 아이디어가 있는데 이쪽의 반대 때문에 실현하지 못하게 되는 게 아니라 공모사업 뿌려놓고 선정해서 하면 내부 의사결정 면에서도 좋은 방식이 아닐까 싶거든요. 실제로 다양한 창의력들을 모아낼 수도 있고요. 공모사업이 좋은 결과로 이어진다는 보장이 없기는 한데, 다양한 창의성을 끄집어낼 수 있는 좋은 방식 중에 하나라고 저는 생각합니다.

조대엽　이제 사회적 대화에 관한 질문으로 넘어가겠습니다. 사회적 대화의 근본적 요소는 신뢰라고 일반적으로 말하잖아요? 사회적 대화가 잘 안 되는 이유가 신뢰가 없어서 그렇다면, 왜 신뢰가 형성되지 못하는 걸까요?

김준영　신뢰를 만드는 과정 없이 신뢰를 요구해서 그렇습니다. 제가 부천 사례들을 설명하러 다니면서 부천과 중앙이 다른 가장 큰 차이는 의제의 차이라고 했어요. 김대중 대통령 들어선 이후에, 진짜 절박하고 시급한 의제를 먼저 노사정위원회에서 다루기 시작한 거잖아요. 그 과정에서 성과가 제로였다고 생각하지는 않는데요. 성과보다는 피해가 더 크게 부각되어 있었고, 그 피해가 민주노총이 뛰쳐나감으로 인해서 훨씬 더 부각되었고요. 그래서 남느냐 더 가느냐 이게 쟁점이 되는 황당한 상황이 지금 20년 가까이 이어지고 있거든요. 너무 오래돼서 이것을 어떻게 해결하지, 라고 하면, 조급함을 버리고 노동자가 들어가서 그 사회적 대화에 참여하고 적극적으로 논의한 결과물이 우리한테 피해만 입히는 것은 아니네. 그것도 결과물이. 또

'길게 보면'이라는 전제가 붙을 수 있긴 한데 최소한 그런 과정이 좀 쌓이는 게 필요해요.

저도 부천에서 처음 지역 노사정 만들 때, 지역분쟁조정 같은 것을 넣었거든요. 산업평화, 이런 것을요. 그런데 안 돼요. 공식적 행정기구인 지방노동위원회, 중앙노동위원회에서 분쟁조정이 안 되는 것을 지역에서 몇 명이 모여서 하려면 그 위원회가 법적 권한이 없으면 권위라도 있어야 될 거 아니에요. 시골 할아버지처럼요. 잘한 놈, 못한 놈 구분 짓지 말고 둘 다 잘못했네. 둘이 사과하고, 너희가 함부로 싸우면 죽어. 이런 권위가 있어야 되는데 그게 안 만들어지더라고요. 부천만 해도 토박이가 10%가 안 되는 도시거든요. 이주한 분들이 모여 있는데, 그 지역의 유지 어르신같이 권위에 저항하지 못하는, 이런 것을 찾아보기가 어려웠어요. 있었다면 제가 그분을 모셔오는 방법을 썼을 건데 그건 안 되더라고요.

그다음 의제는 외국 사례 뒤지다가 찾았어요. 직업 훈련을 외국에서는 노사가 같이하네. 우리도 한번 해볼까, 이런 식으로 의제를 끌고 가다 보니까 이게 점점 신뢰가 쌓이는 과정을 겪었어요. 부천에 재미있는 사례를 말씀드리면, 비정규직 차별철폐 캠페인을 할 때 상공회의소와 함께합니다. 그리고 부천에서 OB 하청 전원 집단해고 때문에 농성을 하는데, 상공회의소가 와서 격려합니다. 대놓고 와서 사람들이 있는 데서 투쟁하시고, 고생하신다고 격려금을 준다고요.

상공회의소하고는 20여 년 동안, 매번 일련의 행사를 함께한 게 한두 개가 아닌데다, 실무회의를 매달 하고 이런 과정이 쌓여 신뢰가 생긴 거지요. 그러니까 제가 의장할 때도 진짜 고마웠던 게, 농성을 시작했거든요. 그런데 상공회의소 회장님이 오죽하면 김준영 의장이 농성하겠냐, 이런 표현을 쓰셨다는 거예요. 그것이 쌓여 있는 신뢰잖아요. 그러니까 비정규직 차별철폐도 같이 홍보를 할 수 있었던 것이고, 그게 확장되다 보니까 그때 부천노총 의장이 단식을 시작했는데 제가 불매운동을 금속노조 차원에서 전개했거든요. 부천 시의원의 약 60%가 기자회견을 했고요. 도의원이 8명인데 5명이 불매운동 동참 결의 기자회견을 연이어서 합니다. 그것이 부천에서 장점으로 지금 쌓이고 있는 건데, 중앙에서 이게 쌓일 수 있을까, 지역 단위에서 소소한 의제를 가지고 했으니까 갈 수 있는 것이지, 우리나라의 중앙 노사정 대화는 불가능해라고 주장하는 분이 있었어요.

그래서 의제 차이, 그러면 여기도 의제를 좀 낮춰서 예민하지 않은 의제로 그런 신뢰를 쌓는 과정을 빨리는 안 되겠지만 길게 겪으면 안 될까, 라는 게 제 생각이고요. 우원식 의장님이 사회적 대화 제안하셔서 오셨을 때도 그 얘기를 드렸습니다. 의장 임기 2년인데 성과 내려고 하지 마시라고요.

"그냥 노사정의 노사가 모여서, 지지고 볶고 싸워서 바깥으로 더 큰 공론의 장으로 의제가 던져지는 것만 해도 저는 성과라고 생각하니까 그 장이라도 열어 주세요." 저는 그렇게 부탁드렸어요. "그 장을 열어 주는 것, 일단 민주노총과 우리 끌어다 앉히고, 경총, 상공회의소 끌어다 앉히고 관련 의제별로 앉혀놓는 권한은 의장님이 힘쓰실 수 있을 거니까 그거라도 해 주십시오."라고.

문재인 정부 때 자동차포럼을 제안하고 막 돌리는 과정에서 문성현 위원장님한테 죄송하다고 말씀드렸어요. 경사노위 판이 있는데 왜 바깥에다 포럼 만드냐고 그러셨는데, 민주노총을 끌어들일 방법이 없지 않습니까? 저희가 거기 가는 것은 의미가 없는 게, 완성차는 다 금속노조에 있는데 부품사 갖고 있는 제가 가서 그 논의를 하는 게 한계가 있지 않습니까, 그래서 완성차를 끌어들이기 위해서는 하여튼 바깥에라도 만들어야 됩니다. 자동차포럼을 돌리고 이게 잘 돌아가서 그때 이제 문 위원장님이 김명환 위원장하고 다시 복귀 논의를 할 테니까, 복귀되면 제가 이거 그대로 들고 갈 거니까 그렇게 하시죠, 했던 겁니다. 정권 바뀌고, 지금 없어져 버리긴 했지만 저는 그런 과정이 쌓이는 것이 중요하다고 봅니다. 성과보다는, 합의 봤다는 것보다는 말이죠.

조대엽   부천 같은 곳은 아주 중요한 사례가 될 수 있는데, 다른 지역이나 다른 업종으로 확산되지는 않았나요? 그런 사례가 여러 곳에서 체계화되면, 사회적 대화가 중층성을 가지고 위에 까지도 영향을 미칠 수 있었을 텐데요.

김준영   제가 부천에서 좀 한다는 소문이 나서 교육도 많이 다니고 했는데요. 지역단위에서 확장된 것은 흥미롭게도 이명박 정부 때입니다. 이명박 정부 인수위에서 노사정위원회 없애겠다고 하다가 갑자기 공익을 조금 더 충원하는 방식으로 노사민정위원회로 바꾸면서 없애겠다고 한 것을 오히려 예산을 증액시켜요, 인수위에서요. 어떻게 된 것인지 저는 그 과정은 잘 모르겠는데, 인수위에서 없애겠다고 할 때 저도 보고하는 데 쫓아가서 지역 사례를 말씀드리고 했거든요.

그런데 그 보고의 영향이었는지 모르겠는데, 갑자기 광역단위는 사업을 하든 안 하든 2억 원씩, 기초단위는 규모에 따라 돈을 미리 뿌려요. 예산을요. 대신에 이 돈 받아가려면 매칭으로 2억 원 펀딩하라고 하고, 그리고 평가를 해 가지고 대통령상을 주는 일로 확대해요. 갑자기 지역에 노사민정조례가 만들어지고, 그 사업을 다 하기 시작해요. 2억 원 받아서 2억 원 투자하면 되니까요. 지역 노사민정 확대에는 이명박 정부가 돈으로 기여한 셈입니다.

조례가 그전에도 있었는데 그때 크게 확대가 됩니다. 지금은 지역에 지역 노사민정조례를 안 갖고 있는 지자체가 없지만, 그때 확대가 확 된 거거든요. 확대를 시켜놓은 것까지는 좋았는데 부천처럼 신뢰를 쌓고 천천히 네트워크가 강화되는 방식으로 가는 것을 못하고 시상 방식으로 하다 보니 "일자리 몇 개 만들었어?"가 기준이 됩니다. 평가기준이 다 그렇게 바뀌어버린 거죠. 그래서 실제로 내실 있고, 지속가능하고 그리고 두텁게 반석이 쌓이고 있다는 느낌을 받는 지역이 많지는 않습니다. 최근에는 충청남도에서 가능성이 좀 보이는 것 같고, 그때 저희랑 시상 경쟁을 했던 수원은 염태영 시장 빠지고, 그 실무자 하나 빠지니까 확 내려앉아 버렸어요. 네트워크가 안 쌓이고 개인기로 버텨왔던 거죠. 지자체인데도 예산을 노사민정 사업에 다 수십억 원씩 가져다 썼으니까요.

조대엽　충남이 좀 가능성을 보인다는 것은 김태흠 지사 요인도 있나요?

김준영   정권이 바뀌고 우려했거든요. 다 쓰러질까 봐요. 노사민정 사무국장이 지역지부 의장하던 분인데 만나서 얘기하면서 풀어냈는 데요. 그 이전에 지금 탄소중립 관련해서 법 만들어진 것을 보면 노동조합이 끼어들 여지들이 있어요. 지자체 의무사항을 거기에 명시했거든요. 그것을 기초로 토론을 쭉 하면서, 사업을 짜놓은 이후에 김태흠 지사가 오니까 이 사업을 완전히 문 닫지 못하고 살려놨어요. 그런데 거기에 절박함이 있는 건, 철강이 서해안에 다 몰려 있잖아요. 충남, 그다음 천안, 아산의 주력 업종이 다 자동차 부품사들입니다. 반도체, 삼성도 있고, 디스플레이도 있고 하지만, 이 두 개의 절박함으로 따지면 충남이 탄소중립 관련해서 제일 절박한데 의제를 그것을 중심으로 하다 보니까 지금도 살아 있어요.

김태흠 지사를 저는 잘 몰랐는데, 그걸 풀어내는 과정에서 지사가 바뀌어서 이것도 꺾이는 거 아닌가 걱정했는데 지금 잘 살아 있어요. 조례가 미리 세팅된 점도 있고요. 딱 보니까 노동조합의 영향력이 좀 있어 보이고, 원수 되어서는 안 되겠다는 감을 정확히 가진 것 같아요. 충남에서는 생각보다 노동조합의 영향력이 좀 있습니다.

조대엽   김 위원장의 경험을 들으면 들을수록 활약이 돋보이네요. 연맹 경험이어도 좋고 부천에서의 경험도 좋습니다만 사회적 대화에서 가장 성공적 사례와 가장 힘들었던 사례 두 가지를 간단하게 말씀해 주시기 바랍니다.

김준영   초기에는 좌절이 많았고요. 그 좌절이 노사정을 바라보는 시각을 바꿔주는 과정이었어요. 그 이외에는 사용자와 충분히 논의 가능한 의제들로 쭉 끌어오면서 변화를 만들자는 생각의 전환이 부천의 그런 사례들을 만들 수 있었다고 보는데요. 실제로 전국 최초의 조례를 만들었던 생활임금, 그거 만드는 데 3년 걸렸거든요.

시장님한테 처음 제안 드리고, 공식적으로 우리 지역 노사정 의제로 올리고, 조례까지 만들었는데 이 조례를 당시 김문수 지사가 재의 요구를 했어요. 그때 시의회 구성상 5.5 대 4.5나 6 대 4 정도였는데, 반대당 분들까지 설득해서 3분의 2를 넘겨 지금 부천시 조례가 수립된 겁니다.

조대엽 생활임금은 서울 성북구와 노원구에서도 빨리 시작했던 것 같은데요.

김준영 먼저 하셨어요. 김영배 구청장과 노원구청장이 생활임금을 먼저 한다고 선언하시는 바람에, 그때 우리 부천은 약 1년 간 논의를 하고 있었는데 먼저 해 버린 거예요. 그러니까 시장님이 전국 최초로 한다면서 왜 이렇게 늦었어? 이러셔서, 시장님께 거기는 구청장이 직고용한 청소부 14명 임금 올려준 건데 그걸 생활임금이라고 할 수 있겠냐고 말씀드렸지요. 그러니까 생활임금이라고 포장을 해서 전국 최초 이렇게 말해 버린 거지요. 시장님한테 제가 조례 만들어서 하면 생활임금으로 뜨니까 걱정하지 마시라고 했어요.

그런데 제 의도와 상관없이 민주당이 지방선거 1호 공약으로 부천시 생활임금 조례 사례를 들었어요. 그리고 당 1호 공약으로 생활임금 실시를 하니까, 민주당 그때 대박 날 때인데 모든 후보가 생활임금 공약을 건 거예요. 그 후보들은 생활임금이 뭔지도 몰라요. 당에서 1호 공약을 하니까, 안 쓸 수가 없어서, 전국에 다 확산되고요. 부천 사례가 확 폭발하는 재밌는 현상을 경험했던 거고요.

우리 노련 와서는 아까 말씀드렸던 자동차포럼, 노사정이 모이니까 사업 속도는 엄청나게 더딘데, 그래도 지금 사용자 단체인 자동차협회 협동조합 분들하고 이렇게 편하게 전화도 하고 소주 한잔 하시죠, 이렇게 말할 수 있는 신뢰가 쌓이는 과정은 있었어요. 공무원들은 자꾸 바뀌어서, 그게 안 쌓이는데, 협회와는 좀 편하게 할 수 있었던 것 같아요. 이후에라도 분위기만 조성되면 새롭게 할 수 있을 것 같은데요. 그분들하고 얼마 전에 구속도 됐고, 위원장 당선됐다고 같이 밥 한번 먹었거든요. 자연스럽게 그 정도 관계를 만든 게 저는 제일 큰 것 같아요.

조대엽 그런 걸 할 수 있는 게 신뢰고 의리지요. 이제 또 다른 질문으로 넘어가겠습니다. 노동조합운동의 미래에 대해 전망해 주시지요.

김준영 제 능력의 한계 때문에 미래 비전을 잘 못 그리고 있는 것 같은데, 그런 능력이 안 되면 새로운 미래 비전을 그리는 데 방해는 되지 말자, 정도가 제 목표입니다. 아까도 짧게 말씀드렸지만 1987년 세대 이후에, 노동조합의 주역들로서는 이미 새로운 세대가 튀어나오는 것이 상승기가 아니라 내리막길로 볼 수 있는 건데요.

저는 국민들의 의식에 큰 변화를 만들어내는 큰 사건 없이 학습으로는 변화가 불가능하다고 생각하거든요. 저는 1987년이라고 하는 엄청난 격변기를 경험한 사람과 경험하지 않은 사람으로 나누는데요. 학교 후배들을 봐도 약간 갈라져요. 1987년을 경험했던 1987년 이전 학번하고 그 밑에 후배들에게 정서적 차이를 저는 느끼는데, 사회적으로도 그렇다는 생각이 들고요.

그래서 지금 젊은 세대들의 노동조합에 대한 다양한 시선과 방향을 잘 살려내는 것이 중요하다고 봅니다. 노무현 대통령도 대통령 되시고 개혁에 맞대응하려다가 목표가 바뀌셨다고 하셨는데, 저도 개혁에 맞대응할 나이는 아닌 것 같고요. 이제 마무리하는 과정에서 1987년에 조금 경직된 이 기조들을 끊어내는 데 후배들이 뭔가를 할 수 있는 장을 열어 주는 것, 조금 더 한다면 이제 터파기 땅 다지기 정도, 그것도 못 한다면 일단 펼치는 정도까지라도 제가 좀 해 주는 게 새로운 비전을 제시하기보다는 제 역할이 아닌가 싶고요. 아까 산별 전환도 그렇고, 이 부분도 제가 이런 거야, 라고 딱 제시할 수 있는 능력은 좀 안 되는 것 같습니다.

조대엽 노동조합을 이끌면서 리더십이 중요하잖아요. 노동조합 리더십에서 가장 중요한 덕목을 뭐라고 생각하세요?

김준영 개인적으로는 현장에 발붙이고 있는 것을 늘 고민합니다. 현장에만 발붙이고 있으면 지향과 관련해서 좀 매몰될 수 있는데, 현장에 발을 붙여놓고 그 지향과 관련해서 끊임없이 고민해야 하고, 토론하고, 그 얘기를 선배나 후배들이랑 끊임없이 나누는 과정이 쌓이는 것, 이게 저는 지도자를 만드는 데 제일 중요할 거라고 보고요.

그다음은 사실 문성현 위원장이 저한테 그러시더라고요. 자네나 나는 노동자가 돼서 노동조합을 한 게 아니라, 노동조합 하고 싶어서 노동자 됐잖아, 라고 하셨거든요. 사실 제가 노동조합 하고 싶어서 노동자가 되었다는 게 정확한 표현이라고 생각이 드는데요. 그러다 보니까 카리스마를 챙기기보다는 자기 헌신을 조금 더 하게 되어, 조직 내에서 저의 지도력을 만들어낼 수 있는 그런 캐릭터로 성장할 수밖에 없었던 차이는 있었던 것 같습니다.

조대엽　현장에 발을 딛고 있는 것이 중요하다. 결국 비전이나 전망 같은 걸 끊임없이 현장을 바탕으로 고민해야 한다. 그다음이 헌신이라는 거지요?

김준영　예를 들면 이런 겁니다. 제가 지역 노사정을 할 때, 부천이 초기에는 강사 교수님들을 모셔오는 것도 어려웠어요. 이걸 전공하시는 분이 누군지도 모르겠고 그랬는데, 이제 부천 사례들이 자꾸 나가다 보니까 관심 있는 분들이 저한테 거꾸로 오시는 상황이 있었거든요. 오시면 다양한 제안을 막 하세요. 그런데 그걸 들어보면 해보고 싶다, 부럽다 싶은 게 있어요.

특히 외국 사례를 들으면 이런 게 있는데 그걸 사업으로 어떻게 구체화하지, 라고 고민하면 답이 안 보이는 것들이 좀 있어요. 그런데 교수님들하고도 친해지면, 김 부장 이제부터는 좀 다른 거 해야지, 그러시면 제가 술 마실 때 농담으로 교수님이 와서 하세요. 제가 돈은 어디서 끌어올게요, 이런 얘기를 했어요. 실제로 현장의 정서를 끌어올리는 시간이 필요한데, 새로운 아이디어가 있다고 해서 실행할 수 없다는 것을 제가 현장에서 발을 안 뗐기 때문에 볼 수 있었거든요.

그렇다고 해서 제안을 포기하지는 않았고, 처음에 직업 훈련할 때 노동자 스스로 자기의 상품인 노동력의 질을 끌어올리는 사업은 파는 놈이 하는 거다, 그러니까 직업훈련 해야 한다는 교육을 3년 내내 했습니다. 그러니까 우리 위원장님들이 자연스럽게, 그래 우리가 파는 상품, 우리 가치를 올리는 건데 하긴 해야지. 그런데 돈이 있어 뭐가 있어. 그러다가 공모 사업해서 돈 받아오면 자연스럽게 사업이 시행됐던 거거든요.

초기에는 그 사업을 하기 위해서 노동조합 간부의 활동시간을 모든 단사에 하루 1시간씩 빼 달라고 요구해서 그걸 받았어요. 간부 활동 시간 1시간씩 빼 달라, 직업 훈련을 담당자의 활동 시간으로 빼 줘라. 한 3년 동안 지겹게 교육하니까 그게 가능했던 거잖아요. 그런 과정들이 제가 계속 현장에 발 안 떼고 있겠다고 했기 때문에 이제 그런 판단을 할 수 있었고요. 그 지향을 또 계속 고민했던 거고요. 이런 게 짧게나마 차곡차곡 개인적으로 쌓였던 것 같아요.

조대엽　노동자, 대중들과 살아온 데 익숙해서 그런지 말씀도 너무 쉽게 하시는 가운데 실제 살아온 과정이 파노라마같이 그려지네요.

김준영　초기에는 완전 실무형이어서 제가 부천에서 실무형, 일 잘

하는 놈으로 평가 받았는데, 그걸 또 극복하는 과정에서 지향에 대한 고민을 좀 더 하게 된 것 같습니다.

조대엽　누구보다 실무적으로 탄탄한, 경험에 바탕한 이론가 풍모가 비쳐요. 이제 어려운 질문 하나 드리겠습니다. 우리 노동계에 많은 분들이 있잖아요? 노동운동의 지도자 가운데 롤 모델 같은 게 있나요?

김준영　어떻게 보면 너무 많기도 하고, 없기도 한 게 사실은 제가 따라갈 수 없는 분들이 꽤 있죠. 박인상 선배님, 이용득 위원장님 같은 그런 스타일의 지도력을 가진 선배님들을 저는 따라갈 수 없다고 봅니다. 그분들이 하셨던 작은 부분들 중 이거는 내가 해보고 싶다 이런 게 있는데 저랑은 스타일이 좀 많이 다른 것도 있고요. 그다음에 저도 이제 나이를 먹긴 먹었지만 박인상, 이용득, 이런 분들하고는 연령대의 격차가 있다 보니까 그때 스타일을 따라 하기는 어려운 것도 좀 있습니다. 그래서 그분들의 작은 것들을 따라 하고 싶은 것도 있고요. 통으로는 다 안 되고, 조금씩은 흉내내보고 저만의 창의성을 발휘하는 거죠. 저는 조직적으로 든든한 뒷배나 이런 게 없다보니까 창의성, 헌신, 열심히 하는 것 이런 걸로 제가 지도력을 만들어내야 되는 거라서 약간 스타일을 좀 달리할 수밖에 없는 측면이 있습니다.

조대엽　박인상, 이용득, 두 분의 이름이 나왔어요.

김준영   그 외에도 많죠. 두 분은 저의 평가뿐만 아니라 우리 노동계 내 역대 한국노총 위원장님, 우리 금속 위원장님 중에도 긍정적 평가를 받고 계신 대표적인 분들이거든요. 그런데 또 오래되셔서 평가가 약간 두루뭉술해져 있긴 합니다. 역대 선배님 중에 욕먹는 분들도 있는데, 이분들은 그런 과정이 별로 없다는 평가도 있고요.

이용득 위원장님은 좀 다르세요. 이용득 위원장님은 평가가 극단적일 수도 있습니다. 호불호가 좀 갈리는 평가를 받고 계시지만 저는 이용득 위원장을 따라 하고 싶은 것들이 꽤 있죠.

그리고 금속 위원장님들 중에도 리더십, 캐릭터 이런 것과 관련해서 또 따라 하고 싶은 분들이 꽤 있습니다. 그런데 처해진 위치와 시기가 좀 달라져서 똑같이 할 수 없는 한계들이 있는 거죠.

조대엽   물론 당대에 주어진 시대적 과제 같은 것들이 있으니까요. 그리고 박인상 위원장이나 이용득 위원장은 정말로 시대적 소명 같은 것을 수행한 분들이기도 합니다.

김준영   격변의 시기에서도 딱 중심에 서 계셔서, 그때도 사실 나쁜 평가를 받을 수도 있고 좋은 평가를 받을 수 있는 기회들이 주어진 시기에 계셨어요.

조대엽   노조를 이끌면서 제일 기억에 남는 일들이 무엇입니까? 좋았던 기억으로요.

김준영   오래 가는 기억은 저는 감성적 기억인데요. 노동조합 하고, 힘든 싸움 끝나고 조합원들하고 부둥켜안고 펑펑 울던 기억이 몇 번 있는데 그걸 저는 영원히 잊을 수 없습니다. 그 부둥켜안고 울었던 기억 중에 우리 조합원의 임금 인상, 이런 게 아니라 비정규직 해고자를 살리기 위해서 잘린 조합원, 비정규직 정규직화하는 싸움, 잘린 조합원을 구출하는 과정, 이런 것을 전 조합원이 같이해서 성과를 내고, 그런 힘든 과정을 함께했을 때 남자들도 나이와 상관없이 이렇게 분위기가 그러면 막 울거든요. 그런 경험은 진짜 제가 살면서 다시는 가져볼 수 없는 소중한 기억이죠.

조대엽   지난번 광양 고공농성에서 다쳤을 때 꽤 힘들었잖아요.

김준영   아니요. 그보다 더 힘든 적이 더 많습니다. 사실은 이미 계획을 세울 때, 이미 구속을 각오하고 올라갔기 때문에 특별하지는 않았지요. 그런데 제 예상과 달랐던 것은 그렇게 두들겨 맞고 내려오는 것이었어요. 진짜 예상을 못 했는데요. 영상으로 너무 피 흘리는 장면들만 많이 나가서 지금도 저를 보시면 건강하냐고 머리 괜찮냐고 그러시는데 벌써 1년이나 지난 사건이잖아요?

조대엽   후유증 같은 것은 없었어요?

김준영   그때 필름이 좀 끊기긴 했는데요. 맞아서 기억이 일시적으로 딱딱 끊어져 있기는 해요.

조대엽　경찰들도 그렇게 난폭하게 하려면 뭔가 의도된 것이 있어야 가능하지 않을까요?

김준영　그때 나와서 가까운 국회의원이나 장관과 통화했는데, 정황으로 보건대 VIP 관심 사건으로 경찰청에 바로 오더가 내려갔고 그다음 날 전남 도경이 오전에 벌써 제 철탑 세운 데로 투입이 됐거든요. 그리고 노동부랑 하나도 상의 없이 진압이 이루어졌고요. 그게 협의체가 꾸려지고 진압 계획을 세우는 데 노동부가 끼었으면 저는 시간을 조금 더 벌 수 있었을 거라고 봅니다. 진압이 안 되지는 않았겠지만, 노동부가 2시간 정도는 끌어 줬을 거라고 보는데 노동부의 개입 여지가 없었고 나중에 안 사실인데 전남 도경뿐만 아니라 전북 도경 병력까지 다 동원이 됐어요. 그것은 청의 오더가 없이는 불가능한 일이죠. 그 한 명 잡겠다고 전북까지 끌어들여요.

조대엽　엄청나게 매스컴을 탔던 큰 사건이었고, 김 위원장이 일약 뉴스의 중심이 되었는데 거기에 비해 개인적으로 크게 힘들고 어렵지 않았다는 걸로 들리네요.

김준영　노동조합 하면서 제일 힘들었던 것은 제가 지역노조라고 하는 특성 때문에, 매일 얼굴 보는 사람하고만 노동조합을 하는 게 아니잖아요. 그런데 노동조합 하면서 상담소를 같이 두고 하는데, 상담 왔다가 법으로 가시기보다는 노동조합 하시죠, 이렇게 권해 가지고 제 얘기 한마디에 노동조합을 만들고 이런 과정을 겪는 분들이 계신데요. 중소기업으로 자수성가하시거나 진짜 대화가 안 되는 사장님들 만나면 사업 접어도 좋으니까 그냥 문 닫거나 집단해고 시켜놓고 돈으로 때우겠다고 하는 경우들을 종종 겪어요. 제일 힘들 때가 그런 상황입니다. 내가 상담하면서 그냥 진정서를 써주고 말걸, 하는 순간. 그런데 제가 그렇게 생각하는 순간 노동조합 조직화를 포기하는 게 되니까 그 얘기를 안 할 수도 없고. 그런데 그분들은 진짜 상담 한번 왔다가 이상한 놈 만나서 해고되는 경험을 하시는 거잖아요.

그게 제가 노동조합 하면서 제일 힘든 순간입니다. 제가 힘든 건 상관없는데, 표현이 좀 그렇지만 꼬셔서 노동조합 했는데, 해고되고 불이익을 얻으면 그때는 미안함을 어떻게 해결할 방법도 없고 그렇다고 내가 하는 일을 포기할 수도 없고 이 갈등이 제일 힘든 일이죠. 지금도 마찬가지입니다. 지금도 우리 금속노조 강행했다가 그런 어려운 상황이 생기거든요.

사실은 지난번 광양도 그런 거거든요. 집단해고가 되는 것을 그때 국회에서 집단 노숙을 시키고 단식을 시켜서 합의 보고 내려보냈는데, 내려갔으면 좀 잘 지내면 되는데 합의가 한 줄이 안 나오는 거예요. 그러니까 다시 쟁의를 시작했고 천막을 쳤는데 400일이 걸렸어요. 400일을 버틴 거예요.

400일 천막을 친 이유가 조합원들이 단결해서 싸우면 되는데, 파업만 하면 포스코가 대체근로를 넣고, 딱 시간 계산해서 임금 다 까고 한단 말이에요. 그 파업이 효과는 없는데, 임금은 까지고 그러니까 조합원들이 열받고 실망해서 초기에는 연맹에 한 번 올라왔다가 내려가니까 노련의 효능감, 힘 이런 걸 느끼다 보니까 아주 사소한 것까지 저한테 계속 보고하는 거예요. 그걸 제가 맨날 전화해가지고 해결해 주고, 노동부한테 얘기해서 해결해 주고 이러는 게 쌓이면 안 되겠다 싶어서 사실은 그 천막 치고 1년을 제가 안 갔어요. 그러니까 욕을 엄청 먹었어요. 저 대신 그때 부위원장이었던 우리 처장 내려갔 다가, 김준영 처장은 왜 안 내려오냐는 겁니다. 내가 내려보낼 때 그 랬거든요. 가면 부위원장 당신도 욕먹지만 내 욕도 할 거니까 그냥 다 듣고 와라. 아니나 다를까. 갔다 오더니 왜 자기 내려보냈냐고, 욕 엄청 먹었다고 하소연해요. 그걸 예상하고 보냈던 건데요.

그런데 대의원대회를 끝나고 365일을 넘기기에 이거는 아니다 싶 어서 내려갔고 그런데 가서 너무 미안했어요. 100여 명짜리 조합인 데 400일 동안 천막 하나 쳐놓고, 위원장 혼자 버틴 게 아니라 일주 일에 두 차례 내지 세 차례의 집회를 1년을 한 거예요. 수요집회처럼 공식적으로요. 그런데 내려가서 조합원들의 상태를 파악해 보려고 파업을 했더니 참가율이 거의 100%야. 오래도 안 했어요. 2시간, 2 시간, 셋째 주 딱 2시간 들어가니까 대체근로 들어오더라고요. 그래 서 포스코 측에 경고했거든요. 거기가 지금 하청까지 따지면 1만 명 이 넘는 회사인데 100여 명이 4조 3교대여서 파업해 봐야 20여 명이 파업하는 건데, 그걸 회사가 못 버틴다는 게 말이 되냐, 3일만 버티면 내가 창피하지만 우리 조합원들 설득해서 천막 걷어줄게, 그렇게 말 했는데 대체근로를 넣는 겁니다. 답이 없잖아요. 조합원들의 상태는 그렇게 단결은 돼 있는데 할 게 없으니까 더 폭발할까 봐 걱정은 되 고, 그런 상황이 힘들죠. 싸움하는 건 안 힘든데 그 상황을 보고 있는 게 너무 힘들죠. 내가 해줄 수 있는 게 없을 때요.

조대엽 김준영 위원장께서 아주 감동적일 정도로 인간적이네요. 제도적인 것 안에 결국 사람 생각하고, 같은 노동자들의 아픔, 고통 이런 것들을 체감하고 공감할 수 없다면 그런 식으로 하기 어려울 텐데요. 이제 마지막 질문입니다. 김준영 위원장님의 꿈은 뭡니까?

김준영 앞에서 말씀드린 대로 1987년 세대 막내쯤 되는데 새로운 노동운동의 장을 여는 데 걸림돌이 되지 않는 것이 꿈이라면 꿈입니다. 새로운 비전을 제가 제시할 수 있으면 그것을 설명해 드리고 이걸 하기 위한 제 계획을 설명드릴 건데, 제가 잘못 찾으면 도리어 해가 될 것 같다는 생각이 들어서요. 그냥 제가 했던 것을 다음 후배들에게 알려주고 거기서 새로운 게 나오면 약간의 조언하는 정도가 제 역할이어야 되지 않을까, 가자, 이러면서 막 앞으로 쫓아가면 안 될 것 같습니다.

조대엽 새로운 비전 같은 것을 다음 세대들이 만들어내기는 쉽지 않을 것 같은데요.

김준영 지금 역량이나 조직 정도로 보면 당장은 안 나오는데, 우리 노련도 보면 저랑 한 10년 차이 후배들이 있거든요. 10년 후배들은 전대협 끝물 정도를 겪었던 세대들이 좀 있는데 그 세대들도 자기 생각이 아니라, 그 밑에 세대들과 논쟁 과정에서 나오는 비전 정도가 저는 지금 딱 필요한 시기라고 생각합니다. 10년 후배들과 얘기해 봐도 정서적으로도 차이가 있거든요. 저는 노동조합의 지도층이 제 또

래가 빠지면 그다음 2~3년 후배들이 받아서 이어가는 게 아니라 더 밑으로 뚝 떨어질지도 모른다는 생각이 들기도 합니다.

조대엽　노동조합의 연속성에 대한 걱정이 담긴 말씀으로 들립니다. 아무튼 지난 세대의 막내 역할은 세대의 경계에 있다는 것인데 세대 간 대화와 담론의 장이 필요한 것 아닌가 하는 생각이 들어요. 과거에 비해 대화의 공간이 거의 보이지 않잖아요. 김준영 위원장의 겸손한 꿈이 이루어지는 것도 뭔가 대화가 되고 담론을 나누는 이런 장이 좀 있거나 또 많아야 새 길을 막든지 열어 주든지 할 텐데 그런 공간 자체가 만들어지지 않고 있잖아요?

김준영　사실은 저희 어릴 때는 정파 간의 논쟁이라고 하는 것에서 파생되어, 노동조합의 지향과 활동 방향들도 책과 문건으로 막 오더가 내려지듯이 쏟아질 때인데, 지금 민주노총에 흔적이 좀 남아 있긴 하지만 저는 그때와도 다르다는 느낌이 있어서, 그 역할을 지금 교수님이 좀 해 주고자 하시는 거 아닌가 싶기는 하거든요. 정리된 담론들이 만들어지는 과정에 더 좋은 건, 노동자들이 적극적으로 결합되어 만들어지는 게 좋고, 그게 아니면 약간의 현장과 간격은 있더라도 지향의 밑그림 정도가 쭉 나와 주면 그게 나중에 우리 후배들이 논쟁하는 데 기초자료가 될 거라고 보거든요.
　지금 고려대 노동대학원이나 노고지 등 강의는 진행되고 있지만 저는 그게 큰 흐름의 담론을 주도하지는 못하는 내용들로 가고 있으니까 차라리 그 담론을 주도할 수 있는 그룹에게 논쟁을 시키는 장으로서의 교육과정도 필요할 수 있겠다고 생각합니다. 그런데 그것을 교수님 말고 우리나라에서 지금 해낼 수 있는 데는 별로 없어 보이고요. 오래된 선배님들과의 네트워크를 보면 그것을 다른 교수님들은 그 정도의 풍부한 네트워크를 가지고 계시지 않은 것 같은데요.

조대엽　과분한 평가를 하시는군요. 말씀하신 역할을 제가 감당하기는 어렵지만 모두의 과제라는 생각은 듭니다. 함께 고민해야 할 것 같아요. 특히 오늘 인터뷰에서 김 위원장의 꿈과 관련된 말씀이 구절구절 저를 감동시켰으니 그 꿈에 작은 도움이라도 된다면 뭐든지 해야겠다는 생각은 살짝 듭니다. 김 위원장님의 겸손한 꿈이 조금은 적극적으로 바뀔 수 있기를 바라봅니다. 장시간 함께해 주셔서 감사합니다.

대담 ⑦ 김형선

'주 4일당'과 일상적 정치참여

조대엽   김형선 전국금융산업노동조합 위원장님과의 인터뷰를 진행하겠습니다. 먼저 우리 시대 노동위기와 관련된 포괄적 질문을 드리겠습니다. 세 가지 차원에 우리 노동의 위기에 접근할 수 있을 것 같습니다. 기술 발달에 따른 보편위기와 노동조합의 조직위기, 정치조건의 변화에 따른 정세적 위기로 구분해서 접근해보겠습니다. 먼저 디지털 전환과 AI 시대에 이르는 우리 시대의 기술 발전은 인간노동을 빠르게 대체하고 있습니다. 이 같은 현실을 인간노동이 대면하고 있는 보편위기라고 한다면 이에 대해 어떻게 생각하십니까?

김형선   말씀하신 보편적 위기가 금융계에도 빠르게 확산되고 있습니다. 그러나 그게 과연 기술 발달로 인한 것인가라는 문제에는 의문이 있습니다. 무슨 말이냐 하면요. 금융권은 디지털 금융이 발달함에 따라서 이제 지점도 축소하고 인력도 감축하고 매년 명퇴라는 이름으로 구조조정을 하고 있는 산업입니다. 그런데 과연 그게 실제로 디지털화의 영향이 크냐, 저희가 볼 때는 그렇지만은 않은 거죠.

2000년대 초반에 인터넷뱅킹이 나왔을 때도 실제로 인터넷뱅킹으로 할 수 있는 업무하고 은행 지점을 방문해서 해야 하는 업무는 차이가 좀 있었거든요. 급속도로 가는 것 같지만 실질적 은행 고유의 업무들은 오프라인으로 해야 되는 것들이 많은데, 디지털이라는 이름을 걸고 은행의 수익성이 저조한 점포부터 구조조정하는 경향이 있습니다. 말하자면 자본이 진짜 기술 발달과 산업 전환에 따른 구조조정을 해 나간다기보다 기술 발달을 이유로 구조조정을 가속화하는 측면이 은행 산업에서는 좀 강하게 나타나고 있다고 봅니다.

그래서 폐쇄되는 지점들이 대부분 지방 중소도시라든지 서울의 강북 지역이라든지 그러니까 노령 인구가 많아진 곳들. 실제로 강북도 도심지 같은 경우에는 젠트리피케이션 때문에 임대료가 굉장히 많이 올라가거든요. 지하철역 앞은 실제로 부동산 임대료가 높습니다. 또 노령 인구가 많으면 노동력이 많이 들어가야 되니까, 은행 입장에서는 그런 점포를 유지할 필요성이 없는 겁니다. 점포를 없애는 데 뭔가 명분은 필요하니까 그 명분이 이제 디지털화인 측면이 있습니다. 그래서 자본이 여러 비용을 줄이기 위한 측면으로 AI라든지 디지털화 이런 것들을 전면에 내세우고 결국엔 이익을 극대화하기 위한 작업을 하는 게 아니냐, 하는 측면의 고민이 더 많습니다.

조대엽　중요한 말씀을 해 주셨습니다. 기술 발달이 현실의 위기를 만든다기보다 오히려 비용의 측면을 고려해 사측이 선제적으로 움직이는 경향이 있다는 말씀이시네요. 생각해볼 만한 지점이네요. 최근 노동조합의 위기에 대한 걱정이 많습니다. 젊은 세대의 노조 기피 현상, 노동조합의 경직성, 리더십과 정책역량의 위기 등을 포괄하는 노동조합의 조직위기에 대해 어떻게 생각하시는지요?

2024년 9월 27일 오전 9시, 김형선 전국금융산업노동조합 위원장을 중구 다동 소재의 금융산업노조 위원장실에서 만나다.

김형선　　현장을 중심으로 본다면 노동조합의 위기가 MZ세대 때문인가라는 고민이 있습니다. 젠더갈등, 세대갈등, 정치갈등 등 다양한 갈등이 나타나고 있거든요. 어떤 칼럼에선가 이제 분노의 시대는 지나가고 자기 이익, 그러니까 불이익에 민감한 시대로 가고 있다고 했던 게 떠오르는데요. 실제로 이러한 변화로 인해 노동조합에는 훨씬 더 큰 어려움이 생기고 있다고 봅니다. 말하자면 사회적 분노가 아니라 개인적 불이익에 훨씬 더 집착하는 시대가 된 거지요. 이런 측면에서 개인들이 파편화되어 가니까 노동조합이 노동자들을 하나로 묶어 내고 어떤 담론을 만들어내는 데 어려움이 생기는 겁니다.

　　저희가 이번에 총파업을 준비하면서 주요 이슈로 4.5일제나 저출생 문제가 있었는데요. 그런데 이런 문제를 가지고 좀 다투어 보려고 열심히 준비하는데 이게 불이 잘 안 붙어요. 결혼에 대해서도 예전처럼 무조건 해야 되는 문제가 아니라 선택의 문제로 보고 있고, 육아를 하는 직원들을 도와주는 문제도 그게 왜 누군가는 희생되어야 하는가의 시각으로 접근하는 경향이 있습니다. 예를 들면 도심지에 있는 지점과 멀리 있는 지점을 선택할 때 육아해야 하는 직원들을 도심지에 발령 내는 것도 불공정하다고 보거든요.

우리가 가야 하는 길에 대한, 공동체적으로 뭔가 지향해 가야 할 길이 있다면 사회적 배려 같은 게 있어야 하는데 저는 이런 문제가 MZ세대의 문제라기보다는 사회적으로 제대로 뭉쳐내지 못한 기성세대의 탓이라는 생각이 듭니다. 이런 부분들에서 노동조합이 어떻게 좀 힘을 내서 우리 공동체의 문제로 인식시키게 하는 활동을 할 것이냐 이 고민은 계속 저도 머릿속에 가지고 가는 거죠.

조대엽　노동조합의 위기가 세대적 문제로 축소해 볼 것은 아니다. 좀 더 넓은 시각에서 보고 계시는군요. 모든 세대가 개인화, 해체화, 이익추구화 경향으로 가고 있는데 MZ세대의 문제로만 보아서는 안 된다는 거군요.

김형선　저는 이런 시각들이 사회에 대한 신뢰나 공동체에 대한 신뢰가 떨어지기 때문에 개별적으로 자기 삶을 지키기 위해 노력하는 것이 세상을 돌파하는 유일한 방법이라고 여기는 경향이라고 생각합니다. 그게 MZ세대들한테 가장 제대로 나타나는 거고요. 이것이 MZ

세대만의 특징이냐 하면, 저는 그게 아니라는 거죠. 기성세대들도 별로 다르지 않거든요. 임피(임금피크제) 들어간 선배들이 어떤 때는 서운할 때도 많습니다. 이 조직에서 사실 많이 얻고 하셨는데 임피에 들어가서 그러니까 뭔가 본인들이 얻기 위해 젊은 직원들의 혜택을 줄여서라도 본인들이 가져가야 된다는 식으로 생각하는 분들이 많아요. 그러니까 이런 문제가 우리 시대의 사회적 특성이지 MZ세대만의 특성은 아닌 것 같습니다. 우리 사회, 우리 공동체에 대한 의식이 다 사라져버리는 그런 문제들이 노동조합 활동을 어렵게 하고 있습니다.

조대엽 MZ세대의 문제는 다들 공감한다고 생각했는데 김 위원장께서는 특정 세대의 문제가 아니라 사회해체, 공동성의 해체적 경향이 드러내는 모든 세대의 문제로 짚고 계시는군요. 특히 기성세대의 이익 챙기기가 만만치 않다는 말씀, 노동조합 이끌어 가면서 체험적인 말씀으로 들리는군요. 다시 공정의 문제가 중요해진다는 생각이 듭니다.

이제 노동위기 관련된 마지막 질문으로 정세적 위기라고 말할 수 있는 정치적 조건에 따른 위기, 구체적으로 윤석열 정부 들어 만들어진 정치적 조건과 노동위기의 현실에 대해 어떤 생각을 갖고 계신지요?

김형선 잘 아시겠지만 가장 큰 문제는 불통不通이잖아요? 불통이라는 한 단어가 모든 것을 말해준다고 봅니다. 아까 말씀드린 대로 공동체가 훼손되고 사회가 해체되는 현실 속에서 우리가 대단히 심각한 사회 문제를 겪고 있잖아요? 그런데 정부, 정권을 운영하는 사람들과 대화할 기회가 거의 사라졌거든요. 저뿐만 아니라 한국노총에서도 사회적 대화를 하고 있지만 예전처럼 그런 사회적 대화의 어려움이 있고, 사회적 대화 주체의 심각한 문제가 있습니다. 사회적 대화의 주체라고 하면, 예를 들면 경사노위 위원장이나 노동부 장관인데, 용산하고 그런 얘기들을 잘 할 수 있느냐? 그렇지 못하다고 생각하거든요. 불통 그 자체인 거고요. 이런 조건에서 뭔가를 이어서 해나가기가 상당히 어려운 거죠.

조대엽　다른 말 필요 없이 불통이다. 크게 공감합니다. 이제 좀 다른 질문을 드려보겠습니다. 노동조합운동이 우리 사회 전체에 어떤 영향을 미쳤는가 하는 문제와 노동조합 가운데 가장 수준 높게 제도화된 산별로서의 금융산업노동조합은 어떤 성과를 가졌는가 하는 문제를 나누어서 보도록 하겠습니다. 우선 노동운동이 우리 사회 전체에 미친 영향을 어떻게 보십니까?

김형선　일단 노동조합운동을 통해 사회구성원의 전반적 삶의 질을 많이 끌어올린 것으로 봅니다. 그런 부분에서 보면 개인의 삶을 끌어올리는 데 많은 역할을 한 것은 사실인데 문제도 많았던 것 같습니다. 산별 단체협약을 더 넓게 확산하는 데는 부족했기 때문에, 산별 또 기업별 소득 격차를 늘려놨다는 측면에 대한 일부의 비판은 수용해야 하는 측면이 있지 않냐는 생각은 듭니다.

조대엽　우리 사회가 노사가 상당히 대립적으로 나뉘고, 노동시장

구조도 다양하게 분절화된 조건에서 노동조합 활동이 이런 시장구조의 아래쪽을 끌어올리는 데는 기여를 많이 한 것으로 봐야 하지 않나요? 최저임금 부분을 포함해 이런 측면에 대해서는 어떻게 평가하세요?

김형선 그런 측면에서 우리 노동조합이나 노동운동이 해온 역할이 적지 않다고 생각합니다. 문제는 좀 더 폭넓게 했어야 하고 더 많은 성과를 얻었어야 하지 않았나 하는 생각이 들어요. 최저임금 수준을 끌어올려서 노동운동을 잘했다고 얘기하기보다는, 실은 시대에 따른 어려움이나 아픔은 있었겠지만 어쨌든 지금의 비정규직 노동자 문제 이런 것들을 노동조합이 확실히 끌어안고 가주지 못한 것도 있고요. 사실은 그런 부분을 보완하기 위해서 최저임금이라는 것이 가고 있는 상황이기도 하잖아요. 그래서 저는 이제 산별 운동에 대해서도 좀 더 고민해야 한다고 생각하고요. 그래서 전체적으로 앞서 말씀 드린 우리 공동체를 어떻게 끌고 나갈 거냐, 그 안에서 우리 노동조합이라는 곳이 노동자들의 공동체를 어떻게 구성해 나갈 거냐, 라는 고민을 더 깊이 할 때가 되지 않았는가 싶습니다.

윤석열 정부에서조차 보호받지 못하는 노동자들에 대한 얘기를 하고 있잖아요. 이런 얘기를 어쨌든 보수 정부가 한다는 것은 그동안 노동조합이 보호받지 못하는 노동자들에 대한 역할을 충분히 했느냐, 하는 측면에서는 반성이 필요하다는 입장입니다. 보수 정부가 이런 문제를 기치로 내세울 만큼 노동조합이라는 곳이 우리 안의 노동자들만 보호하기 위한 역할에 집중했던 게 아닌가? 이제 그걸 벗어나기 위한 노력을 노총이라든지 산별에서 더 고민할 때가 되지 않았나, 하는 생각을 가지고 있습니다.

조대엽 그간 김형선 위원장님과 오래 봤으면서도 긴 대화를 갖지 못했는데 생각이 참 깊으십니다. 성찰적이시고요. 이제 금융산업노동조합에 대한 말씀 좀 해 주시지요. 산별노조는 우리 노동운동의 오랜 과제인데 금융산업노조가 가장 높은 수준으로 제도화되어 있잖아요? 금융산업노조의 영향이나 성과에 대해서는 어떤 점을 강조할 수 있을까요?

김형선 어쨌든 저희가 산별 교섭 체계를 구축하고 있는 거의 유일한 노조이기 때문에 이런 부분에서의 사회적인 영향력이라든지 또 저희가 이루어 내는 합의의 사회적 파급력이라는 측면에서 금융노조가 기여하지 않았나 생각합니다. 주 5일제도 마찬가지고요. 비정규직의 정규직화 문제도 은행권에서 많은 부분이 해소되었고 그런 것들이 이제 사회적으로 영향을 많이 미친 부분도 있고요. 앞으로도 그런 역할을 해 나가야 하기 때문에 금융노조가 노사관계나 대한민국 노동자의 삶에 미친 영향은 상당 부분 인정할 수 있지 않은가, 그런 생각을 가지고 있습니다.
　다만 금융노조도 요즘은 한계를 많이 드러내고 있어요. 우리 안의 공통된 요구사항을 만들어내고 그런 것들을 요구할 수 있느냐, 다양성 문제나 아까 말씀드린 개인의 파편화라는 측면도 있습니다만 개별 지부들의 특성에 따라 여러 측면에서 차이가 많이 나타나기 때문에 이걸 어떻게 하나로 묶어서 새로운 주제를 발굴하고 그걸 통해서 조합원들의 참여도 유도하고 사용자들의 사회 변화에 대한 시각도 바꿔낼 수 있느냐는 것이 제일 고민입니다.

이번에 노동시간 문제도 저출생 통계들을 일일이 사업장마다 확인 했듯이 우리 안의 공통된 문제들을 주제로 삼지 않으면 산별의 주장 자체가 무력화되고 사용자들의 동의도 끌어내기 어렵기 때문에 우리 사회가 안고 있는 문제들을 저희 사업장 내에서 잘 발굴하고 싸워 나가야 합니다. 그래야 사회적 영향력이나 사회적 변화도 저희가 주장할 수 있으니까요. 이번에 저희가 저출생 문제 합의를 바탕으로 선언문을 만들기도 했고 저출생 관련 노동시간 단축에 대한 합의도 일정 부분 해냈고요. 초등학교 1~2학년 아이들 같은 경우에는 일주일에 2시간 30분을 줄여서 출근하게 하는 것도 합의했고요. 그리고 늘어나지 않던 육아휴직도 저희가 2년에서 실제로 2년 반으로 늘리는 합의를 이번에 이루어 냈습니다.

그래서 금융노조는 이런 문제에 대한 사회적 책임감을 좀 더 가져야 한다는 생각입니다. 많은 선배들께서 이런 부분에서 역할을 해오셨고, 앞으로도 금융노조는 정치권이 담론이나 문제 해결을 위한 해법을 제시하는 데 부족한 측면이 있다면 먼저 얘기하고 추동할 힘을 좀 갖춰 나가야 하지 않느냐, 그렇게 생각하고 있습니다.

조대엽 말씀하신 대로, 저출생 문제 같은 것은 실제로 조합원의 육아 문제 같은 것이 연동된 중요한 과제입니다. 노조 내부의 과제이기도 하고 이게 우리 사회 전체의 사회적 과제이기도 한데, 금융산업노조는 제도화 수준이 높은 산별로서 관여하고 이슈화하는 작업을 해야 한다는 점을 강조하시는 것 같습니다.

이제 질문을 조금 더 넓혀서 최근에 붐처럼 되어 있는 ESG 경영에 대한 의견을 듣고 싶습니다. 금융 쪽도 선도적으로 하고 있는 걸로 아는데, ESG 경영 목표를 만들고 목표를 기반으로 지속가능경영보고서 같은 걸 만들잖아요. 제가 소속되어 있는 사단법인 선우재에서는 노동교육원과 노동마루 포럼을 운영하고 있는데요, 선우재에서도 여기에 대한 관심이 큽니다. 그런데 선우재 입장에서는 지속가능한 노동이라는 측면에서, ESG 경영이 현실적으로든 장기적으로든 얼마나 도움이 되는가에 대한 의구심이 있습니다. 금융산업 쪽에서도 ESG를 반영한 지속가능경영보고서를 만들고 있잖아요? 김 위원장께서는 여기에 대해 어떻게 생각하세요?

김형선　사실 심각한 고민을 해본 바는 없지만 ESG 관련된 사항은 기본적으로 사용주들이 기업의 환경변화에 따른 사회적 기여에 대한 요구 같은 것을 받아들이기 위해 수동적으로 하는 측면이 큰 것 같아요. ESG 경영에 대해 능동적 인식을 갖지는 않는다고 저는 생각하거든요. 저희 입장에서는 오히려 ESG를 여러 가지 요구할 수 있는 장치로 활용할 수 있는 효과가 있었던 것 같습니다.

사회공헌 요구나 탄소배출 관련 문제들은 저희뿐만 아니라 다른 쪽에서도 다 공유된 문제로 해 주고 있고요. 특히 이런 문제들을 기업이 어떻게 다루느냐는 것은 사업자마다 차이가 너무 크고 인식 자체의 차이도 큰 것으로 보여요. 사실 대통령도 이런 측면은 빵점이잖아요. ESG 경영은 어떻게 보면 큰 철학적 담론과 가치들이 담겨 있는데 일반 기업주들은 이런 문제들을 단순히 해소되어야 할 리스크 정도로 보고 있기에 이게 얼마나 큰 의미가 있겠는가, 라는 생각도 있습니다.

특히 정권의 시각이 어떠냐에 따라 기업의 방향도 바뀌게 되는데 ESG 관련해서는 문재인 정부 때보다 관심도가 훨씬 떨어진 것 같거든요. 이 단어를 사용하는 빈도도 많이 떨어진 것 같고요. 정부 입장에 따라 기업도 노조도 달라지기 때문에 현 정부 들어 이것이 특별한 영향을 주고 있는 것 같지는 않습니다. 사실 노동조합 입장에서는 이런 주제들이 여러 가지 요구를 하기에 좋은 주제이긴 하다, 그런 측면이 있죠.

조대엽 세계적으로 주요 기업들이 이런 것들을 필요에 따른 명분을 위해 이슈화하는 경향이 있고 이게 너무 형식적으로 흘러가니까 'ESG 워싱'이라는 말도 나오고 있는 것 같습니다. 한국에서도 이런 분위기와 함께 노동 관련 분야에서 최근에는 L-ESG라는 개념도 나오고 있습니다. 그럼에도 노동계 현장의 소리를 들어보면 노동에 어떤 도움도 되지 않는다는 생각도 있거든요. 김 위원장께서도 비슷한 생각이신가요?

김형선 그렇습니다. 일부 재료로 활용하는 정도지 현재의 ESG가 노동에 실질적 기여를 하고 있는 것으로 보지는 않습니다.

조대엽 그러면 질문을 좀 바꿔서 노동을 중심에 놓고 본다면 지속 가능한 노동을 위해서는 사회적 기반을 바꿔야 할 필요가 있습니다. 가장 중요한 요소가 어떤 게 있다고 보십니까?

김형선 저는 노동시간 단축이라고 생각합니다. 더 잘 아시겠지만 주 5일제가 미국 사회 전반으로 들어온 것이 1938년이고 포드에서 시작한 게 1926년입니다. 주 5일제를 포드가 제일 먼저 시작했잖아요. 그런데 실질적 효과를 보면 노동자들의 노동시간을 줄여주기 위한 목적이 아니라 전반적으로 사회가 돌아가는 패턴을 바꿨다는 데 더 큰 의의를 찾을 수 있습니다. 여가를 많이 늘려서 그 여가에서 오는 부를 창출시킬 수 있는 새로운 공간을 내어준 것인데 그러면 지금 한국 사회에 그런 변화들을 가져올 수 있는 다른 요인들이 있을 수 있을까? 저는 별로 없다고 생각하거든요.

그런 새로운 공간을 만들어 줄 수 있는 주 4일제와 같은 의사결정이 이루어져야 그 안에서 새로운 부의 창출도 이룰 수 있고, 삶의 패러다임이나 삶의 패턴 자체가 확 바뀜으로써 새로운 희망을 줄 수 있는 일들도 발생하는 것인데, 지금 대전환이다 뭐 그런 얘기들을 하지만 그런 추상적인 말들로는 사실은 어떤 사람의 패턴도 바꾸지 못하거든요. 결국 대전환이 되든 뭐든 우리 사회의 새로운 패턴을 만들어 주는 것은 노동시간 단축 말고는 지금 해법이 없는 거 아니냐, 그걸 한번 해봐야 되는 거 아니냐, 저는 대공황 시기에 미국의 선택이 여기에 있었다고 생각합니다.

조대엽　뉴딜의 가장 큰 성과이자 미국을 바꾼 것이 와그너법이라는 노동관계법과 사회복지법이지요. 공감합니다. 주 4일제는 금융산업노조가 선도적으로 하고 있지요?

김형선　요구만 선도적으로 하고 있습니다. 어떤 해법이 나온 것은 아니지만 이슈화하는 게 중요하니까요. 이슈화는 저희가 계속 공감대를 가지고 가고 있는데요. 지난번에 사실은 총선 때 제가 '주 4일당'이라는 걸 만들자고 했어요.

　노동조합이 할 수 있는 것은, 결국엔 자기 사업장 앞에 플래카드를 거는 정도입니다. 우리가 총선 시기에 주 4일제와 관련된 홍보를 했는데요. 이게 금융노조 이름으로 하게 되면 늘 앞에 연봉 1억 원짜리들이 하루 더 쉬겠다고 한다고, 이런 말이 따라붙으니까 이제 우리 플랫폼을 버리고 정당 플랫폼에서 한번 캠페인을 벌여 보자, 무슨 원내 입성 이런 것이 아니라 청소년 시기에 할 수 있는 정치 캠페인을 우리 한번 해보는 게 어떻겠냐, 라는 제안을 했습니다. 이런 방향으로 가면 대전환이 될지는 모르겠습니다만, 저는 그런 변화들이 좀 있어야 대한민국 사회에 다른 사회 문제들도 해소될 수 있다고 봅니다. 저출산 문제, 부동산 문제도 그렇고요. 노인 봉양 문제도 이게 결국에는 어쨌든 노동시간이 좀 줄어야 부모를 찾는 횟수도 늘어나더라고요. 우리가 가지고 있는 사회 문제가 결국에는 시간의 문제로 거의 귀결이 되는 것 같은 그런 생각들이 많이 듭니다.

조대엽　일찍이 마르크스가 《자본론》에서 상품의 가치를 인간노동의 가치로 설명하고, 노동의 가치는 결국 노동시간이라는 가장 추상적 단위로 환원해 표현하잖아요? 김형선 위원장께서 노동시간의 사회학에 대한 신념이 뚜렷한 것 같습니다. 노동시간 줄이면 일자리가 나눠지고 더불어 삶의 패러다임 자체가 바뀐다. 이게 대전환 아니냐. 그래서 노동시간밖에 없다. 정확한 지점을 말씀을 해 주셔서 아주 분명한 비전으로 삼을 수 있지 않을까 싶습니다. 그러면 노동시간 이외에 지속가능한 노동을 위해 필요한 것을 하나 더 든다면요? 노동조합 하시면서 조합원들이 갈망하고 아쉽고 한 것들이 많을 것 같은데요. 그 가운데 들 수 있는 게 있다면요?

김형선 조합원들의 정치참여입니다. 우리가 노동조합을 구성하고 있지만 노동조합의 정치적 영향력이라는 게 한국 사회는 너무 제한적이거든요. 특히 조합원들의 정치참여가 저조하기 때문에 한국노총이 총선이나 대선 때가 되면 영향력이 있는 겁니다. 저는 이런 영향력이 좀 더 제도화되고 강해지는 계기를 만들려면 조합원들의 정치참여가 반드시 필요하다는 입장입니다. 그리고 정치적 판단과 견해가 조합원 내에서도 다양할 수 있기에 이러한 정치참여를 하나로 묶는 것이 필요합니다.

노동 문제만이 정치적 이슈가 될 수는 없지만 적어도 조합원들은 정치참여와 정치적 선택, 정치적 입장이 노동을 가장 우선순위에 두는 교육활동 등을 통해 조합원들의 정치참여를 높이고 조합원들이 정치에 참여하면서 노동 문제를 제1의 문제로 올려놓을 수 있다면 노동의 지속가능성에 대한 고민을 우리가 그렇게 굳이 하지 않아도 되지 않을까 싶은데, 사실 쉬운 문제는 아닙니다.

　제가 기업은행 위원장이 되고 나서 가장 먼저 시작했던 것이 '1인 1당적 갖기 운동'이거든요. 기업은행에서 시작해서 금융산업노조에서 하자, 그래서 금노 이름으로 하고 그게 이제 공공부문들로 따라붙으면서 분위기가 좋았는데 뜻을 모아내는 문제가 남거든요. 여러 당으로 흩어지면 안 되니깐. 가장 고민되는 지점이기도 한데 노동교육에 정치교육을 반드시 넣고 정치적인 것들을 좀 해야 하는데 우리가 너무 조급하잖아요? 조합원들도 그렇고 사회도 너무 조급해서 즉각적 효능감을 원하거든요. 그러니까 우리가 정치에 참여해서 처음에 한번 해보자, 할 때는 참여하다가 내가 몇 달 해봤는데 내 삶이 바뀌는 게 없네, 하고 효능감이 느껴지지 않으면 금방 버리는 겁니다. 그러면 효능감을 바로바로 줄 수 있는 방식은 찾기 어려운데 결국 노동이 정치하고 떨어질 수 없는 문제라는 교육, 말하자면 노동교육 부문을 강화함으로써 조합원들의 정치참여 운동을 일상화하고 이런 것들을 노총 차원에서 해 나가는 게 저는 바람직하다고 봅니다.

조대엽　정치교육이 노동교육과 분리된 게 아니라는 말씀에 공감합니다. 사실 노동조합활동 자체가 고도의 정치활동일 수 있고요. 이런 정도 고민하셨으면 사실 어떻게 참여하느냐가 문제잖아요? 좀 전에 1인 1당적 갖기라고 말씀하셨는데 노총 차원에서도 선거 때 되면 전체 노총 차원의 참여 방안에 대해 고민이 많지 않습니까? 노총 차원의 의견이 모이는 경우도 있고 갈라지는 경우도 있을 텐데 강제로 노총을 특정 정당에 몰아줄 수는 없는 것 아닙니까? 결국은 어떤 식으로 참여할 것인가가 문제일 텐데요.

김형선 말씀드린 수준에서 크게 벗어나지 못하는데요. 우리가 지
부별로는 계속 노동교육이라는 걸 현장에서 다 하고 있거든요. 그래
서 저도 이제 취임한 지 얼마 안 됐지만, 내년부터는 반드시 산별노
조에 노동교육 시간을 배정할 수 있도록 지부에 요구할 생각입니다.
그래서 배정이 가능하면 정치참여 관련 교육을 좀 진행해 보려고 합
니다.

예전에 안철수 씨가 전국을 돌며 한 북콘서트와 같은 교육프로그
램이 일상화되어야 하지 않느냐, 우리 현장 노동조합의 교육에 반드
시 정치참여교육이 좀 들어가서, 노총도 정치의 계절에만 잠깐 그렇
게 할 것이 아니라 정치참여와 관련된 것은 아주 일상적 활동으로 계
속해야 한다는 생각입니다. 조합원을 늘리는 것처럼 정치참여도 정
당이 필요해서가 아니라 우리의 필요에 의해서 해 나가야 되지 않나
싶습니다. 그래서 지금은 그 정도 수준에서 시작해야 하지 않을까 고
민하고 있습니다.

조대엽 좋은 교육을 받는 과정 자체가 넓은 의미의 정치과정이라
고 볼 수 있겠지요. 정치참여가 표를 주거나 얻는 과정뿐만 아니라
정치의식을 바꿔 가는 과정까지 포함되어야 한다는 생각과 닿아 있
는 것 같습니다. 제가 학교에 있고 또 노동대학원을 운영해 본 경험
에서 본다면 교육이 참으로 중요합니다. 기업운영에서나 정치에서
나 노동조합에서나 교육과 학습에 대한 의지와 욕구가 있어서 교육

에 열심히 참여하는 분들하고 그렇지 않고 일상의 업무에 급급한 분들하고는 성장이 다른 것을 많이 느낍니다. 특히 노동조합을 포함해 조직의 세대적 재생산이라는 문제와 관련해서도 교육은 굉장히 중요합니다.

전국투어까지 생각하고 계시다니 제가 소속되어 있는 선우재와 함께 한번 이 큰 실험을 해보시지요. 선우재에서는 정치교육과 노동교육 프로그램을 다 갖추고 있습니다. 금융산업노조와 선우재가 이 영역을 개척하는 것도 의미가 있을 것 같습니다. 선우재의 교육콘텐츠를 금융노조의 노동정치 확장에 활용할 수 있다면 이 자체도 대단히 의미 있는 변화를 만들 것으로 보입니다. 적극적으로 관심을 가져주시기 바랍니다.

이제 다음 질문을 드려보겠습니다. '노조시민주의'라는 표현은 들어보셨어요? 선우재에서 노동마루 포럼 시작할 때 새로운 노동비전으로 제시한 것인데요. 노동의 가치를 시민적 보편성을 갖도록 확장해 나가는 방향을 말하는 겁니다.

김형선 제 생각하고 딱 일치하는 것 같은데요. 아까 말씀드린 것처럼 정치적 선택을 할 때도 개인의 성향에 따라서 의사결정을 하게 되는데, 노동은 늘 뒷순위라는 거죠. 우리의 먹고사는 문제가 노동인데 그 문제가 정치적 의사결정에 미치는 영향이 매우 미미한 수준이라고 하면 우리의 정치참여와 관련된 활동에 한계가 있는 게 아닌가? 그런 측면에서 우리 조합원부터 그걸 시작해보자는 거고요. 이런 게 확대된 개념이 노조시민주의가 아닐까, 하는 생각이 드는데요.

조대엽 김형선 위원장께서 노조시민주의 개념에 대한 친화력을 보여주시니 이 개념을 제안한 저로서는 김 위원장과 싱크로율이 일단 90% 이상은 되는 것으로 보이네요.

노조의 정치참여를 말씀하셨는데 사실은 노조시민주의의 핵심을 말씀하신 것이기도 하거든요. 정치라는 것이 인간 삶의 가장 보편적 영역인데 노동조합이 이제 선도적으로 정치를 자기화하는 것이 필요하다는 말씀은 노동자가 시민적 정체성을 가지고 보편정치를 주도하는 것과 다르지 않은 논리로 보입니다. 어쨌든 노조시민주의에 대해 크게 공감한다고 밝혔어요.

그러면 다소 반복적일 수 있습니다만 총노동의 차원에서 노조시민주의적인 경향에 대해 어느 정도 진전되고 있다고 평가할 수 있는지요. 이 부분은 미래 노동에 대한 전망과 결부된 문제거든요.

김형선 저는 많이 부족하다는 생각입니다. 그럼에도 저는 노동조합이 대중이 공감할 수 있는 주제들을 발굴해 밀고 나간다면 충분히 노조시민주의의 폭을 넓힐 수 있다고 봅니다. 다만 우리 노동운동이 그런 핵심 주제들을 사회적 주제로 만들어내지 못한 것은 우리 안의 게으름 같은 것이 분명히 있기 때문이라고 생각합니다.

조대엽 게으름이 있다. 조금 전에 아직 많이 부족하다는 말씀을 하셨는데 사실 제가 노조시민주의라는 개념을 제안하게 된 계기가 금융산업공익재단의 출범이었거든요. 저는 금융산업공익재단이 비슷한 시기에 만들어진 공공상생연대기금이나 사무금융우분투재단 등과 함께 노조시민주의가 가장 높은 수준으로 진화된 형태로 보거든요. 이 재단들은 노조 측에서 이니셔티브를 갖고 만들었기 때문에 저는 '노동기반 공익재단'이라고 부릅니다. 잘 아시겠습니다만 금노에서 기금을 출연하고 사측을 동참시켜 노사 공동의 재단이 만들어졌습니다. 획기적인 일인데요. 금융산업공익재단에 대한 입장과 평가를 부탁드립니다.

김형선   설립의 취지나 설립의 과정을 보면 우리가 이런 재단을 설립해 냈다는 데 대한 자부심이 있습니다. 그런데 재단이 구조적으로 사용자들과 함께하는 재단이다 보니까 어떤 사업에 대해서 역동적으로 사업을 추진하는 부분에서 어려움이 지속적으로 좀 있는 것 같습니다. 그리고 기본적으로 이 재단에 대해 사용자들의 인식은 변화가 없는 것이 아니냐. 그러니까 끌려와서 억지로 재단을 만든 것이다 보니까 재단을 좀 더 의미 있게 가꾸고 사회적 역할을 보다 충실히 하는 데에 어려움이 좀 있는 것 같습니다. 이런 변화를 어떻게 만들어야 하나. 이런 고민을 저희도 계속하고 있습니다.

조대엽   이제 사회적 대화에 관한 말씀 좀 나누지요. 사회적 대화에는 신뢰가 가장 중요하다는 말들을 많이 하잖아요? 우리 사회는 사회적 대화가 잘 안 되잖아요. 신뢰가 없는 겁니까? 왜 이렇다고 보시나요?

김형선   노사정 대화를 보면 정부가 과연 사회적 대화를 이끌어갈 수 있는 영향력을 경사노위에 부여하고 있느냐? 경사노위라는 조직이 사회적 대화의 주체로서 의사결정을 할 수 있는 힘을 가지고 있는가, 라는 생각이 듭니다. 문재인 정부 때도 사실 노사정 대화했던 게 국회에 가서 틀어지는 경우도 있고 했지 않습니까? 제가 보기에는 경사노위가 주도하는 대화에 의미를 둘 사람은 없다고 보거든요. 정부가 노동 문제를 대하는 태도에 경사노위의 지위가 이미 결정되어 있다고 보거든요. 그러니까 충분히 그런 사회적 대화를 끌고 나갈 수 힘이나 결정권을 경사노위에게 주지 않는데 그 대화에 참여하는 사람들이 얼마나 의미를 두겠느냐는 겁니다.

조대엽   그러면 사회적 대화에 여전히 정부 주도성이 필요하다는 입장이라고 이해해도 되겠습니까?

김형선   한국 사회에서는 사실 어쩔 수 없는 측면이 있으니까요. 특히 금융산업 같은 경우에는 어쨌든 관치官治산업으로서의 역사적 흐름이 있기에 사회적 대화를 정부 없이 하는 것보다는 정부 주도의 필요성이 있다고 생각합니다. 이런 과정을 통해서 우리가 바꿔야 하는 것이 있는데 문제는 대화 자체의 실효성이 별로 느껴지지 않으니까 바꿀 수 있겠느냐, 하는 어려움이 있는 거지요.

조대엽   그럼 결국 사회적 대화의 좋은 성과가 나기 위해서는 좋은 정부가 만들어져야 한다는 거군요.

김형선　저는 그게 우리가 정치참여를 해야 하는 이유라고 생각합니다. 아까 말씀드린 것처럼 노동 문제가 사회의 주된 문제도 아니고 유권자들의 주된 표심에 영향을 미치지 않기 때문에 사회적 대화는 그냥 저 정도 위치에 놔둬도 되는 거죠. 정부 입장에서는 다 연결되어 있는 거지요. 사회적 대화도 이런 측면에서 우리가 영향력을 확대해 나갈 때 실효적이지 않겠습니까?

조대엽　김 위원장 말씀을 듣다 보니 여전히 우리 한국적 조건에서 사회적 대화는 정부가 중요하다. 정부의 역할이 중심적인데 정부를 움직이려면 역시 정치적 영향력을 가지고 개입할 수 있는 힘이 있어야 하고 노동정치가 제도정치 영역으로 들어가서 정부를 움직일 수 있는 힘을 가져야 한다. 그래서 여전히 정부가 중요하다는 말씀으로 들리는데요.

김형선　그런 점도 있고요. 여론도 있습니다. 여론이나 언론이 노동 문제를 주된 문제로 다룰 수 있게 하는 환경을 우리가 만들지 않으면 결국에는 우리가 아무리 기자회견을 하고 그래도 언론에서 잘 다뤄주지 않잖아요? 우리 입장에서 보면 노조법 2, 3조와 관련된 기사도 내용에 대해서 제대로 다루고 있는 곳이 없잖아요. 그러니까 이런 이슈를 어떻게 주된 문제로 끌어내느냐. 노동을 우리 사회 중심에서 다뤄지는 문제로 이끌어내지 못하면 사회적 대화에서 노동 문제를 다루는 시각도 크게 달라지지 않을 거라는 생각인 거죠. 그러니까 반드시 정치적이란 점에서만 드린 말씀은 아니고요. 고민입니다.

조대엽 제가 정부 일을 좀 도와줄 때, 문성현 위원장이 경사노위 위원장을 맡고 있었습니다만 민노총이 경사노위에 들어오지 않는 것을 보고 정부가 힘이 없다기보다는 정부가 경사노위를 만들고 정부가 중심축으로 강하게 작동하는 방식이 언제까지 계속되는 것일까, 라는 고민을 오히려 한 적이 있어요. 나라마다의 역사에 따라 정부 역할이 큰 곳도 있고 작은 데도 있습니다만, 우리의 경우는 권위주의 국가의 기능적 잔재라는 측면이 있다고 봅니다. 노사관계에 정부는 언제 빠질 것인가라는 문제를 늘 생각했는데요. 하여튼 우리는 사회적 대화가 깨지는 요인도 그렇고 잘 되는 요인도 그렇고 여전히 정부라는 게 상수같이 돼 있는 것 같아요. 아무튼 김 위원장께서는 정부가 국민과 노동조합에 어떤 신뢰를 주느냐 이런 것이 중요하다는 정도로 이해하겠습니다.

이제 질문을 좀 바꾸어 김형선 위원장께서 노조활동을 하며 겪었던 것 가운데 가장 성공적 사례는 어떤 걸 들 수 있을까요?

김형선 가장 의미 있었던 일은 코로나 팬데믹 때 저희가 코로나 대응 관련한 노사정 합의를 이끈 일입니다. 코로나 지원과 관련해서 조합원들한테는 우리가 이 사회적 위험에서 조금 더 힘을 보태는 쪽의 합의를 끌어내고, 또 여건에 맞는 보상체계를 해 줘서 직원들을 응원할 수 있게 해 주고요. 과거에 정부에서 예를 들면 직원들에게 시간외 수당 같은 것도 국책은행들은 제대로 지급하지 않았거든요. 어떻게 보면 국가적 위기 상황에서 노사정이 그런 합의를 해내는 것이 참 대단한 일로 여겨졌어요.

물론 제가 전면에 있었던 건 아니지만 실제로는 그 역할이 기업은 행한테 주어진 게 제일 컸기 때문에 사실은 물밑의 일들은 거의 제 몫이었거든요. 코로나 시기에 노사정 합의를 통해 국민에 대한 지원 그리고 직원들 보호 이런 것들을 좀 잘 만들어냈던 것이 의미 있는 일이 아니었나, 하는 생각이 듭니다.

조대엽　노사 내부의 대화, 타협, 협의, 이런 것보다 국가적이고 사회적 이슈가 노조에 맞물려 있을 때 훨씬 더 의미 있는 성공으로 기억된다는 점이 특징적이군요. 노동조합운동의 미래에 대해서는 어떤 생각을 갖고 계신지요? 앞으로 노동조합은 어떻게 될 것 같나요?

김형선　사실 이거 매일 고민하는 건데요. 근데 미래는 우리가 만드는 거니까 지금 어떻게 전망한다는 것은 없고요. 노동조합을 어떻게 만들어 가야 되겠는가, 라는 고민은 계속하고 있는 거고요. 앞에서 말씀드린 대로 정치참여도 그렇고 조합원 교육도 그렇고 이제 우리가 어떻게 조직화하고 노동조합의 영향력을 키워나갈 것인가에 대한 고민이 있는 겁니다. 저는 우리가 어느 시점에선가 그런 문제들에 우리가 직면할 거라고 보거든요. 말씀하신 것처럼 지금 노동의 소멸 문제도 있고요. 어느 시점에는 노동이 우리 사회에서 역할을 해야 하는 시점이 반드시 올 거라고 봅니다. 노동이 준비돼 있으면 노동조합의 사회적 영향을 확대하는 쪽으로 가져갈 수 있을 거라고 봅니다.
　다른 한편으로는 조대엽 원장님께서 주신, 우리가 직면하고 있는 문제에 대한 많은 질문에 관해 지금 고민을 해놓지 않으면 노동은 계속 지금 수준의 언저리에 머물 수밖에 없지 않겠냐는 생각이 듭니다. 저는 말씀하신 것처럼 노동의 소멸 문제도, 금융산업의 경우도 변화가 빠르게 전개되고 있는 건 사실이니까요. 그 시점이 머지않은 시점에 오지 않겠는가, 또 노동시간 단축이나 이런 것들에 대해서 지금 많은 곳에서 얘기하고 있기 때문에 이 주제를 다룰 때도 노동이 어떤 역할을 해낼 수 있느냐에 따라서 그 이후의 우리 미래가 달라질 것이라고 생각합니다.

조대엽 노동조합의 미래는 비관도 낙관도 아닌 우리가 어떤 식으로 열어 가느냐에 달려 있다고 들리는군요.

김형선 우리 사회가 매우 어지럽고 혼란스럽고, 사회 문제가 다양하잖아요. 여기에서 우리가 담론과 주제를 만들어가는 주체가 될 것인지, 우리가 그 주제에서 그냥 방관자가 될 것인지에 따라서 노동의 입지는 달라질 거라고 봅니다. 그래서 그런 참여에 우리가 좀 불을 붙여야 할 때가 오고 있지 않나 하는 이런 생각을 하고 있습니다.

조대엽 노조의 리더십 중 가장 중요한 요소는 뭐라고 생각하세요?

김형선 두 가지 경우가 다를 것 같은데요. 상시적 상황의 리더십과 투쟁 상황의 리더십은 좀 다른 것 같습니다. 상시 리더십은, 어떻게든지 화내지 않고 포용하고 듣고 대화의 장을 열어 주고 대화의 결론을 공감할 수 있게 끌어내 주는 것이 제일 중요하다고 생각합니다.

이런 측면에서는 민주적으로 대화할 수 있는 장을 열어 주는 그런 역할을 좀 할 수 있어야 되겠지요. 그래서 화내지 않고 웃을 수 있는 역량이 필요하지 않나, 하고 생각해요. 그러니까 저는 평시에는 오히려 이런 리더십이 더 필요하다는 생각이 들고요. 그런데 노동조합은 결국 전시戰時이기 때문에 전시에는 군대의 수장 같은 리더십을 발휘해야 한다고 생각합니다. 권위나 위계에 대해서도 강력하게 지켜낼 수 있는 힘을 발휘할 수 있어야 하는 겁니다.

조대엽　좋습니다. 워낙 말씀을 잘 하셔서 길게 듣고 싶은데 시간이 아쉽군요. 노동조합의 지도자들 혹은 노동운동에 관여했던 분들이 굉장히 많잖아요. 김형선 위원장의 롤 모델이 있다면 말씀해 주실 분이 있나요?

김형선　배우고 싶은 점들이 각각 있습니다. 박홍배 의원 같은 경우에는 제가 지근거리에서 봤기 때문에 배우고 싶은 점이 있습니다. 박홍배 의원은 정말로 얼굴에 생각이 잘 드러나지 않거든요. 그런 게 사실 리더로서 어떤 상황에서도 동요되지 않는 느낌을 주는 거죠. 위기 상황에서 혹은 조합원들이나 조합이 동요될 수 있는 상황에서 박홍배 의원의 리더십을 본받고 싶은 측면이 있고요. 그 외에는 딱히 어떤 분을 옆에서 본 분이 없어서 말씀드리기 어렵군요.

조대엽　이제 노동 관련된 얘기들을 많이 했고, 살아오시면서 아름다웠던 기억 하나 말씀 좀 해 주세요.

김형선 노동조합 하면서 가장 가슴 뭉클했던 일은 저희가 '휴가나눔제'라는 것에 합의했을 때였어요. 그걸 했던 이유가 뭐냐 하면 2014년도에 공공기관들의 복지가 축소되면서 임병휴직이 한 3년 가까이 되다가 1년이 줄어들었습니다. 그러고 나서 많은 분이 돌아가셨어요.

제가 위원장 출마하기 전에 마지막으로 모셨던 지점장께서 항암을 하시다가 몸이 좀 회복돼서 어쨌든 임병휴직 기간은 거의 다 마무리가 돼가고 그러니까, 복직하셨다가 한 6개월 만에 재발이 되어서 돌아가셨어요. 제가 위원장 당선인 시절에 그분이 돌아가신 겁니다. 그분한테 가서 제가 2014년도에 어쨌든 임병휴직이 줄어들어서 우리 선배들이 겪으시는 문제에 대해서 내가 해답을 찾겠다, 이렇게 영정 앞에서 고민했는데 그러고 나서 저희가 임병휴직 기간을 3년으로 늘리기 위해 노력을 많이 했는데 안 되더라고요. 그게 기재부를 만나면 인사혁신처에서 결정할 문제지 자기들 일이 아니라고 해요.

저희는 공공기관이니까 공무원들 기준을 따라가니까 도저히 안 돼서 방법을 찾다가 바로 '휴가나눔제'라는 것에 합의한 겁니다. 그때 수출입은행 위원장이 먼저 하고 제가 하고 그래서 둘이서 고민해서 휴가나눔제를 만들어냈는데, 그게 시간외 수당을 보상 휴가로 받은 것을 직원이 중증환자인 경우에 1년 정도까지 기부할 수 있는 제도입니다. 그래서 이제 첫 대상자가 나왔는데 불과 2~3분도 안 돼서 1년 치 휴가가 다 기부가 된 겁니다. 직원들은 하루씩만 기부할 수 있거든요. 그 당시의 기억이 지금도 감동입니다.

제일 먼저 기부받은 그 친구가 안타깝게도 고인이 되었어요. 기부

받은 후 몇 개월 있다가 돌아가셨는데, 문상을 갔더니 아버님이 아주 시골 분이시더라고요. 제 손을 잡고 어쩔 줄 몰라 하시는 거예요. 손주들이 초등학교도 아직 안 들어간 애들인데, 내가 사실 뭘 해줄 수 있는 것도 없는데 너무 고맙다고 저한테 막 말씀하시는데 참 많은 생각이 들더군요. 만약 휴가나눔제가 아니었으면 그분은 퇴직한 상태에서 돌아가셨을 것이기 때문에 어떤 보상도 받지 못하는 거죠.

다행스럽게도 우리 안에 속해 있는 상태로 돌아가실 수 있는 환경을 만들어서 어쨌든 금전적 부분들도 충분히 보상할 수 있게 해준 측면도 있고 그래서 그게 제일 기억에 많이 남고 지금도 그런 휴가제도는 제도화해야 되는 거 아닌가 싶어요. 실제로 항암 같은 경우는 치료기간이 한 2년 정도 걸리고 회복하려면 또 한 1년 정도의 시간이 필요하더라고요. 그래서 정상적 생활을 할 때까지는 적어도 한 3년 정도 필요한 건데 우리 사회는 딱 2년 정도, 그러니까 질병의 치료시기까지만 임병휴직이라는 것을 허용하는 식으로 되어 있으니까, 그런 부분들을 우리 직원들을 보호할 수 있게 바꾼 것들, 그런 게 제일 기억에 많이 남습니다.

조대엽　힘들었던 기억 하나 말씀해 주실래요?

김형선　힘든 기억이요? 맨날 힘든데. 진짜로 아침에 신발 신을 때 딱 한 번만 더 해보자, 이러고 나오고 저녁에 들어갈 때가 되면 내가 이걸 왜 하고 있나 이러는 게 현실이라서요. 사실은 집행부 내에서 관계가 틀어질 때 가장 힘든 것 같아요. 그러니까 제가 신뢰하는 사람들과의 관계에서 대화나 소통의 어려움을 겪는 사실이 가장 힘든 것 같아요. 사실 일이란 게 곁에 몇 명만 있어도 사실은 어떤 위기 상황도 돌파해 갈 수 있지 않습니까? 그래서 주변에 있는 간부들과의 관계나 이런 것들을 유지해 가는 게 그만큼 중요한 게 아닌가, 특별히 힘들었던 시기라면 그 정도일 것 같습니다.

조대엽 마지막 질문입니다. 김형선 위원장의 꿈은 무엇입니까?

김형선 저는 꿈이 많아서요. 아니 근데 진짜, 저는 그런 게 너무 신난다고 해야 하나요? 사실은 노조추천 이사제를 금융위 그러니까 당시 문재인 정부에서 '금발심'이라는 것을 만들었거든요. 그 위원회에서 노조추천 이사제 같은 걸 이제 해야 된다, 이렇게 금융위원장한테 권고를 합니다. 노조추천 이사제를 제가 거의 제일 먼저 주장했었거든요. KB 같은 경우에는 아시는 것처럼 이사회하고 연결되는 것 때문에 조금 다른 양상이고요. 저희는 정부에서 하는 노조추천 이사제 요구를 제가 제일 먼저 한 거죠.

실질적 요구들은 그때 제가 처음 위원장 되고 막 청와대 가고 노동이사제 안 한다고 집회하고 기자회견하고 이러니까 나중에 들리는 얘기가 노조운동 하고 활동하시는 분들이 저한테 아무것도 모르는 애가 설치고 다닌다, 이렇게 말한다는 거예요. 그냥 웃어넘겼는데 사실은 그렇게 해서 정권 마지막에 노조추천 이사제를 수출입은행에 처음 도입했던 것도 그 주장을 제가 해서 도입이 됐던 거고, 노동이사제 입법도 많은 분이 애쓰셔서 됐지만 문제 제기를 핵심에서 했던 거는, 제가 송영길 대표가 가는 행사장마다 쫓아다니면서 1인 시위를 했거든요. 이제 그런 사회적 요구나 변화를 만들어 나가는 것이 꿈이죠. 노조추천 이사제가 공공기관에 도입되고 실현된 것처럼 제가 꿈꾸는 다른 일들도 이렇게 사회적으로 한 발짝 한 발짝 나아갔으면 하는 것도 꿈입니다.

조대엽 김형선 위원장과의 대화, 아주 의미 있었습니다. 긴 시간 응답해 주셔서 감사합니다.

대담 ⑧ 최희선

시민이 이해하는 노동조합

조대엽   최희선 전국보건의료산업노동조합 위원장과의 인터뷰를 진
행하겠습니다. 먼저 포괄적으로 시대상황에 대한 인식을 포함해서 우
리 시대 노동위기에 대한 생각을 듣고 싶습니다. 인류 역사에서 노동
이 위기 아닌 적이 있었던가 싶습니다만. 최근 노동위기 담론이 확산
되는 시점에서 세 가지 차원에서 질문을 드리려고 합니다. 하나는 AI
시대에 이르기까지 기술 발달에 따른 인간노동의 보편적 위기에 대한
것이고, 다른 하나는 노동조합이 직면하고 있는 조직위기의 차원이
있을 것 같습니다. 또 하나는 정권의 성격에 따라 위기가 달라질 수 있
는 측면도 있을 겁니다. 이제 세 가지를 나누어 질문 드리겠습니다.

   첫 번째 질문으로 기술 발전에 따를 인간노동의 보편적 위기를 우
리가 겪고 있는데 전체 노동의 보편위기 혹은 보건의료 부문은 어떤
지에 대한 생각을 말씀해 주시지요.

최희선   산업화는 오랜 시간 겪어 왔지만 AI와 같이 새롭게 바뀌는
것과 관련해서 보건의료 쪽, 병원은 사실 가장 늦게 영향을 받을 거
라고 생각했거든요. 왜냐하면 케어 부분, 돌봄 영역이 사람을 상대해
야 하고 또 아픈 사람을 상대해야 하기 때문에 좀 늦게 올 거라고 생

각했지만 지금 변화는 이미 시작된 것 같아요. 병원의 수납 같은 경우는 키오스크로 많이 변화되고 있잖아요. 예전에는 다 사람이 응대했고 환자들 입장에서는 와서 질문도 하고 이럴 수 있는데 그냥 키오스크 눌러서 접수하고 저 왔어요, 하는 것도 사람을 만나는 게 아니라 도착하면 도착했다고 키오스크 눌러야 되고 이런 것들이 빠르게 바뀌고 있어요.

제가 석사과정을 의료경영대학원을 했는데요. 2006년도에 졸업했으니까 꽤 오래됐거든요. 20년 정도 됐는데 그때 이미 홍콩에 있는 어느 대학의 유비쿼터스 케어 이런 걸 공부했어요. 약을 로봇이 나눠주고 집에 오면 내 건강 정보가 다 병원에 넘어가고 이런 게 벌써 20년 전이거든요. 우리도 이렇게 가고 있는데 우선 병원에서 일하는 노동자들도 굉장히 많이 줄어들 수밖에 없을 거라는 생각이 들어요.

그래서 어떻게 보면 구조전환의 시기가 도래하고 있다고 생각하고, 4차 산업혁명에서 헬스케어 쪽이 가장 늦게 온다고 하지만 준비는 해야 되지 않을까, 그런 측면에서 사람이 기계나 로봇으로 대체되는 만큼 근무시간을 줄이고 이런 방향으로 워라밸을 추구해야 되지 않을까 생각하고 있어요.

조대엽 병원 이용자 입장에서 많이 편리해지기는 한 것 아닌가요?

최희선 저는 오히려 불편할 것 같아요. 어떤 병원은 벌써 식사를 로봇이 하도록 준비한다고 하기도 하고요. 그다음에 임상병리사 같은 경우는 이제 검사실이 있잖아요. 그런 것이 필요 없이 이제 그냥 다

2024년 9월 25일 오전 10시,
최희선 전국보건의료산업
노동조합 위원장을 영등포
소재의 보건의료산업노조
위원장실에서 만나다.

기계로 결과까지 나오게 하는 변화가 있을 것 같아 보건의료 관련된
학생들도 많이 줄여야 하지 않을까, 계속 졸업생은 생기는데 티오가
없으니 취업은 점점 안 되고 그러면 값싼 노동이 계속 생기는 거죠.

조대엽　　의사나 간호사 인력의 규모에 대해서는 어떻게 보세요?

최희선　　의사는 실질적으로 너무 부족한 게 맞아요. 저희는 의대 증
원을 반드시 해야 한다고 주장하는 게 1년에 3,000명 나와서는 현재
의사들의 수요를 감당을 못하는 어려움이 20년 동안 계속되었기 때

문에 의사는 늘려야 되는 게 맞습니다. 반면에 간호인력의 경우는 지금 너무 많이 뽑고 있어요. 솔직히 지금 1년에 수험생이 25만 명이라고 하면 간호학과가 2만 5,000명이에요.

10명 중 1명은 간호학과를 가고 있거든요. 2만 5,000명이 졸업하는데, 지금 간호협회에 등록된 간호사 수가 약 50만 명이라고 합니다. 그리고 병원에서 일하는 간호사 수는 25만 명밖에 안 됩니다. 그럼 25만 명은 다른 데서 일하거나 장롱 면허를 갖고 있는 것이잖아요. 근데 계속 뽑는 거예요. 그럼 간호사도 언젠가는 값싼 노동자로 전락할 수밖에 없다는 생각이 들고요. 의대 증원 지금 1,500명 하는 걸로 이렇게 난리인데 간호대 증원은 매년 필요한 대로 하고 있거든요. 간호사들은 값싼 노동을 계속 제공하고 있는 거죠.

조대엽 어쨌든 AI 전환으로 가고 있다고 보시는데, 우리가 병원 가보면, 전 같으면 진료 다 받고도 원무과에 줄 서서 기다렸다가 병원비 계산 마치고 나오잖아요. 요즘은 카드 등록해 놓으니 자동결제가되어 줄 설 일도 없고 인력도 훨씬 줄일 수 있고요. 편리하던데요.

최희선 환자들 일부분은 그렇게 표현할 수 있는데요. 환자들 입장에서는 특히 병원 정보가 부족하잖아요. 환자들은 대면으로 물어보고도 싶은데 이런 게 지금 다 기계로 전환이 되어 있으니 그런 것들을 많이 불편해하더라고요.

조대엽 노동조합 위기에 대해서는 어떻게 생각하세요? 보건의료

쪽도 크게 다르지는 않을 것 같은데 젊은 세대들의 노조 기피 현상에 대한 걱정들이 많잖아요? 노동조합의 경직성이나 노조 리더십의 문제 등이 MZ세대와 거리가 있지 않나요? 이런 요인들을 노동조합의 조직위기라 할 때 어떻게 판단하시는지요?

최희선　　노동위기와 관련해서는 학생운동의 경험이 노동운동으로 연속된 점이 중요한 의미를 갖는 것 같은데요. 보건의료 쪽으로 보자면 이주호 원장님, 나순자 위원장님, 유지현 위원장님, 이 연배 정도의 선배 그룹은 학생운동부터 시작해서 노동운동으로 투신하셔서 노동조합을 진짜 헌신적으로 지켜온 셈인데 이제 학생운동이 거의 없잖아요. 이런 상황에서 졸업한 친구들은 노동조합에 대해 어떤 생각을 가지고 있는가 하면 제가 느끼기에는 그냥 보험 정도로 생각하는 것 같아요. 내가 낸 만큼 보장받는다. 그러니까 실제로 임단협 교섭을 하면 경영상황에 따라 그때그때 임금 인상률이 예를 들면 올해는 공무원 임금 인상률이 2.5%잖아요. 그런데 낮을 때는 동결되는 경우도 있었고, 뭐 1%일 때도 있었고. 그러면 내가 1년에 내는 조합비가 딱 1년으로 하면 60만 원이다. 근데 임금 인상률은 1% 올랐으니 45만 원이다. 내가 내는 조합비보다 임금 인상이 낮으면 내가 조합을 왜 가입하나? 하는 거죠. 요즘엔 노골적으로 자기주장을 할 곳이 많잖아요? 홈페이지도 있고, 조합원 밴드도 있고 병원 그룹웨어도 있고 이런 데다가 다 올리는데요.

　이제 그 공동의 이익을 위해서 헌신하고 내가 조금 참아야 되고 이런 게 많이 약화되다 보니까, 이제 다 내 거, 우리 부서, 우리 병원 이게 너무 강화되는 게 사실 조직 내에서 좀 많이 힘듭니다. 저희는 또 산별노조이기 때문에 맞춰가야 하는 게 있거든요. 잘나가는 병원도 있고 못 나가는 병원도 있으면 맞춰서 가야 하는데 그게 많이 힘들어서 튕겨 나가려고 하는 게 많이 나타나는 게 현실입니다.

젊은 친구들에게 특히 대형병원들은 조합 가입을 이렇게 홍보합니다. 태어나면 출생신고, 취직하면 노조 가입. 이렇게 해서 전체적으로 큰 병원일수록 조합 가입률이 굉장히 높습니다. 거의 다 가입해요. 왜냐하면 가입하지 않으면 뭔가 손해 보지 않을까, 불이익을 당하지 않을까 이런 생각 때문에 많이 가입해요.

중소병원 같은 경우는 노조설립 자체가 어렵습니다. 그냥 그 조직을 유지하는 것조차 어려운 게 중소병원은 이 병원을 평생직장으로 생각하는 사람이 많지 않아요. 상대적으로 그런 실정인데, 조금 다니다가 이직할 것이기 때문에 내가 굳이 노조를 만들어서 힘들게 하려고 하지 않습니다. 또 일부 한다고 하더라도 이직률이 워낙 높기 때문에 유지가 잘 안 됩니다. 그리고 중소병원의 병원장들은 일반적으로 오너 의식이 너무 강해요. 이게 내 병원이고 자수성가해서 여기까지 키웠는데 노조를 만들어서 노조랑 내가 뭔가 협상해야 되는 현실을, 노동자를 노사관계 바탕으로 보지 않고 단순히 내 병원 종사자로 보기 때문에 노동조합을 인정하려고 하질 않아서 사실 중소병원에서 노조가 설립되고 유지되기가 굉장히 어렵습니다.

조대엽　중소병원의 사례는 아직 노동조합의 갈 길이 멀다는 생각을 갖게 하네요. 이제 정부에 관한 이야기 좀 해보죠. 정부와 노조의 관계는 정부 성격에 따라 편차가 심한데요. 노동조합으로서는 일종의 정세적 위기가 심각한 상황이라고 할 수 있는데요. 어떻게 평가하세요?

최희선　윤석열 정부의 탄압이 처음부터 거셌잖아요? 들어서자마자 화물연대를 확 아작내고, 건설노조 확 아작내니까 그다음에는 뭔가를 해보기가 굉장히 어려운 상황인 것 같고, 또 하나는 그렇게 탄압받아도 좀 꿋꿋하게 투쟁해야 한다는 정서가 옛날보다는 많이 약한 것 같다는 생각도 좀 들고요. 또 하나는 또 지금 윤석열 정권이 워낙 심하게 탄압하고 있지만 그렇다고 문재인, 노무현 정권 때는 노동조합이 좀 괜찮았나요? 그렇지도 않았던 것 같아요. 어쨌든 정권은 이 정부가 더 심하게 탄압하는 게 있지만 노동운동은 우리 자체적으로 우리가 힘을 기르고 있어야지 가능한데, 그게 안 되고 있는 게 현실적으로 많이 안타깝다고 생각해요.

조대엽　평계 대는 거 아닙니까? 윤 정부에 대한 대정부 투쟁역량이 모이지 않으니까 이전 정부에서도 마찬가지였다는 그런 생각인 게 아닌가요?

최희선　우리는 윤 정부하에서 작년에도 산별 총파업을 했고 올해 의료상황 속에서도 파업하려고 했고, 결국은 이제 합의되면서 못했지만요. 이번에는 정부가 엄청나게 나섰어요. 우리까지 파업 들어가면 진짜 의료대란이 되니까.

조대엽　최 위원장께서 전략·전술적으로 잘 파고들었다는 생각이 드는데요.

최희선　안 할 수가 없으니까요. 저희한테도 계속 비상경영체제 하면서 임금 동결 얘기를 하니까 조합원들이 더 이상 참을 수가 없다고 한 거지요. 그런데 그때 그것도 할 수 있으니까 먹히는 거지 파업할 준비가 안 돼 있으면 안 먹혔다고 생각해요.

조대엽　보건의료 쪽은 결집도 워낙 잘 되고 준비도 잘 갖춰져 있다는 것은 인정하지 않을 수 없습니다. 어떻게 보면 산별로서의 제도적 수준과 아울러 동원력 또한 갖추고 있다고 볼 수 있겠지요. 그래도 위원장의 판단이 중요할 걸로 생각합니다. 이제 우리 사회에서 시민사회의 조직적 동력이 점점 더 약화되고 있지 않습니까? 그래서 조직된 동원력은 그나마 노동조합밖에 없지 않느냐는 생각인데, 사실 지난 촛불 집회 같은 경우에는 민주노총을 비롯해 노조가 선도적 역할을 했습니다. 그런데 지금은 워낙 정부에게 세게 얻어맞아서 그런지 위축되어 있다는 것을 느껴요. 계속 이렇게 있어도 되는 건지요?

최희선　아니요. 그렇게 해서는 한 발짝도 못 갈 거라고 생각합니다. 민주노총 같은 경우는 정파 간의 문제가 있어서 사실 하나로 모이지 못하는 게 현실적으로 있고요. 어쨌든 투쟁을 준비해야 한다고 생각하거든요. 금속노조나 공공운수노조나 그다음에 저희나 화섬, 이런 산별노조로 가려고 하는 데는 먼저 좀 나서자, 그런 얘기는 지금 위원장들끼리 좀 하고 있습니다. 준비해야지요. 준비해서 가야 할 거라고 생각합니다.

조대엽　노동위기에 대한 말씀은 이 정도 나누고 노동조합운동의 성과에 대한 질문을 드리겠습니다. 우선 한국 사회 전체 측면에서 볼 때 노동조합의 역할이 있었을 테고, 노동조합의 내부역량이나 조합원의 권익에도 큰 변화가 있었어요. 이런 것을 성과라는 측면에서 본다면 구체적으로 어떤 게 있을까요? 객관적으로 볼 때 우리 노동조합은 내부역량이 축적되고 규모도 커졌으며, 특히 금융산업이나 보건의료산업은 산별노조로서의 제도적 수준이 높아졌어요. 노동조합의 정책적 역량도 아직 취약하기는 하지만 그래도 이전에 비해 정부와 노정 교섭을 할 수 있을 정도로 정책역량과 교섭역량이 강화되었습니다. 사회 전체에 대해서도 의미 있는 역할을 해왔다고 보는데요. 최저임금을 통해 저소득계층의 소득수준을 조금씩이라도 높임으로서 불평등을 줄이는 데 기여한 측면도 있을 수 있고요. 중간층이 늘어나는 데도 노조의 역할이 크지 않았는가, 하는 생각을 합니다. 보건의료 쪽 입장에서 이런 부분들을 구체적으로 본다면요?

최희선　민주노총이 최저임금 문제라든지 비정규직 문제, 조직되지 않은 노동자들을 위해서 노란봉투법이라든지 이런 투쟁을 하는 건 전체 노동자들의 근무조건 향상을 위해 사회의 변화를 추동하는 일이라고 생각합니다.
　저희 보건의료노조도 어제 보건의료 노동자들의 노동 기본권과 관련된 국회 토론회를 했는데 아까도 말씀드렸지만, 저희는 대형병원 말고 민간 중소병원들, 그다음에 의원급들 이런 데는 노동조건이 너무나 열악하거든요. 최저임금도 못 받는 임금 체계를 갖고 있고 병원장이 오너고 밑에 직원들 몇 명 데리고 근무하다 보니까 완전히 사장님과 종사자 입장에서, 근무조건 조정이나 임금협상하는 것은 아예 생각도 못하고, 또 뭔가 조금만 하면 그냥 해고되고… 이런 일들이 비일비재합니다. 이제는 저희가 방사선사협회 임상병리사협회, 영양사협회 등 각종 협회들과 최저 수준의 임금 체계를 좀 만들고 그걸 해당 협회 아니면 의사협회나 병원협회와 협상을 요구한 지가 올해 3년째거든요. 그런 역할들을 확대하려고 하고 있고요.

우리가 산하 노동조합의 조합원들만이 아니라 보건의료산업에서 일하는 전체 노동자의 근무 여건을 향상시키려고 하는 것처럼 민주노총도 조직되지 않은 노동자들의 전체적 삶의 수준을 올리기 위한 투쟁들을 해왔다는 데 대해서는, 그게 불평등·양극화를 해소하는 과정이고 사회를 조금 더 정의롭게 가는 과정이라는 점에서 굉장히 의미 있다고 생각하고, 또 그렇기 때문에 민주노총에 대한 기대도 높은 것 같아요. 다른 한편으로 이러한 기대에 부응하기 위해 총연맹이 조금 더 현장 장악력이 있어야 합니다.

제가 위원장 되기 전에 본부장이나 지부장으로 있을 때 항상 민주노총은 총파업을 내걸지만, 총파업이 된 적은 한 번도 못 봤거든요. 그런데 그렇게 준비해 나가야 하지 않나, 정부하고 총파업으로 싸울 수 있어야 민주노총이 힘이 있는 것이고 사회적 성과를 남기는 일이라고 생각합니다. 안타까운 심정입니다.

조대엽 전체사회 차원에서 노동조합운동은 무엇보다도 노동시장이든 소득수준이든 자본주의적 양극화에 대한 저항으로서의 역할과 기여가 중요한 것 같습니다. 이런 측면에서 세계적으로 불평등은 점점 더 고도화되는 경향입니다만 그 가운데서도 취약층의 수준을 올리거나 지탱하는 데 노동조합의 역할은 크지 않았나 생각합니다. 보건의료 입장에서 우리가 세상을 위해 이런 것은 하지 않았나, 하는 게 있다면 구체적으로 말씀해 주시지요.

최희선 보건의료노조 입장에서 보면 무상의료를 주장하고 구체적으로 암부터 무상의료 제공하자고 주장했어요. 지금 암 환자들은 관련 병원비를 5%만 내고 있잖아요. 이런 것들을 우리 보건의료노조가 주장해서 했다고 하면 사람들이 다 놀라거든요.

간호·간병통합서비스 병동을 전면 확대한 것도 마찬가지입니다. 사실 간병비 문제가 심각하잖아요? 가족 중에 누가 아파서 간병을 누구 한 명이 붙어서 돌봐야 하면 간병해야 하는 사람도 직장생활을 할 수가 없고, 완전히 매달려야 되고. 또 사람을 쓰게 되면 한 달에 400만 원에서 600만 원이 든다고 해요.

이 간병 문제를 해결하기 위해서 저희가 처음으로 시도한 것은 보호자 없는 병원 만들기였습니다. 보호자 없는 병동 만드는 운동을 시작했고, 그게 발전해서 지금 간호·간병서비스 병동이 만들어졌습니다. 여기 입원하면 보호자 전혀 없이 간병인과 간호조무사가 들어가거든요. 이걸 시범으로 시작했다가 2021년에 9회 노정 합의하면서 간호·간병서비스 병동을 전면 확대하는 것으로 했고 지금 그렇게 열려 있는데, 병원 측에서 일부 못 하고 있는 게 있는데요. 앞으로는 이제 그렇게 갈 수밖에 없는 방향으로 만들어 놨고요. 보건의료노조는 이런 문제들을 적극 해결하는 데 실질적 역할을 한 것입니다.

앞에서 정권 관련 언급을 했는데 정권이 괜찮을 땐 그런 걸 했었구나, 하는 생각이 좀 드네요. 문재인 정부 때는 저희를 교섭의 대상으로 생각해서, 저희가 정부랑 교섭한 거죠. 그런데 윤석열 정부 들어서는 교섭은 아니고 이행 점검 회의는 할 수 있다는 겁니다.

조대엽 문재인 정부가 그래도 노동존중사회를 비전으로 내세운 유일한 정부예요. 민주노총이 경사노위에 들어오지 않은 것은 아프지만 그래도 일자리위원회라든지 다른 사회적 대화 장치들은 가동이 되고 있었기 때문에 일자리위원회 같은 데는 다 들어가서 했거든요. 또 대통령이 나서서 노동조합 가입을 독려하기도 했고요.

최희선 많이 늘어났지요.

조대엽 대략 20만 명 정도 늘지 않았나요? 그 자체가 엄청난 일이어서, 최 위원장께서 앞에서 언급한 정부는 다 똑같다는 식의 평가는 받아들이기 어렵습니다. 어쨌든 우리 사회의 발전이라는 측면에서 지금 말씀은 특히 의료산업 발전에 결정적으로 보건의료노조가 정책적 기여했다는 말씀을 강조하셨어요.

조금 다른 의미로 좀 까다로운 질문일 수 있는데 산별노조로의 방향성을 다들 공감하고 있지 않습니까. 특히 금융이나 보건은 산별로서의 수준이 높은데, 그 수준이 높다는 것은 제도적으로 산별에 걸맞은 요소들이 갖추어져 있다는 것을 의미하거든요. 이런 차원에서 본다면 보건의료산업 쪽의 조직규모나 조직의 기능, 조직의 시스템 등에서 산별로서의 제도적 성과를 구체적으로 말씀해 주신다면요.

최희선 보건의료노조는 1998년에 산별로 전환했거든요. 26년째가 되고 있는데요. 조직이 많이 성장했어요. 지부 수는 200개가 넘고요. 조합원 수는 약 8만 5,000명 정도 되거든요. 산별 자체의 규약과 규정이 있고 또 산별노조이기 때문에 힘을 갖는 부분이 있다고 보여요. 대형 지부, 대형 사업장일수록, 특히 고려대처럼 큰 사업장은 한 지부가 4,000명이 넘거든요. 백병원 같은 경우 6,000명이 넘습니다. 병원은 3~4개지만 하나의 지부로 되어 있는 데도 있고요. 사실 지부 자력으로 할 수 있는 게 훨씬 많은데도 불구하고 저희는 50%를 의무금으로 내거든요. 이런 것을 다 지키고 있는 것은 지부에서 해결하지 못하는 일들을 산별이 해결한다는 생각이 굉장히 강합니다.

교육도 많이 합니다. 특히 저희가 장점으로 하는 것은 조합원 '하루 교육'인데요. 조합원 하루 교육은 이제 거의 모든 지부가 단협으로 시행하게 되었습니다. 조합원은 하루를 유급으로 노조 교육을 할 수 있도록 했는데 지역본부별로 하기도 하고 지부별로 하기도 합니다. 모든 교안은 중앙에서 내리고 회의도 다 체계적으로 하고, 이런 부분들은 제도적으로 체계화돼 있다는 말을 다른 노조로부터 많이 듣고 있습니다. 중집회의는 거의 매달 하고 있고, 그다음에 매달 전국 지부장 전임간부 연석회의를 하고 있습니다. 그래서 방송실이 필요한 게, 전국적으로 흩어져 있으니까 자주 모이기가 쉽지 않지만 방송으로 중앙이 지금 의료개혁이 어떻게 되고 있고 민주노총 투쟁은 어떻게 해야 하고 이런 사항을 매달 전국 지부장과 전임자들까지 교육하고 토론하는 제도들이 체계화되어 있다고 봐주시면 될 것 같습니다. 산별로서의 통일성을 갖추고 있는 거죠.

조대엽　모든 노조가 산별로의 전환을 방향성으로 공유하고 있지만 여전히 우리의 산별은 제한적 수준인 측면이 있는 것 같습니다. 최 위원장께서 보건의료노조의 교육시스템, 산별로의 응집력, 회의제도의 체계화 등을 말씀하셨는데 더 갖추어야 할 과제가 있다면 어떤 것을 들 수 있을까요?

최희선　산별 교섭을 하고 있는데 주요 큰 사업장이 참여하지 않는 문제가 있습니다. 사립대하고 국립대가 참여하지 않고 있어서 일부는 반쪽짜리 산별 교섭이라고 얘기하는데 저는 그래서 국립대와 사립대가 반드시 들어오게 해야 한다는 생각입니다. 그래서 전체 우리 산하 지부들의 임금협상이나 단협(단체협상)이나 이런 걸 좀 통일적으로 가져가야 한다는 생각인데요. 앞으로 해결해야 할 숙제가 다만 너무 큰 병원과 너무 작은 병원을 똑같이 임금 인상을 적용하기는 어렵다고 생각하고요. 작은 병원 더 올려야죠. 그리고 단협을 똑같이 하긴 어렵습니다. 경영상태가 워낙 좋은 데와 진짜 어려운 데가 단협을 똑같이 하기는 어렵다고 보는데 저는 표준 단협, 표준 임금 체계는 선별해서 같이해야 된다는 생각을 하고 있어서 지금 그런 연구들이 진행되고 있습니다.

표준 임금 체계, 표준 단협위원회, 그래서 단협위원회도 따로 구성해서 준비하고 있고, 조직되지 않은 노동자들에 대한 협상도 의협, 병협을 상대로 교섭을 계속 요구함으로써 언젠가는 해야 한다는 생각입니다. 우리가 산별노조이기 때문에 조직된 노동자들을 위해서는 말씀드린 대로 산별 교섭을 완전한 산별 교섭으로 만들어서 표준 단위, 표준 임금 체계를 만드는 것이 중요하고요. 조직되지 않은 노동자들을 위해서는 의협이나 병협을 통해서 최저 수준은 해줘야 합니다. 모든 노동자, 모든 보건의료 노동자들이 다 달라서 거기서 임금협상을 하는 것은 아니지만 최저 수준은 거기서 다루어줘야지요. 그런 것들을 준비 중이라고 보시면 될 것 같습니다.

다른 하나는 앞으로 산별이 아닌 노조가 산별로 전환할 때 좀 더 집중력을 갖는 방안을 고민해야 한다고 봅니다. 우리는 전신이 병원노련에서 산별노조로 전환한 거잖아요. 처음에 연맹으로 있다가 산별로 전환했는데 개인적 생각으로는 조금 더 중앙 집중력을 가지는 방식으로 제도화가 필요하다고 봅니다.

중앙 집중력을 강화하는 방안은 산별 중앙과 지부 간에 민감한 문제인데요. 현장 정치를 통해서 풀어나가야지요. 지부에 장기 집권하는 지부장들이 있잖아요. 20년 넘게 하시는 분들도 있어요. 3선 이상은 좀 제한하자는 것을 진짜 토론을 통해서 규약을 바꿨거든요. 지금 3선까지 가능합니다. 그래도 3년짜리 3선이면 9년이거든요. 여기에는 조합원들이 뽑아주는 건데 이런 제안 자체가 문제 아니냐는 반론도 있었습니다. 이에 대해 우리는 3선까지 했으면 적어도 지부장 하지 말고 본부장으로 계속 활동을 하실 거면 상급 단체로 올라오라는 겁니다. 아니면 현장 갔다가 다시 나오거나. 왜냐하면 대부분 작은 사업장들은 할 사람도 없고 일단 지부장 하겠다고 나서는 사람도 별로 없고, 우리 지부장이 워낙 잘한다고 생각하기 때문에 그냥 쭉 뽑아주시는 거예요. 8선, 9선, 그러면 이십몇 년, 그럼 이제 그 지부는 발전이 안 됩니다. 지부가 200개이다 보니 너무나 다양한 사례들이 많습니다.

조대엽　장기독점 지부장들은 업무에 대해서는 훤해지겠는데요.

최희선　너무 훤하기에, 이때쯤 이것 해 주고 이때쯤 이렇게 하고 그렇게 해서 1년 가고 그런 겁니다.

조대엽　주제를 좀 바꿔보겠습니다. 지금 기업에서는 최근 ESG 경영에 대해 강조해왔고 ESG 경영 목표를 바탕으로 지속가능경영보고서를 만들고 있습니다. 제가 속한 선우재는 지속가능경영보고서와 달리 지속가능노동보고서의 중요성을 강조하고 있습니다. 현재의 ESG가 지속가능한 노동에 어떻게 기여할 수 있다고 보십니까?

최희선　ESG 경영이 아직 병원에서 저희에게까지 논의가 열려 있지는 않은 것 같아요. 다만 병원이 특히 에너지를 너무 많이 소비하는 산업이거든요. 저희가 기후위기와 관련해 연구도 하고 교육도 하고 보니까 너무 심각한데 안 쓸 수 없는 상황인 거죠. 병원에서는 모든 게 다 기계인데 여기에 에너지가 너무 많이 필요하고 이제 이런 부분들을 병원 측과 논의하는 단계입니다. 지속가능성이라는 측면에서는 병원이 어쨌든 에너지 다음으로 일회용품 쓰는 것, 이런 것을 줄여나가야 하는데 결국 일회용품을 안 쓰려면 사람의 노동이 들어가야 되기에 그런 방향으로 가야 되지 않을까, 하는 생각을 합니다. 병원과 협의해야겠지만 일단 문제는 우리가 일회용이 더 편해요. 보건의료 노동자 입장에서는 옛날에는 수술할 때 보시면 기구를 펴서 그걸 다 하나하나 세척하고 소독하고 이렇게 썼는데 요즘에는 뭐 하나 하면 이만큼 일회용품 봉지가 나오거든요. 이런 게 이제 지구를 힘들게 하는 건데 이제 줄여 나가야 하지 않을까, 라는 조합원 교육을 하고 있는 단계입니다.

현재의 ESG 경영에 대해서 노동조합 입장으로서는 지속가능한 노동에 별 도움이 되지 않는다고 생각할 수 있을지라도 가야 할 방향이 아닌가 생각합니다. 지금 에너지 부분만 말했지만 사회와 관련해서는 노동시간 단축 같은 이슈가 저는 지속가능한 ESG 경영에 들어가야 한다고 생각하거든요. 주 4일제 논의도 그렇고요. 노동조합이 사용자와 계속 이 부분을 의제에 올려서 대화해야 한다고 봅니다. 노동시간 단축, 일 사회 양립, 지금 금융노조도 4.5일제 하다가 출근시간을 임산부 출근시간을 늦췄잖아요, 이런 문제들이 저는 계속 논의가 돼야 한다고 생각하고 그런 게 ESG이고 지속가능한 경영으로 가야 되지 않을까 하는 생각이 들거든요.

조대엽　노동의 측면에서도 지속가능한 노동을 위한 중요한 지표들을 지속가능경영보고서 쪽에 넣어서라도 일단 좀 변화하게 만드는 게 중요하다는 입장으로 정리하면 될 듯합니다만. 그럼 ESG라는 표현을 빼고 노동의 지속가능성, 지속가능한 노동기반 사회의 구축을 위해 필요한 지표를 구체적으로 하나 든다면 무엇을 들까요? 이미 노동시간에 대한 말씀을 하셨습니다만 역시 노동시간이 가장 중요한 요소입니까?

최희선   노동이 지속가능하려면 제 경험으로 말씀드리면 당연히 근무시간 단축이 절대적으로 필요하다고 생각해요. 우리나라는 너무 일만 해요. 그리고 정년이 길어지는 것도 저는 반대예요. 왜 정년을 65세로 해서 계속 일하는 사람으로 만들어야 하는지 모르겠어요. 외국은 정년 단축으로 파업을 하잖아요. 우리는 왜 이 시기에 정년 연장을 언급하는지 저는 잘 모르겠습니다. 조금 더 일찍 노동을 그만두고, 아까 여유 얘기하셨는데, 삶의 여유를 갖고 다른 데 주위도 둘러봐야 되는데 우리나라는 너무 일해요.

노동하는 시기에 다른 걸 뭘 할 수가 없잖아요. 그래서 병원 노동자들도 많이 요구하는 게 무급이라도 좋으니까 장기 육아휴직을 좀 달라는 거예요. 그래서 5년 이상 근무했을 때 한 달의 무급휴가를 준다거나 이런 거를 지금 단협으로 맺고 있거든요. 그런 쉼이 필요해요.

우리나라는 대학을 졸업하든 고등학교를 졸업하든 어딘가에 직장을 가져야 하고 직장생활을 하지 않으면 먹고살기가 너무 힘들잖아요. 먹고살기 위해서 직장생활을 계속해야 하고 그 직장생활이 60세, 65세까지 간다는 것은 그 사람의 인생에서 너무나 많은 것을 노동에

만 매진하게 하는데, 이런 것을 좀 바꿔야 되지 않을까. 그러려면 노동시간 단축이 필요하고 아까 AI 기술 도입으로 사람이 하는 노동을 줄이고 기계가 대치된다고 하면 그 시간만큼 휴가를 줘야 된다고 생각하거든요.

조대엽 노동시간 외에 또 하나 든다면요?

최희선 또 하나 든다면 지금 저출생이 굉장히 심각하잖아요. 저출생을 해결하기 위해서는 육아를 하기 위한 충분한 시간을 줘야 한다고 생각해요. 저는 첫아이는 육아휴직을 안 썼고 둘째는 육아휴직을 썼는데 육아휴직을 쓴 애하고 첫째하고는 모아 관계가 확실히 다르다는 걸 느끼겠더라고요. 그래서 반드시 육아휴직을 쓸 수 있는 사회 환경이 돼야 하는데 병원이라는 사업장에서도 쓰기가 쉽지 않거든요. 지금은 지부마다 육아휴직을 2년으로 늘린 데도 있고 육아휴직 기간을 또 공무원은 3년으로도 가고 그러는데, 쉬고 나오면 적응이 또 너무 힘들어요. 문제는 페널티가 전혀 없어야지 사람들이 쉽게 육아휴직을 쓸 수 있을 거라고 생각하고, 그게 보장이 되어야 아이 낳는 것도 조금 덜 부담스러운데 그런 게 안 되니까 아이 낳는 것을 아예 포기하는 경우가 너무 많지 않을까.

경력 단절로 인해서 부담이 굉장히 많이 되고 또 경력 단절 기간 동안 생계도 좀 어려운 부분이 있고. 그러니까 이런 부분들이 사회적으로 보장되어야 저출생 문제도 해결이 되지 않을까 이런 생각이 들어요. 이 부분이 해결되어야 지속가능한 노동도 가능하고요.

조대엽 최 위원장님 말씀 듣고 있으니까 우리 선우재가 생각하는 노동의 비전으로서의 '지속가능한 노동'의 문제가 거의 모든 사회 문제와 결부되어 있다는 새삼스러운 자각을 하게 됩니다. 노동시간 단축에다 저출생 문제가 해결되면 노동의 지속가능성이 훨씬 더 안정될 것이다. 저출생 문제를 해결하기 위한 육아휴직이나 이런 것들이 모두 사실은 노동시간을 줄이는 문제와 결부되어 있잖아요? 그래서 거의 모든 사회 문제들이 지속가능한 노동이라고 하는 방향성과 관련되어 있다는 점에서 '지속가능한 노동'의 비전이 갖는 중요성을 최 위원장 말씀을 통해 다시 깨닫게 됩니다.

이와 연결된 질문으로 노조시민주의에 대해 말씀드리겠습니다. '노조시민주의'라고 들어보셨어요? 우리 선우재가 이른바 21세기 노동의 새로운 비전으로 제시한 제 이론이기도 한데 핵심은 노동의 가치 그리고 노동조합의 지향을 시민적 역량화하자, 노동의 가치와 노동조합의 영역을 시민사회로 확장시키고 시민사회와 결합한 노동운동으로 가자는 건데, 노조시민주의의 개념과 함께 이 같은 논리에 대해 어떻게 생각하세요?

최희선 너무나 필요하다고 생각하고요. 저는 사실 이렇게 위원장까지 할 생각은 없었고, 그냥 착한 민주시민으로 지내고 싶었어요. 왜냐하면 사회가 변화하는 것은 물론 노동조합이 변화를 추동하고 노조와 같은 조직된 힘으로 할 수 있는 게 많지만 노동조합만으로 할 수 없는 것들이 있는 거잖아요. 시민사회가 같이 보조를 맞춰줘야만 저는 사회가 변화된다고 생각해요. 박근혜 촛불도 마찬가지로 물론 민주노총이 주력이 됐다고 하지만 그건 조직화됐기 때문에 조합원들 데리고 나갈 수 있었지만 여기에 시민들이 붙었기 때문에 가능했다고 생각하거든요.

금융노조가 주 4.5일제로 파업한다고 하니까 억대 연봉이 뭘 또 파업이야, 라고 하는 것을 보면, 시민들과 공감대가 형성되지 않았기 때문에 파업한다고 하면 항상 그렇게 욕을 먹어야 하는 것이거든요. 그래서 저는 시민들이 우리 노동조합을 이해하고 노동조합도 시민들과 함께하는 뭔가를 자꾸 하지 않으면 고립될 수밖에 없다는 생각을 하는 거예요. 좀 자랑 같지만 작년에 윤석열 정권 때 총파업을 했을 때 저희 욕하는 사람 별로 없었거든요. 올해도 아니 이 시기에 보건의료노조가 파업한다고 이렇게 욕먹을까 봐 사실 걱정을 많이 했어요. 그런데 현장에서도 먹히잖아요. 왜냐하면 우리가 그동안 희생을 감수했다, 무급휴가도 감수했고 우리가 의사들 빈자리 까지 다 채웠다, 이런 것들을 국민들이 알아주니까 이제 정부가 나설 수밖에 없지, 안 그랬으면 때려잡았을 수도 있었다고 저는 생각하거든요.

시민들이 우리 투쟁을 이해해 줘야지만 가능하다는 생각이 들고 앞으로 노동시간 단축도 지금 금융노조가 말하니까 억대 연봉자들이 또 노동시간 단축까지 요구한다, 나는 주 6일에도 최저임금 받고 있는데? 하는 정서가 생기면 그거는 어렵다고 보거든요. 시민들이 공유할 수 있는 의제를 가지고 민주노총이 총파업을 해야 된다고 봐요. 예를 들면 진짜 최저임금 갖고 총파업을 해야죠.

조대엽 중요한 말씀을 하셨네요. 그러니까 노동 이슈 자체의 확장을 위해서도 시민사회하고 같이 가야 한다는 정확한 말씀입니다. 노조시민주의는 노동 이슈를 가지고 연대하는 것도 중요하지만 노동 외적 이슈 그러니까 시민적 이슈에 대해서도 노조가 앞장서야 한다는 점이 강조되는데, 예컨대 우리가 민주화운동에 노동조합이 선두에 서서 참여하면 이것도 노조시민주의죠. 보건의료에서 뛰어들어, 코로나 팬데믹은 사회적인 이슈인데 여기에 뛰어들어서 엄청난 공헌을 했지요. 이 같은 사회공헌들이 모두 노조시민주의라고 볼 수 있고 취약계층을 위한 활동들도 노조시민주의라고 할 수 있는데, 보건의료노조에서 노조시민주의 활동의 구체적 사례들이 있다면요?

최희선 보건의료노조 중앙에서는 네팔 어린이 돕기 같은 국제적인 시민사회 이슈를 다루고, 지부별로는 요즘 저도 지부가 지부 노사관계에만 매몰되지 말고 지역사회에 공헌할 수 있는 걸 해야 한다는 말을 많이 합니다. 그래서 취약 계층에게 빵 나눠주기, 집 고쳐주기 같은 것도 지역사회의 도움을 받아서 하고 있어요. 지부별로는 이런 사업이 많이 필요하고 중앙에서는 미얀마, 네팔 어린이 학교 짓기 같은 걸 지원함으로써 사회연대활동을 하고 있습니다.

조대엽 노총 차원에서 노조시민주의 현황은 어떤 수준이지요? 얼핏 보면 통일운동 같은 것도 하는 것 같던데요.

최희선 글쎄요. 노총에서 하는 일은 잘 모르겠는데. 시민사회단체와 회의하고 윤석열 정권 퇴진 관련 논의하고 이런 거는 많이 봤는데.

통일운동은 양대 노총이 다 하고, 사드 투쟁도 열심히 가고, 강정마을도 가고 합니다. 총연맹에서도, 저희 보건의료노조 차원에서도 하고요. 특히 조합원들과 역사 기행 다니면서 5·18, 4·3 이런 거 알리는 일도 많이 하고 있어요. 또 전태일재단도 방문하게 하고요.

조대엽　좋습니다. 이제 좀 구체적인 질문을 드리겠습니다. 2018년을 전후해서 노동조합이 주도한 노동기반 공익재단들이 만들어졌어요. 잘 아실 텐데 양대노총 공대위가 주도한 공공상생연대기금, 금융산업노동조합이 주도한 금융산업공익재단, 사무금융우분투재단 등이 만들어졌고, 오래전에 만들어진 전태일재단도 노동기반 공익재단이라고 할 수 있고요. 2018년 전후에서 연속적으로 출범했는데 여기에 대해서 평가를 한번 해 주시죠. 의의와 함께 공공상생연대기금에는 참여하고 계시잖아요? 참여하시면서 느끼는 문제점이나 과제 같은 것도 말씀해 주시면 고맙겠습니다.

최희선　공공상생연대기금은 보건의료가 함께하기 때문에 제가 이사로 참여하고 있는데, 위원장 취임한 지 이제 1년도 안 되어서 몇 번 참여하지 못했어요. 그런데 저는 이런 공익재단이 더 많이 만들어져야 한다고 생각해요. 하고 싶은 일이 있어도 돈이 없어서 못 하는 사회단체들도 많고 또 취약계층 학생들도 많이 있는데 저희 공공상생연대기금에서는 그런 부분을 많이 도와주고 있고 장학재단처럼 장학금도 주고 이런 일들을 많이 하더라고요.

　그래서 저는 노동조합뿐만 아니라 무슨 회사에서도 이런 단체들을 좀 많이 만들어서 하고자 하는 일이 있는데 돈이 없어서 못 하는 아이들은 도와줘야 된다는 생각이 들어요. 저는 공공상생연대기금 이사인데, 생각보다 돈이 엄청나게 모여 있더라고요.

조대엽   공공상생연대기금은 약 600억 원 규모이고, 금융산업공익재단은 그보다 훨씬 많은 2,000억 원 규모지요.

최희선   근데 그 정도 규모에 비해 1년 예산이 너무 작은 것 같은데요. 작은 거예요. 이 정도 기금이면 더 많은 일을 할 수 있을 텐데, 저는 참석한 적이 몇 번 안 되어서 이제 보는 중입니다. 또 쉽게 쓰게 했다가 펑펑 써 버리면 안 되기도 하고요.

조대엽   쉽지 않은 역사적 계기를 통해 만들어진 기금이기 때문에 운용하는 분들은 그런 걸 잘 알고 있어요. 그만큼 신중하게 결정하는 것 같습니다. 공공상생연대기금은 그래도 의사결정이 잘 되어 잘 쓰는 편으로 알고 있어요. 제 분석으로는 노동기반 공익재단들이 조금씩 다른 것 같아요. 그 차이를 이 책에서 유형화했는데요. 기금기반의 범위나 출연주체의 역할 분화 등에서 조금씩 다른 것 같아요.

최희선   공공상생연대기금은 원금이 이만큼 크잖아요. 이걸 불려서 이자나 어디에 투자해서 불린 돈의 한도 내에서 쓰려고 하더라고요. 원금을 손대면 안 되는 것처럼. 정말 의미 있는 일이라면 쓸 수 있다고 저는 생각하는데.

조대엽　아무튼 노동기반 공익재단은 역할을 많이 할 수 있게 관심을 가졌으면 합니다. 이제 사회적 대화 관련된 질문을 드리겠습니다. 사회적 대화의 핵심 요건은 대부분 신뢰라고 답하지 않습니까? 우리가 사회적 대화가 잘 안 되잖아요. 그러면 신뢰가 형성되지 않는 건데 왜 그럴까요?

최희선　지금도 기억나는데 민주노총 김명환 위원장님 하실 때 사회적 대화 해야 하나 말아야 하나, 경사노위 참여해야 하나 하지 말아야 되나 했던 때가 기억납니다. 그때 저는 지부장이었는데 참여해서도 참여에 따르는 부작용이 있을 수 있지만, 안 하는 것보다는 해야 한다는 입장이었거든요. 물론 신뢰에 바탕을 두고 했는데 결과가 나빠서 거기에 대한 책임을 져야 한다면 책임져야 된다고 생각하거든요.

　여태까지 보면 민주노총은 안 하고 뒤에서 계속 얘기만 하는데 그렇게 해서는 뭔가 변화를 가져올 수 없다는 생각이 들어요. 사회적 대화를 하면서 서로 또 배신도 당하고 뒤통수 맞았네, 이럴 수도 있겠지만 그런 과정에서 조금씩 앞으로 나아갈 수 있지 않을까, 라는 생각이 들고요. 그때가 문재인 정부였죠. 했으면 좋았겠다, 할 수 있는 게 훨씬 더 많았겠다는 아쉬움이 좀 있고 앞으로도 기회가 된다면 저는 해야 한다는 생각입니다.

조대엽　의지의 문제로만 볼 수는 없을 텐데요?

최희선   당시 위원장님의 의지는 상당히 높았는데 일부 정파에서 반대한 거죠. 지금 양경수 위원장님은 만약에 하게 되면 하지 않을까요? 물론 윤석열 정부가 하자고 안 해서 문제지.

조대엽   노사 간의 대화에서 노정 교섭까지 포함해서 우리의 사회적 대화에 좀 더 갖춰져야 할 게 있으면 어떤 게 있을까요?

최희선   저는 아까 신뢰도 중요하지만 사회적 대화로 발생하는 문제에 대한 책임도 필요하다고 생각하는데요. 총연맹 차원에서 정부와 사회적 대화를 통해서 뭔가 결정된다면 이익을 보는 집단이 있고 또 손해를 보는 집단이 있을 건데, 무엇이 더 전체 노동자를 위해서 가는 것인지가 정해지면 손해 보는 집단을 어쨌든 설득하면서 가야 하고, 그것에 대한 책임도 고민하면서 가야 하지 않을까라는 생각이 들어요. 그때 사회적 대화에 대해서 부정적 입장을 가졌던 많은 분들은 정부의 들러리가 될 것이라는 우려를 했잖아요. 민주노총이 사회적 대화에 참여해서 그냥 정부가 하고자 하는 것에 힘을 실어주면, 더 힘든 계층의 노동자들은 민주노총에 가서 뭘 한 것이냐고 하고, 그러면 우리가 얘기할 수 있는 뭔가가 없어지는 거다, 라는 주장들을 했던 걸로 기억해요.

그럼 언제까지 총연맹은 완전히 이익이 될 때만 대화할 거냐, 그건 아니라는 거예요. 그래서 저희도 9·2 노정 합의를 했을 때도 일부에서는 여기에 대해 불만이 있기도 했지만 중앙에서는 전체의 이익이 된다고 생각하면 가고 또 부족하다고 하는 부분들은 책임도 어느 정도 지면서 해결해 가야 하는 걸로 봅니다. 대화 당사자들의 책임 있는 자세가 좀 필요하지 않을까, 라는 생각이 들고 그 대화하시는 그 단위들은 또 서로 그런 부분에서 존중이 필요하지 않을까, 라는 생각이 들어요.

조대엽   책임과 상대에 대한 존중, 이게 사실은 우리 사회가 제일 취약한 거죠. 노사에만 해당하는 게 아니라 모든 영역에서 상대에 대한 인정은 필요한 덕목인 것 같아요. 이제 보건의료 맡은 지 9개월 되셨는데 그간 파업도 기획하시고 노정 합의도 끌어내셨어요. 취임 후 성공적 사례를 만들었어요. 지부장 시절부터 최 위원장님의 전체 노동운동 역사에서 가장 성공적인 대화의 사례나 가장 힘들었던 사례로는 어떤 게 있을까요?

최희선   성공적인 대화는 별로 없었던 것 같고요. 어려웠던 기억은 너무도 뚜렷해요. 저는 26살 때부터 노조를 했어요. 대의원, 간부, 그리고 전임 시작하고. 전임을 31살 때 했는데 32살 때 그러니까 2002년도에 CMC가 217일 파업할 때 제가 정책부지부장을 맡고 있었어요. 그때 7개월 노숙하면서 투쟁했고 명동성당에서 마무리했는데 결국은 승리하지 못했어요. 그때가 제 인생에서 가장 힘들었던 투쟁이었고 아마 죽을 때까지 잊을 수 없을 것 같아요.

  2002년 해고가 되고 2004년에 복직하면서 현장 간호사로 또 한 10년을 일하다가 2013년도에 지부장으로 다시 나온 건데요. 아까도 말씀드렸지만 저는 그냥 평범한 애국시민으로 살고 싶었어요. 그런데 현장이 너무 어려워지는 것을 보게 되고 제가 간호사로 계속 있는 것보다는 노조를 해야 되겠다는 생각으로 다시 나오면서 지부장 5년하고 본부장 6년하고 지금 위원장 온 건데요. 그때 승리했으면 막 자랑삼아 얘기했을 텐데 217일 투쟁하고 나서 결국은 우리 스스로 조직 보호를 위해서 정리한 투쟁이었거든요.

이번에 홍명옥 지도의원도 인천성모 사례를 가지고 가톨릭사업장의 노사관계에 대해 박사논문을 썼는데, 제가 가톨릭 출신이거든요. 여의도성모 출신인데 가톨릭사업장의 노사관계는 해결해야 할 과제라고 생각합니다. 가톨릭이 밖에서 봤을 때는 민주적이고 정의롭고 뭐 이러지만, 가톨릭사업장의 노사관계는 연구 대상입니다.

그때 217일이니까 7개월간 투쟁했고 5월에 시작해서 12월 24일에 끝냈거든요. 연말이 넘어가면 안 될 거고 그때는 또 모두 불법 파업이었기 때문에 구속자도 많았고 해고가 28명 됐고요. 당시 나순자 위원장님이 서울 본부장이었어요.

조대엽 나순자 위원장 인터뷰 때 그 기억을 떠올리면서 가장 힘들었다고 눈물을 흘렸어요. 얼마나 아픈 기억이면 아직까지 눈물을 흘릴까 생각했는데 오늘 최 위원장께 다시 듣게 되네요.

최희선 저는 이제 눈물도 안 나와요. 그때 명동성당에 언제 공권력이 투입될지 모르는 상황이었기 때문에 저는 2차 지도부로 명동성당에 7월부터인가 나가 있었어요. 5월에 파업 들어가서 병원 로비에서 파업하고 있는데 공권력이 계속 들어온다는 얘기가 있었기 때문에 7

월부터 명동성당에서 노숙투쟁을 진행했죠. 그때가 제 인생에서 가장 기억에 남습니다. 그다음에 서울 본부장 할 때는 조합원이 1만 7,000명이었는데 6년 끝내고 나서 2만 8,000명으로 늘어나 조직도 크게 확대되었고, 체계를 좀 잡고 나온 것 같습니다.

조대엽　이런 이력이 쌓여 산별 최고사령관까지 되신 거네요. 평범한 애국시민으로 살기는 틀린 생애였네요. 세상이 부르는데 어떡합니까? 추가 질문 하나 더 드리겠습니다. 노동조합의 미래는 어떨까요?

최희선　미래는 아까도 말씀드렸듯이 학생운동 이런 게 이제 다 없는 상태에서 하다 보니까 개별화되고 자기중심적이고 내 것이 먼저 소중하다고 생각하는 문화가 있지만, 또 한편으로는 노동의 위기도 많이 느낀다고 생각하거든요. 그래서 보험 차원에서 그래도 노동조합 하나는 있어야지 생각하는 사람들도 많아지고 있어요. 그래서 크게 나쁘지 않을 것 같아요. 다만 우리가 준비를 해야 합니다.
　청년들, 이제 졸업하는 사람들, 그리고 학생들에게 노동조합이 사회의 변화를 추동하고 당신 어차피 노동자가 될 건데 노동자들의 여건들을 위해서는 노동조합이 반드시 필요하다는 교육부터 시작해야 합니다. 젊은 친구들이 병원에서 청년 활동가로 전임자를 많이 하려고 하거든요. 물론 길게 하려고 하지는 않지만요. 이분들을 떠나지 않게 하는 것도 우리가 준비해야 되지 않을까 생각이 들고, 그래서 청년 활동가들에 대한 교육이나 지속가능하게 노동조합 활동을 할 수 있도록 배려하는 것, 아까 말씀 주신 것처럼 외부 교육으로 시선을 넓히는 것, 이런 게 다 필요하지 않을까 하는 생각이 듭니다. 그렇게 준비한다면 크게 위기가 아닐 수도 있겠다는 생각도 합니다.

노동조합에 대한 인식도 많이 바뀌었어요. 우리나라가 옛날에는 노동조합 활동하는 것을 대단히 좋지 않은 시각으로 봤다면 지금은 사실 노동조합 활동한다는 게 그렇게 페널티라고 생각하지는 않는 것 같더라고요. 당당하게 하는 세상이 되었어요. 제가 이번에도 의료 파업 때문에 인터뷰도 많이 했지만 그냥 조끼 입고 했어요. 옛날 같았으면 KBS에 '조끼 입고 해도 될까요?' 물어봐야 했는데 이제 그런 생각 전혀 하지 않고 그냥 조끼 입고 다 해요. 파업을 타결한 다음에 우리 간부가 조끼 입고 식당에 밥 먹으러 갔는데 보건의료노조를 알아보는 거예요. 너무 잘하셨다고 얘기해 줬대요. 그래서 아주 뿌듯했다는 말을 하는데 저는 이런 문화가 형성될 거라고 보거든요.

조대엽 앞에서 우리 노동의 중첩된 위기에 대한 대화로 시작했는데 노동조합의 미래에 대해 희망 어린 전망을 해 주셔서 고맙습니다. 그러니까 아무리 개별화된 MZ세대라고 하더라도 노동조합의 실용적 가치를 거부하지는 못할 것이다, 또 그런 방향으로 노동조합의 발전을 지속할 것이다, 이런 차원에서 노동조합은 재생산을 위한 여러 가지 준비와 노력을 기울여야 한다, 그러므로 노동조합의 미래는 결코 어둡지 않다. 이렇게 생각하시는 거지요?

최희선 맞습니다. 저는 생각나는 대로 말하는 데 너무 정리를 잘해 주시네요. 무엇보다도 지금은 선배 세대만큼 일하지 않아요. 지금

보건의료노조 사무실에 40명이 있고, 전국적으로는 사무처에 70명이 있거든요. 이분들이 선배 세대만큼 헌신적으로 일하지는 않아요. 그런데 이제 이런 부분에 우리가 익숙해져야 합니다.

옛날 선배들처럼 일하라고 하면 누가 남아 있어요? 아까 말씀 주셨던 것처럼 교육도 보내고 저는 대학원도 졸업하라고 했어요. 제가 서울 본부장일 때 그때는 재정적으로 좀 권한이 있어서요. 지금 중앙에 올라오니까 권한이 진짜 더 없어요. 사무처 직원들이 공부한다고 하면 위원장이 학비 전액은 못 대더라도 예산에서 50%는 대 줄 테니까 공부해라, 그래야 역량이 커질 수 있다고 생각하거든요. 그런 투자가 필요하다. 이분들에 대해서 다른 직장 버리고 그래도 노동조합 하겠다고 여기에 오신 분들인데 그분들에 대한 교육과 투자가 저는 있어야 한다고 생각해요.

조대엽 고대병원 분쟁 때, 병원이 수익 많이 남기는데 건물 새로 짓는 데는 돈 쓰지만 인력 채용에는 돈 안 쓴다고 비판 많이 했잖아요. 보건의료도 다른 산별이나 연맹보다 독립적 건물을 확보해서 하드웨어에 대한 투자는 크게 이루어진 걸로 보이는데 조합원이나 활동가들에 대한 투자, 사람에 대한 투자가 여전히 크게 부족한 것으로 보여요. 제가 이번 인터뷰를 위해 보건의료노조 단독 자가건물로 들어서면서, 이건 농담으로 들어주시기 바랍니다. 싸우면서 닮는다고 병원과 노조가 모두 건물에 진심인 거 아닌가, 라는 생각을 아주 잠깐 했어요.

또 다른 질문으로 넘어가 보겠습니다. 최 위원장께서는 노동조합의 리더로서 최고 위치까지 이제 올라오셨어요. 총연맹이 있습니다만 산별 위원장이 실질적인 사령관인데 갖춰야 할 리더십에는 어떤게 있다고 생각하세요?

최희선　일은 누구나 할 수 있다고 생각해요. 사람을 중심으로 하는 따뜻한 마음이 리더십의 첫째 요소라 생각해요. 제가 서울 본부장을 할 때 슬로건이 "사람 중심, 현장 중심, 미래를 준비하는 서울지역본부"였거든요. 노동조합은 어쨌거나 투쟁력이 바탕이 되어야 한다고 생각하고 그 투쟁력은 조직력에서 나오고, 조직력은 사람을 중심에 놓아야만 가능하다고 보거든요. 그래서 사람이 중심이어야지 일이 중심이면 안 된다는 생각을 가지고 있고, 또 하나는 노동조합은 철저하게 현장 중심으로 가야 한다. 중앙이 현장과 멀어지면 아무리 총파업을 걸어도 못 갑니다. 민주노총이 아무리 총파업을 걸어도 산별을 장악하고 있지 않기 때문에 못 갑니다. 그래서 현장 중심으로 가야 하고 그렇게 미래를 준비해야 합니다. 옛날 선배님들의 투쟁방식과 노동조합을 지켜왔던 방식을 넘어 이제는 MZ세대라고 하는 사람들한테 맞춰서 진화해야 합니다.

조대엽　사람 중심, 현장 중심의 따뜻한 마음이 리더십의 첫째 조건이다. 하나 더 든다면요?

최희선　중앙에 올라올수록, 지부장을 하고 본부장을 하고 위원장을 하면서 총연맹 회의에 가 보면 너무 우리끼리 그룹 지어 있어요.

분열되어 있어요. 우리는 자본과 싸워야 하고, 정권과 싸워야 하는 큰 과제가 있는데 우리 안에서 계속 찌그락 빠그락 하고 있거든요. 그래서 쟤는 안 돼, 라고 하면서 서로 배척하지 말고 사람을 중심에 두고 따뜻한 마음으로 쟤는 왜 그럴까? 어떻게 하면 좋을까? 이렇게 생각하면서 시작해야 되는데 너무 우리 안에서 배제적으로 하는 거예요. 규모가 커져서 그럴 수도 있을 거라 보이는데 우리 내부에서 인간적인 따뜻한 마음이 복원되지 않으면 노동운동은 스스로 자멸할 수밖에 없겠다는 생각이 듭니다.

조대엽   통합과 연대를 위한 수단으로서의 '따뜻한 리더십'이라고 정리하면 되겠군요. 따뜻한 리더십이 좋은 표현으로 들리는데요. 어제 시(詩)와 정치에 관한 도종환 의원의 강의를 들었는데 그 내용이 자꾸 생각나는군요. 도종환 의원, 이제 도종환 시인이 리더십을 구별하는데 유능한 것과 따뜻한 것, 이 두 가지가 필요하다고 해요. 그래서 유형을 만들어 유능하고 따뜻한 리더십, 유능하고 차가운 리더십, 무능하고 따뜻한 리더십, 무능하고 차가운 리더십으로 나눕니다. 물론 최고의 리더십은 유능하고 따뜻한 리더십이겠지요. 아무튼 최 위원장께서 따뜻한 리더십을 강조하셨고, 통합과 연대를 끌어내는 유능성도 언급하셨으니 유능하고 따뜻한 리더십을 말씀하신 셈이네요. 노동조합 리더십의 요소로 하나 더 들어주실 수 있나요?

최희선   정답이 두 개인데 하나만 얘기한 셈인가요? 나를 돌아보는 리더십이 중요한 것 같아요. 리더라고 하면 매 순간 다른 의견과 접하잖아요? 스스로 내가 이상한 건가, 라는 질문을 해야 하거든요. 자기성찰을 먼저 하는 리더십이 필요한 것 같아요. 상대의 문제점을 먼저 들추면 안 될 것 같아요. 나를 돌아보는 리더십이 중요합니다.

조대엽 최 위원장께서 강조하신 따뜻한 리더십은 다른 식으로 표현해서 포용적 리더십이라고 할 수도 있고, 지금 말씀하신 끊임없이 자기 자신을 돌아보는 성찰적 리더십, 이 두 가지를 드신 걸로 정리하면 좋겠네요. 노조 하시면서 리더십에 대한 성찰을 많이 하신 것 같아요. 모든 리더들이 귀담아 들어야겠어요.

최희선 그래요? 영광입니다.

조대엽 비슷하면서도 다른 질문 하나 드리겠습니다. 노동계에서 우리가 알만한 인사들 가운데 최 위원장께서 존경하거나 롤 모델로 삼을 만한 분은 어떤 분이 있을까요?

최희선 가까이 지내본 적은 많지 않지만, 권영길 지도위원님을 존경해요. 노동자 정치세력화를 위해서도 엄청나게 애쓰셨고 또 지금은 아프신 몸으로도 현장이랑 소통하려 하시거든요. 또 교육이면 교육, 대의원대회면 대의원대회 어디든지 많이 찾아다니시고 또 역할을 하려고 하시는 모습이 참 보기 좋고 또 닮고 싶어요. 따뜻한 리더십으로는 저희 보건의료노조 역대 위원장님들 모두 훌륭하지만, 유지현 위원장님을 들 수 있어요. 너무 일중독이셨어요. 나순자 위원장님도 너무 따뜻하세요.

조대엽　이제 최 위원장님께서 후배들의 좋은 롤 모델이 되기를 기대합니다. 노조활동을 포함해서 인생사 차원에서 소중한 기억들이 많을 텐데 가장 아름다웠던 기억이 있다면요?

최희선　가장 아름다웠던 기억은 노조하기 전이었던 것은 확실합니다. 혼자 여행 다니고, 막 이럴 때가 가장 좋았어요.

조대엽　우문에 현답을 주셨어요. 노조를 이끄는 일이 그만큼 어렵다는 말씀인 듯합니다.

최희선　여행을 정말 좋아하거든요. 혼자 여행 다니고 이럴 때가 제일 좋았는데 이 일을 하면서 못 가는 게 좀 안타까워서요.

조대엽　생애사적으로 가장 힘들었던 기억을 든다면요? 역시 노조할 때입니까? 2002년?

최희선　물론 지금도 많이 힘든데요. 너무 현안이 많고 그렇긴 한데, 2002년 때는 너무 멋모르고 시작했는데 너무 큰 투쟁을 해서 힘들었던 것 같아요. 가장 아팠던 것은 그때 7개월 동안 투쟁하다 보니까 예전에도 어떤 인터뷰에서 얘기한 적이 있는데 유산된 조합원들이 있었어요. 왜냐하면 로비에서 잠을 자고 투쟁도 하러 다녀야 하고, 이러다 보니까 유산하게 되었어요. 그런데 그때 유산한 조합원이 계속 아이를 못 가지게 됐고 평생 못 가진 경우도 있고, 그래서 그런 거 생각하면 정말 가톨릭병원이 너무하다는 생각이 좀 들어요. 제 인생에서 그게 가장 아팠어요. 제가 현장에 복귀해서 봤을 때 그 조합원이 아직도 아이를 못 갖는 걸 보고는 너무 마음 아팠어요. 그게 제 인생에서 가장 아픈 기억으로 들 수 있어요.

조대엽   합리화되어야 하는데, 그런 게 깨져야 하는데요. 노조활동 자체가 법적 기반을 가지고 있고, 비록 더디게 가더라도 노동 관련 법들이 점점 더 노동권을 보장하는 방식으로 진화하고 이 과정에서 노조의 사회적 지위 자체가 많이 달라졌는데도 여전히 권위적 구석들이 많이 있다는 게 안타깝습니다.

최희선   저도 병원장들을 많이 상대하잖아요. 교섭 들어가면 지금 병원장님들 연세가 이제 60대에서 65세 전후가 병원장을 많이 하거든요. 쭉 올라가다 보면 그쪽을 많이 아는데, 내가 왕년에 노동운동하고 학생운동 좀 했어, 라고 하는 병원장님들이 제일 대화하기 힘들어요. 우리를 평가하려고 해요. 노조도 그러면 안 돼 뭐 이러면서 그분들이 제일 힘들어요.

조대엽   386세대가 이제는 완전히 뭐라 그러나, 꼰대가 된 거지요.

최희선   제가 그래서 그분들을 '운동 꼰대'라고 부릅니다.

476

조대엽　마지막 질문 드리겠습니다. 최희선 위원장님의 꿈은 뭡니까?

최희선　꿈은 아까도 얘기했듯이 평범한 애국시민으로 사는 겁니다. 민주시민이었으면 좋겠고, 우리 노동조합으로 볼 때는 보건의료노조가 완전한 산별노조를 좀 했으면 좋겠다는 꿈을 갖습니다. 아마 나순자 위원장님도 똑같은 꿈을 가지셨을 거고요. 한 가지 덧붙인다면 가톨릭병원의 노사관계를 좀 복원시켰으면 합니다. 해결해야 할 숙제로 남아 있습니다.

조대엽　산별, 혹은 연맹 위원장님들이 대한민국에서 가장 바쁜 분들이란 걸 잘 알고 있습니다. 인터뷰에 흔쾌히 시간을 내주셔서 감사합니다. 특히 최 위원장께서 인상 깊은 답변을 많이 해 주신 점, 감사드립니다.

대담 ⑨ 이지웅

정책노조와 경영지원주의

조대엽 이지웅 전국공공산업노동조합연맹 위원장과의 인터뷰를
진행하겠습니다. 첫 번째 질문은 우리 시대 노동위기에 관한 질문인
데요. 디지털, AI에 이르는 기술 발전이 가져오는 인간노동의 보편위
기와 노동조합의 조직위기, 그리고 정권의 특성에 따른 정세적 위기
를 각각 구분해 볼 때, 우선 기술 발전에 따른 인간노동의 보편위기
에 대한 생각을 말씀해 주시기 바랍니다.

이지웅 저희도 지금 회원조합이 64개 있는데, 그중에 8개 조직이
제가 위원장 되고 나서 '산업 전환 일자리위원회'라는 특별위원회를
하나 발족했습니다. 내용이 다 산업 전환과 관련된 것들이고, 거기에
들어오는 조직들이 에너지 전환과 관련해서 발전사들, 남동발전, 남
부발전 그리고 한전(한국전력) 산업개발이라 해서 석탄발전 설비 업
무를 담당하는 곳입니다. 그래서 발전사 같은 경우에는 탈脫석탄 가
고 LNG로 전환되면서 인력들이 한 55~60% 정도 감소하여야 하는
상황이고, 그리고 석탄발전의 설비를 담당하는 한전산업개발 같은
경우는 이제 100%가 없어져야 하는 상황입니다.
　그리고 그 발전사의 시설 관리하는 자회사들 역시 일자리가 줄어

드는데 그것들이 에너지 전환과 관련된 조직들이라면, 디지털 전환과 관련해서는 한전 MCS라고 해서 검침 업무를 주로 하는 데가 있습니다. 검침 업무도 현장 검침에서 원격 검침으로 바뀌다 보니까 일자리가 줄고, 그리고 한국마사회 같은 경우도 마권 판매업무는 온라인 경마가 생기면서 유사한 양상을 띠고 있습니다. 또 한국도로공사서비스라고 해서 요금수납 업무를 수행하는 도로공사 자회사가 있습니다. 거기도 '스마트톨링'이라 해서 영상 인식으로 전환되니까 일자리가 줄지요. 그래서 저희 조직 안에서도 산업 전환, 그러니까 에너지 전환, 디지털 전환에 따른 일자리 문제가 실질적으로 발생하고 있습니다.

그래서 우리가 산업 전환 일자리위원회를 지난 3월에 발족했고, 거기에 대해 대응하고 있는데 현장에서는 피부에 와닿는 현실이 되었지요. 이전의 공공의 이슈들은 사실 일자리 문제는 아니었거든요. 그래서 현장에서는 산업 전환 이슈가 피부로 와닿는 상황입니다.

조대엽 톨게이트 인력감축은 고객으로서의 시민들도 체감하는 부분이잖아요. 사람들이 다 사라져버리니까요. 그래서 연맹 자체에서 대응해 나가는 방안으로 산업 전환 일자리위원회 같은 걸 만들었다고 하셨는데 여기서 만든 대안 중 큰 것으로는 어떤 게 있나요?

이지웅 산업 전환 관련해서는 이 의제가 한국노총 안에서도 이야기가 되고 있고, 경사노위 안에서도 분과가 있고 플랫폼들은 많은데, 현장에서 체감할 수 있는 실체적 정책들은 사실은 진행이 잘 안 되는

2024년 9월 9일 오전 11시,
이지웅 전국공공산업노동조합
연맹 위원장을 한국노총빌딩
공공노련 위원장실에서 만나다.

상황입니다. 그다음에 전환과정에서 해당 주체가 되는 노동자들도 참여할 수 있는 공간을 만들기 위한 입법 활동도 하고 있고, 그리고 국회를 상대로 계속 이슈를 논의하고 문제점을 전달하고 이런 활동들은 계속 전개하고 있죠. 그런데 그것이 가시적으로 보이는 부분들이 정말 많이 없는 상황이고요.

조대엽   다음 질문은 노동조합의 조직위기와 관련된 것입니다. 들어오면서 보니까 새로운 젊은 층 노조원들을 확보하기 위한 고민을 꽤 하시는 것 같은데, MZ세대 노조 기피 현상이나 기존의 노동조합이 가진 경직성, 리더십이나 정책역량 등을 포괄해서 노동조합의 조직위기라고 할 수 있다면 이에 대해 생각하시는 바를 말씀해 주시지요.

이지웅 실제로 MZ세대라는 젊은 세대들이 현장에서 많이 다르긴 합니다. 기존에 저는 그 세대를 IMF 이후에 대학 생활했던 세대들, 그래서 광장문화를 접하지 않고 실제로 대학이라는 공간이 취업을 위한 준비를 해야 하는 부분이나 인터넷 같은 것이 섞여서 확실히 세대 간의 차이가 많이 느껴져요. 가령 모이는 것 자체를 별로 안 좋아하고, 그다음에 회식, 이전에는 회식은 왜 우리 안 데려갔냐고 막 그랬는데 요즘 회식 자체, 모이는 것 자체를 별로 안 좋아합니다.

그런데 한편으로는 본인의 주장에 대한 건 또 확실해요. 확실하고 아주 선명하고, 그리고 박근혜 정부 촛불을 겪은 세대의 특성도 저는 있다고 보는데, 내가 뽑았으니깐 너희들은 내가 가자는 쪽으로 가야 한다는 성향들도 있어요.

그런데 그것이 잘 세력화가 안 되고 이럴 뿐이지, 그리고 공공 같은 경우에는 어지간하면 유니온숍이 유지가 되는 조직들이 많아서 노동조합 조직화율에 대해서는 크게 스트레스를 받지 않습니다. 그런데 이제 공공부문에서도 복수노조가 되면서 유니온숍이 정확하게 유지되고 있는 건 아니잖아요. 노조를 탈퇴하면 회사에서 잘려야 하는데, 그건 또 아니니까요. 이제 프리라이더도 생기고, 조합은 가입하지 않고 성과는 나누는 그래서 그 사람들에 대한 문제의식도 사실은 조합에서 갖고 있어요. 그렇다고 하더라도 저희는 조직화 측면에서 크게 스트레스 받는 조직은 아니니까요.

그런데 세대가 확실히 변해서 지금 저희가 학습조직을 만들었어요. 그래서 젊은 세대와 관련해서 제가 크게 3개의 학습조직을 운영하고 있어요. 그중 하나가 MZ 조직화와 관련된 건데, 한 1년 정도 운영할 생각을 하고 있습니다. 그래서 거창하게 세대에 대한 정의나 이런 걸 하려고 하는 게 아니라 현장에서 요즘 세대들과 함께하는 다양한 활동들 가운데 성공했던 사례, 실패했던 사례, 그 사례들을 한번 쭉 모아보려고 하고 있습니다. 그래서 이런 것들이 모이면 우리 조직이 이건 바로 쓸 수 있고, 이런 활동이 쌓이면 어떤 전형들이 만들어지지 않을까 생각합니다.

조대엽 좋네요. 그러니깐 지난 정부 동안에 사실은 노조 규모는 줄어들었다고 볼 수가 없는 거죠. 전체적으로 조직 노동 숫자가 좀 늘어났으니까 그 영향이 일단 시기적 특성으로 있는 것 같고, 그런데도 MZ세대가 가지고 있는 특징이 미래 노동조합을 불안하게 만드는 측면들이 강하다는 거죠. 거기에 대해서 비교적 대응을 잘하고 있는 것 같습니다. 이제 윤석열 정부 얘기 좀 해보겠습니다. 정부가 바뀌는 데 따라 나타나는 정세 위기 같은 것이 있습니다. 우선 큰 맥락에서 위원장께서 느끼는 이 정부의 문제점은 무엇입니까?

이지웅 기본적으로 대화 자체가 안 되는 것 같아요. 가장 큰 문제가 사회적 대화를 한국노총이 복원하고, 경사노위가 발족됐는데, 조직은 구성이 됐지만 진행되는 거는 가시적으로 보이지 않는 부분들이 있고, 그리고 정교화되지 않은 정책들이 나오죠. 발언 수준의 정책들이 나오고 또 그게 현실화되지는 않고, 정책이 실제로 입안되어 추진이 안 되는데, 기본적으로 제가 알고 있기로는 원래 노동 개혁이 현 정부의 핵심 정책이 아니었는데, 중간에 나왔다는 얘기도 들었습니다마는 일단은 기본적으로 대화상대로 인정을 안 하는 것 같아요.

조대엽   공공노련 말씀을 좀 들어볼게요. 산별노조라는 것이 노동운동의 오랜 과제이지 않습니까? 공공노련 같은 경우 어떤 변화를 거쳐 왔는지 말씀해 주시지요. 제도화 수준과 제도적 성과에 대해서도 말씀해 주시면 좋겠습니다.

이지웅   우리가 공공연맹에 있다가 공기업들의 목소리가 잘 안 들어가니까 도공, 수공, 토지공사, 인구공 4개 조직이 거기서 이탈해서 공기업 연맹을 만들었어요. 그리고 2012년도에 한전하고 합치면서 공공노련이 출범했죠.

   그 다음에 박근혜 정부의 비정상의 정상화 투쟁을 거치면서, 조직 확대가 돼서 한 70개 조직, 약 8만 명으로 늘었다가 작년 초에 한전과 일부 한전 계열사들이 나가면서, 지금 64개 조직, 약 5만 명으로 줄어든 상황입니다. 처음에 공공연맹에 있으면서 공기업 목소리가 안 담긴다고 해서 출범했던 조직이 공기업 연맹인데 이후에 조직 확대가 되면서 조직이 너무 다양해졌어요. 공기업, 준정부기관, 기타 공공기관, 유관기관, 그리고 문재인 정부의 비정규 정규직화 과정에서 들어왔던 자회사들을 포함해서 조직 구성이 너무 다양해진 거죠.

   제가 지금 고민하는 것은 이 다양한 조직의 유형과 규모와 역사,

성격 등 다양한 목소리가 담겨 있는 조직을 다시 정비해야 한다는 지점입니다. 그래서 지금은 이 공공노련 조직을 다시 체계적으로 정비하는 과정에 있습니다. 원장님께서 말씀하셨던 것처럼 산별노조라고 지칭하기에는 금융이나 금속, 택시, 자동차와는 좀 다른 성격들이 있습니다. 공공은 워낙 다양하게 분포해 있어요. 한국노총 안에서도 저희 공공노련이 있고, 공공연맹이 있고 그다음에 금융에도 공공이 조금 들어가 있고, 그다음에 작년에 출범한 전력연맹도 있습니다. 그래서 지금 저희는 말씀하신 산별노조라고 말하기는 좀 애매하죠. 애매한 조직인데 어쨌든 이 다양한 공공의 회원조합들의 이해와 요구가 담기고, 또 그 이해와 요구들이 실현되는 조직을 만드는 노력을 하고 있습니다. 결국 저는 기본으로 돌아가자는 거고요.

제가 올 2월에 출마하면서 현장 중심, 강한 연대, 그리고 다시 뛰는 공공노련이라는 슬로건을 들고 나왔습니다. 현장 중심은 뭐냐 하면 결국 노동조합은 조합비를 내는 조합원들의 권익을 지키는 거고 상급 단체 또한 그래야 한다는 겁니다. 그래서 맹비를 내는 회원조합 중심으로 돌아가야 한다는 기본으로 돌아가자는 생각을 하고 있습니다. 그래서 주요 공약이 1년에 두 번씩 현장으로 가겠다고 했어요. 저희가 2월에 당선되고, 3월에 임기 시작하고 바로 대의원대회 마치고 4월, 5월, 한 5주에 걸쳐서 63개 회원조합을 다 돌았어요. 개별 방문해서 쭉 돌고, 사업계획을 발표하고 그다음 회원조합의 현안을 청취하고 이렇게 해서 일단은 회원조합의 현안을 해결하는 조직으로 좀 바꾸자는 데 현장 중심의 의의가 있습니다.

두 번째는 강한 연대입니다. 그러면 이 현장의 현안들을 어떻게 해결할 것인가에 대한 방법론인데 결국에는 지금 64개가 됐습니다만, 이 64개 회원조합의 다양한 경험과 지식과 네트워크를 공공노련의 자산으로 만들자고 해서 저희가 시행하는 게 인적 네트워크의 단일화를 통한 대외 네트워크의 취합이라고 할 수 있습니다. 우리가 가지고 있는 네트워크를 취합하고, 그리고 자문지원단이라고 해서, 회원조합에 어떤 현안이 있을 때 유사한 경험을 했던 사람들이 모여 자문지원단을 구성합니다. 아까 말씀드린 학습조직도 있습니다. 그리고 지난 현장 순방에서 저희가 63개 회원조합으로부터 289건의 현안들을 들었습니다. 그것들을 해결해 나가는 방식으로 연맹 활동들을 하고 있습니다.

조대엽 언제부터 했는데 성과표를 보니 벌써 절반을 해결했어요?

이지웅 구두로 현장 설명하는 것도 성과에 있거든요. 이제 289개 들어왔는데, 이거는 어떤 내용이라는 식으로 현장에서 설명했던 것도 약 50건이 포함되니까요.

조대엽 다른 데서는 저런 거 안 하나요? 아주 좋은데요.

이지웅 결국에는 서로 배우자는 것이니까요. 1년에 한 번 우수사례 발표를 하기로 했어요. 우수사례라고 하는 건 성공도 있고 실패도 있습니다. 그래서 지난 7월에 22개 우수사례를 발표해서 시상도 했습니다. 거기서 이제 대표들 모인 자리에서 바로 투표하고 많이 배우는 거죠. 그 공간을 통해서 예를 들어서 어디 누구를 불러서 강의를 듣는 것보다 현장에서 가령 낙하산 퇴진 투쟁을 했는데 그 과정에 어떤 것들이 있었다는 점을 공유합니다. 다양한 이슈들이 제시됩니다.

저희가 방침 수립을 했어요. 8대 방침을 수립했는데, 말씀드린 자문지원단을 만들고, 그다음에 현안을 해결했던 경험을 DB로 만들자고 해서 유사한 내용들이 있을 때 지원할 수 있는 체계를 만드는 것입니다. 그다음에 전국 순방을 1년에 2번씩 돌겠다는 것, 인적 네트워크단, 학습조직, 그다음 말씀드린 우수사례 이런 것들을 쭉 해서 방침을 수립하고 우리가 이러한 활동들을 앞으로 전개할 거라는 발표도 함으로써 순방의 내용을 채웠습니다. 그다음에 회원조합 현안사항들 쭉 청취하고요.

조대엽 　체계적인 조직 다지기로 보이네요. 말씀하셨던 조직을 다시 정비하는 과정, 본격적 정비를 하겠다는 것이군요. 그러면 이 위원장 전에는 조직이 어떤 점에서 문제가 있었나요?

이지웅 　이전에는 주로 공통 이슈를 중심으로 운영되었어요. 양대노총 공대위라든지, 공무원법 개정이라든지, 그런 쪽으로 조직의 무게가 좀 많이 실렸어요. 그리고 이제 조직이 워낙 다양해지다 보니까 다양한 목소리들을 담아낼 수 있는 그릇이 필요하고 시스템이 필요해졌습니다. 그래서 공공부문의 공통 이슈에 대한 것들은 양대노총 공대위 활동 같은 것을 해 나가는 한편, 무엇보다 내부적으로 회원조합의 현안을 중심에 두는 조직이 되게끔 시스템을 바꾸는 중입니다.

조대엽 조직의 사이클로 보면 외부 이슈 혹은 공공의 이슈를 시대적으로 요구하는 시점이 있고, 이런 시점에서는 조직역량을 외부지향적으로, 그러니까 연대운동 같은 데로 모으는 경향이 있게 됩니다. 그런가 하면 다시 내부의 조직을 점검하고 다지는 시점이 순환할 수 있는데, 공공노련은 이지웅 위원장 시대에 와서 내적으로 조직 재정비에 방점을 두어야 하는 시점으로 방향을 잡은 듯합니다. 회원조직 자체가 워낙 다양해졌기 때문에 이 다양성을 담아내는 방식으로의 정비가 필요하다고 생각하시는 것 같고요. 장기적으로 보면 이러한 조직의 순환과정은 그 자체가 조직 발전의 과정으로도 이해할 수 있을 것 같습니다.

이 과정에서는 대외이슈라든지, '전체 노련의 공공적 이슈 중심에서 회원조합의 욕구와 필요를 어떻게 충족시킬 것인가'라는 내부지향적 활동이 강조될 텐데요. 이 과정에서 부각되는 의미 있는 활동은 어떤 게 있습니까?

이지웅 저는 현장 순방을 강조하고 의미부여도 하고 싶습니다. 워낙 조직이 다양해지고 많아졌기 때문에 실질적으로 회원조합이 가지고 있는 고충이랄지, 정책 현안에 대해서 실제로 가서 듣지 않으면 알 수 없어요. 그런데 사실은 현장으로 가는 것은 기본이잖아요. 노동조합의 기본이에요. 제가 도로공사 위원장 3선을 하면서 저는 1년에 2번씩 현장을 계속 갔거든요. 지부 방문, 전 지부 방문을 위한 전국 순방을 계속했는데 현장으로 간다는 게 쉬운 일은 아닙니다. 전체가 다 가서 의견을 듣고 와서 6개월 뒤에 또 가야 된단 말이에요. 그러면 가서 할 얘기가 있어야 하지 않습니까? 그럼 아까 말씀하셨던 것처럼 어느 부분들은 해결이 되었고 어떤 것은 어떻게 진행 중이라는 것을 6개월마다 점검하게 되고, 일을 안 할 수가 없는 구조가 되는 거죠.

조대엽   그래서 현장 순방이 중요하다는 거군요. 조금 다른 질문으로 넘어갈게요. ESG 얘기 많이 들으셨죠? 최근까지는 기업에서 큰 화두가 되었는데요. ESG 목표라는 것을 중심으로 기업에서 지속가능경영보고서를 만들기도 합니다. 여기에 대해서는 어떻게 생각하세요?

이지웅   크게 와닿지는 않는 것 같아요. 2010년 넘어가면서 SR 얘기 나왔죠. SR, 사회적 책임이 나오고 그러면서 USR이라 해서 노동조합의 사회적 책임도 나왔고, 실제로 그런 활동도 해 왔습니다. 거기에 환경에 대한 이슈, 지배구조의 문제는 그전부터 있었거든요. 환경에 대한 이슈가 ESG 경영으로 바뀌었고 그러면서 이제 문재인 정부 때는 ESG 경영을 공공기관 평가의 요소로 넣었어요. 그때는 평가하니까 해야 해서 하다가 지금은 뚜렷이 보이는 게 없어요.
　그러니까 공공에서 바라보는 USR이나 ESG는 정부에서 공공기관 평가할 때, 그래서 이게 경영에 반영되니까 한다는 정도, 지금 윤석열 정부 들어오고 나서는 단어조차 잘 안 쓰니까요. 그러니까 이 내용들은 큰 맥락으로 보면 지속가능한 경영 관점에서 그런 연구와 노력들은 계속 있어 왔는데 뭐랄까, 큰 줄기가 이어지고 있다는 느낌은 안 들어요. 그때그때 이슈가 되면 하다가 또 정부의 성격에 따라 좀 사그라들었다가 또 올라왔다가 그 정도죠.

조대엽 ESG는 진정성보다는 일종의 강요된 평가용이라는 생각이 크신 것 같군요. 그러면 지속가능한 노동을 위해서는 어떤 것이 제일 중요하다고 생각해요? 노동이 지속가능해지기 위해서는 말입니다.

이지웅 가장 큰 문제는 일자리지 않겠습니까? 실제로 크게 두 가지 측면인데, 저희 측면에서는 공공성이 강화되어야 공공부문이 할 일이 생기는 거고, 시장과 공공, 민간 영역과 공공의 사업영역에 대한 다툼이 계속 있지 않습니까, 그리고 실제로 민간자본이 유치되고 하면서 공공부문의 역할이 줄어들고 하는데 기본적으로 공공성, 정부가 책임져야 하는 공공의 영역들을 지켜내야 하는 문제가 하나 있는 것이고요. 또 하나는 말씀드린 산업 전환의 과정에서 사라지는 일자리의 문제가 있습니다. 일자리의 전환이나 보완이 필요한 것이지요. 크게 두 가지 측면이 저희는 공공부문에서는 필요하다고 보는 거죠.

조대엽 사라지는 일자리 같은 경우에는 반드시 지켜야 한다는 개념으로는 안 되잖아요. 새로운 산업의 등장에 따라 기존산업은 필연적으로 사라질 수밖에 없으니까요.

이지웅 저희가 주장하는 바도 이전에 방직물 기계를 때려 부수는 방식으로 이런 걸 얘기하는 건 아니고요. 그런데 전환의 과정에서 정의로운 에너지 전환이라는 관점이 필요한 겁니다. 정의로운 전환을 위해서는 대체 일자리라든지 연착륙이랄지 전직이랄지 이런 장치들이 필요하다는 거죠. 도도한 에너지 전환과 디지털 전환 자체를 반대하는 것이 아니라요.

조대엽 연구자들의 일반적 의견을 보면, 일자리가 걱정한 만큼 확 줄어든다거나 그러지는 않는다고 하잖아요? 새로 생겨나는 일자리가 있고 또 다른 걸로 대체되는 일자리, 이런 것들을 고려하면 일의 유형에 따라 다르겠지만 어느 쪽 분야가 많이 없어지고 어느 쪽은 덜 없어지고, 또 어떤 분야는 새로운 일자리가 만들어지고 함으로써 전체 일자리의 균형이 이루어진다고 봐야겠지요. 제 경험으로는 문재인 정부에서 정책기획위원회 할 때 이 고민이 컸어요. 탄소중립위원회를 만들게 되는 계기도 그런 것들을 좀 구체적으로 준비하자는 거였거든요. 산업 전환되면 일자리 예측 같은 게 필요하잖아요. 어떤 것이 얼마나 없어지고 얼마나 생겨나고 그런 것들이 구체적으로 마련되지 않으니까 준비하자는 것이었어요.

이지웅 실제로 전력수급 기본계획에서 석탄발전소는 언제까지 없어지고, 언제 몇 개가 없어지고, 이 계획은 다 있는데, 그럼 없어지는 과정에 얘를 LNG로 어떻게 전환하고 인력에 대해서 어떻게 하고 이런 세부 계획은 없는 거예요. 사회적 이슈는 이미 다 되어 있는 것임에도 불구하고 정책의 세세한 부분들은 갖추지 못한 상황이죠. 제가 볼 때는 없다고 보는데요.

조대엽 문재인 정부 때 이슈가 됐고, 그러면 계속 정책으로 제도화 되는 과정에 있어야 하는 데 이제 손을 놓은 상태잖아요? 그래도 공기업 쪽에서 이런 위원회가 만들어지는 것이 중요하다고 보거든요. 정부는 정권에 따라서 손 놓을 수도 있지만, 당사자들은 고민해야죠.

이지웅 실제로 저희가 고민도 하고, 해법도 모색하고, 그 내용들을 경사노위에도 이야기하고, 국회에도 이야기하고, 그런 과정들을 하고 있죠.

조대엽 '노조시민주의'에 대해 알고 계시는지요? 기본적으로는 노동가치를 시민사회적으로 공유함으로써 노동의 보편성과 공공성을 확대하자는 취지인데요. 노동조합 자체를 시민적 가치로 내면화함으로써 사회적 주류화하는 전략이 있고요. 다른 한편으로는 공적 가치를 추구하는 다양한 연대운동의 전략도 있겠습니다. 앞에서 말씀 드린 우리 시대 노동의 보편적 위기와 노동조합의 고립화 위기를 넘어설 수 있는 일종의 새로운 비전으로 선우재가 제시하는 개념이기도 합니다. 노동의 배제와 고립화의 위기를 뚫고 지속가능한 노동을 위한 전략적 개념으로서의 노조시민주의에 대해 어떻게 생각하시는지요?

이지웅 원론적으로는 동의가 되는데, 원장님 그래서 뭘 하죠? 노조시민주의, 시민성, 보편성, 확장성 다 좋은데 구체적으로 뭘 하면 되지요? 실제로 공공부문에서는 사회공헌 사업들을 많이 합니다. 제가

2011년에 도로공사 국장을 하면서 회사에 제안했던 게, 노사가 함께 하는 사회적 책임을 하자. 그래서 SR 선포식을 하자. 그러면서 제가 무슨 얘기를 했냐면 우리가 이미 다 하고 있는 활동들이다, 그러니까 시대에 맞게 그냥 SR이라는 이름으로 하면 되는 거다. 그러면 정부 경영평가에도 도움이 된다, 그런 차원이기는 했습니다만 하고 있죠.

그러니까 실제로 했던 내용인데 네이밍을 노조시민주의로 한다고 하면, 저는 지표가 중요한 게 아니라 저로서는 과연 노조시민주의를 우리가 표방했을 때 이게 조직화에 도움이 되는 건지, 그냥 노동운동의 이미지 개선인지 그런 부분이 좀 의문인 거고, 또 하나는 이것을 산별 수준에서 한다고 하지만 저희 같은 경우는 아까 말씀드린 대로 해당 공공기관에서 노사가 알아서들 다 많이 하고 있거든요. 그거를 뭉쳐서 여기서 가능할까, 저는 이제 그런 생각들을 하는 거죠.

말씀을 들으면서, 다양한 활동들이 다양한 공간에서 진행되고 있고 물론 공공부문이 어쨌든 조직도 있고 돈이 있으니까 뭉쳐서 사회적 이슈에 대해서 올인하면 참 좋겠다는 생각은 합니다. 그런데 그것도 이제 어느 정도 이제 조직의 수준이 됐을 때 가능하겠죠.

제 고민은 공공노련의 방향과 그 방향에 따른 세부 내용들이 있을 텐데요. 산별 차원에서 고민해야 하는 건 이런 것이 모여 집중됐을 때 발휘하는 힘을 생각하고 그 큰 힘을 어떻게 모아가는지를 현실적으로 고민하게 됩니다. 과연 뭐가 있을까, 그래서 제가 여쭤봤던 게 뭐가 있을까요? 노조시민주의의 방향은 동의하는데 또 한편으로는 지금 우리가 그런 수준이 됐나? 여러 가지 생각을 하게 합니다.

공공상생연대기금도 참 좋은 예이기는 한데 그때 저는 의사결정을 참 잘했다고 봅니다. 그런데 그때는 이제 열린 장들이 좀 있었잖아요. 열린 장들이 잘 맞아서 가능했던 부분인데 과연 우리가 준비돼 있나, 하는 의문도 사실 좀 있거든요. 노조시민주의가 좋은 방향이고 비전인데 과연 산별 단위에서 할 수 있는 게 뭐가 있을까? 첫 번째는 저희 조직 차원에서 할 수 있는 일이고, 두 번째는 한다고 했을 때 과연 우리가 준비되어 있는 걸까? 이 두 가지에 대해 고민을 하는 거죠.

노조시민주의가 되었든 뭐가 되었든 간에 노동조합의 활동 양태가 바뀌어야 되고, 그리고 그 과정에서 조직이 늘어나는 문제도 있지만, 한국 사회에서 노동조합이 갖는 위상도 달라질 거라고 저는 보거든요. 그래서 노조시민주의 자체의 네이밍보다는, 평소에 고민했던 것과 연결되는 거죠. 공공부문을 독일의 노조연합 베르디처럼 다 묶으면 우린 돈도 있고 조직도 있으니 주요 사회 이슈가 있을 때 다양한 활동을 할 수 있지 않을까, 특히 공공은 할 수 있다고 생각했고 공공 대산별이 필요하다는 기본적인 생각을 했어요. 그래서 그 방향성에 대해서는 다 공감이 되는데, 다시 돌아가면 노조가 무엇을 할 것인가? 그리고 우리는 준비가 되어 있나? 하는 거죠.

조대엽 노조시민주의에 대한 이 위원장의 관심을 정리하면 방향에 대해서는 공감한다, 무엇보다 조직 재정비의 과제를 앞둔 공공노련의 입장에서 조직화와 조직 발전에 노조시민주의는 어떤 기여와 어떤 활동이 필요한가? 이런 노조시민주의 활동을 할 만큼 우리 조직은 준비되어 있는가? 이렇게 요약될 수 있을 거 같습니다. 더 요점만 말한다면 기업 차원에서 지금까지 쭉 해 오던 일이고 사업인데 우리의 당면한 조직 정비에 도움이 되지 않는다는 말씀인 것 같아요. 그러나 이 위원장께서 생각하는 조직화의 문제는 어쩌면 조직의 내실을 다지고 다양성을 품어내는 방식이 아니라 내부 결속이라는 데 몰입함으로써 노동조합 조직을 장기적으로는 더 고립시키는 방식이 아닐까 하는 걱정도 됩니다. 자기조직에 몰입하는 것도 중요하지만 단기적 시각일 수 있고요. 당면한 과제와 장기적이고 보편적 과제를 구분해야 할 것 같아요. 두 가지를 구분하되 이 두 과제는 중첩된 시간의 과제로 보지 않을 수 없거든요. 어느 것을 하면 어느 것은 하지 않고 미루어도 된다는 식이면 곤란할 것 같아요.

오랜 경험 속에서 더 잘 아시겠지만, 노동조합 조직은 정치환경과 경제환경, 문화적 환경과 아울러 국내적 환경과 지구적 환경이라는 대단히 복합적인 환경 속에서 작동하는 조직입니다. 그래서 노동조합은 내부와 외부의 복합적 네트워크로 구성이 되어 있고요. 아까 이 위원장께서 조직 재정비의 일환으로 개인 네트워크를 취합해서 일종의 연맹 네트워크로 활용한다는 말씀을 얼핏 하신 것 같아요. 조직은 과거와 같이 단일조직의 개념이 아니라 넓은 의미의 네트워크로 존재한다고 볼 수 있어요. 조직은 내부와 외부가 분리된 게 아니라는 점, 그리고 조직 발전에 내부 발전과 외부 발전이 순차적일 수 없다는 점이 중요할 것 같아요. 조직의 재정비와 다양성을 반영하는 변화는 외부 활동을 통해 조직의 존재감을 가질 수 있다는 점을 염두에 두어야 할 것 같아요. 다른 한편 노조시민주의는 사회공헌 사업이나 시민사회단체와 같이하는 그런 사업에 초점을 두는 것만으로는 크게 부족합니다. 21세기 노동조합의 새로운 비전으로서의 노조시민주의는 조합원의 삶, 이 삶의 방식은 노조원이나 기업인이나 다른 업종이나 구분 없이 시민적 삶이라는 공통점을 가지고 있어요. 노조 내부구성원들의 시민적 삶의 수준을 어떻게 높일 수 있고 사회의 주류적 존재로 설 수 있는가, 라는 것을 해결하는 문제와 결부되어 있어요.

조직 다지기는 조직만 머리 터지게 붙들고 있다고 해결되는 문제가 아니라고 생각해요. 조합원들의 보편적 시민으로서의 삶을 잘 챙길 수 있는, 연맹 소속 조합의 다양한 수만이 아니라 조합원들이 내재하고 있는 다양성을 담아내고 관리해 낼 수 있는 조직으로 정비해야 하는 것 아니겠어요? 노조시민주의가 기존의 SR, USR, 단순한 사회공헌 활동들과 다른 점은 형식적이고 일회적인 혹은 평가를 위한 수동적 활동이 아니라 이 위원장께서 강조하시는 노동조합의 위상변화, 노동조합의 혁신을 위한 방향이라는 것입니다. 그래서 조직 기반을 다지는 문제는 중요하지만, 그것만 할 수는 없지요. 노동조합이 그간에 계급으로 불리든 정파로 불리든 노동이라는 경계 안에 갇혀 있던 자기 제약을 어떻게 풀어내는가의 문제를 봐야 합니다.

그래서 노조시민주의는 노동조합 구성원의 삶에 대한 책임을 강화하는 방식, 쉽게 말하면 더 넓고 깊은 일상을 더 챙기는 방식으로 전환해야 한다는 것을 의미합니다. 노선이나 투쟁 가치보다는 노조원의 삶의 가치로 접근해야 합니다. 그 방향성과 새로운 가치의 문제로 접근해야 합니다. 그래야 조직도 다져질 수 있다고 봅니다. 노조시민주의는 노동조합운동의 새로운 패러다임을 말하는 것이고 이 새로운 패러다임은 단위노조에서부터 산별과 총연맹에 이르기까지 다양한 수준에서 작동해야 하는 것입니다. 특히 연맹이나 산별 수준에서 노조시민주의는 지속가능한 노동을 위한 연맹 고유의, 혹은 연맹에 공통된 사업들을 만들어낼 수 있을 겁니다. 다시 한번 강조하지만, 노조시민주의는 기존의 사회공헌 활동과 같이 노조 외부의 사회를 위한 활동이라고 생각해서는 의미가 없습니다.

선우재에서는 노조시민주의를 21세기 노동의 새로운 비전으로 제시하고 있고 우리 사회에서 노조시민주의의 가장 진화된 형태가 노동기반 공익재단이라고 봅니다. 2018년 전후로 만들어진 공공상생연대기금, 금융산업공익재단, 사무금융우분투재단, 그리고 오래됐습니다만 전태일재단 등을 저는 노동기반 공익재단이라고 부르는데요. 이러한 노동기반 공익재단의 설립에 대해서는 어떻게 생각하세요?

이지웅 상당히 바람직한 방향이죠. 제가 취임한 지 얼마 되지 않아서, 공공상생연대기금 이사회를 한 번 갔나요? 그런데 그동안 많이 짜임새 있게 바뀌었구나, 라는 생각은 들었어요. 그리고 다양한 사업들이 전개되는데 참여도가 대학생들 공모하는 거, 사업 공모하는 거, 그다음에 시민단체들 사업비 지원해 주는 거 있잖아요. 동아리비 지원하고, 그런 부분은 어느 정도 활성화가 되고 있는 것 같은 데 나머지 부분들은 참여도를 확보하는 게 쉽지는 않아 보여요. 제가 좀 더 들여다봐야 하겠지만요. 제가 이사회에 한 번 가서 본 거라 아직 잘 모르는 게 많아요. 그런데 참여도는 더 넓혀야 하고 우리도 많이 관여해야 한다는 느낌도 받고요.

조대엽 노동기반 공익재단 출범은 우리 노동계로서는 획기적인 일이라고 저는 평가합니다. 노동조합이 아주 뚜렷하고 상징적인 시민사회 진출을 한 사례이기 때문입니다. 노동의 가치가 시민사회로 확장되는 상징이자 교두보가 되었다는 점에서 어쩌면 노동운동사적 가치를 갖는 일을 해냈어요. 이 재단들이 역할을 하고 그 역할들이 시민사회로부터, 또 국민들로부터 좋은 평가를 받고 이게 선순환하는 구조가 되면 좋겠어요.

다음 질문으로 사회적 대화에 관해 여쭈어보겠습니다. 이 위원장께서도 윤석열 정부의 대화 부재를 지적하셨는데 사회적 대화의 기본은 누구나 신뢰라고 알고는 있어요. 한국의 노사 대화 혹은 노사정 대화에서 신뢰가 형성되지 못하는 요인은 뭐라고 생각하세요?

이지웅 지속성이 없으니까요. 신뢰가 구축되려면 기본적으로 입장의 차이가 있는 사람들이 모여서 대화를 나누고, 성과가 마음에 들지 않더라도 서로 양보하면서 소기의 성과를 내고, 그 성과에 기반해서 다시 또 대화를 나누고 그런 것들이 쌓여서 큰 성과가 될 수가 있는 건데 지속성이 없어요. 정권도 바뀌고 노동계도 바뀌고. 사실 경사노위라는 틀은 좋은 틀이잖아요. 노사정의 이 틀은 참 좋은 것 같아요.

그런데 이것도 사실 정부도 정부지만, 경총이야 당연히 일관된 입장이 있지만, 한국노총은 한국노총 나름대로 민주노총은 민주노총 나름대로 그때그때 견해와 입장이 달라지는 상황이잖아요. 저는 신뢰가 쌓이면 죽이 되든 밥이 되든 지속적이고 안정적으로 가야 한다고 생각하는데 그게 안 되는 게 가장 크지 않나 생각해요.

조대엽 지속적인 참여가 보장되어야 한다는 거죠?

이지웅 그렇죠. 안정적으로 계속 가야 하는데 그런 공간이 없지 않습니까? 대화 기구의 구성을 하느냐 마느냐 가지고 1년을 끌고요.

조대엽 그러면 사회적 대화를 성공적으로 하려면 지금 말씀하신 지속성, 안정성, 이런 것들 말고 좀 더 구체적으로 뭐가 필요할까요? 도로공사 위원장을 오래 하셨는데, 3선 하셨지요? 협상이나 대화해 보면 아주 구체적으로 이런 게 좀 아쉽고 이런 게 더 필요했다는 게 있었을 거 아닙니까?

이지웅 워낙 디테일한 게 많아서 일반적으로 얘기하기는 어려울 것 같네요.

조대엽 그런 연맹 위원장 경험은 오래지 않으니까 도로공사 위원장 하실 때를 돌이켜 생각해보시면서 가장 성공적이었던 경우 혹은 가장 어려웠던 사례를 좀 얘기해 주시죠.

이지웅 가장 힘들었을 때는 문재인 정부 당시 비정규직 정규직화 할 때였어요. 그때 우리 김천 본사를 민주노총이 점거해서 한 넉 달을 점거했으니까요. 요금수납원들을 직접 고용하느냐, 자회사 만드느냐 이 문제 가지고 오래 시끄러웠었어요. 자회사 간 조직, 그다음에 직접 고용된 조직, 모두 여기 회원조합으로 다 있어요. 사실 도로

공사 노조가 하나였는데 비정규직 정규직화 거치면서 10개가 됐어요. 안전순찰이 직접 고용되고 한노, 민노. 요금수납원 직접 고용되는데 한노 하나, 민노 4~5개 이렇게 있어서, 그때 참 어렵고 혼란스러웠어요. 저희가 2019년에 먼저 터졌고, 인천공항공사는 2020년에 터졌지요.

조대엽　가장 성공적이었던 기억은 없으세요? 소중하고 좋았던 기억이요.

이지웅　저는 정책노조 만든 것이 가장 기억에 남는 일입니다. 그러니까 공공부문 같은 경우는 CEO가 낙하산으로 한 2년, 3년 내려오잖아요. 그럼 이 낙하산으로 내려온 사람이 2년짜리 임원들을 선임하고 인사권을 가지고 조직을 끌고 나가게 됩니다. 만약에 이 낙하산 사장이 조직에 대한 진지한 고민이 있으면 상관이 없는데, 여기를 잠시 왔다 스쳐 가는 정도로만 생각하면 이제 회사는 산으로 가는 거죠.

기본적으로 사장의 입장에서는 조직의 장기적인 미래에 대해 고민을 할 필요가 없어요. 자기 있는 동안에 단기 성과를 내고 큰 문제 없이 마무리하면 되거든요. 그건 이 사람들이 나쁜 사람들이어서 그런 게 아니라 이해관계가 다른 거죠. 결국 회사의 중장기적이거나 미래에 대한 경영 관련 고민을 노동조합이 해야 된다는 거예요. 우리 부채 구조가 어떻고, 중장기 재무관리 계획은 어떻고, 향후 일자리는 어떻고, 업무는 어떻고, 나아가 10년 뒤 계획은 어떻게 될지에 대한 고민을 조합이 해야 한다는 게 제 주장이거든요.

조대엽　아주 흥미로운 얘기네요. 공기업 노조들은 실제로 사측 이상으로 노조가 회사 걱정을 하더라고요. 문제가 있거나 국정감사 때 노조까지 다 동원되는 것 같기도 하고요.

이지웅　그럴 수밖에 없는 구조지요. 그래서 대외활동도 많이 하는 거고요. 저도 사실 2015년도에 지역 위원장 출마하고 17년도에 본부 위원장 출마하면서, 제 슬로건이 '건설 끝난다, 미래 준비해야 한다' 거든요. 고속도로 어지간히 깔렸잖아요? 그럼 어느 순간에 건설이 끝나면 유지관리 조직으로 전환될 텐데 급작스러운 구조조정이 있을 수밖에 없지 않습니까? 이런 거 고민 안 하거든요. 그리고 고속도로 건설할 때 국민들 입장에서는 국가 재정으로 하는 게 제일 좋잖아요. 민영화로 하면 통행료가 올라가지 않습니까? 그다음에 이익의 관점으로 유지관리하기 때문에 돈도 많이 안 쓰고, 이런 데이터는 굉장히 많거든요. SOC의 공공성을 지키는 게 결국은 일자리를 지키는 거고, 또 그 일자리를 지키기 위해서는 10년 뒤에 도로공사가 어떻게 될 거니까 지금은 뭘 해야 한다는 경영과 관련된 그런 활동들을 노동조합이 해야 한다는 것이고, 이걸 '정책노조'라고 불렀어요.

조대엽　정책노조 만든 걸 가장 좋은 성과라고 얘기했는데, 정책노조라는 게 지금 말씀대로라면 기업의 정책적 방향이나 중장기 과제에 대해 기여함으로써 경영을 지원한다는 것으로 이해되는데요. 어떤 계기가 있어서 제도적으로 만들어진 건가요. 아니면 노동조합의 방향성 정도로 제시된 겁니까?

이지웅   오랜 기간 쌓인 활동의 결과라고 할 수 있습니다. 제가 2017년부터 줄기차게 그런 활동을 했고, 작년에 도로공사노동조합 위원장 3선 취임할 때는 정책노조가 이제 만들어졌다고 선언했어요. 2022년 같은 경우에는 대선이 끝났어요. 그런데 보수 정부가 가지고 있는 기본적인 공공정책은 공공영역을 줄이고 민간을 늘리는 거잖아요. 작은 정부 큰 시장이지 않습니까? 그래서 저희가 2022년 대선 끝나고 나서, 최근 10년 동안 도로공사에 닥친 위험 요소들 12가지를 뽑았습니다. 저희가 '노동정책연구실'이라는 조직도 만들었는데 여기서 이런 위험 요소들을 어떻게 디펜스할 것인지에 관한 자료를 많이 만들었어요.

그다음에 대국민 홍보 영상도 만들고 또 그전에는 고속도로 신규 건설 물량확보를 위해서 국토부든 국회든 막 뛰어다니면서 일종의 영업활동도 했거든요. 그래서 공공부문은 지배구조가 정부를 중심으로 구성되기 때문에 CEO가 잠깐 왔다 가는데, 잘하는 사람도 있지만 못하는 사람도 있고, 또 짧은 임기 내에 중장기적 미래를 고민하기는 좀 어려운 상황이기 때문에 주인 없는 회사에서 노조가 그 역할을 해야 한다는 겁니다.

조대엽   평소에 참 궁금했던 부분인데 오늘 아주 구체적으로 듣네요. 공공부문을 보면서 특히 발전사 같은 경우 노조가 마치 사측인 양 기업을 위해 국회도 찾고 사람도 만나고 하더라고요. 이 위원장께서 정책노조라는 표현을 통해 이런 특징을 정리해 주신 셈입니다. 정책노조라는 개념을 처음 듣게 되는 데 이 개념을 많이 쓰고 있나요?

이지웅   네이밍을 해서 막 쓰는 건 아닌데, 기본적으로 제대로 굴러가는 조직에서는 위원장들이 그런 고민을 다 하지요.

조대엽   좋은 개념과 방향인 것 같은데요. 사실은 우리 같은 상황에서는 노동조합과 경영 측이 늘 대립하고 갈등하는 것만 부각되는데요. 선입견이 있기도 하고요. 실질적으로 노사협력이라는 건 이런 방식으로 될 수 있다는 것을 보여주었어요. 이런 협력적 관계가 신뢰를 만들어 제도적으로 노동이사제 같은 것을 만들면, 정책노조의 실질적 역할이 강화될 수 있을 것 같은데요. 아주 흥미로운 발견입니다.

이지웅   저는 공공부문은 노조 위원장이 경영진이라는 생각을 갖고 조직을 끌어가야 한다고 생각합니다.

조대엽   사측은 어때요? 사측은 그런 것들을 잘 헤아려 주나요?

이지웅   잘 맞는 경우도 있고, 안 맞는 경우도 있지만, 잘 맞으면 시너지가 나는 거고, 안 맞더라도 계속 저희는 그 방향으로 나아가는 거죠. 중앙노사협의회를 저희는 분기마다 하는데 마치 국정감사 하듯이 하거든요. 파워포인트 자료 띄워놓고 쭉 얘기하는 거예요. 논리적으로 큰소리칠 이유도 없어요.

조대엽 다른 질문 드리지요. 앞에서 노동위기와 관련된 얘기를 했는데, 향후 노동조합의 미래에 대해서는 어떻게 보세요?

이지웅 노동조합의 미래는 우리한테 달려 있지 않을까요? 저는 앞에서 MZ세대가 달라졌다고는 했지만, 또 만나 보면 크게 다르지 않아요. 변화에 대한 감지와 그 변화된 지형에서 노동조합의 변화는 당연한 일일 것입니다. 그러나 노동조합은 선출조직이기 때문에, 조직률이 현재 13~14%에 머문다고 하더라도 변화는 있을 것으로 생각해요, 공공부문에서 생각해 보면 저희가 아까 말씀드린 대로 유니온 숍이 만든 조직들이잖아요. 그래서 결국 선거 공간을 통해서 노동조합도 변할 것이지만 큰 판으로 달라질 거라고 저는 보지 않습니다.

조대엽 지금 우리가 하고 싶은 얘기 중에서, 노동조합운동의 미래는, 특히 한국의 경우 절반씩의 노동조합을 가지고 있는 양대노총이 가진 자기 딜레마 같은 것이 있어요. 이런 부분이 과연 향후 어떻게 될 것인가? 혹은 어떻게 변해야 할 것인가? 라는 질문을 할 수 있을 것 같아요.

이지웅 양대노총에 대한 관전평보다는 노동조합운동의 미래 전망을 생각해보면 저는 크게 걱정하지 않아도 된다고 말씀을 드린 이유가 지금 공공노련이 올해 13년 차가 돼서 많은 변화에 대한 준비와 실천을 하는 거잖아요. 이 64개 조직의 목소리가 담겨 있는 조직이 가능할까, 저는 나름대로 다양한 실험을 하고 있는데, 이제 6개월 됐는데 가시적 성과가 나오거든요. 그러니까 '이런 노력들이 있다면'이라는 전제하에 노동조합운동의 미래를 낙관하는 겁니다.

조대엽　새로 위원장이 된 사람에게 너무 가혹한 질문 같지만, 아주 의욕이 충만해 있는데, 미래는 괜찮을 것 같은가요?

이지웅　전제조건은 끊임없이 우리가 노력을 한다면, 이죠.

조대엽　아주 좋은 계획을 하고 있으니 기대됩니다. 노조 위원장으로 오래 일을 해오셨는데 노동조합의 리더십 요소 가운데 뭐가 제일 중요하다고 생각하세요?

이지웅　저는 헌신이요.

조대엽　헌신이라는 것은 이제 얼마만큼 몸 바쳐 열정적으로 일할 수 있는가 이런 건가요?

이지웅　기본적으로 아까도 모두 말씀드렸지만 조합 활동의 경우 우리가 맨날 하는 얘기가 현장에 답이 있다고 얘기하는데, 그래서 위원장이 현장을 가야 된다는 생각을 해요. 주기적으로. 그러면 직접 가서 이야기를 듣고 돌아와서 그 일을 해결하기 위해 노력하고 또다시 가서 진행 상황을 얘기하고 그런 일들의 연속이라는 거죠.

조대엽　그러면 조합원들하고 조금 거리를 둔 상태에 있는 것이 아니라 조합원 속으로 뛰어드는 헌신을 말하는 거죠?

이지웅　다른 하나는 정책이죠.

조대엽　정책적 역량을 얘기하는 거죠?

이지웅　문제 해결 능력이라고 봐도 될 거고, 결국에 공공부문의 문제 해결은 또 정책적으로 나오는 거고, 그리고 특히나 저희 같은 공공은 네트워크도 중요합니다. 기관 내에서 해결되지 않는 일들이 많기 때문에요.

조대엽　헌신적인 정책적 역량, 이런 게 다 네트워크를 통해 해결하는 거죠. 본인을 평가하면 어떠세요? 이런 잣대를 가지고요?

이지웅　열심히는 한다. 잘하는지는 모르겠는데. 헌신과 정책역량을 누고 본다면 헌신은 5점 중 4점, 정책역량은 5점 중 3점 정도?

조대엽　직접적으로 아주 가깝지 않다 하더라도 노동계 지도자들을 많이 알고 계실 겁니다. 그 가운데 혹시 본인의 롤 모델이 있나요?

이지웅   딱히 없습니다. 존경하는 사람이 없다는 건 아니고 롤 모델이라고 할 만한 분은 아직 생각해본 적이 없습니다.

조대엽   인생사에서 가장 아름다웠던 기억을 말씀해 주시지요.

이지웅   아내 만난 게 가장 아름다운 기억이죠. 아내가 학생운동 후배라 제가 이렇게 활동하는 것도 인정해 주고 그러니까 저도 지금 주말 부부 한 지 지금 10년인데요. 아내를 만나고 현재까지 함께 사는 자체가 행복이라고 생각해요. 조합하면서 가장 좋았던 기억은 제가 도로공사 최초로 3선 위원장이 됐는데, 무엇보다도 동일한 멤버가 초선, 재선, 3선을 다 같이 했어요. 그런 건 쉽지 않거든요.

조대엽   이제 마지막 질문입니다. 이 위원장님의 꿈은 무엇입니까?

이지웅   저는 공공노련 64개 회원조합의 목소리가 제대로 담긴 조직을 만들어보고 싶습니다. 이제 위원장 맡은 지 6개월 됐는데 그거 꼭 하고 싶습니다. 그리고 이런 시스템이 좀 잘 만들어져서 대한민국의 공공 대산별을 만들어보는 것이 꿈입니다.

조대엽   이 위원장을 인터뷰하면서 일관되게 느끼는 것은 대단히 비장하고 의욕적으로 판을 한번 벌여 보겠다는 기운 같은 게 있어요.

장시간 인터뷰 감사합니다. 이 위원장의 꿈이 반드시 이루어지도록 응원하겠습니다.

지속가능성과 노동보호의 조화

조대엽　디지털 전환과 AI 시대에 이르는 우리 시대의 기술 발전은 인간노동을 빠르게 대체하고 있습니다. 이러한 현실을 인간노동이 대면하고 있는 보편위기라고 한다면, 이에 대해 어떻게 생각하십니까?

정정희　디지털 혁신과 AI 혁명은 단순히 일자리를 바꾸는 것이 아니라 전체 산업과 업무 자체의 성격을 재정의하고 있습니다. 특히 일상적이거나 수동적이거나 반복적인 작업에서 자동화와 AI 기술이 인간의 노동을 대체할 위협을 하고 있어서 이는 당연히 위기처럼 느껴질 수 있습니다. 이러한 변화는 특히 빠르게 진화하는 경제에서 새로운 역할로 전환할 기술이 없는 근로자의 경우 일자리 대체, 소득 불평등 및 고용 불안 증가로 이어질 수 있습니다.

　하지만 저는 이것이 해결책이 없는 위기라고 생각하지 않습니다. 노동조합의 역사적 역할은 산업혁명이든 세계화의 대두이든 변화하는 경제 상황에 대응하여 언제나 노동자의 권리를 옹호하는 것이었습니다. 이 "위기"를 관리하는 열쇠는 기술 발전에 저항하는 것이 아니라 노동자의 이익을 대변하도록 하는 것입니다.

　현재는 기술 진보가 불평등을 확대하거나 보다 공평하고 지속가능

2024년 10월 28일, 선우재의 질문에 대해 정정희 전국공공노동조합연맹 위원장이 서면으로 답하다.

한 미래를 위한 길을 열 수 있는 교차로에 서 있습니다. 저는 디지털 혁신이 모든 사람, 특히 우리 경제의 중추였던 노동자를 위해 작동하도록 하는 것이 우리의 책임이라고 믿습니다. 우리는 AI와 디지털 기술이 직장에 통합되는 방식에 영향을 미치기 위해 지금 행동해야 하며, 이 "보편적 위기"가 더 밝고 포용적인 미래를 위한 보편적인 기회가 되도록 보장해야 한다고 생각합니다.

조대엽 최근 노동조합의 위기에 대한 걱정이 많습니다. 젊은 세대의 노조 기피 현상, 노동조합의 경직성, 리더십과 정책역량의 위기 등을 포괄하는 노동조합의 조직위기에 대해 어떻게 생각하시는지요?

정정희 젊은 노동자들은 특히 임시직과 기술 중심 산업의 증가로 급변하는 경제 상황에서 노조가 시대에 뒤떨어지거나 자신의 필요와 무관하다고 생각하는 경우가 많습니다. 이 문제를 해결하려면 유연한 멤버십 모델을 제공하고 기술 경제의 고용 안정, 기술 분야의 공정한 임금, 정신 건강 지원 등 젊은 노동자가 공감할 수 있는 문제를 인식하고 소통하여 오늘날 노동 시장의 현실에 적응하도록 해야 됩니다. 노동조합에는 AI, 자동화, 경제적 변화와 같은 복잡한 문제를 헤쳐 나가는 동시에 부문 간 동맹을 구축할 수 있는 리더가 필요합니다. 노동자를 보호하고 공정하고 지속가능한 성장을 촉진하는 미래 지향적인 전략을 개발하기 위해 학술 기관 및 싱크탱크와의 협력을 통해 우리의 정책역량을 강화하는 방향의 정책 전환이 필요하다고 생각합니다.

조대엽 노동조합운동은 정부 성격에 따라 크게 영향을 받습니다. 최근 윤석열 정부에서 나타나는 노동운동의 정세적 위기를 노동정책과 관련해서 평가해 주시기 바랍니다.

정정희 공공부문에서는 윤석열 정부의 노동정책으로 인해 정부와 노조 간 긴장이 고조되었습니다. 주요 쟁점에는 특정 공공서비스를 민영화하고 인력 유연성을 확대하려는 노력이 포함되며, 이는 고용 안정과 공공서비스 품질을 훼손한다고 생각합니다. 공공부문 노조는 이러한 조치가 해고, 고용 보호 약화, 단체교섭권 침해로 이어질 수 있다는 우려로 강력히 반발해 왔습니다.

또한, 노동조합의 회계 기록 및 활동 공개를 요구하는 등 노동조합

영향력 제한과 투명성 요구에 대한 행정부의 입장은 이러한 조치를 자율성과 교섭력을 약화하려는 시도로 보는 공공부문 노동조합의 저항을 더욱 촉발시켰습니다. 이로 인해 특히 교통 및 의료와 같은 필수 공공서비스 분야에서 시위와 파업이 발생했습니다. 또한 얼마 전에 감사원의 노조 전임자 주민등록번호 제출 요구와 같이 초법적 태도로 노동계를 대하고 있는 것은 다 아는 사실일 것입니다.

더 큰 문제는 이러한 노동정책이 공공부문 노동자의 복지와 고용 안정보다 효율성과 시장 기반 개혁을 우선시하는 것으로 보인다는 점입니다. 현재 진행 중인 위기는 신자유주의 경제 정책 때문에 공익과 노동자 권리가 소외되고 있다고 노동조합이 주장하는 등 깊은 불신을 반영합니다. 이러한 긴장이 해결되지 않고 계속되면 공공부문의 파업이 더 자주 발생하고 불안이 확대될 위험이 커질 수 있습니다.

조대엽　노동자 권익과 노동조합 내부역량의 성장에서 가장 뚜렷한 성과를 평가해 주시기 바랍니다.

정정희　공기업, 준정부기관, 지방공기업, 지방출자 출연기관, 중앙부처 및 지방자치단체 공무직을 포함한 조합원 9만여 명의 명실상부 공공부문의 제1산별이라고 자부할 수 있습니다. 올해 창립 20주년을 맞이하여 조직 확대와 공공부문 처우개선에 최선을 다한 점을 꼽고 싶습니다.

조대엽　노동조합운동이 노동 공공성의 확대와 한국 사회의 발전에 대해 가장 뚜렷이 기여한 바를 말씀해 주시기 바랍니다.

정정희　한국의 노동조합은 공정한 임금, 안전한 노동조건, 합리적인 노동시간, 사회적 보호 등 노동자의 기본권을 보장하는 데 중요한 역할을 해왔습니다. 노동조합은 단체교섭을 통해 공공부문과 민간부문 근로자들이 적절한 대우를 받을 수 있도록 보장하여 노동시장 안정과 소득 불평등 완화에 기여했다고 생각합니다. 또한 사회보험 프로그램, 연금, 실업 수당과 같은 정책을 옹호하면서 광범위한 사회 변화를 주도했습니다. 이러한 성과는 한국의 사회안전망을 강화하여 모든 국민에게 더 큰 경제적 안정을 제공했습니다. 노동조합은 진보적인 노동정책을 추진함으로써 한국 사회의 민주화에 기여했으며, 경제성장이 보다 포용적이고 더 많은 국민에게 혜택을 줄 수 있도록 보장했다고 생각합니다.

조대엽　산별노조는 우리 노동운동의 오랜 과제입니다. 공공연맹의 제도화 수준과 제도적 성과에 대해 말씀해 주시기 바랍니다.

정정희　우리 연맹은 산별노조의 형태를 띠고 있지는 않지만, 200여 개가 넘는 공공부문의 노동조합이 가입된 상급 단체입니다. 공공부문사업장이라는 공통점을 가진 조합원들을 위한 조직지원, 정책 강화, 대외협력 사업을 적극적으로 해내고 있습니다. 공공부문의 조직 확대를 통해 조직적 역량을 하나로 뭉쳐 우리 연맹 류기섭 전 위원장을 우리 연맹 20년 역사상 처음으로 한국노총 사무총장으로 당선시키는 성과를 냈으며 또한 이러한 성과를 통해 우리 연맹의 위상 강화는 물론 그동안 공무직 처우개선을 투쟁과제로 삼았던 것을 노총 차원의 투쟁과제로 삼는 계기를 마련하였습니다. 또한 양대노총 공대위와 밀접한 연대를 통해 노동이사제를 도입하는 데 큰 축을 담당하였으며 그동안 지엽적 투쟁에서 벗어나 노정 교섭이라는 가장 기본적이며 우선적인 투쟁목표를 세우고 투쟁 전선을 넓혀가고 있습니다. 뿐만 아니라 최근에는 연맹 법률원을 개소하여 조합원들에게 맞는 법률서비스도 제공하고 있습니다.

조대엽 공공연맹의 제도화 수준을 높이기 위한 과제가 있다면 말씀해 주십시오.

정정희 내부역량을 지속해서 강화하는 것은 당연하고, 대외적으로도 연대사업을 활발하게 해야 할 것입니다.

조대엽 최근 ESG 경영이 재계의 화두가 되고 있고, 주요 기업에서는 ESG 목표를 기반으로 하는 지속가능경영보고서를 작성하고 있습니다. ESG 기반의 지속가능경영보고서가 지속가능한 노동에 기여하는 바를 말씀해 주시기 바랍니다.

정정희 ESG 기반 지속가능경영서 보고를 통합하면 노동자의 권리, 고용 안정, 보다 안전한 작업 환경, 포용적인 거버넌스를 촉진하여 지속가능한 노동을 강화할 수 있습니다. 노동조합의 경우 ESG는 기업 지배구조에서 노동자 중심 정책을 옹호하기 위한 귀중한 프레임워크를 제공하여 기업이 직원의 장기적 복지에 대한 책임을 지도록 보장합니다. 지속가능성과 노동 보호의 조화는 노동자와 노동조합, 기업 모두를 위해 보다 공평하고 회복력 있는 미래를 구축하는 데 핵심적이라고 생각합니다.

조대엽　지속가능한 노동을 위해 주요 지표로 삼을 수 있는 항목으로는 어떤 것을 들 수 있겠습니까?

정정희　노동자 건강과 안전을 위한 산업재해율, 안전 인센티브, 공정한 임금과 보상을 위한 생활임금 지급, 협력적 노사관계 구축을 위한 노동조합 가입률, 단체협약 체결 여부, 또한 직장 만족도와 안정성을 대표하는 이직률, 정규직·임시직 비율, 해고율, 노동자에 대한 환경적 영향을 측정하기 위한 유해물질 노출 모니터링, 녹색 일자리 창출 등을 얘기할 수 있을 것 같습니다.

조대엽　선우재에서는 지속가능한 노동을 위한 21세기 노동조합운동의 새로운 비전으로 '노조시민주의'를 제시한 바 있습니다. 노동조합 활동의 시민적 역량 강화 및 시민사회적 확장을 지향하는 노조시민주의의 가치에 대해 평가해 주시기 바랍니다.

정정희　노조시민주의는 노동자들이 자신을 단순히 직원으로 보는 것이 아니라 사회적, 경제적, 정치적 환경을 형성하는 데 역할을 하

는 사회의 활동적 구성원으로 여기도록 장려한다고 봅니다. 시민 역
량을 강화함으로써 노동조합은 노동 친화적 정책, 사회 정의, 정치
개혁 옹호와 같은 민주적 과정에 참여하도록 노동자를 교육하고 동
원할 수 있습니다. 이는 시민사회에 적극적으로 기여하는 정보를 바
탕으로 참여하는 인원을 확대할 수 있다고 봅니다.

　또한, 노동자들이 노동 관련 문제를 넘어서는 토론과 행동에 참여
할 수 있도록 해줍니다. 이를 통해 노동조합은 의료, 교육, 사회 복지
와 같은 분야에서 더 광범위한 개혁에 참여할 수 있습니다. 이러한
노조시민주의 전체적 접근 방식은 모든 시민에게 이익이 되며 노동
조합이 공익을 증진하는 데 중요한 역할을 하도록 보장하는 데 기여
한다고 생각합니다.

조대엽　공공연맹의 노조시민주의와 사회공헌활동을 포함한 활동
현황에 대해 말씀해 주시기 바랍니다.

정정희　우리 연맹에서는 공공상생연대기금재단이라는 노동기반
공익재단의 사회공헌 활동에 적극적으로 참여하고 있습니다. 주요
한 예로 노동자와 시민사회단체와의 공익활동의 교류와 연대의 문화
를 촉진하는 '솔라시 포럼' 등의 사업에도 함께하고 있습니다. 뿐만
아니라 여러 가지 정책사업 구상을 통해 지역 민주주의와 노동조합
이라는 주제로 자체 프로그램을 기획 중인 상태입니다.

조대엽　2018년 전후로 공공상생연대기금, 금융산업공익재단, 사무

금융우분투재단 등 주요 산별노조가 주도하는 노동기반 공익재단이 설립되었습니다. 노동기반 공익재단 출범의 의의를 말씀해 주시고, 구성방식과 활동현황, 의사결정방식 등에 대해 평가해 주시기 바랍니다. 아울러 향후 과제에 대해서도 의견을 말씀해 주시기 바랍니다.

정정희　공익재단 출범은 사회연대 강화, 노동운동의 공적 역할 강화, 취약계층 지원 등에서 의미를 찾을 수 있고, 현재보다 좀 더 높은 운영 투명성과 재원 재분배에 대한 좀 더 깊은 고민이 필요해 보입니다. 재단은 다양한 시민사회단체, 공공기관, 기타 노동단체와 성공적으로 파트너십을 맺어 활동 범위를 확대해 왔지만, 일자리 창출 및 지속가능한 개발과 같은 분야에서 영향의 범위를 확대하기 위해 기업 및 정부 기관과 더 깊은 파트너십을 형성할 가능성도 여전히 남아 있다고 생각합니다.

조대엽　일반적으로 사회적 대화의 근본적 요건은 '신뢰'를 듭니다. 한국의 노사 대화, 혹은 노사정 대화에서 신뢰가 형성되지 못하는 요인은 무엇입니까? 아울러 우리의 여건에서 보다 성공적인 사회적 대화를 위해 구체적으로 필요한 요소들이 무엇인지요?

정정희　노사 간은 적대적 대결, 경영진 저항으로 특징지어진 오랜 긴장의 역사가 있고, 노사가 추구하는 목표가 더 나은 처우, 노동자 권리확보와 생산성과 비용 절감, 노동 유연화로 대립하여 신뢰가 쌓이지 못했다고 생각합니다. 노사정으로 확대하면 정부의 규제 완화,

노동시장 개혁 등 친기업 정책과 일관되지 못한 정부의 법 집행으로 정부의 중립성을 의심하기 때문이라고 생각합니다. 너무 당연한 말이지만 노사 간, 노사정 간 상호 존중과 정보의 공개 등을 바탕으로 장기적이고 지속가능한 공동의 목표를 두어야 하고 시민사회 등 다양한 이해관계자를 포함한 사회적 대화를 확대하는 방향으로 공익을 일치시켜야 한다고 생각합니다.

조대엽 공공연맹의 노사 대화에서 가장 성공적이었던 사례와 가장 어려웠던 경험을 말씀해 주시기 바랍니다.

정정희 우리 연맹이 설립된 이후 정부와의 노정 교섭을 통해 공공기관 지방 이전의 전제조건을 쟁취하는 등 성과를 보였지만 그 후 다시 연맹이 분열되며 노정 교섭의 주도권을 상실하고 정부의 각종 정책과 지침에 밀려 현재의 단체교섭권을 상실하고 성과급제 도입, 임금피크제 도입, 직무급제 일부 도입 등 정부의 각종 정책에 밀려 후퇴되고 있는 실정이 아쉽습니다.

조대엽 앞에서 우리 시대 노동의 위기 관련 질문에서 노동조합의 조직위기에 대해 여쭌 바 있습니다. 여러 가지 어려운 여건에 직면하고 있는 노동조합의 미래에 대해 전망해 주시기 바랍니다.

정정희 현 정부의 시각은 그 어느 때보다 노동자 보호보다 기업 유연성과 경제적 규제 완화를 우선시하는 것으로 인식되고 있습니다.

이러한 장애물에도 불구하고 노동조합운동은 여전히 정책의 변화에 적응하고 강화하여 노동자 권리를 위한 핵심 세력으로 남을 수 있는 기회를 얻는다고 봅니다.

최근 행안부 공무직에서 시작된 65세 정년 연장의 사회적 대화, 이와 관련한 청년 노동자의 노동조합 참여 확대, AI 기반의 데이터와 분석을 통한 조합원의 요구사항의 폭넓은 수용, 기후 위기에 대응하는 녹색 일자리와 정의로운 전환 실현 등을 민주적이고 포용적인 리더십을 바탕으로 하여 대중과 조합원의 신뢰를 재구축하기 위한 투명한 거버넌스와 회계 관리를 약속하고 가용할 수 있는 자원을 모든 조합원에게 이익이 되도록 사용하는 방향으로 나아간다면 아직도 노동운동의 미래는 밝다고 하겠습니다.

조대엽   노조 위원장으로 일하면서 체감한 노동조합 리더십의 요소들 가운데 가장 중요한 두 가지를 든다면 무엇일까요?

정정희   명분과 원칙이라 생각됩니다.

조대엽   한국 노동운동의 지도자들 가운데 가장 좋은 모델을 든다면 어떤 분을 들겠습니까?

정정희   김주익 전 금속노조 위원장입니다. 2003년 한진중공업에서 노동자들의 권익을 위해 투쟁하다가 안타깝게도 목숨을 잃었습니다. 그분의 헌신과 희생은 많은 노동자에게 큰 귀감을 주었고, 노동운동에 있어 항상 대표자들의 헌신이 기본적 덕목이어야 한다는 메시지를 지금도 주고 있기 때문입니다.

조대엽　노동조합을 이끌면서 소중한 기억들이 많으실 줄 압니다. 가장 아름다웠던 기억을 말씀해 주시기 바랍니다.

정정희　13년이라는 기간 동안 노동조합 위원장을 하면서 무수히 많은 기억들이 있겠지만, 그래도 제가 포기하려던 순간 동지들이 포기하지 않으면 패배하는 것이 아니라며 끝까지 신뢰와 지지를 보이며 함께해 주었기에 제가 소속된 회사와 노동조합이 지금의 모습으로 이어질 수 있었습니다. 그래서 힘들 때 항상 곁에서 응원하고 지지해 주었던 동지들이 아름다운 추억입니다.

조대엽　노동조합을 이끌면서 가장 힘들었던 기억을 말씀해 주시기 바랍니다.

정정희　구체적으로 말씀드리기는 곤란하지만 반대로 믿었던 동지에게 배신당하여 큰 상처를 받았던 기억이 있습니다. 배신감에 2주 정도 아무것도 하지 않고 술만 먹었던 기억이 있습니다.

조대엽　마지막으로 노동운동에 대한 위원장의 꿈이 있다면 말씀해 주시기 바랍니다.

정정희 　제가 가진 경험을 후배 동료 위원장들과 나누며 힘들 때 포기하지 않고 지속할 수 있도록 함께하고 싶습니다. 또한 이러한 과정을 통해 우리 연맹이 하나로 뭉치고 단결된 힘으로 공공분야의 잃어버린 단체교섭권을 회복시키는 큰 틀을 만들고 싶습니다.

조대엽 　바쁘신 가운데 서면으로 응답해 주신 정정희 위원장께 감사드립니다.

산별로 실현되는 노조시민주의

조대엽　전국전력산업노동조합연맹 최철호 위원장과의 인터뷰를 진행하겠습니다. 우선 첫 번째 준비한 질문은 우리 시대 노동위기와 관련된 질문입니다. 디지털 전환과 AI 시대에 이르기까지 기술 발전이 인간노동을 빠르게 대처하고 있습니다. 이것을 인간노동의 보편 위기라고 본다면, 여기에 대한 최 위원장의 생각을 말씀해 주시죠.

최철호　제가 2011년에 토머스 프레이인가요? 다빈치 연구소 소장 했던 분, 그분이 국내에 와서 인터뷰하는 걸 경향신문에서 보고 충격을 받은 게, 2030년이면 전 세계에 20억 개 일자리가 줄어들 것이라고 했어요. 그때는 AI라고 하지 않고 무인 자동차, 에너지 전환 등 뭐 다섯 가지 때문에 줄어든다고 했어요. 그리고 2016년인가 2015년인가에 에너지 혁명 2030이라고 해서 2030년이면 현재 화석연료를 사용하는 모든 전력 회사들은 사라질 것이라고 했습니다. 그래서 2030년에 도대체 뭔 일이 일어나나, 궁금해 했는데 지금 6년 남았거든요.

　6년 안에 그게 될까? 싶어요. 과연 이게 얼마만큼 정확한 예측을 하고 한 얘기인지는 잘 모르겠지만 예측대로 될 수도 있으나 만약 안

2024년 8월 13일 오후 2시,
최철호 전국전력산업노동조합
연맹 위원장을 공덕동 소재
선우재 이사장실에서 만나다.

된다면 아마 준비되지 않은 여러 가지 이유가 있지 않을까. 그리고 시행착오를 아직도 겪고 있는 것 아닐까. 예를 들면 저는 에너지 쪽을 하다 보니 선진국들 특히 유럽에서 먼저 에너지 전환을 했단 말이에요. 태양광이나 대단지 풍력으로, 그리드 패리티라는 것이 기존 화석연료의 생산 단가와 신재생 에너지 생산 단가가 같이 전환되는 시점을 얘기하는 건데요. 그게 달성되었다고 한 나라들이 이제 많아졌습니다. 그런데 중요한 건 생각지 못했던 공급의 안정성에 문제가 생기는 거죠. 왜냐하면 바람이 불었다 안 불었다, 태양이 비추다가 말다가 하니까요. 전력은 생산도 중요하지만, 더 중요한 것은 공급의 안정성인데 수용층에서 전기가 지속적으로 들어와야지 바람이 안 분다고 꺼지거나, 또 밤 되면 끊어지거나 그러면 저장을 하는데 저장장치에 대한 기술은 그걸 충족할 만한 진보는 아직 안 이루어져 있어요. 심지어 최근에 텍사스에서 기온이 급강하면서 태양광 패널들과 발전기들이 다 얼어버렸어요. 그래서 블랙아웃이 왔거든요. 완전히 일주일 동안 정전이 되었습니다. 북유럽에서는 이상기후 때문에 바람이 안 불면서 풍력발전기가 옛날처럼 안 돌아서 갑자기 전력 공급의 난이 생기니까 이제 또 원자력을 지어야 된다, 이런 얘기들을 하고 있단 말이에요.

그러니까 그런 것들을 보고 들으면서 '정책의 예측'이라는 것이 아직도 너무 부족한 것 아닌가, 라는 생각이 들어요. 유럽은 에너지원이나 기타 산업자원을 오래 준비했거든요. 특히 독일은 전력회사가 거의 민간입니다. 그럼에도 불구하고 민간 쪽과도 같이 한 10년씩 탄소중립위원회 같은 위원회를 구성하고, 하나하나 짚어가면서 준비했단 말이에요.

그런데 우리나라는 문재인 정부에서도 탄소중립위원회 하나 딱 만들어 놓고 거기에 노동 대표는 한 명 딸랑 내놓고, 누가 어떤 식으로 결정하는지도 모르게 목표만 잔뜩이에요. 언제까지 중립을 이루겠다고 선언만 했지, 실제 현장은 아무런 준비도 없거든요. 그 난리를 쳐놓고도 에너지 전환율이 지금 30%는 고사하고 7% 수준밖에 안 됩니다. 그러면 이런 정책에 대한 고민을 더 해야 하는데, 이 정부 들어서는 한술 더 떠요.

노동에 대한 것도 정말 단순하게 산업 예측만 가지고 막 서두를 것이 아니라 하나하나 짚어 가야 한다고요. 단계적으로. 그 지역에서는 어떤 현상이 일어날지. 해당 산업에 있는 사람들이 일자리를 잃는다고 당장 몇 년 만에 일자리가 다 없어질 것도 아닌데, 그 사이에 자연적으로 퇴직하는 사람들이 있을 거고, 문제가 되는 사람들, 지금 그일에 막 뛰어든 사람들은 과연 좌초되는 산업에서 언제까지 일이 가능할 것인지. 그러면 그 기간을 예측해서 교육훈련을 통해 다른 데로 전환한다든가 아니면 다른 산업에 종사하고 싶은 사람을 위한 교육훈련 프로그램을 만든다든가, 이게 정부 주도로 뭔가 이루어져야 한다고 생각하거든요. 그런 것들이 디테일하게 준비 없이 지금은 막연한 걱정만 하는 것 같아요. AI가 되면 다 없어진다고.

토머스 프레이가 20년 전에 한 얘기를 지금도 똑같이 위기라고 얘기하는데 도대체 그 위기는 언제 올 것이며, 그때까지 뭘 할 것인지, 토머스 프레이가 얘기했듯이 2030년이 이제 불과 6년밖에 안 남았는데 그럼 우리는 그동안 뭘 했는지… 전혀 없어요. 아직도 AI가 활성화되면 뭐가 없어진다고만 얘기하지, 그럼 없어지면 어떻게 할 것이냐에 대한 대책이 없어요. 산별로도 없고, 결국은 저는 정치가 해야 한다고 생각합니다. 로봇이 모든 일을 다 해서 사람의 일자리가 없어진다고 하더라도, 정치가 사람이 할 일을 만들어 주거나 아니면 사람이 적은 일을 해도 거기에 대한 보상을 먹고살 만큼은 받도록 한다든가, 정치가 충분히 할 수 있는 영역들이 있다고 생각하거든요. 그걸 정책적인 면과 함께 고민해야 하는 거 아닌가. 그런데 지금은 막연하게 위기만 조장하고 있습니다.

그래서 솔직히 에너지 분야에서, 제가 보기에는요, 2030~40년까지 탄소중립, 어림도 없습니다. 더군다나 이 정권에서는 거의 후퇴했기 때문에, 여기서 우리가 앞으로 가도 부족한데 지금 주춤거리거나 뒤로 가는 사이에 아마 다른 나라는 더 멀리 가고 있을 거고, 그러니 우리는 허둥지둥 쫓아가기 바쁠 겁니다. 탄소중립은 세계적 수준을 따라가려면 더 많은 시간이 걸리지 않을까. 솔직히 노동 영역에서 준비할 시간도 더 많이 필요하겠죠.

그래서 역설적으로 노동은 다른 나라보다 준비할 시간이 있어 보여요. 산업 자체의 진보가 아직도 지지부진하니까요. 몇 년 있다가 드라마틱하게 막 움직일지는 모르겠지만 그러기에는 지금까지 봐서도 아직은 쉽지 않을 것입니다. 그러면 지금이라도 준비하자고 하는 거죠. 제가 경사노위에 가서도 얘기하고, 3기 탄녹위(탄소중립·녹색성장위원회)에도 노동이 참여해야 한다고 계속 얘기하는 것도 그런 겁니다. 오히려 우리한테 얘기하면 우리가 방법도 고민을 더 많이 했죠. 그 사람들보다. 우리는 당하는 입장이니까요. 그리고 현장은 동요하고 있으니까, 그럼 어떻게 하면 우리가 이걸 합의할 수가 있을까 이런 고민을 하거든요. 과연 경영계나 정부는 그걸 할까, 저는 없다고 생각합니다.

조대엽　첫 번째 질문부터 굉장히 흥미로운 답을 주시는데요. 어떻게 보면 지금까지 일반적 이해와는 다른 방식의 생각을 하고 계신 게 아닌가 할 정도로요. 우리가 위기라고 생각하는 것에 대해 굉장히 낙관적으로 생각하시는 것 같기도 합니다. 예컨대 AI를 통한 산업 전환, 기후 위기를 통한 산업 에너지 전환, 이런 것들이 쉽게 안 될 거라는 생각을 전제로 하시는 것 같은데 어떠세요?

최철호   예상보다는 시간이 더 걸릴 것 같다는 점하고요. 두 번째는 그럼에도 불구하고 사람이 할 일이 남아 있다는 겁니다. 특히 에너지 부분은 태양광이나 풍력만 하면 그게 전환이지만요, 그렇다고 해서 거기서 사람이 완전히 없어지지 않거든요. 로봇하고 달라서 누군가는 운전을 해야 되고, 태양으로 발전하고 바람으로 발전을 했을 뿐이지 그게 무한정으로 사람이 없어도 알아서 되는 건 아니거든요. 누군가는 거기서 감시해야 되고 또 문제가 생기면 조치해야 되고, 또 정기적으로 정비해야 되고 새롭게 할 일들이 있습니다.

그리고 단순하게 그 산업만 봐서 그렇지, 그 산업에서 파생되는 여러 할 일들. 예컨대 이게 친환경으로 인한 발전이기 때문에 지역 주민이 할 일이 새롭게 생기거든요. 예를 들어 요즘 바다에 풍력발전기 꽂으면요. 그 회전하는 소리가 어마어마합니다. 주변에 생태계 문제도 생기고 그러니까 이제 지역 주민에 대한 보상이나, 정기적 데이터를 제공하고, 지역 주민들을 관리하는 것들이 필요하거든요. 그리고 이 태양광이나 풍력은 기존의 석탄 화력과 원자력이 했던 것에 비해서 효율이 한 15~20%밖에 안 됩니다. 그 얘기인즉슨, 100%의 출력인 곳보다 15%의 출력인 곳에서 발전기가 더 많아야 한다는 얘기거든요. 오히려 여기에서보다 이 발전기를 관리하고, 운영하고, 조치하고, 정비하고 해야 할 인력이 그만큼 더 많이 필요할 수도 있거든요.

완전히 100% 대체해서 손이 안 가는 것은, AI 분야는 그럴 수 있는지는 잘 모르겠지만, 이런 산업 전환에는 전환된 산업을 들여다보면 거기에 새로운 일자리가 분명히 있다는 겁니다.

그러면 새로운 일자리는 어떤 식으로 일을 시킬 것인지에 대한 새로운 일하는 방식을 제공해야 하겠죠. 그럼 누군가는 그걸 또 연구해야 할 것이고, 거기에 대한 이른바 임금 체계라든지 이런 것도 다시 해야 할 것이고, 조직 체계도 다시 해야 할 것이고 사람이 할 일이 많거든요. 우리는 너무나 단순화시켜서 제조업 라인에서 사람이 손대던 게 없어지고 기계가 알아서 다 하면 일자리 없어지는 수준만 생각하는데 산업마다 다 다르다는 거죠.

그 고민을 산업 차원에서 하도록 해줘야 되는데 지금은 그런 게 다른 겁니다. 그러니 앞으로 하려고 하면, 그걸 준비하는 과정에서도, 이 분야는 완전한 전환이 매우 오랜 시간 동안에 아주 천천히 이루어진다. 말씀드린 대로 이 산업은 전기가 들어와야 되는 산업이에요. 아무리 여기를 친환경으로 바꿔봐야 전기가 안 들어오면 의미가 없거든요. 그러면 단순하게 대체한다고 전기가 들어오는 게 아니라는 거죠.

왜냐하면 전기는 전기를 나르는 계통이라는 게 있고, 이 계통은 기존에 있던 발전기에 이 발전기가 혼용되는 순간 충돌이 생기기 때문에, 거기에 대한 보안장치들이 또 생겨나야 합니다. 그럼 그 보안장치를 운영할 사람들이 생기고, 이건 전문적으로 설명해 드려야 하는 부분이긴 한데, 산업마다 그런 것들이 분명히 있습니다. 그런데 지금은 너무나 단순한 논리로 이렇게 바뀌니까 일자리가 줄어든다고 하는 거예요. 11년 전에 에너지 전환 상황에서 얘기했던 것처럼 너무 쉽게 선동하듯이 얘기해서 사실 불안감을 조성하는 데는 뭔가 또 다른 이유가 있지 않나 싶어요.

그 기술을 선점한 국가나 그 산업을 선점한 기업의 돈벌이 수단으로도 보이거든요. 지금 대한민국의 신재생은 전부 유럽에서 다 장악하고 있습니다. 중국이 막 따라와서 저가에 들어오니까, 중국 견제하느라고 미국이 계속 통제하고 이런 정치적 영향력이 작동되고 있는 것 같아서, 우리 나름대로 준비를 하면 된다. 그걸 하자는 겁니다.

조대엽　에너지 분야를 중심으로 말씀하시니까, 조금 다른 맥락의 얘기가 될 수도 있는데, 다른 산업 분야도 일자리가 없어지는 만큼 또 새로운 일자리가 생긴다고 하는 의견들도 많거든요. 전력산업 같은 경우에는 오히려 더 새롭게 만들어질 수 있는 일자리, 신재생 에너지로 전환하더라도 거기에 따른 일자리가 또 생겨날 것이라는 측면을 낙관적으로 보는 것이 아닌가 하는 생각이 듭니다.

최철호　제 우려는 오히려 조금 다른 게, 공공성이 훼손되면 안 된다고 봅니다. 지금 해상풍력을 허가받은 77개 업체가 있는데 그중에 70개가 외국 자본을 바탕으로 합니다. 그러니 우리나라의 자연, 빛과 바람으로 발전하기 위해 앞으로는 외국 사람들이 발전해서 생산한 에너지를 우리가 사야 해요. 그렇게 가선 안 된다는 거죠. 이것이 국부國富 유출이기도 하고 에너지 안보에도 심각한 문제가 되고, 또 공공성에도 매우 위해한 거고요. 당분간 신재생 발전하면 가격이 올라갈 수밖에 없거든요. 그럼 국민들한테 그만큼 비싼 요금을 받아야 되는데, 민간은 통제가 안 되더라는 거죠. 지금 민간 화력발전소를 보면요. 그래서 이제는 공공성에 대해서 오히려 우려가 큽니다. 일자리가 줄어드는 것은 그다음이라고 생각해요.

조대엽   그래요. 공공성 얘기는 뒤에 또 나오니까, 그때 다시 한번 이야기하도록 하겠습니다. 최 위원장께서 첫 질문에 대해 하실 말씀이 많으신 것 같습니다. 이제 다음 질문으로 최근에 노동조합의 위기에 대한 걱정이 많아졌는데요.

특히 젊은 세대가 노조를 기피하는 현상, 노동조합 자체가 가지고 있는 경직성, 리더십이나 정책역량의 위기, 이런 것들이 지금 전력연맹 같은 데도 있는 거죠? 이제 연구원을 만드는 것이 조만간 해야 할 숙제라고 말씀하셨는데요. 이런 게 다 노조 조직에 닥치는 위기에 대응할 동력이 취약한 측면으로 볼 수 있는 것 아닌가요?

오랜 노조 위원장 생활을 해오셨는데, 노동조합의 조직위기에 대해서는 어떻게 생각하세요?

최철호   위기는 맞죠. 위기는 맞는데 제가 작년인가 재작년인가 시사인에서 MZ세대들한테 노동조합의 필요성에 대해 물어본 설문 결과를 본 적이 있는데요. 거의 80% 정도가 노동조합이 필요하다고 답변한 걸 봤습니다. 우리가 생각하는 것처럼 노동조합에 비판적이고 기피하는 경향이 있지만, 필요는 하다고 생각하는 것 같아요.

특이점이라고 한다면, 왜 필요한지를 묻는 질문에 대한 답변의 순위가 있어요. 보통 우리가 노조의 필요성을 얘기하면 고용 안정이나 근로조건 향상, 이런 걸 얘기하는데 1번이 조직문화 개선입니다. 기존 조직문화에 대한 개선과 타파를 위해 노조의 역할이 필요하다고 하는 거죠. 그다음이 고용 안정이었고, 임금이었던 것 같아요. 그러니까 젊은 사람들이 노동조합의 필요성에 대해서 인지하는 맥락이 달라졌습니다. 물론 젊기 때문에, 아직 세상 돌아가는 메커니즘을 정확히 알지 못한 것도 있겠지만, 굉장히 현실적이라는 거죠. 당장 내가 일하는 상황에서 불편함을 해소하는 데 노조의 힘이 필요하다는 생각이었던 것 같아요.

조대엽 조직문화, 말하자면 일터의 문화를 바꾸는데 노조가 필요하다는 것이지요?

최철호 일터에서 직장 갑질이나 성희롱이 있다든가 이런 거를 막으려면 노조가 있어야 된다, 이런 인식이 있는 것 같은데, 그게 이전에 말씀드렸던 기업별노조 안에서 생기는 현상이라고 할 수 있습니다. 당장 나의 이해관계가 우선이 되고, 그 이해관계를 해결해 줄 해결사로서의 노동조합을 기대하는 거죠. 그러니 대외적인 큰 담론에 대해서는 그게 뭐 나하고 지금 뭔 상관이야, 내가 그거 하라고 노조 조합비 내는 거 아니야, 그러니 바깥에 나가서 뭐 연대하고 교육을 하고 세계 질서나 이런 거에 관심을 갖고 그걸 왜 내 조합비 갖고 하느냐 이런 거죠. 그러니까 조합비에 대한 가성비를 따지는 겁니다. 내가 1만 원을 조합비로 내는데 왜 나한테 1만 원어치의 혜택이 안 오지, 이것저것 대외적인 그런 거 하면 나한테 3,000원어치밖에 안 오는 것 아니야? 그럼 조합비를 좀 깎고, 그거 안 하면 안 돼? 이런 거거든요. 그냥 딱 '자판기 노조'를 원하는 겁니다. 이렇게 된 지 오래 됐습니다. 1만 원을 썼으니, 1만 원짜리가 나와야 하는데, 아니면 최소한 6~7,000원짜리라도 나와야 하는데, 이렇게 생각하는 겁니다.

조대엽 전력 노조의 특징은 아닌가요? 조합비를 다른 데보다 많이 떼는 건 아니고요?

최철호 대부분 1% 떼는 곳이 많습니다. 기업별노조 안에서는 옛날 부터 그 정도 해요. 그러니까 본전 생각이 더 나는 거고요. 그래서 모든 노동조합마다 요즘 이슈가 반대 측에서 조합비 인하가 공약의 1번입니다. 그것 때문에 어떤 데는 저기서 맨날 뭐 조합비를 30% 할인 삭감하겠다, 본부가 쓰는 걸 절감해서라도 하겠다고 해요. 그러면 기존에 있던 데서도 그걸 보고 10%라도 깎는다는 공약을 안 할 수 없는 거죠. 그렇게 해서 당선된 데가 제법 됩니다. 다른 쪽에서도요. 몇 년 전에 저기 도봉서비스노조가 그랬고, KPS노조도 지난번에 그렇게 해서 할인한 걸로 알고 있고요.

조대엽 그러니까 이것이 현실인데요. 그래서 제가 생각하는 것은 어느 순간 이 요구는 점점 더 커질 것이라는 겁니다. 가성비를 따지는 것이요. 효율성을 너무 따지지 않습니까?

최철호 복수노조가 계속 생기면서, 비교하면서 어느 쪽이 가성비가 좋은지 여부를 더 따질 가능성이 높고요. 그렇게 되면 점점 더 노동조합이 설 자리가 없어질 것이고, 그렇게 되기 전에 산별에 대한 결단을 내려야 됩니다. 조합비는 덜 내고, 어쨌든 근본적 효과를 가져올 수 있도록 말이죠. 그렇게 되면 투여한 금액이 적으니 아무래도 기대도 그렇게 크지 않습니다.

우리 연맹의 조합비가 2,700원이거든요. 단사에서 1인당 오는 것이요. 예를 들어 산별로 3,000원만 낸다고 그런다면 3,000원 치만 기대하면 되거든요. 그럼 3,000원 치의 기대는 예를 들어 5만 명에 3,000원씩 걷어서 모으면 크단 말입니다. 그럼 거기에서 인력과 예산이 나옵니다. 조합의 힘은 거기서 나오는 거니까요. 그 파워를 가지고, 지금은 기업별노조 안에서 직원들 임금은 물론 여러 자잘한 수당을 얼마 주느니 아니면 인사이동을 어떻게 공정하게 하느니 그리고 각 직능별로 시간외 수당을 얼마 더 주느니 이런 디테일한 노사협의에 가까운 합의들이 많거든요. 그것 하나하나보다 불편한 거를 해소하는 정도에 지금 머물러 있는데, 근본적 문제가 해결 안 되는 거죠.

정부 차원에서 예산이 항상 침해받는다든가, 조직이나 인력이나 이런 통제를 계속 받는 것들을 산별 단위에서는 정부와의 교섭을 통해서 뭔가 해결할 수 있어요. 큰 틀에서는요. 나머지는 현장에서 노사 협의나 이런 걸 통해서 해결하면 되거든요. 독일 같은 곳을 보면, 가능하기만 하다면 조합원들 입장에서는 그게 훨씬 더 가성비가 높다고 생각해요.

한 달에 3,000원만 내면, 심지어 그것이 10만 명씩 늘어나면, 실업자도 산별에서 하는 교육 프로그램에도 가고, 선우재 같은 데서 교육

받아서 어디 취직도 하고 이럴 수 있다는 겁니다. 이런 데 있으면 가성비가 훨씬 좋죠. 저는 교수님이 말씀하시는 노조시민주의하고도 연관해 보면, 일종의 사회운동으로서의 노동조합운동이 가능하지 않은가. 우리 사회에서 산별 교섭을 통해서 양극화도 좀 없어질 수 있으면, 아니 맨날 뭐 5만 원씩 내다가 5,000원만 내서 양극화 해소하는 데 기여할 수 있으면, 그게 더 좋은 거 아닌가. 그 정도로 우리 사회에 기여하는 데 노동조합의 역할이 그렇다면 5,000원 정도는 기꺼이 낼 수 있다고 앞으로는 생각하지 않을까, 그렇게 된다면 저희는 자연스럽게 산별 논의들이 이루어질 가능성이 높고, 그런 산별을 해야 한다면 저는 우리 전력이 제일 먼저 할 수 있는 토대가 된다고 생각해요.

왜냐하면 전력이 말이 회원조합이지만 다 한 회사거든요. 한전그룹사이기 때문에 재무적으로도 다 연결돼 있고, 그리고 그룹사 사장단회의를 지금도 하고 있고, 산별이 결국은 사용자 단체 여부가 매우 중요하지 않습니까? 우리 그룹사 사장단회의에서 저희는 이제 노사연석회의를 주장해서 지금 1년에 두 번씩 하고요. 팬데믹 때문에 지금 잠깐 못 했는데요. 특별한 이슈가 없으면, 한전 사장하고 교섭을 그냥 다 같이 하면 되지, 각자 교섭을 따로 할 필요가 없지 않느냐고, 그리고 앞으로 이런 연습을 좀 해보자고 했어요.

제가 사장님한테도 제안하고, 우리 발전사 위원장들한테도 이야기했습니다. 공통의 안건일 때 우리가 산별 교섭 한번 해보자, 하다 보면 산별 교섭에 대한 효용성을 느끼기 시작하면 저는 머지않아 산별 논의들이 있을 것으로 생각하는데 전력 연맹의 지향점이 그거거든요. 그래서 나중에 그 변화가 왔을 때 우왕좌왕할 게 아니라 지금 그걸 준비하는 과정이라고 생각해요. 우리 전력연맹이요.

조대엽　결국 기업별노조로 인해 노동조합의 조직위기들이 크다는 사실과 이제 산별로 가야 되는 게 아니냐는 사실이 중요하다는 거지요. 노동조합운동의 위기라는 것이 정부 성격에 따라서 크게 영향을 받는데 윤석열 정부에 대해 평가 한번 해 주시죠. 특히 노동정책 관련한 부분을 중심으로 말씀해 주시죠.

최철호　진짜 평가할 게 있습니까? 엉망진창이지, 어떻게 이럴 수가 있나 싶죠? 정말 노동정책뿐만 아니라요. 어처구니가 없습니다. 정권의 성향에 따라서 달라지는 건 저희가 제일 많이 느끼죠. 공공영역은 정권이 공공을 바라보는 시각이 극명하니까요. 하물며 노동도 그렇고요. 그러니 저희는 그게 세 개가 다 들어갑니다. 노동, 공공, 전력. 이게 세 가지가 다 연관되어 있거든요. 그런데 결국은 노동조합이 정치적 역량을 키우는 방법밖에 없는 것 같습니다. 지금은 대한민국 정치 지형의 특색이긴 하지만 노동을 하더라도, 공공에 있더라도, 내 지역에 따라서, 내 개인적 취향에 따라서 정치적 지지가 다 갈리니까요. 저희도 똑같은 한전에 있으면서도 정치적인 걸 해 보면 왼쪽은 파랗고 오른쪽은 빨갛고 그렇습니다. 그건 참 우리나라 정치의 후진성인데요. 그래서 저는 정치적으로는 권역별 비례대표를 꼭 해야 된다고 주장합니다. 어쨌든 노동조합도 결국 정치적인 파워를 키우는 수밖에 없는 거지요.

지금과 같이 개인 정치성향에 따라서 노동운동도 단일화가 안 되지 않습니까? 노총에도 가면 좌우가 갈려 있지 않습니까? 그게 전부터 비판받아왔던 출세의 교두보로 활용되는 측면이 있으니까요. 그래서 물론 현실적 문제이기는 하지만 저도 노총을 들여다보고 있으면 아직도 시간이 많이 걸릴 거라는 생각이 듭니다. 그럼에도 불구하고 주장하는 것은 이해는 가지만 최소한의 기본을, 최소한의 노동을 인정하지 않는 정권을 지지할 수는 없는 거 아니냐. 아무리 그래도 그렇지, 그런 정당을 그런 기본 정도는 우리가 계속 견지해야 하는 것 아닐까요?

개인적 정치성향에 따라서 거기에 줄도 대고, 거기에 민원도 해결하고, 뭐 그런 것까지는 있을 수 있지만, 뭔가 정치적 의사결정을 할 때는 최소한 노동에 대한 인정은 둘째 치고 탄압하는 정권이나 정치세력을 지지할 수는 없지 않느냐, 그러니 정치적 국면에서 선택할 때는 반드시 노동에 대한 우호적 정치집단과 연대해야 하는 겁니다.

조대엽 최 위원장님하고 인터뷰 시작하면서부터 새로운 이야기 거리가 많네요. 정부에 대한 비판보다 지금 노조 자체가 정치적 역량과 태도를 어떻게 지녀야 할 것인가에 대한 말씀을 해 주시니까 아주 재밌습니다. 이제 한국노동조합운동의 성장과 성과에 대한 질문을 드리도록 하겠습니다. 한국 노동조합운동이 대한민국 노동자들의 권익 향상과 노조 역량의 성장에서 뚜렷한 성과를 가져온 게 있다면 어떤 것을 들 수 있을까요? 주로 노동조합의 내부역량을 중심으로 말씀해 주시면 감사하겠습니다.

최철호   노동운동이 정치·사회적으로 시대에 따라서 바뀐 지점들이 있었다고 생각하는데요. 노동조합의 내부역량은 결국 민주화운동 이후부터 급속도로 성장한 것으로 봐야 될 겁니다.

민주화운동 이전과 이후로 나누자면, 그 이전에는 지금 보수도 아닌 극우 쪽에서는 비판하고 있지만 학생운동 세대들의 역할이 저는 컸다고 생각하죠. 지금에 와서 마음에 안 든다고 정치적으로 비판할 수는 있을지 모르지만, 그 시절에는 학생들의 결기와 희생이 노동운동의 물꼬를 계속 이어왔던 것이 저는 민주화 대투쟁까지 갔다고 생각합니다. 그것 없이는 민주화 투쟁도 없었을 것입니다. 학생운동이 도화선이 되어 민주화운동이 시작된 거 아니겠습니까? 1987년 민주항쟁이 있기 전에는 그런 학생운동 세대들의 역할이 컸다고 봅니다. 그 과정에서 전태일 열사의 그런 희생이 우리 노동운동에 남는 이유도 군사정권에서 억압받았던 노동운동의 민주성 같은 것들이 목소리를 높이기 시작했고, 학생들이 거기에 결합하고, 종교가 결합하고 그렇게 해서 민주노총 탄생의 과정도 그런 차원에서 이루어졌기 때문이라고 생각합니다.

그 이후에 한국노총과 민주노총이 경쟁 구도 안에서 나름의 역할을 했습니다. 시대에 따라서 평가가 좀 다르긴 하겠습니다마는 양대노총의 운동방식은 조금 다르더라도 과거처럼 민주를 대변하고 뭐 어용을 대변한다는 식의 극단적 평가는 있을 수 없게 되었지요.

그런 측면에서 민주화운동 이후에 많은 각성들이 있었고, 한국노총 안에서도 투쟁에 대한 목소리들이 많이 자리도 잡았고요. 물론 아직도 갈 길은 좀 멉니다만 한국노총 안에서도 아까 말씀드렸듯이 최소한 노동을 탄압하는 정권이나 정치세력은 지지하지 말아야 된다는 목소리 정도는 높일 수 있는 상황까지는 왔다는 거죠.

그런 면에서 한국노총 안에서도 학생운동 출신이라든가 현장 노동운동을 했던 분들이 들어와서 일도 많이 하고 있고요. 그러면서 성장하고 있다고 봅니다. 이런 추세라면 저는 오히려 앞으로는 한국노총이 오히려 더 지지를 받지 않을까 기대합니다. 그리고 새로운 운동방식도 한국노총이 만들어 갈 수 있지 않을까 생각하고요. 그런 면에서 오히려 제가 노총 지도부에 대해서도 솔직히 이번 노동부 장관지명에 대한 노총의 성명서 보고는 이게 뭐냐고 하면서 싫은 소리를 했거든요. 그랬는데 집행부 입장을 그냥 이해하기로 했습니다. 여러 고민이 있을 테니까요. 그 고민이 옛날에는 그냥 사적인 이해나 자기의 어떤 정치적 성향에 따라서 움직였다고 하면 요즘은 지도부가 그래도 고민하거든요.

조대엽 지금 상황에서 최선이 안 되면 차선은 뭘까 고민하고, 이 다음은 그럼 어떻게 나갈까 이런 것도 고민하는 것을 알기 때문에 집행부의 입장을 이해한다고 얘기를 해줬는데요. 집행부 입장에서 왜 그런 성명서를 냈나요. 어떻게 이해하세요?

최철호 사회적 대화를 하기로 결정한 것도 논란이 있었는데, 경사노위 위원장이 지금 노동부 장관이 된 건데, 경사노위 위원장 때는 괜찮고 노동부 장관은 안 된다고. 그것도 저는 약간 모순적일 것이라고 생각했고요. 말씀드린 대로 노총 지도부 안에 현 정권 지지하는 분들이 다수 있습니다. 산별 위원장들이, 그리고 그분들이 목소리가 훨씬 커요. 연세도 많고요.

조직을 운영하는 입장에서는 사사건건 다 대응하면서 가면 집행부가 견뎌내지 못합니다. 언젠가 우리 노총 위원장 재선할 때 도와달라고 왔기에 제가 딱 한마디 했습니다. 재선하시거든 형님들에게서 조금 벗어나려고 더 애를 써보십시오. 지금 비판받는 게 그거 아니냐고 했더니 본인은 자기도 안다고 하면서 그래도 가장 중요한 의사결정이 있을 때 양보를 안 했다고 해요. 그 얘기 듣고, 고민이 느껴졌거든요. 잘못하는 것 하나하나 다 싸우기 시작하면 노총은 못 걸어가잖아요. 그냥 그분들이 원하는 건 다 그쪽에 이해관계가 되는 거거든요. 조직을 끌고 가는 입장에서는 싸움을 말리면서 어떻게 끌고 가야 되는데 계속 싸움을 붙일 수는 없으니까요.

그러니까 정치방침에 있어 야당 후보를 지지하기로 결정한다든가, 이런 건 자기주장이 다 들어갔다고 하더군요. 그래서 그때 어느 정도 입장을 이해해 보기로 했고요. 물론 좀 더 선명하고, 좀 더 강한 것이, 더 멋있어 보일 수 있었을 것 같긴 하지만, 늘 그런 사람이 위원장 되는 것도 아니잖아요. 제 입장에서는 그런가 보다 하고 이해하는 거죠.

조대엽 지금 말씀하신 것들을 정리하면, 한국노총은 그 동안 자율성, 독립성, 투쟁성 등이 부족한 단계에서 많이 성장한 거네요. 그리고 민주노총은 민주화 이후에 만들어졌고 한계는 여전히 있지만 그것도 조직적으로는 굉장히 큰 규모로 성장했다. 이런 것들을 성과로 볼 수 있고, 그러면서 정부 내지는 재계와의 협상력 같은 것들도 많이 늘었다고 볼 수 있겠죠.

최철호　많이 늘었죠. 전형적인 민주정권이 집권하고 변화하는 과정 안에서 조금씩 큰 것 같습니다. 노무현 정부 때 조금, 그리고 문재인 정부 때, 물론 정권 바뀌고 나서 또 입장이 돌변한 것도 있지만 민주정부 안에서 노동 존중 사회에 대한 슬로건부터 그렇고, 아직도 논란이 많습니다만 비정규직 정규직화에 대한 선언, 최저임금 인상에 대한 선언 등 우리 사회의 진짜 묵혀 있던 노동문제들을 거론하고 시도했거든요. 그런 것들이 해결은 안 됐지만, 저는 이 다음에 또 다른 상황이 생기면, 그때 다시 시도함으로써 더 나아질 거라는 생각이 드는데요. 다만 그렇게 해놓은 것이 보수 정권이 들어서더라도 그것을 완전히 무시하지 않는 선에서 어느 정도 기본은 유지하면서 가야 하고요. 논란이 되는 정도 수준으로요.

　저는 지금 정권은 보수 정권이라고 평가하지 않기 때문에 진짜 보수 정권이 온다고, 그러면 노동이라고 해서 이걸 이념적 잣대로 계속 무시하고 이럴 수는 없을 겁니다. 정상적 사고를 가진 보수는 그렇지 않습니까? 이건 비정상적 사고를 가진 극우를 넘어서요. 정치적 편향이 너무 많이 드러나는 것 같아서요. 정상적 보수가 온다면 노동을 이념적 잣대로 막 끌어내리거나 해서 국가적 이익에 반하는 일 같은 것이 있을 리가 없거든요. 그러니까 저는 그렇게 해서 더 나아질 것이라고 생각하죠. 저런 이상한 정치세력만, 극우세력들만 배제되면 좀 낫지 않겠나, 하는 거죠.

조대엽　그럼 그 답의 연장에서 그동안 노동조합운동이 한국사회 전체의 발전에 뚜렷하게 기여한 바가 있다면 어떤 게 있을까요? 민주화 말씀해 주셨잖아요. 사실 노동조합이 한국 민주주의에 대한 기여는 뚜렷하다고 할 수 있는데, 이외에도 우리 사회 발전에 노동조합운동이 기여하는 바에 대해 어떤 걸 강조할 수 있을까요?

최철호　기여한 바를 이렇게 한참 생각해야 될 정도로 사회적 타협을 이뤄본 기억이 별로 없거든요. 사회적 대타협을 우리가 한 번쯤은 어느 순간에 할 필요성을 느끼고, 각 개별 단위에서의 어떤 저항으로 인해서 했던 그런 역사가 영향을 미치지 않았나 싶어요. 예를 들면 비정규직 반대 투쟁 같은 것 또는 민영화 반대 투쟁 같은 것이라든가, 우리 사회의 어떤 차별에 대한 것들을 투쟁을 통해서 차별 철폐를 계속 외치다 보니 그런 제도도 생겨나고요. 이런 것들이 우리 사회에 기여를 했죠.

　현실적으로 체감할 만큼 기억나고 이런 게 없을 뿐이지, 한전도 2004년에 민영화 저지 투쟁이 성공 안 했으면 지금 한전 간판 없어졌습니다. 그럼 대한민국에서 전기를 한전이 아닌 삼성전기에서 살 수도 있었고, 아니면 진짜 론스타가 만든 이상한 전기회사에서도 살 수도 있었을 것이거든요. 그러니까 민영화 저지 투쟁을 통해서 막아낸 역사이고, 그런 것들이 없었으면 한전은 민영화됐을 겁니다. 이런 경우가 허다합니다. 철도노조가 투자 안 했으면, SRT는 벌써 민영화됐죠. SRT는 지금 민영화해도 전혀 이상하지 않은 회사지 않습니까? 이런 것들이 저는 곳곳에 있다고 봅니다.

유럽에서 했던 그대로, 전기·수도·가스 다 노동조합의 저항 없었으면 영국처럼 다 민영화됐죠. 그러면 국민에게 얼마나 많은 손해를 주었을까요. 어마어마한 공공요금을 다 물어야 하니, 국민생활이 나아졌겠습니까? 훨씬 안 좋아졌겠죠. 저는 사회적 대타협에서 이루어진 성과보다는 저항을 통해서 그것을 막아내 온 역사가 오히려 국민 편익의 증진을 도모했다고 봅니다. 국민들은 그것을 체감하지 못하더라고요.

조대엽 네, 굉장히 중요한 말씀을 해 주셨네요. 비정규직 문제에 대응하고, 민영화에 대응하고, 차별 철폐. 모두 우리 사회에 불평등, 양극화 이런 것들을 조금 더 완화하는 역할을 했다는 건데, 그런데도 불평등은 여전히 심각하잖아요?

최철호 저항으로 약화시키는 것보다 불평등이 확대되는 게 더 빠르니까 그런 것 같습니다. 이것은 끊임없는 싸움인 것 같아요. 자본은 끊임없이 불평등 구조를 만들려고 하는데 그걸 막아내는 속도가 더 힘든 거죠.

조대엽 아주 핵심적인 얘기를 잘 해 주신 것 같아요. 이것은 중고등학교 교과서로 만들어야 할 것 같은데요. 노동조합의 비정규직 철폐, 민영화 반대, 최저임금 인상 등에 대한 기여를요.

최철호 최저임금이 1만 원 넘을 수 있는 것도 다 그런 역사적 과정하에서 했죠. 근로시간 단축도 그랬고요.

조대엽   다음 질문으로 넘어가겠습니다. 산별노조운동이 우리 노동운동의 오랜 과제 아니에요? 전력연맹이 만들어지고, 전력연맹 수준에서 본다면 어느 정도의 제도화 수준을 가지고 있는지, 또 제도적 성과에 대해서도 말씀을 부탁드립니다.

최철호   이제 1년 반밖에 안 돼가지고, 그런데 어떤 산별 위원장님이 그러더라고요. 1년 만에 이렇게 자리를 잡는 게 가능하냐고? 이런 얘기를 하시더라고요. 그 정도로 가능한 것도 아까 말씀드린 대로 저희는 원래부터 산별이었거든요. 생길 때부터 한국전력, 46년부터 계속 한국노총의 산별로서 활동했고 지금의 발전사들이 전부 옛날에는 한전 안에서 발전 지부장들이었고, 모두 태생이 산별이었고, 지금 헤어진 지, 분사分社된 지 약 22년 정도만 별도 노동조합이었기 때문에, 일단 정서가 같고 그리고 조직과 일하는 방식의 메커니즘이나 문화 이런 게 비슷합니다. 그래서 더 빨리 규합이 가능했다는 거고요. 마치 외국에 나가서, 한국 사람들끼리 다른 지역에서 왔어도 모이는 것 같은 이런 문화가 있기 때문에 좀 더 빨리 정착이 됐고요.
　그렇기 때문에 그 안에서 저희가 빨리 이룰 수 있었던 대표적 사례들 중에 하나가 전력산업과 관련돼서는 공동대응을 하게 했던 것, 그것이 최근에는 법안 2개를 저지하는 데 성공한 게 송전送電 국가 전력망 확충 특별법이라는 게 있었습니다. 민간인 참여가 가능하도록 했던 법안이 상정된 게 있는데, 이거는 발전 문제라고 해서 다른 분야에 있는 위원장들이 그쪽 일이니까 우리는 잘 모르겠다가 아니라 우리가 다 알거든요.

왜냐하면 다른 공공영역 같으면 그 해당 분야에서 투쟁하면, 다른 데서는 그냥 집회에 참여하는 정도 수준, 그리고 주장하는 바는 솔직히 잘 이해가 안 가지만 연대한다고 집회 한번 참여해 주거나, 깃발 하나 같이 거들어주는 정도 수준이라고 한다면 우리는 다 알거든요. 왜냐하면 전기는 이렇게 연결되어 있습니다. 발전에서부터 계통의 변전소에 또 집집마다 들어가는 전선에, 변압기 달고, 계량기 달고 하는 데까지가 연결되어야 전기가 들어오는 거거든요. 어디 한 군데라도 끊어지거나 고장 나면 전기가 안 들어가요. 최종목적 달성이 안되는 거죠. 우리는 공동의 목표가 있는 거죠. 이게 굉장히 큰 장점이라고 생각합니다. 그래서 송전에 관련된 것이기 때문에, 발전위원장들이 관심이 없을 것 같지만 송전이 왜 중요한지를 알거든요.

민간이 들어오면 왜 안 좋은지를 알거든요. 그리고 우리도 발전시장에 민간이 들어와서 벌써 40%를 점유하고, 발전은 지금 공기업이라고 요금을 묶어놔서 적자인데, 민간은 분기에 1조 원이 넘는 이 조그마한 발전소 하나가 이렇게 수익을 얻는 이런 말도 안 되는 일이 일어난다는 것을 우리는 알거든요. 그러니까 KDN을 지분 상장해서 매각하려고 하는 것도 우리가 이번에 저지해서 막았습니다. 이사회를 저지했어요. 그것도 다 같은 마음이거든요. 발전이고, 변전이고, 송전이고 앞으로 미래는 이게 IT와 결합한 스마트그리드를 하지 않으면 어렵습니다. 그러면 오히려 IT를 더 인소싱을 해서, 뭔가 확장하고 기술을 개발해서, 전력 IT에 접목을 시켜야 되는데 이걸 상정해서 매각한다는 게 말이 안 되지 않습니까? 그러니까 우리는 다 공통적으로 이해할 수 있기 때문에, 공동 대응이 훨씬 더 현실적으로 가능하다. 그래서 조직 적응도 잘 되고, 일사불란하게 움직이고, 그런 면에서 산별노조의 장점들이 이렇게 점점 경험적으로 쌓이고 있는 거죠. 저는 이것이 가장 큰 장점이고 성과가 아닌가 싶습니다.

조대엽　앞으로 과제가 있다면요?

최철호　과제는 전력산업 거버넌스를 다시 하는 겁니다. 지금은 굉장히 기형적이거든요. 거버넌스는 전문적이기 때문에 설명을 생략하겠는데요. 정리할 건 정리하고, 새로 확장할 것은 확장하고, 지금 이른바 에너지 전환을 전력 공기업이 주도해야 한다는 그런 주장이거든요. 민간이 하면 안 된다가 아니라, 민간이 하더라도 우리 에너지 안보 차원에서도 공기업이 해야 된다, 그러려면 우리의 거버넌스부터 좀 달리해야 된다. 그런 걸 지금 계속 어필하고 주장하는 중이고요. 그리고 그것이 노동조합 측면에서는 이러한 경험을 쌓아서 산별로 점점 하나씩 하나씩 가보자는 겁니다. 산별을 어떤 최종 목표로 말이죠.

조대엽　거버넌스를 혁신하려면, 제일 큰 과제가 뭐죠?

최철호　정부와 대화가 돼야죠. 정부도 지금 이것이 기형적이라는 걸 압니다. 대한민국 안에 전력사업 안에서도 민영화론자와 나누어져 있습니다. 학계도 나눠져 있고요. 그러다 보니까 이것을 조율하는 역할을 결국 정부에서 해야죠. 그런데 저는 국가 에너지산업과 관련해서는 최소한 대선공약 정도는 되어야 한다고 봅니다. 그래서 사회적 합의도 이루고 산업에 대한 거버넌스를 다시 재정립하고 그렇게 해야죠. 제가 제일 불만인 것이 에너지를 가지고 정치를 하는 거예요. 이념의 잣대를 넣어서 아니 탈원전이면 진보고, 탈탈원전이면 보수고 세상에 그런 게 어디 있습니까? 이건 가장 바보 같은 논리예요. 전기에 무슨 색깔이 빨간색이 있고 파란색이 있습니까? 이건 말도 안 돼요. 지금은 원전도 있어야 하고, 화력도 있어야 하고, 태양광하고 풍력은 앞으로 나아가야 하는 거거든요. 이건 선택의 문제가 아니란 말이에요.

아까도 말씀드렸듯이 전기가 들어오는 게 최종목적인데, 갑자기 신재생만 늘린다고 전기가 안정적으로 들어오지 않고요. 그렇다고 지금 원전만 생산하면, 국제적 트렌드를 못 따라가면 나중에 치러야 할 대가가 너무 크고요. 어떻게 에너지 믹스를 잘 조율해야 하느냐, 이 얘기를 해야 되는데 이건 마치 신재생 하면 무슨 진보의 것처럼, 그리고 원전을 주장하면 해서는 안 될 보수의 일처럼 여기는데 그게 아니거든요. 이건 산업적 측면에서 봐야 된다는 거죠. 그러면 그 목소리를 들어야죠. 듣고 나서 정치적 결정을 하든지 해야지, 지금 이게 너무 이념화되어 있습니다.

조대엽 큰 맥락에서 전력산업의 기형적 거버넌스에 대해 말씀해 주셨고, 특히 또 정치화되어 있는 것, 이념화 되어있는 것의 부당함에 대해 경고하셨어요. 또 다른 얘기는요?

최철호 독립해야 합니다. 특히 요금 결정구조는 바꿔야 합니다. 어떤 정부 들어도 공공요금 올리는 것은 인기가 없는 정책이기 때문에 다 망설이면서 이 산업을 망가뜨리는 거거든요.

조대엽 연맹 전환을 했잖아요. 전력연맹이 출범 후 빠른 시간 내에 안착할 수 있었던 것은 전력 혁명이 가지고 있는 아주 특징적 요소로 최종목적이 동일하다, 하나로 이미 뭉치는 구조였다. 본래 산별구조였다. 사실상 이런 것들이 바탕이 되었다는 거죠? 오늘 공부를 많이 하는 셈입니다. 그러면 전력연맹의 제도화 수준을 더 높이려면 어떤 과제가 있을까요?

최철호 일단 기득권을 놓아야 합니다. 산별로 가지 못하는 이유는 기업별노조에서 갖고 있는 각자의 권한들이 남아 있습니다. 이걸 놓는 것이 사실은 현실적으로는 쉽지 않죠. 어쨌든 작지만 내가 지역에서는 위원장하고 있고, 또 거기서 뭔가 활용할 수 있는 권한이나 권리도 있고, 또 어떤 유무형의 업적이나 이익도 좀 있고, 이런 것부터 좀 놓을 수 있는 상황이 언젠가는 온다고 봅니다. 이게 그렇게 큰 이익도 아니거든요. 큰 권한도 아니고. 그런데 작지만 그런 파편화된 권한들이 하나씩 모아지면서 산별은 결국 권한과 사업이 집중되어야 하는 데 다 파편화되었기 때문에 이것을 걷어 들이는 작업이 현실적으로는 시간이 좀 걸리죠.

어떤 큰 이슈가 하나 생기면 저는 결국은 거기로 가야 된다는 인식들을 같이 공유하면서 하나씩 바뀌지 않을까 생각합니다.

조대엽   형식적으로는 산별로 되어 있고 또 실질적 산별노조를 지향하더라도 실제로 이중 교섭, 이중 투쟁 이런 게 문제가 되지는 않나요? 지금 최 위원장 말씀하신 기업별 이익이라든지 기업별노조권력이라든지 이런 것하고 직접 결부되는 것일 텐데요.

최철호   이중 교섭도 당연한 거 아닙니까? 교섭 권한이 있어야 내가 파워가 생기는데. 그리고 지금의 우리 산별에 대해 제가 긍정적으로 얘기하는 것은 우리는 같은 산업이거든요. 그런데 다른 산별 중에 의료 같은 경우는 가능성이 있지만, 그 외에 금속만 해도 그 안에 여러 회사들의 이해관계나, 지불 능력이나, 산업 구조나 이게 다 다르거든요. 산별 교섭이 현실적으로 쉽지 않죠. 임금 구조도 다 다를 텐데, 그것을 산별 교섭을 한다? 그러니까 교섭권을 단사에 줄 수밖에 없는 겁니다. 현대자동차 임금교섭 구조하고, LG 임금 교섭 구조가 다른데 이걸 산별 해서 어떻게 하겠냐고요. 회사가 몇 군데인데, 그러니까 산별 교섭은 이것을 뛰어넘는 공통적 분야에서 해야 되겠죠. 그러니까 이중 교섭을 할 수밖에 없는데, 그래도 산별에서는 큰 틀에서 공통적 단협은 할 수가 있겠죠. 우리나라가 태생적으로 기업별로서 시작됐기 때문에 유럽과 같은 산별은 쉽지 않을 것으로 보입니다. 그러면 우리나라만의 산별 교섭 구조를 가져가야죠.

조대엽 중요한 말씀이네요. 한국적 산별 교섭에 대해 더 많은 논의가 필요할 듯합니다. 이제 다른 주제로 넘어가 보겠습니다. 선우재는 지속가능한 노동에 대한 관심을 많이 가지고 있습니다. ESG 경영이 그동안 재계의 화두가 되었고, 그것에 바탕을 두고 지속가능경영보고서를 만들고 있습니다. ESG 기반의 지속가능경영보고서가 노동 쪽에 기여하는 바가 있을까요? ESG가 지속가능한 노동에 기여하는 바를 말씀해 주시기 바랍니다.

최철호 이것은 뭐랄까요? 그때그때 이런 개념들을 만들어내서 평가하고, 그런 차원에서 새로운 개념들을 만들어내는 것이 아닌가 싶습니다. 실질적으로 현장이나 기업 경영에 도움이 되는 건가? 그건 좀 의문이라고 봅니다.

조대엽 노동에 대한 도움뿐만이 아니라 기업 경영에도 실질적 도움이 되지 않는다고 보시는 건가요?

최철호 액면 그대로 실천한다면 도움이 될 수 있겠지만 대부분 거기에서 요구하는 조건을 맞추는 것에 머물거든요. 형식적으로요. 실질적으로 거버넌스 문제만 해도 이게 되면 거버넌스 얘기를 왜 하겠습니까? 우리나라 공기업 거버넌스부터 다시 바꿔야지, 정부에서 이렇게 말도 안 되는 갑질을 하는 거버넌스부터 바꿔야죠. 자율경영이 안 되는데 무슨 ESG 경영을 하겠습니까? 사회적 책임도 평가에 맞추려고 하는데 이게 무슨 도움이 되겠습니까? 일거리만 느는 거죠.

저는 비효율만 양산한다고 봅니다. ESG를 맡기 위한 일거리가 더 생기는 거죠. 그러니까 좀 현실적이지는 않은 것 같아요. 거기에 덩달아서 우리도 USR이라고 해서 노조의 사회적 책임이라고 하지만 그냥 봉사활동에 그칩니다.

조대엽 한전 같은 곳은 ESG 경영 이슈가 클 거 아니에요?

최철호 하기는 하는데, 이제 그것도 규정되어 있는 명목적 항목을 충족하는 수준이죠. 근본적 문제해결이 아니라 그 점수를 맞추기 위해 하는 거지요.

조대엽 노동 관련 항목들은 어느 정도 되어 있나요?

최철호 노동 관련 항목은 그냥 점수화되어 있어서, 정부 경영평가에서 점수를 받는다든지 이런 건데요. 그거는 그냥 갖다 붙이기 달렸습니다. 예를 들면 노사화합 정도. 그러면 쟁의가 없었으면 만점이라든가 뭐 이런 식이죠. 점수 충족하기 위한 활동이라는 게 별 게 아니거든요. 봉사활동을 얼마나 했나, 이게 사회적 책임이고, 어디에다 얼마나 기부했나, 연말 불우이웃돕기를 몇 회 했나, 이런 게 사회적 책임인데 그게 무슨 기업경영에 도움이 되겠습니까? 비용만 발생되는 것이지 근본적 문제를 해결하는 방식이 아니라는 겁니다.

조대엽 그러면 실제로 지속가능한 노동을 실현하기 위해서는 주요 지표로 삼을 수 있는 게 어떤 게 있을까요? 위원장께서 그동안 경험하신 것을 바탕으로, 이런 게 없어서는 안 된다고 생각하시는 것은 어떤 것이 있을까요?

최철호　지표보다는 그 지표 안에 담을 내용인데요. 예를 들면 노동생산성, 노사관계 지표도 그렇고, 거버넌스와 같은 지표도 그렇고, 그게 생산적이려면, 예를 들면 노동이사제를 더 확대하는 것은 지속가능한 노동에 핵심요소가 아닐까요? 노동이사제의 경우 지금 노동쪽 이사 한 명 들어가서 뭘 하겠습니까?

조대엽　노동이사제 하고 있지요?

최철호　예, 합니다. 그나마 그게 역할을 하고는 있어요. 이사회에서 발언을 하니까요. 문제점이 있는 것들, 아까 제가 말씀드린 KDN 지분 매각 반대하는 것도 거기에 대한 문제점들을 자료를 내서 제가 우리 노동이사한테 드려서 비상임 이사들한테 뿌리고, 잘못하면 배임이 될 수 있다고 경고도 하고 막 이런 활동이 가능했거든요. 그 차원을 떠나서 제가 저희 전임 사장, 김종갑 사장님이라고 지멘스 회장하던 분인데 그분하고 대화하다가, 노동이사제도를 하면 우리가 먼저하자는 얘기를 그분이 하셨거든요.
　이유는 독일 지멘스에서 노동이사제도를 할 때, 이분이 전 세계 지멘스 해외지사 중에 유일하게 회장 칭호를 받은 분입니다. 기업 경영을 인정받은 분인데, 당시 지멘스에서 뭔가 제도를 바꾸려고 하는데 현장을 확인하러 이사들이 온 거예요. 거기에 경영이사와 우리로 말하면 노동이사가 있는데 동수라고 해요. 김종갑 사장이 당시에 느끼기에 경영이사들은 주주의 이익 관점에서 계속 질문하고 문제를 파악하고, 노동이사는 회사의 미래에 대해서 질문하고 문제 제기를 하더라는 겁니다. 그래서 회사를 봐서는 노동이사가 있어야 되겠구나라는 생각을 하게 되었다고 하시더라고요.

저는 우리가 불균형한 지배구조로 인해서 지속가능성이 약화된다고 생각하거든요. 그 균형을 맞추면 이 일을 어떻게 개선해야 될지, 일자리에 대한 것들이 없어지는 것은 없어지는 대로, 또 생기는 것은 생기는 대로 균형적으로 결정할 수 있는데 지금 좀 일방적이거든요. 없어지는 얘기만 막 하고, 생기는 얘기는 잘 안 하고, 이른바 자본의 관점이 더 강하다 보니까, 계속 노동의 관점에서는 불리한 것들만 의사결정들이 신속하게 이루어지고, 노동에게 유리한 것들은 저항하는 수준에서 그나마 최소화시키고, 어쨌든 미세하게나마 계속 자본에 유리하게 가는 구도가 지속가능성을 막고 있다는 생각이 들어요.

어느 정도 균형을 맞출 수 있으면, 우리 사회가 경영에서도 또는 정치적인 것에서도 훨씬 더 나아지지 않을까 생각해요. 그러려면 그런 참여를 할 수 있는 목소리가 자꾸 반영되어야 하는 데, 우리는 다양한 목소리를 듣기보다는 신속히 결정해서, 정치적 욕구를 충족시키려는 그런 관행이 강하다 보니까 잘 안 되지 않나, 그런 면에서 사회적 대타협이라는 성과가 아직 한 번도 없는 것이 아닌가 생각하죠.

조대엽   다음 질문 드릴게요. 노조시민주의는 선우재를 통해서 들어보셨을 거예요. 노동조합이 시민적 역량을 강화함으로써, 노조가 보편성을 확대하자는 것인데, 노조시민주의 가치에 대해서는 어떻게 생각하세요?

최철호　유럽의 경우 거의 사회운동화 되어 있는 노동조합 활동, 그래서 보편적 가치를 위해서 노동조합이 산별 교섭을 하고, 공공 영역도 정부와 노정勞政 교섭을 하고, 그것들이 법제화에 이르고, 모든 국민에게 차별 없이 적용되고, 이런 게 일종의 시민운동 역할 아닌가, 그러려면 저는 산별 교섭이 되어야만 한다. 그래서 산별을 해야 한다는 생각인데요. 그런 방향에 대한 중요성이나 이런 것들도 지금 상황에서는 산별 단위에서 활동가들이나 노동운동가 중심으로 설파가 되어야 그나마 이해되지, 지역별 노조 차원에서는 저는 아까 말씀드린대로 관심 밖의 영역입니다. 그게 좀 어려운 지점입니다. 확장되려면 제 생각은 당장은 확장되기 쉽지 않을 수 있겠다, 당장 더 작은 담론도 귀담아 듣지 않는 분위기가 있습니다.

조대엽　산별노조 차원에서만 노조시민주의가 가능하다는 말씀으로 이해해도 되나요?

최철호　산별 차원에서 해야 한다고 생각합니다. 예를 들어 산별 단위에서 일하는 집행위원들이 들어야 이해도 하고 또 거기에 맞춰서 뭔가 마인드도 갖추고 할 텐데, 기업별노조 간부만 해도 관심이 없습니다.

조대엽 산별노조 수준에서 더 적합성을 갖는 개념일 수는 있어요. 그러나 지역별 수준이나 기업별 수준에서 관심이 없다고 해도 공유하는 방향으로 가야지요. 산별 이슈, 기업별 이슈, 지역별 이슈 다르듯이 노조시민주의도 다양한 수준에서 작동하거든요.

노조시민주의는 노조 밖 사회를 향한 액션도 있지만 노조 내부의, 노조원의 삶을 시민적 삶의 수준에서 제고하는 문제도 대단히 중요한 과제거든요. 말하자면 노조 내부의 시민주의를 강화하는 측면은 기업별노조라고 예외가 될 수 없거든요. 좋습니다. 결국 산별로 가야 공적 수준의 가치에 대한 인식이 공유될 수 있다는 점을 강조해 주셨어요. 노조시민주의 가치에 대해서는 적어도 산별 차원에서는 크게 공감하시는 걸로 이해하겠습니다.

다음 질문으로 총노동 차원에서 노동시민주의 현황에 대해서 한번 말씀해 주세요. 기업이 사회적 약자, 취약계층, 비정규직, 미조직 노동을 위해 일하는 것부터 아주 보편적 시민들에게 이익되는 사회공헌 활동까지 여기에 포함될 수 있을 텐데요. 그런 활동을 지금까지 많이 해왔단 말이에요.

말씀해 주신 민주화운동 참여도 사회적 연대 활동이기도 하고, 통일 운동에도 노동조합이 참여했거든요. 한국적 상황에서는 이게 노조시민주의의 중요한 영역으로 볼 수 있지요. 전체 노동 차원에서 노조시민주의가 어느 정도 수준이고 또 뚜렷하게 예를 들 수 있는 것들은 어떤 게 있는지 말씀해 주시지요.

최철호 노총을 보면 정권에 따라서 활동범위의 편차가 큰 것 같습니다. 사실 시민운동의 중요성에 대한 인식을 하고 있는 정권일수록, 훨씬 더 확장성 있는 활동이 가능한데요. 통일운동도 마찬가지고요. 그런데 그렇지 않은 정부와는 차이가 많이 나죠. 스스로 할 수 있는 것들은 한계가 있지 않습니까? 정부와 협업한다든가, 지자체와 같이 한다든가 이런 것들이 정부의 성격에 따라서 차이가 많이 나거든요.

그러니까 지금 같은 상황에서는 그냥 명맥을 잇는 수준, 그래서 새로운 것들을 만들어 내거나 이런 게 좀 어렵죠. 예를 들면 통일운동 같은 경우에도, 노무현 대통령 계실 때는 6·15 공동선언 6주년 때, 우리가 비행기 하나 전세 내서, 한 250명에서 260명 간 것 같은데요. 평양에 가서 6·15 공동선언 기념으로 평양 6.15km 마라톤도 같이 하고, 대동강 옆에서 능라도에서 체육대회도 같이하고 이랬거든요. 그때의 그 느낌은 진짜 바로 통일될 것 같았어요. 정말로 이 사람들이 한국과 다르지 않습니다. 체제 얘기만 건드리지 않으면, 모든 얘기들이 가능하구나, 그걸 알았죠. 제가 북한을 개성공단 때문에도 여러 번 가고, 우리 변전소도 있고, 정비 사업소도 있으니까요. 그리고 원전 짓던 곳, 신포에 원전 건설할 때 현장도 가고, 그래서 주변 함흥도 가 보고 많이 가 봤거든요. 이런 식이라면 금방 통일이 되겠구나 하는 생각이었어요.

그런데 정권 바뀌면서 하루아침에 이렇게 돼 버렸는데, 그러니까 그런 활동들이 심지어 문재인 정부 때 중단됐어도 여기서 통일축구대회도 막 했었거든요. 남북 통일축구대회 말입니다. 시민운동과 같은 활동들이 정권의 성향에 따라서 편차가 너무 크다 보니까, 한때 왕성하게 하던 것들이 지금은 명맥만 유지하는 수준이고, 그것도 메인이 어느 정도 풀려가야 하는데, 어떻게 보면 이런 부분들은 다소 부수적인 일이거든요.

노총 차원에서는요, 중요한 문제들이 해결이 안 되니까 그것까지 갈 겨를이 없는 거예요. 지금 노조법 2조, 3조도 해결이 안 되는데 뭘 하겠습니까? 그러니까 중요 이슈들이 해결이 안 되면 다른 거는 할 겨를이 없더라고요. 이번에 8·15 통일대회도 그냥 조용히, 예전보다 더 조용히 지나간 것 같아요. 별로 그것으로 관심을 끌 이유도 없고, 그냥 참여 인원도 적고, 의식도 소규모로 이렇게 한 게 정치적 영향을 너무 많이 받는 것 같아요.

조대엽　통일운동 같은 경우에는 그렇다 치더라도, 대체로 노조의 사회공헌 활동까지도 여전히 정부 의존적 측면이 강하다는 그런 말씀이신가요?

최철호　자력으로 할 수 있는 게 제한적인 것 같아요. 결국 사회공헌도 인력하고 예산이 있어야 되는 건데 자체적으로 하기에는 열악합니다. 조합비에서 조금씩 갹출해서 모은 걸로 활동하는 이런 식이니까요. 한국노총도 사회복지재단이라든가 플랫폼 노동 공제회라든가 이거 다 산별에서 조금씩 갹출해서 그 명맥을 유지하면서 하는 활동이거든요. 결국 정부 지원이라도 같이 매칭해야 조금 더 규모 있게 하고, 좀 더 안정된 사업으로 꾸준히 갈 텐데 지금은 거기까지는 못 가고 있죠. 근근이 합니다. 때만 되면 손 벌려서, 해가는 활동 수준에 그치니까 명맥만 유지하는 거죠.

조대엽 최 위원장께서 아주 날카로운 평가를 해 주시는데요. 보통 자기 산별 수준이라든지, 기업별 수준에서 노조들이 우리 이런 거 열심히 하고 있다고 얘기하는데, 지금 최 위원장의 말씀요지는 정부 빼 버리면 없다는 걸로 들리는데요.

최철호 아니, 저희 한전도 그랬습니다.

조대엽 한전도 뭘 많이 하던데요.

최철호 많이 하는데, 한전노조의 경우도 이런 활동들은 조합비로는 운영 많이 못 해요. 회사 예산하고 같이하거나 직원들 급여의 끝전을 모아서, 본인 동의 받아서 월 5,000원 내면 회사가 5,000원씩 매칭해서 그 돈으로 활동하는 거거든요. 그것도 경영평가에 점수가 있으니까 하는 겁니다. 자발적이기는 좀 어렵고, 사회적 책임이라고는 하나, 지역사회에 또 우리는 더 잘 보일 필요성도 있고요. 전력산업 특성상 지역사회가 같이 성장하는 산업이라서요.

조대엽 그런 활동은 노조의 활동이라기보다 한전의 기여활동으로 보이는 데요.

최철호 노사 공동으로 하죠. 노조에서 한다는 거는, 작년 11월 창립기념일에 연탄 봉사활동 했던 것이라거나, 최근에는 나주 지역의 외국인 노동자 숙소 건립 사업을 해 보려고 지자체하고 지금 얘기하고 있거든요.

조대엽　다음 질문이 전력연맹이나 한전의 노조시민주의에 대한 것
인데 미리 답을 해 주신 셈입니다.

최철호　요즘 매스컴에 가끔 나오는데, 외국인 노동자들이 특히 무
슨 비닐하우스 같은 데서 잠을 재우고, 화장실도 문화 시민이라고 하
기에 부끄러울 정도의 시설이고, 이렇게 열악한 대우를 받으면서, 맨
날 사장님 나빠요 소리나 듣고, 이게 너무 자존심 상하는 거 아니겠
습니까. 이런 것이 인간 존엄에 대한 문제인데. 그래서 나주에서 마
침 신정훈 의원도 관심이 있는 것 같아서, 나주시장하고 같이, 우리
가 다 할 수는 없으니까, 그쪽에서 뭔가 하면 우리도 뭔가 좀 보태겠
다, 숙소에 시설이라든가, 집기라든가, 운동기구라도 지원하겠다고
지금 협의하고 있거든요.
　작년에는, 폐지 줍는 노인들이 있습니다. 서울대 학생들이 제가
'끌림'이라는 사회적 기업을 만들어 가지고, 폐지 줍는 할머니 할아
버지를 지원하는 사업을 합니다. 하루 종일 폐지 주워봐야 몇천 원
안 되거든요. 만 원이나 될까 하기 때문에, 이렇게 지원받은 것으로
기본 생활비가 가능하도록 하루에 몇만 원인가를 드리는 겁니다. 그
리고 리어카를 가벼운 소재로 바꿔서 끌고 다니기 편하게 해 주고,
최소 생활비 정도는 벌 수 있도록 지원하는 일을 하거든요.
　이 '끌림'에 저희가 기부해서 리어카에 창립기념 광고를 하나 붙였
습니다. 전력노조 하면서 거기 2,000만 원을 지원하면, 그걸 할머니,

할아버지들한테 월별로 얼마씩 나눠주는 사업을 했거든요. 그냥 때만 되면 형식적으로 방송국에 불우이웃돕기 성금 얼마씩 내는 것보다는 훨씬 더 낫지 않을까 생각해요. 그래서 실질적 도움이 될 수 있는 것, 특히 지역사회에, 저희가 나주 내려갔으니까 나주 지역에서 할 수 있는 것을 고민하고 있죠. 그래도 일 년에 한 서너 번 정도씩은 꾸준히 하고 있는 것 같습니다.

조대엽 총노동 차원에서 노조시민주의에 대한 말씀에서 큰 시민운동 차원에서 노조의 활동들은 정부가 끌고 가야 된다고 하셨는데, 2018년 전후 노동기반 공익재단들이 많이 생겼잖아요. 공공상생연대기금, 금융산업공익재단, 사무금융우분투재단 등이요. 전태일재단은 그전부터 있던 것이 바뀐 것이고요. 그러면 이런 공익재단이 출범한 것도 정부 성격과 연관이 있나요?

최철호 공공상생연대기금도 그렇습니다. 그것도 지금 정부에서는 쉽지 않죠. 그러니까 제가 지금 경사노위 노동 측 위원으로 들어가 있는데요. 회의 들어갈 때마다 느끼는 게 이거 진정성이 있는가 싶습니다. 그냥 형식적으로 하는 것 같아서요. 다행히 공익위원이신 교수님들이 그래도 괜찮으신 분들이더라고요. 모두 노동조합에 대한 이해도 있고, 오히려 그분들하고 여러 이야기를 하지, 정부 관료들은 꿀 먹은 벙어리고, 경영계는 맨날 이상한 자기들 주장만 하고 있고, 여기서 무슨 대화가 가능할까 싶어요. 왜냐하면 나오시는 분들 자체가 여기서 뭔가 타협점을 찾으려고 하는 게 아니라 각자 주장하면서 시간 때우러 온 것 같아요.

　다른 일도 있었지만, 결국에는 올 때마다 사람이 바뀌어서 대화의 연속성도 없고, 차관들도 맨날 대리로 다른 사람 보내고. 이게 진정성 있는 건지, 거기다 경사노위 위원장까지 바뀌니까, 저는 여기서 무슨 합의안이 나올까 점점 더 회의감이 들더라고요. 그러니까 그런 거죠. 무엇보다 정권이 관심을 가져야 하는 거고요. 특히 공무원들을 결국 정권에서 어떤 데 관심 있느냐에 따라서, 지표도 만들고 방향도 그걸로 정하고 정책도 그렇게 하거든요. 그런데 이번 정부에서는 이제 그것도 틀렸죠. 전 정권에서 한 정책이라고 공무원들을 저렇게 다 내몰아버리니.

　공무원들은 빠릅니다. 지금 일 안 합니다. 공무원들 아무도 일 안 합니다. 석유공사 석유 탐사한다고 TF 한다고 해서 산업부 갔더니, 지금 산업부에서는 아무도 TF에 안 들어가려고 해요. 그거 했다가 정권 바뀌어서 또 청문회에서 부르고 그러면 자기 승진하는 데 뭔 도움이 되겠습니까? 그러니까 다 도망가고 난리도 아닙니다. 그러니 정치가 정치 영역 안에서만 놀아야지요.

조대엽 　공공상생연대기금은 박근혜 정부 때 성과급으로 지급된 것을 모았고, 문재인 정부 때 출범했지요. 청와대에서 출범식도 하고요. 그러면 정부 의존성이 드러나는데요. 금융산업공익재단이나 사무금융우분투재단 같은 경우는 자발적으로 했다고 볼 수 있지 않나요?

최철호 　그것도 모두 진보 정부 때 한 거 아닌가요? 보수 정권은 그런 거 관심 없어요.

조대엽　정부의 영향이 없을 수 없다는 거죠. 전력연맹은 어떠세요? 이런 공익재단 만들 여력이 있지 않나요? 정권 바뀌면 공익재단 하나 만드시지요.

최철호　저희도 사실 할 만하죠. 할 만한데 공무원들의 갑질이 심합니다. 정권이 바뀌어도 대통령만 바뀌지 공무원들은 안 바뀝니다. 의사결정하는 고위 공무원들은요. 우리 사회 기득권층에 있어요. 정치적으로는 다 보수 쪽입니다. 그러니까 진보 정부 때는, 제가 보니까 그냥 흉내 내는 척하고요. 군이 세세히 현실에 적용되는 것까지 다 감시, 감독하지 않거든요. 그런다고 감사원이 안 합니다. 감사원도 다 기득권에 유리한 걸 하지요.

조대엽　이런 것 만드는데, 공무원이 통제하나요?

최철호　예산을 출연해야 되니까요. 공무원들이 승인을 안 하죠. 아마 청와대에서 그거 한전에서 한다는데 해, 그러면 할 겁니다. 그렇지 않은 이상은 한전에서 그렇게 하겠다고 올리면 쓸데없는 일 하지 말고 시키는 일이나 하세요, 이런다고요. 실제로 그래요. 갑질이 얼마나 심한데요, 공무원들 갑질이요. 예산, 인원, 조직, 모두 기재부 승인 없이는 안 됩니다. 특히 기재부는 자기들이 대한민국을 움직인다고 생각하고 있으니까요.

조대엽 사회적 대화 관련 질문을 좀 하겠습니다. 경사노위에도 참여해보시고 형식적이라는 말씀을 하셨는데요. 사회적 대화의 근본 요소가 신뢰라고 그러잖아요. 일반적으로 우리 사회적 대화에서 신뢰가 형성되지 못한 요인은 뭐라고 생각하세요?

최철호 우리가 워낙 산업화가 빠르게 진행돼서 문화적으로 그런지 모르지만 타협을 통해서 뭔가 성장이나 제도나 이런 것들이 보완된 게 아니라, 정치적 환경이 변하면서, 그러니까 힘에 의해서 바뀌었거든요. 어쩔 수 없이 바뀐 측면이 크죠. 군사정권 때 억지로 뭘 하거나, 또는 민주화 대투쟁으로 정권이 바뀌면서 하거나, 이러한 형태지 자발적 타협이나 공존을 위해서 서로 존중하고 이해해서 만들어간 것이 아니거든요. 그러다 보니까 경사노위에 가면 타협이 어려워요. 그런데 경사노위까지 갈 것도 없어요. 우리 회사 안에서 TF라는 걸 하면요. TF를 통해서, 뭔가 합리적 결과를 만드는 게 아니라, 그 안에서 각자 자기 영역을 지키는 발언들을 합니다. 지금도 경사노위에 가보면 단체 교섭의 연장이에요. 노동계는 그냥 지금 밀려 있는 현안 얘기하고, 경영계는 거기에 반대논리 얘기하고, 오히려 역으로 노동 유연화해야 된다 그러고, 이런 걸 타협해야 한다는 주장을 합니다.

공무원들은 꿀 먹은 벙어리처럼 그냥 듣기만 하고 있고, 여전히 밀리면 안 된다는 인식이 있는 것 같아요. 여전히 어느 한쪽이라도 잡아야 살아남는다. 괜히 무엇을 타협하려고 어정쩡하게 가운데 있다가는 양쪽 다 욕만 먹고 되는 일이 없다. 그런데 저는 그렇게 해야 한다고 생각하거든요. 저는 중도가 좀 더 넓어야 그나마 발전한다고 생각하지, 이건 제가 만든 이론인데 '데칼코마니 이론'이라고요. 극좌는 극우하고 똑같습니다. 이게 딱 접으면 똑같다는 거죠. 극우나 극좌나 자기주장만 하고, 자기 욕심만 차리는 것은 똑같거든요.

노동부 장관이 이렇게 가는 것도 똑같은 맥락에서요. 왜냐하면 그분들의 사고는 극우극좌, 진보보수가 아니라 자기중심적 세계관이거든요. 내가 인정받을 수 있으면 난 누구한테도 지적할 수도 있고, 누구하고도 손잡을 수 있어, 내 생각과 맞는다고 한다면. 이런 논리거든요. 그런 사람들이 매우 많습니다. 그러니까 자기를 받아주느냐에 따라서 극좌에 있거나 극우에 있거나 이렇다고 생각해요. 저는 이걸 더 고민하는 사람일수록 가운데로 모인다고 생각하거든요.

그런데 우리나라는 가운데 있으면 어용이라고 하고 타협하면 변절자라고 하고 이 극단의 목소리가 너무 큰 거예요. 왜 가운데로 가려고 그러면 변절자라고 그러냐고요. 이게 자기 양이 안 차거든요. 저는 가운데가 많아야 한다고 생각해요. 거기에 저는 우리나라의 이념적 토대가 영향을 미쳤다고 생각하고요. 무조건 북쪽 얘기가 많으면 빨갱이라고 모함 받고, 그래서 가만히 있으면 중간이라고 하고 그러니, 극단적인 사람들의 목소리가 난무하고 이것이 자꾸 타협을 방해하는 것 같아요.

그래서 저는 단사에서 욕 많이 먹습니다. 이번에도 욕 많이 먹었어요. 왜냐하면 묵은 문제를 해결하려면, 어느 한쪽만 손들어서는 해결이 안 되거든요. 그러니까 적절히 이것을 섞어야 되고, 그래서 합의합니다. 나중에 지나고 나면 그거 잘했다고 하지만, 그때는 거기에서 손해 봤다는 사람은 양쪽 다 손해를 봤거든요. 그러니까 욕하고 협박 문자도 보내고, 자기한테 오는 것은 요만한 손해도 양보 못 하는 거예요. 사실 참 어렵습니다. 그럼에도 저는 그런 식으로 가야 된다. 그래야 타협에 대한 이로움을 경험하고, 더 큰 타협도 가능하고, 그래야 사회적 대타협이 가능하지, 작은 것부터 손해를 안 보려고 싸우고 있는데 대타협이 되겠느냐고요. 저는 그 근저에는 우리나라의 아픈 역사와 문화가 많이 작용했다 이런 생각이 듭니다.

조대엽　그럼 그런 것들을 어떻게 바꿔야 될까요?

최철호　저는 결국 정치가 해야 한다고 생각하는데요. 각 영역에서 타협의 경험들을 계속 해야죠. 손해를 보더라도 그래서 저는 설명을 많이 하거든요. 작은 조직이라도요. 말씀드린 공공상생연대 기금, 그거 할 때 저희 한전은 다 나눠 먹고 없어요. 다른 데는 지급된 성과급을 거둬놓고 있었거든요. 전임 위원장이 박근혜 충성파여서, 이 양반이 그걸 다 합의해 주고, 받아먹고 다 나눠줬어요. 그래서 제가 그거 반대한다고 혼자서 피켓 시위하고, 비 오는 날 본사 앞에서 투쟁하고 그러다가 눈 밖에 나서 핍박받다 열 받아서, 제가 출마해 버린 거거든요. 그랬더니 저를 또 강제로 떨어뜨렸어요. 선관위 동원해서. 그래 가지고 제가 낙선운동하고 돌아다녔습니다. 그래서 단독 후보 나온 것을 제가 40%만 나오게 해서 떨어뜨렸어요.

　제가 다시 출마해서, 상대 쪽에서 또 내세운 사람하고 혈투血鬪를 해서 제가 올라간 거거든요. 그래서 조직이 많이 도와서 딱 당선됐는데, 아니 되자마자 공공상생연대기금 먹은 걸 뱉어내라는 거예요. 그러니까 진짜 죽겠더라고요. 있는 돈을 내는 것도 아니고 다 먹고 똥 됐어요. 벌써 1년이 다 지났는데 그걸 보도하는 거예요. 1인당 그게 몇백만 원입니다. 이걸 내가 어떻게 걷느냐고요. 그런데 그때만 해도, 거기서는 이제 한전에서 합의했다고 엿 먹으라고 한 거예요. 사실은 자기들은 다 가지고 있었거든요. 그렇다고 안 한다고 할 수도 없고 그래서 걷으러 다녔죠.

제가 전국을 다니면서 다 설명했어요. 해야 된다, 하자, 성과연봉 확대하고, 되돌려 놓으려면 이걸 해야 된다. 그리고 이걸 하고 나면 지금은 내가 장담 못하지만 나중에 그에 따른 보상을 하겠다, 그리고 돌아다니면서 저를 도와준 위원장들부터 해서 다 설득해서 걷은 겁니다. 그래서 거의 80% 정도 걷었죠. 걷어서 공공상생연대기금에 제가 270억 원인가 기부했어요.

조대엽 그렇게 됐군요. 노사 대화, 노노 대화 포함해서 가장 성공적이었던 경험은 어떤 것이 떠오르나요?

최철호 거슬러 올라가면 우리 김주영 위원장님 계실 때, 민영화 조직 투쟁에서 노사정위원회에서 연구단 구성해서 민영화 중단결정을 내린 것, 그게 가장 큰 성과죠. 저는 대한민국 노동운동사에서도 가장 큰 성과라고 생각합니다. 그런 배전配電분할 저지거든요. 이것이 한전의 2단계 민영화였거든요. 배전분할 저지를 그 당시 노사정위원회에서 결국 연구단을 구성하기로 했어요. 그래서 당시 산자부에서 하고, 노조에서 추천해서 당시 공익위원 했던 분이 이병훈 교수님이었습니다. 1년 동안 연구해서 결론내린 것이, 기대편익도 불확실하고 공급불안도 우려가 있고, 전기요금 급등 가능성도 있고… 그래서 중단을 권고한다고 안을 낸 거지요. 그래서 한전이 살아 있는 거거든요. 그게 가장 컸던 거고요. 제가 있을 때는 타협이 잘 되었어요. 한전은 뭐라고 할까요? 타협하는 문화가 정착이 되어 있습니다.

어차피 사장이 못 해 주는 건 못 해줘요. 정부 승인 없이는 안 되는 거고, 다만 우리 내부에서 할 수 있는 것들은 이제 거의 타협을 통해서 하죠. 우리 내부는 서로 어떻게 보면 공동의 이익이니까요. 경영진이 직원들을 위해서 안 할 일 없고, 할 수 있으면 해 주는 거고, 또 노동조합은 새로운 아이디어 내서, 이런 거 하자고 계속 요구하고 그런 건데 눈에 띌 만한 대타협이라고 할 건 별로 없고요. 같이 공동활동 하는 것들이, 거의 같이 합니다. 경영평가 운영도 같이하고, 전기요금 인상 요구도 같이 다니고요.

조대엽 제일 어려웠던 일은요?

최철호 제일 어려웠던 일은 성과급 돌려받는 것, 그거 어려웠고요. 그다음 어려웠던 건 윤석열 정부 들어와서 전임 정권에서 임명한 사장 내쫓으려고, 계속 전기요금을 볼모로 자구책 내놓으라고 압박하는 거예요. 그게 참 얼마나 엉망진창이냐 하면요. 제가 진짜 말도 하기 싫은 게 그냥 밑도 끝도 없어요. 그냥 방만하다, 무조건 그러면서 전 정권 5년 동안 내내 방만하다는 식이에요. 그래서 나라살림연구소 이상민 위원한테 의뢰해서, 연구용역을 시켜 보니 늘어난 게 하나도 없어요. 판매관리비, 인건비, 복리후생비, 하나도 늘어난 게 없어요. 그럼 도대체 뭐가 방만한 거냐, 적자여서 방만한데 적자가 우리 탓이냐, 이게 국제유가 폭등 탓이지… 근데 그런 거하고 상관없어요. 그냥 언론은 호도糊塗하는 거예요. 그래놓고 알짜 자산 매각하라, 직원들 임금 반납하라, 경영진 사장 사퇴해라, 말도 안 되는 요구, 국제유가 상승해서 요금 올려야 한다고 했는데, 그걸 올려주는 걸 빌미로 전임 상무, 사장을 내보내는 게 어디 있습니까? 말도 안 되는 모욕을 주는 겁니다. 여당 정책위의장이 나와서 한전 직원들 방만하니까 임금 반납하라고 하고요.

그런 말도 안 되는 걸로 결국 사장도 쫓아냈죠. 또 직원들 임금 반납하라고 하도 그래서 직원들도 원성이 얼마나 큽니까? 우리가 왜 이 욕을 먹냐. 노조는 뭐 하냐. 사장도 그렇고. 그리고 KBS 사장 내보내려고 TV 수신료 그거 분리하고, TV 수신료 때문에 아직까지도 저희 게시판 시끄럽습니다. 아주 무모한 짓이에요, 준비를 해서 시행령을 발표해야지. 얼마나 권위적인 짓인지, 그 수천만 가구의 TV 수신료 분리를 사람 손으로 못 해요. 그건 프로그램으로 해야 되거든요. 그래서 우리 부사장이 용산에 불려갔어요. '시스템 만드는 데 한 6개월 걸립니다.', '시끄럽고 추석 전까지 해내.' 그러고는 발표해버린 거예요. 그러니 시스템은 안 돼 있지, TV 수신료 분리를 신청한 사람은 분리해서 내려고 신청하겠습니까? 분리해서 안 내려고 하는 거거든요. 우리의 윤석열 대통령을 비판하는 KBS 저놈들, 난 수신료 못 내. 대통령이 이제 내지 않아도 된대, 이렇게 말하거든요. 그래서 한

전에다가 분리 신청하는데, 아니 뭐 준비가 됐어야지. 그러니 일단은 개별 고객은 가상 계좌로 일단은 받아가지고, 수작업 다 해가지고 빼 줘요, 일단은. 그런데 아파트는 한 아파트에 막 3,000~5,000세대가 있는데 그걸 어떻게 하냐고요. 아파트 관리사무소에서 해라, 아파트는 우리가 왜 하느냐, 못한다. 아파트 관리사무소와 주민들은 한전에다가 요구하는데, 한전에서 전국적으로 그 몇천만 세대를 어떻게 받느냐고요. 그러니까 시스템으로 해야 돼요. KBS 너희가 해라, 하고. KBS는 우리는 준비가 안 됐다고 하고.

그러다가 KBS 사장이 바뀌었잖아요. 박민으로. 그런데 KBS에 하라고, 나중에 제가 고발한다고 했더니, 내가 한전 사장님한테 KBS 사장님하고 가서 얘기하라고 했어요. 이제는 같은 정권에서 유명하신 분들이 해결하라고. 이제 전임 사장님들 다 나갔으니까, 그랬더니 말 잘 들어요. 또 KBS 찾아갔어요. 가서 얘기했더니, 박민이 완전히 꽉 막혔어요. 그냥 안 한대요. 그러다가 부사장하고는 하기로 했지요. 2월 1일부로 무조건 한다. 그때 되면 시스템도 준비가 돼요. 1월 29일이 되었는데 그때가 대통령 대담 녹화하던 때예요. KBS에서 그때 박민 사장이 얘기했겠죠. 수신료 수익이 6,000억 원 정도 되는데 이걸 분리하면, 시뮬레이션을 해 보니까 한 2,600억 원 정도 수입이 줄어드는 거예요. 그거 줄어들면 인건비 재원을 1,000억 원 이상 줄인다고 하니 노조가 또 난리가 났죠.

아쉬운 소리를 아마 용산 대통령실에 한 것 같아요. 대통령실에서 들어보더니 일단 중단해 봐, 이러는 거예요. 하루 남겨놓고. 그래서 KBS 박민은 용산이 하지 말라고 하니까 일단은 보류, 그러니까 이제 우리만 완전히 바보가 된 거야. 또 국민들은 난리가 났지, 민원은 한전으로 다 들어오지, 온갖 쌍욕을 하죠. 그래서 지금도 해결이 안 되고 저러고 있습니다.

KBS가 아직도 민원을 제대로 안 받아요. 그러니까 쌍욕은 우리 직원들이 다 먹고 있고, 제가 그래서 연말에 무조건 해지하라고 지급 공문 보내라고 그러니까. 안 보내서 제가 고발장 들고 KBS 사장을 고발하려고 했더니 한전 사장을 같이 고발해야 되더라고요. 왜냐하면 이제 시행령으로 하지 않아도 되는 업무를 사장이 부당하게 지시한 거니까. 그러면 그게 KBS 사장하고 공모관계가 형성이 돼서 KBS 사장이 고발이 가능하더라고요. 그걸 써서 고발한다고 그랬더니, 그제야 연말부로 해지하겠다고 공문을 보낸 겁니다. 하여튼 엉망진창입니다. 그건 아주 요만한 일에 불과합니다.

조대엽 들을수록 복마전伏魔殿이라는 생각이 듭니다. 최 위원장께서 왜 노조의 모든 활동에 정부와 정치의 영향을 고려해야 한다고 했는지 알 만 하네요. 이제 다음 질문으로, 우리 노동조합운동의 미래에 대해서 전망해 주시죠. 어떨 것 같으세요?

최철호 그래도 계속하지 않겠습니까? 그리고 형태는 좀 다르지만 발전하지 않겠습니까? 발전할 수밖에 없습니다. 그런데 한번은 큰 홍역을 치를 가능성이 있다고 봅니다.

아마 지금 젊은 세대는 기성세대하고 다른 점이, 풍랑을 겪어본 적이 없거든요. 그러니까 너무 단편적으로 평가해요. 노동조합에 대해서 필요성이나 활동이나, 역할이나 이런 것을 개인적 수준에서 판단해요. 개인적 불편함, 거부감 이런 것들이 우선이에요. 노동조합의 필요성, 중요성, 대외적 역량 같은 것을 사회적이고 공동체 차원에서는 생각하지 않아요. 그러면 거기에 대한 대가를 분명히 한번 치를 것 같아요. 왜냐하면 적어도 최소한의 기성세대, 저희나 이 다음 정도까지만 해도 노동조합에 대한 필요성, 활동역량이나 이런 것들은 좀 떨어지더라도 계속 유지해야 한다는 기본 인식들이 있거든요.

그런데 그다음 세대는 막연하게 기성세대에 대한 반발감이나 또는 의사결정을 하는 단위의 기성세대에 대한 거부감 같은 것들이 있어요. 그게 아마 자신들이 중심이 돼서 살아온 성장과정과 달리, 사회에 나오니까 자기가 중심이 안 되는 것에 대한 불만도 있는 것 같거든요. 그러니까 자기 영역에서는 활발합니다. 그런데 선배들만 있으면 안 해요. 자기들끼리는 잔 돌리면서 술 먹어요. 이건 술을 안 먹는 게 아니라 선배들하고 안 먹고 싶은 거예요.

조대엽   다음 세대의 그런 특성에도 불구하고 노동조합은 발전할 것이다?

최철호   예, 결국은 필요하거든요. 그거 없을 때 대가가 너무 혹독하다는 걸 한 번쯤 경험할 것 같아요. 그러면 그 사이에서 분명히 이걸 깨닫는 사람이 나옵니다. 역사적 과정을 봐도 골이 깊으면 산이 높아지지 않습니까? 골이 깊은 순간이 한 번은 올 것 같고요. 그리고 그쯤 되면 그 세대도 경험이 어느 정도 쌓이거든요. 지금 우리도 30

대들이 노동조합에 관심을 갖기 시작했거든요.

지금 관심 갖는 것은 접근이 좀 달라요. 노조를 하니까 일종의 내부 권력에 대한 관심도 있거든요. 그러니까는 회사 간부 하느니, 노조 간부 하는 게 더 낫겠네, 라고 생각하는 친구들이 있어요. 저 위원장 보니까 저건 내가 더 잘하겠다고 생각하는 친구들이 분명히 있어요. 자리를 보고 하는 경우라고 할 수 있어요. 하나씩 하나씩 생겨요. 그러면서 들어와서 관심을 가지다 보면 이걸 알 수밖에 없거든요. 저도 처음에 노조가 뭐 하는지 잘 몰랐어요. 오히려 전임자가 되고 나서, 노동운동 공부도 하고, 대학원 가서 사회학 학위도 따고 뭐 그런 거거든요.

전임을 하게 되면 노조를 어떻게 해야 잘하는지가 이제 궁금해지는 거죠. 김주영 위원장님부터 좀 달라진 것 같아요. 그전 선배들과는 달랐어요. 그때부터 김주영 위원장님과 같이 노동대학원 들어가서 공부하면서 했죠. 이게 아는 만큼 보이는 것 아니겠습니까? 제가 우리 집행부에서 자꾸 교육도 듣고 공부도 하라고 그러는데 요즘 잘 안 합니다. 나한테 이익이 되는 거면 할 텐데 그냥 최고위과정 가서 해외 연수나 한번 가는 걸 좋아하지, 공부하는 건 잘 안 해요.

그런데 공부도 하고 노조에 열성인 그런 친구들이 분명히 하나씩 생깁니다. 벌써 이렇게 싹수가 보이는 후배들이 있습니다. 지금 1988년생, 1990년생 이런 층들인데 회사 간부 하는 것이 훨씬 나을 텐데, 지회장 출마해서 지금 재선하고 있는 이런 후배들이 있어요.

그런 후배들은 앞으로 자기 스스로 뭔가를 만들어낼 자질이 있습니다. 그러면 거기에 이론 같은 것들을 공부하고, 성장하면 어려운 시기에 이 친구들이 깃발 들고 일어날 수 있을 것 같아요. 그러면 저는 이제 제2의 국면이 올 것이라고 예상합니다.

조대엽　아주 구체적인 그림을 그리고 계시네요. 그런 분들이 있다는 것을 알고 있기 때문에 노동조합의 미래에 낙관적이군요. 이제 또 다른 질문을 해 보겠습니다. 최 위원장께서는 오랫동안 노동조합 일을 해오셨는데요. 노동조합의 리더십 요소들 가운데 가장 중요한 것을 한두 가지 든다면 어떤 것을 들 수 있을까요?

최철호　대한민국 사회는 기본적으로 나이가 갑*이거든요. 경험이 좀 있는 게 훨씬 도움이 되더라고요. 자질로는 결국 인문학적 자질이 필요하지 않나 생각합니다.

조대엽　경륜과 인문학적 자질, 두 가지를 지적하셨군요.

최철호　노동조합이 무엇보다도 다양한 이해관계에서 판단하고 결정하고 조율하는 능력이 요구되는데요. 인문학적 자질을 갖춤으로써 사람에 대한 이해와 폭이 넓을수록 제가 보기에는 그걸 잘하는 것 같아요. 조율하고, 조정하고, 결정하고, 판단하는 능력이든 도덕성이든 과감성이든, 인문학적 자질에 포괄적으로 결부된다고 생각하거든요. 한때는 진짜 무식하고 용감하면 위원장으로 뽑았던 시절이 있었습니다. 그런 시절이 그리 오래되지 않았습니다. 제가 신입사원 때만 해도 지구 위원장은 지사장 방 들어가서 다 때려 부수고 깨부수면 잘한다고 했어요. 그래서 재선하고, 그런데 그런 게 가능했던 이유가, 간부들이 그때는 다 약점이 있었거든요. 그때만 해도 일을 안 하고 권위 부리면서 회사에서 이익 편취하고… 이런 약점들이 있으니까, 이제 노동조합이 가서 때려 부숴도 말을 못했어요. 그래서 그때는 무식하면 용감한 게 있었는데 그다음부터는 그거 갖고 안 되는 거죠.

옛날에는 기능직이 위원장을 많이 했습니다. 그러다가 그때 기능직이 5직급인데, 그다음에 4직급 사무나 기술사무들이 저거 갖고 저렇게 해서는 안 되겠는데, 우리의 대표인데 저렇게 무식하고 말이야, 맨날 욕이나 하고 술이나 먹고 이래서 되겠냐고 하는 각성들이 생기면서 직원들한테 인정받는 사람이 했거든요.

뽑는 기준은 가장 주요한 것이 일 잘하는 사람. 회사 일 잘하는 사람이 노조 일도 잘하더라고요. 성실함 같은 것이 비슷하게 요구됩니다. 노동조합도 성실해야지, 맨날 술 먹고, 지각하고 해서는 바로 떨어져요. 그런 사람 중에서 머리도 잘 돌아가는 사람, 똑똑한 사람, 그리고 사람을 달랠 줄도 아는 사람이어야 해요.

제가 김주영 위원장하고, 참모, 국장을 9년 했는데 제가 지부 위원장을 재선해서 본사 위원장을 했거든요. 그때 지부 위원장이 선출직으로 되면서 느낀 것은, 임명직만 했으면 평생 몰랐을 뻔한 것을 선출직을 조직해 보면서 알게 된 것입니다. 내가 내 조직을 해 보니까 알겠더라고요. 알고도 속고, 모르고도 속고, 그리고 때로는 손해를 봐야 이게 전체 득이 된다는 것도 이해하게 되고, 그리고 문제 있는 놈이 늘 문제만 있는 건 아니더라는 것도 보이고, 똑똑한 놈이 끝까지 의리를 지키는 건 아니라는 것도 알고 이런 거죠. 사람에 대한 이해의 수준이 이렇게 높아지니까 달라지는 것 같아요. 단점을 다 보기 시작하면 같이 일할 놈이 하나도 없는데, 이게 장점을 보기 시작하면 이제 하나도 버릴 놈이 없어요.

그러니 조직은 위원장을 중심으로 이렇게 딱 모입니다. 그런데 위원장이 빠져버리면 자기들끼리 맨날 싸우게 돼요. 저도 그렇고 김주영 위원장 시절도 그랬습니다. 결국 위원장 보고 하거든요. 이 보이지 않는 내부의 알력이 얼마나 많은데요. 작은 데도 그런데, 하물며 노총은 더 하고, 정치는 더 하고, 올라갈수록 내공內攻이 쌓인 분들이 해야죠. 정치적 내공이 쌓이고, 핍박을 받아도 그걸 견뎌내고 감수할 용기가 있고요.

조대엽   중요한 말씀입니다. '조직과 리더'라는 제목으로 대학 교양 강좌를 해도 되겠어요. 현장에서 체득한 리더십에 대한 식견이 돋보입니다. 이어지는 질문으로 한국의 노동운동지도자들 가운데 최 위원장께서 롤 모델로 삼을 수 있는 분은 누구입니까?

최철호   저는 김주영이요. 제가 제일 잘 알고요. 30년 넘게 같이 봐 왔으니까요. 그냥 본 게 아니라요. 다른 분들은 그분이 위원장일 때, 아니면 노총 위원장일 때, 국회의원일 때 이렇게 봤지만 저는 옆에서 늘 같이 일하면서 봐왔거든요. 그래서 그분이 어떤 식으로 여기까지 왔는지를 잘 알고 또 어떤 신념과 스킬로 고비를 헤쳐 나갔는지도 제가 봐서 잘 알고요. 보기에 따라서 우유부단하다고 볼 수도 있을 텐데요. 그건 정도의 문제지 누구나 다 있는 것이라고 봅니다. 보통 신념이 강하면 무례하기 쉽거든요. 예의가 바르면 또 신념을 강하게 갖기가 어려울 수 있어요. 김주영 의원은 신념과 예의, 두 가지를 참 조화롭게 갖추었다는 생각이 들어요.

김주영 의원을 보면 자기의 신념을 최대한 예의 바르게 관철하는 그런 능력이 있습니다. 그것은 인내와 겸손에서 비롯된 거라고 저는 생각하거든요. 저 같으면 속 뒤집어지는 일들이 무수히 있었습니다. 진짜 말도 안 되는 배신도 당하고, 모함도 당하고, 뒤통수도 맞고, 그런데도 그걸 다 나중에 품으려고 그러는 것을 보면 제가 어떤 때는 참 속도 좋다고 그러기도 하는데, 저는 그게 아무나 가질 수 있는 자질은 아니라고 생각해요.

조대엽   최 위원장의 김주영 위원장 평을 들으니 김주영 위원장이 장점이 많다는 게 느껴지고, 친구로서 부럽기도 하네요. 노동조합을 이끌어오면서 개인적으로 소중한 기억들이 많을 것 같은데요. 정말 소중하고 아름다웠던 기억이 있나요?

최철호   제일 강렬한 건 저한테 국한된 것이지만, 위원장 될 때가 가장 기억에 남아요. 아까 말씀드렸듯이, 강제로 선거관리위원회를 통해서 떨어뜨리고, 다시 전국을 돌면서 상대방 낙선 운동을 하고요. 그다음에 다시 또 그쪽에서 내세운 사람하고, 세 번을 전국을 돌면서 선거를 치렀거든요. 그때 선거 준비할 때 매우 어려웠습니다. 그러니까 상식적으로 이해 안 되는 일을 전임 위원장이 말도 안 되는 합의를 정부와 계속하면서 충성을 해버렸거든요. 그러면 당연히 떨어질 것 같지만 안 그렇습니다. 저쪽에는 그 양반이 위원장이 되었을 때 얻는 이익이 많은 위원장들이 여전히 한 절반은 붙어 있어요. 그리고 그냥 말 안 하고 눈치 보는 사람이 한 10~20% 더 있고, 그럼 제가 붙으면 안 됩니다. 그렇게 해서 옳은 목소리를 내도 현실은 집행부를 이긴다는 게 쉽지가 않아요.

그때 저하고 규합해 준 지부 위원장님들이 한 39명 있었는데, 15명 정도 절반이 좀 안 되는 크고 작은 위원장님들이 있었는데, 그중에 위원장 아니고 지회장도 있었고 부위원장도 있었고요. 그런데 그분들이 제가 출범할 때 모두 모여서 진짜 불이익을 감수하고 같이 뭉쳐서 해줬죠. 거기에는 심지어 신동진 위원장의 입사 동기인 위원장이 2명이나 있고, 자기 입사 동기고 친구인데도 이건 아니라고 저를 지지해 주고 그랬거든요. 그렇게 해서 출범식을 대전에서 했었습니다. 그 감동이 저한테는 평생 가는 것 같아요. 지금까지 저를 존재하게 하는 가장 큰 힘이죠. 그분들, 퇴직하신 분들을 지금도 만나면서 제가 감사를 드려요.

그때는 떨어지면 무조건 현장으로 가는 거였거든요. 그러면 노동조합 활동도 거기서 끝나는 거고, 그때 그 사진이 평생 기억에 남습니다. 한 6~70명 모였던 것 같아요. 대전에서 모여서, 이제 야당이니까 전국에서 모여야 되니까 일주일에 한 번씩 오송역 옆에 있는 중국집에서 모여서 열차 타고, 한 군데 모여서 거기서 이제 선거 회의하고, 그렇게 했던 기억이 제일 오래 남죠. 그게 제일 큰 기억이고, 결국 선거가 가장 큰 기억에 남는 것 같습니다. 그것과 함께 김주영 위원장과 함께 민영화 조직 투쟁했던 것이요.

조대엽　인간적으로 가장 힘들었던 기억은요?

최철호　승부를 걸어야 할 때가 매 단계 있는 것 같아요. 저는 여기까지 오는데 세 번의 승부수가 있었던 것 같아요. 첫 번째는 김주영 형님이 35살에 마포에서 지부장 나올 때인데요. 그때도 떨어지면 무조건 지방으로 날아갈 때거든요. 제 옆에 앉아 근무하는 형님이 저녁에 술 사준다고 나갔더니 6명이 나와 있어요. 저까지. 술 먹다가 술만 먹고 가면 되는 줄 알았더니 곧 이제 선거를 해야 되는데, 6선을 한 위원장이 정년퇴임을 한다고 해요.

　그러니까 다음 주자로 6선 동안에 총무만 했던 사람, 부위원장 한 사람이 나온대요. 또 호남향우회 회장인데 돈이 많은 형이 하나 있어요. 그분이 하신대요. 지부장 출마할 사람이 다 50줄이에요. 노조를 이렇게 해서 되겠냐, 우리 젊은 사람들이 노조 한번 바꿔보자, 거기서 그런 얘기가 나와서 김주영 위원장이 총대를 메기로 했는데 그때가 모두 30대 중반이었고, 40살 형이 한 분 있었고요. 제가 29살이었고요. 떨어지면 우리 다 울릉도 가자, 그렇게 말하고 이제 시작한 거예요. 그래서 김주영을 35살에 위원장으로 만들고, 같이 3선 때까지 활동했어요.

　2000년 들어서 저는 승진시험 준비를 했는데 그때는 구조개편 법안 올라오고 이래서, 승진하면 저희는 지방을 가야 되거든요. 지방가면 이제 분할 민영화가 돼서 민간으로 팔려간다, 그러니까 시험을 봐야 하나 말아야 하나, 이럴 때였어요. 그런데 김주영 당시 지부 위원장이 갑자기 본부 위원장 선거를 나간다고 해서 그 캠프에 들어가 선거운동을 했지요. 떨어지면 무조건 날아가는 건데 그때는 더 악독했죠. 현직 본부 위원장이 파업철회하고 민영화 사인해준 사람이었거든요. 그런데 그 사람이 또 나와요. 결국은 2차 투표에서 또 만납니다. 떨어질 것 같지만 안 그렇더라고요. 2차 투표까지 가서 이겼어요. 그래서 김주영 위원장이 본부 같이 가자고 그러기에, 내일 모레 시험인데 거기 가면 어떻게 해요? 그랬더니 파업을 주도하면 아마 잘릴 거야, 이러는 거예요. 그때는 필수유지업무가 없을 때니까 공기업은 파업하면 무조건 잘렸거든요. 아니 그다음 달에 시험인데 지금 장난해요? 그랬더니 아이고, 민영화 되면 어차피 짤려나갈 걸 가자. 그러고 들어갔죠. 이게 두 번째 승부수였어요.

마지막 승부수는 말씀드린 현직 위원장하고 한번 붙어가지고 제가 떨어지면서 해낸 것, 이게 세 번째입니다. 이게 다 힘들었던 기억인데 그런 게 저는 선택이라고 생각합니다. 힘든 선택의 과정이요. 인터뷰하니까 옛날 얘기도 많이 하게 되네요.

조대엽 이제 마지막 질문을 드리겠습니다. 최철호 위원장의 꿈은 무엇입니까? 개인적 차원이든, 노동조합 차원이든 평소의 꿈을 말씀해 주신다면요?

최철호 저는 개인적으로 아주 멋있게 늙고 싶다고 항상 생각합니다.

조대엽 원래 멋쟁이 아니었나요?

최철호 교수님을 제가 참 부럽다고 느끼는 게 그런 부분이거든요. 저는 솔직히 하고 싶은 일을 하는 게 아니거든요. 사실은 옛날부터 항상 하고 싶은 일은 다른 거였는데요. 뭐 별거 아닙니다. 그냥 좀 자유롭게 살고 싶었죠. 사실은 이 선출직이 지치는 일이거든요.

조대엽 늘 긴장된 생활을 하니까 지칠 법하지요.

최철호 우리 애들도 아직 어리니까 이제 애들하고도 같이 시간 보내고, 심리적으로 편안하게 살고 싶거든요. 저희 집안이 기독교 집안이에요. 모태 신앙이기도 한데, 지금은 거기서 한참 떨어져 살고 있습니다. 종교 활동을 기반으로 하는 봉사활동도 하고 싶습니다. 다시 편안한 내면을 좀 찾으면 좋겠어요. 그래서 아이들하고도, 후배들이나 사회에 보탬이 되는 일 있으면 하면서 멋있게 늙으면 좋겠다, 그런 생각이죠.

조대엽 전력연맹을 비롯한 노동조합에 대한 꿈은 어떤 게 있어요?

최철호 노동조합은, 산별로 갈 수 있는 토대를 마련하는 데까지는 해보려고 하고요. 그러기 위해서는 제게 맡겨지는 역할은 계속해야 할 것 같습니다. 정년이 되면 어차피 못 할 거지만 그 역할이 가능하다면 계속해야 하겠다는 생각입니다.

조대엽   장시간 고맙습니다. 그리고 아주 자세하고 진솔한 말씀도 감사드립니다. 최 위원장님의 산별의 꿈이 이루어지시기 바랍니다.

참고문헌

공공상생연대기금, 2023-6-①,
> https://solidarityfund.or.kr/about/intro/mission-vision/

공공상생연대기금, 2023-6-②,
> https://solidarityfund.or.kr/about/intro/history/

공공상생연대기금(2022), 《연대의 손, 상생의 길》, No. 4.

금융산업공익재단, 《재단법인 금융산업공익재단 정관》, 2024-7-①.

금융산업공익재단, "금융산업공익재단 출연현황", 2024-7-②.
> http://www.kfif.or.kr/news/appearance/_/view

금융산업공익재단, 《금융산업공익재단 2023 연차보고서》, 2024-7-③.

김승호(2007), 《노동운동의 재활성화 전략》, 한국노동사회연구소.

김현우 · 이상훈 · 장원봉(2006), 《지역사회와 노동운동의 개입전략》, 한국노동사회
> 연구소.

노중기(2008), 《한국의 노동체제와 사회적 합의》, 후마니타스.

박태주(2010), "사회운동적 노동조합주의를 통해 본 노동운동 재생전략과 과제",
> 《산업노동연구》 6권 2호.

사무금융우분투재단, 2024-8-①,
> http://www.ubuntufund.or.kr/about/greeting.htm

사무금융우분투재단, 《재단법인 사무금융우분투재단 정관》, 2024-8-②,

사무금융우분투재단, "사무금융우분투재단 출범식 보도자료", 2024-8-③,
> http://www.ubuntufund.or.kr/green_mobile_board/board/

사무금융우분투재단, "사무금융우분투재단 기금현황", 2024-8-④,
> http://www.ubuntufund.or.kr/about/found.htm

사무금융우분투재단, "사무금융우분투재단의 미션", 2024-8-⑤,
> http://www.ubuntufund.or.kr/about/mission.htm

앤서니 기든스 · 울리히 벡 · 스콧 래시, 임현진 · 정일준 역(1998), 《성찰적 근대화》,
> 한울.

오건호(2004), "신자유주의 시대 사회공공성투쟁의 성격과 의의", 《산업노동연구》 10권 1호.

유범상(2008), 《한국 노동운동 리더십의 위기 – '이기주의자'라는 '정치적 낙인'에 관한 논의》, 한국노동연구원.

위르겐 하버마스, 한승완 역(2001), 《공론장의 구조변동》, 나남.

은수미(2005), "연결망 접근을 통해서 본 '사회운동적 노동운동'의 가능성: 한국노동 운동의연대주의적 전통의 복원", 《노동정책연구》 5권 1호.

전국금융산업노동조합(2020), 《금융노동조합 60년사》.

전태일재단, 전태일재단 홈페이지 '재단소개', 2023-6-①,
  http://www.chuntail.org/c/34/35

전태일재단, 전태일재단 홈페이지 '재정보고: 2021년 회계보고', 2023-6-②,
  http://www.chuntail.org/b/arcaive05/3890

전태일재단, 전태일재단 홈페이지 '재정보고: 2021년 기부금 모금액 및 활용실적 명세서', 2023-6-③, http://www.chuntail.org/b/arcaive05/4373

전태일재단, 전태일재단 홈페이지, '정관', 2024-8-①.

전태일재단, 전태일재단 홈페이지, '후원하기', 2024-8-②.

전태일재단, 전태일재단 홈페이지, '재단사업', 2024-8-③.

정흥준(2016), "노동운동: 1987년 이후 노동운동 30년과 대안적 노동운동", 한국노 동연구원.

장홍근 · 김세움 · 김근주 · 정흥준 · 박준식(2016), 《대안적 노동체제의 탐색 – 1987년 이후 30년, 한국노동체제의 구조와 동학》, 한국노동연구원.

조대엽(2007), "공공성의 재구성과 기업의 시민성 – 기업 사회공헌활동에 관한 거 시구조 변동의 시각", 《한국사회학》 제41집 2호.

진 L. 코헨 · 앤드루 아라토, 박형신 · 이혜경 역(2013), 《시민사회와 정치이론 1》 한길사.

황현일(2012), "사회운동 노조주의 연구의 쟁점과 과제", 《산업노동연구》 제18권 1호.

Cohen, Jean L. & Arato, Andrew(1992), *Civil Society and Political Theory*, Cambridge: The MIT Press.

Fairbrother, Peter & Webster, Eddie(2008), "Social Movement Unionism: Questions and Possibilities", *Employee Responsibilities and Rights Journal*, 20(4).

Hyman, Richard(2001), *Understanding European Trade Unionism: Between Market, Class and Society*, London: Sage.

Johnston, Paul(1994), *Success While Others Fail: Social Movement Unionism and the Public Workplace*, New york: Cornell University Press.

_____(2000), "The Resurgence of Labor as Citizenship Movement in the New Labor Relations Environment", *Critical Sociology*, 26(1/2).

Lambert, Robert & Eddie Webster(1988), "The Re-emergence of Political Unionism in Contemporary South Africa?", In William Cobbett and Robin Cohen(eds.), *Popular Struggle in South Africa*, London: James Currey.

Lash, Scott(1999), *Another Modernity: a Different Rationality*, Oxford: Blackwell Publisher.

Michnik, Adam(1985), "A New Evolutionism", *Letters from Prison and Other Essays*, Berkeley: University of California Press.

Turner, Lowel & Daniel Confield (eds.)(2007), *Labor in the New Urban Battlegrounds: Local Solidarity in a Global Economy*, Ithaca: ILR Press.

Waterman, Peter(2001), "Trade Union Internationalism in the Age of Seattle", In Peter Waterman and Jane Wills(eds.), "Place, Space, and the New Labour Internationalism", Oxford: Blackwell Publishers.

_____(2004), "Adventures of Emancipatory Labour Strategy as the New Global Movement Challenges International Unionism", *Journal of World-System Research*, 10(1).

Wever, Kristen(1998), "International Labor Revitalization: Enlarging the Playing Field", *Industrial Relations*, 37(3).

Zadek, Simon(2001), *The Civil Corporation: The New Economy of Corporate Citizenship*, London: Earthscan Publications.